the FRENCH experience

Authors
MARIE-THÉRÈSE BOUGARD
DANIÈLE BOURDAIS

Course Designer
ANNY KING
University of Cambridge Language Centre

BBC ACTIVE

The French Experience 1 includes:
- – a 288-page course book
- – 4 x 75-minute audio CDs or cassettes
- – an 80-page activity book
- – free online activities and TV transcripts
  at www.bbc.co.uk/languages/

A 20-part TV series is also shown regularly on BBC TWO Learning Zone, and is available in a video pack (2 x VHS and a guide). Check out www.bbc.co.uk/learningzone/ for the current schedule.

BBC Active, an imprint of Educational Publishers LLP, part of the Pearson Education Group
Edinburgh Gate, Harlow, Essex CM20 2JE

New edition published 2003
Reprinted 2006 (twice), 2007

ISBN: 978-0-563-47256-8

Television producer: David Wilson
Radio producer: Mick Webb
Audio producer: Alan Wilding
Audio producer for new edition: John Green, TEFL tapes
Edited by Jenny Cripps
New edition edited by Cheryl Lanyon
Phonetics consultant: Hilary Wise
Glossary compiled by Valerie Elliston, Judy Batchelor
TV pages by Jeanne-Marie Lambert, Susan Martineau
Designed by Kelly Flynn and Simon Bell, Book Creation Services Ltd
Typeset by Gene Ferber and Xavier Aubertin, Book Creation Services Ltd
Picture research by Frances Topp
Illustrations and artwork by Sylvie Rabbe, Johanna Fernihough, Isobel Balakrishnan, Joy Fitzsimmons, Paul Griffin, Patrick Wright, Imogen Bell
Cover artwork by Johanna Fernihough
New edition cover artwork by Harwood Lawrence Philippson

The publisher wishes to thank the owners of all copyright material reproduced in this book. They regret that, although every attempt has been made to contact all copyright owners concerned, this has not always been possible. They would be glad to hear from any copyright owners with whom contact has not been made.

Printed and bound by Gráficas Estella, Spain
The Publisher's policy is to use paper manufactured from sustainable forests.

The authors would like to thank Geoff Paull and Peter Waygood for their continual support.

Gilles Etéocle
Meilleur Ouvrier de France

LA BIBLIOTHÈQUE NATIONALE DE FRANCE

LES GRANDES EXPOSITIONS DE LA BIBLIOTHÈQUE NATIONALE DE FRANCE

Paysages, paysans

Contents

Introduction

This is a course for people who want to start learning French from scratch, and also for people who have learnt some French before and would like to revise and build on that. By working through stage 1, you should reach a level roughly equivalent to GCSE or NVQ level 1; it would take between six months and two years, depending on your previous experience and how much time you can commit each week.

The French Experience has been designed for independent learners, providing you with all the help and information you need to learn on your own. It is also ideal for use in classes.

By using *The French Experience*, you will:
– learn how to ask for information, respond to people, and talk about yourself and your family, your work and leisure,
– develop the listening skills needed to understand what people say at their natural speed,
– be able to identify key words and phrases in spoken or written French and so work out the general meaning
– and be ready to cope with the unexpected!

The French Experience is based on an approach that has been proven to work effectively with both independent and classroom learners. This emphasises:
– clearly-indentified objectives (such as 'Introducing yourself'),
– manageable learning 'chunks' (two-page sections),
– language content relevant to adult learners,
– activities to help you put new language into practice,
– frequent opportunities to recycle language and check your progress.
You, the learner, are in control of the pace and can choose how much to cover in each study session. Because you are learning from native speakers, you will find when you visit France or another French-speaking country that the people you meet speak a language you are familiar with. You will have developed the strategies to cope.

COURSE BOOK
The course book contains:
• A menu, so that you can find your way around the course.
• An introduction unit, *Bienvenue!*, covering some of the basics.
• Sixteen units presenting the main language of the course, with gradual progression and recycling. For more about what is in a unit, see pages 6–7.
• Four units for revision and assessment, called *Unités étape*. The first two pages contain activities to help you revise your knowledge of vocabulary and French culture. The next two pages contain language 'check-ups' with which you can assess your progress.
• Four extension units: in units 17–20, you'll consolidate and widen the language you've learnt, by listening to some longer interviews and doing practical tasks based on reading French documents.
• Answers to the activities: check your work when you've completed an activity or a two-page section.
• A language summary: grammatical patterns of the French language, arranged for easy reference while you're working through each unit.
• Recording scripts: refer to them only after you've listened several times to the recording. Use them to check words or phrases you couldn't catch.
• A map of France showing places met in the course.
• A French-English glossary containing vocabulary used in the course book.
The new edition has been updated throughout to include the euro and other key changes in France and French life.

CASSETTES/CDS
The course book and cassettes or CDs are designed to be used closely together. We strongly recommend you buy the audio package with the course book. Each main unit of the book has approximately 15 minutes of recorded material:
• A language-teaching section: presenters take you through the new material and give explanations in English.
• Activities focusing first on listening and recognising, then on speaking.
• *Phonétique*: a short section to attune your ear to the sounds of French and develop a good accent.
Most of the conversations and interviews were recorded in France with four main interviewers. Some items were scripted and recorded in studio.

ACTIVITY BOOK
Closely linked to each unit of the course book, the activity book provides extra practice in reading and writing.

ONLINE ACTIVITIES
Free online activities for *The French Experience* course are available at www.bbc.co.uk/languages.

TELEVISION PROGRAMMES
Twenty 15-minute programmes, filmed on location in France. The themes and language tie in with units

1–20 of the course book. Two pages at the end of each unit of the course book are based on places and people seen in the programmes. The complete series is broadcast regularly on the Learning Zone on BBC Two. Check the schedule at www.bbc.co.uk/languages or in your TV listings guide.

VIDEO PACK
The complete 20-programme TV series is available on VHS, together with the complete script of the series.

CD-ROM
The French Experience two CD-ROM set includes interactive activities based on audio and video, to test your progress and build your listening and speaking skills.

TUTOR'S GUIDE
The tutor's guide assists teachers using *The French Experience* with a class, and includes photocopiable stimulus materials for pair and group work.

MAKE THE MOST OF THE EXPERIENCE!

You want to learn French, you've bought *The French Experience 1*. What next?

● **Make a list of your objectives**
What do you want to be able to say or do with your French? 'Get by' in France, make friends with French people, entertain French-speaking friends or colleagues at home, understand French films or magazines... ? Are you more likely to want to listen and speak, or read and write?

● **Familiarise yourself with the elements of the course**
Look through the course book, see how it is organised and what it contains. Read pages 6–7 to understand how a unit works. Make sure you have easy access to a cassette or CD player.

● **Create a routine**
Think of when you can work best, and make a regular time slot. Study little and often, rather than trying to cope with long, full sessions.
Join a French class or find a partner to work with. Recap at every opportunity, e.g. by playing the cassette/CD in the car or thinking back over the work.

● **Assess your progress**
Learning French – like any new skill – is not easy, but we've tried to make it straightforward and enjoyable, as well as giving you the means to manage your own learning.

Use the *Points de repère* grids to assess what you've learnt in each unit.
At any point in the book, check up on a subject you feel unsure of, by looking back at the unit where it first occurred (find it via the *Course menu*) and by referring to the *Language summary*.
The *Unités étape* offer an opportunity to assess your progress. Treat the *Contrôles* as real tests, to indicate your performance to date.

● **Try out these learning strategies**

Listening Listen to any item several times: you'll understand more each time.
Try to separate the individual words and phrases you are hearing, and then focus on those you can't make out by listening with the transcript. Listen again to the dialogue, comparing the sound of the language with the way it is written.
Don't expect to understand every word; listen out for key words or phrases (e.g. those in *Infolangue*) and use them as clues to the overall meaning.

Speaking Note the difference between imitating what you hear, e.g. repeating with or after the recording (to help you get your tongue round pronunciation), and creating your own version of phrases you have learnt. Why not record your own spoken pieces on tape, to play back for revision? Take every opportunity to speak French: in the shower, in the car, with a friend who's also learning, or, best of all, with a French native speaker.

Reading Look for key words and phrases to help you get the overall meaning. After doing the reading activities in the course book, go back over the text, checking any language you missed earlier.

Writing *The French Experience 1* places less emphasis on writing in French than on other skills. If writing is one of your objectives, be sure to study *Infolangue* and the *Language summary*, to see the variations in the written language that are not always obvious when listening or speaking.

Learning vocabulary You're more likely to remember words that have some relevance to you, so build up your own vocabulary list. If your memory is more oral than visual, why not record your list and go over it while driving or ironing?

Remember, there is nothing more motivating than success, so set yourself short-term goals and reward yourself when you achieve them.

Bon courage et bonne route!
Marie-Thérèse Bougard, Danièle Bourdais, Anny King & the BBC Language Unit

Working through a unit

UNITÉ
AU TRAVAIL

The unit title tells you the theme of the unit. See full list, pages 8–9.

Je m'appelle Corinne

Each unit is divided into three to five sections. Aim to complete one or two of these in one study session, depending on your time.

• Introducing yourself

This indicates the objective(s) for the section.

This symbol appears whenever there is a recording (presentation of new language or an activity) on the student cassettes/CDs.

Corinne Baudelot Je m'appelle Corinne Baudelot. J'ai 33 ans.

New language is introduced on the tape/CD in the form of short sample dialogues. Listen before you read them in the course book.

INFO
LANGUE

How the language works: key structures, in simple user-friendly tables. Make sure you're familiar with the contents of *Infolangue* before going on to the activities.

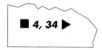

■ 4, 34 ▶

Cross-references to the *Language summary*. Look these up for fuller explanations of the point you've studied in *Infolangue*.

Mot à mot

This box contains the new vocabulary that you'll need. Look up any additional vocabulary in the *Glossary*.
(To check your memory later, cover up the French or English in *Mot à mot*, and try to recall the words.)

Information about France and the French, relating to the topic, initially in English and later in French.

1 *2*

A series of varied activities to help you make sure you understand.

Vous y êtes?

'Are you ready?' – a chance to check you've absorbed the new language, before putting it into practice.

Allez-y!

'Have a go!' – now you are asked to reproduce the language learnt, often in a role-play.

Et vous?

'And what about you?' – adapt the language, to speak about yourself and your own experiences.

CATHERINE PETERMAN, HÔTESSE DE L'AIR

42 ANS. DIVORCÉE. DEUX ENFANTS DE 15 ET 9 ANS. CHEF DE CABINE SUR UTA ET BÉNÉVOLE À MÉDECINS DU MONDE OÙ ELLE S'OCCUPE DE L'ENFANCE.

" Tous les matins, à 7 h, je suis réveillée par mon fils aîné, Adoum, 15 ans. Je vais réveiller son frère, Stéphane, 9 ans, et nous prenons le petit déjeuner tous les trois. Deux fois par semaine, j'essaie d'aller faire de la gym. Puis je vais faire les courses au marché de Buci : un vrai plaisir. J'habite Saint-Germain-des-Prés depuis vingt ans et les commerçants sont devenus des copains. En fin de matinée, je pars travailler. J'ai deux casquettes : UTA où je suis chef de cabine sur long courrier et Médecins du monde où j'anime le secteur Enfance. Quatre ou cinq fois par mois, ma compagnie m'envoie...

à Singap... suis dan... père do... habite... d'être à... dîner, le... garçons... restaure... simpler... vers 2...

Most units include extracts from French brochures, magazine articles, adverts and information leaflets, with activities to guide you through them.

> *When you go to a restaurant in your own country, work out how you would order in French!*

Stratégies – suggestions to make your learning more effective.

PHONÉTIQUE

🔊 **Du chèvre au marché**
Listen to the two different vowel sounds in the words *marché* and *chèvre*. The first is tighter, closed, while the second is said with a more open soun...

A section that focuses on French sounds, to help you with pronunciation and intonation.

POINTS DE REPÈRE

At the end of this unit, do you think you can ...?
say what your favourite dish is

'Checkpoints' – a self-check grid, so that you can review what you've learnt and look again at anything you feel less sure of.

...ke Mme Rabourdin, tracing the family tree has ...exciting pastime. It can involve research in the attic ...ouvenirs and photographs; conversations with older ...sits to town halls where records are kept.

Infos

A wealth of information about France, presented through photos and text. Directly related to the television programmes, but equally interesting to all learners.

Course menu

BIENVENUE!

Bonjour, messieurs-dames!

• Hellos and goodbyes • Addressing people

(◦) **W**elcome to *The French Experience*! This unit introduces some basic words and phrases, beginning with the first words you'll need in a conversation. Turn on your tape/CD and listen to people greeting each other.

INFO
LANGUE

• **HELLOS ...**

Morning, early afternoon:	Bonjour
Late afternoon, evening:	Bonsoir
To a good friend:	Salut!
For first introductions:	Bonjour
or more formally:	Enchanté(e)
On the phone:	Allô

• **... AND GOODBYES**

At any time:	Au revoir
To a good friend:	Salut! Ciao!
To someone off to bed:	Bonne nuit
'Have a good day'	Bonne journée
'Have a good evening'	Bonne soirée

1 (◦)
Listen to a series of conversations. Match them to these situations, for example: *1h*
a two neighbours greeting each other
b a man phoning
c two friends parting
d a man going off to bed
e a woman entering a busy shop in the morning
f business people meeting for the first time
g two old friends meeting
h a couple entering a shop in the evening

Madame, mademoiselle, monsieur

Titles are used widely in French: *monsieur* for a man, *madame* for a woman, or *mademoiselle* if she is young.
Titles are normally used by both parties where a service is sought and given, for example, in shops, banks, restaurants, cafés and hotels. Also, titles are used to address people you're not on first-name terms with. On entering a shop or café, French people often address everyone present with a quietly-spoken *Monsieur-dame!*, or to a larger group, *Messieurs-dames!*.
When followed by a surname, these titles are shortened in writing (except in letters) to *M.*, *Mme* and *Mlle*.

2 *Allez-y!*
What would you say in these situations?
a entering a crowded shop in the morning
b phoning a receptionist at your hotel
c meeting an old French friend
d meeting a French business client (female) for the first time
e leaving your friends to go off to bed
f leaving a café at lunchtime

Françoise Sagan's famous novel

Françoise S
Bonjour trist

Sur ce sentiment inconnu dont l'ennui, la douceur m'obsèdent, j'hésite à apposer le nom, le beau nom grave de tristesse. C'est un sentiment si complet, si égoïste que j'en ai presque ho

De A à Z

• Spelling with the French alphabet

*L*isten to the tape/CD for the names of the letters in the French alphabet.

F L M
N R S Z

B C D G
P T V W

A H K

Q U

I J X Y

E O

open *e* sound as in *tennis*

closed *e* sound as in *café*

a sound as in *taxi*

French *u* sound as in *une*

i sound as in *police*

e and *o* sounds,
listen carefully!

1
Listen to people spelling their names.
Number them 1–6 in the list as you hear them.

M. Lagresle	Mme Baudelot
M. Jasserand	Mme Ducreux
Mme Jay	Mme Bruyneel

Magazine for teenagers

2
Listen to that recording again, covering up the list of names. See if you can write out the names as people spell them.

3 *Allez-y!*
Have a go at spelling out the following names.
Check with the tape/CD.
Mme Dubourg
Mlle Sonya Kharioz
M. Williams
Dr Julien Hoque

Note! For a double letter, such as ll, mm, nn, say: *deux l* (2 l), *deux m, deux n.*

4 *Et vous?*
Over to you: can you spell your name in French?

Un café, s'il vous plaît!

• Asking for things

((•)) *H*ow can you get what you want with very little language? Look at the cartoon below and listen to the recording.

INFO LANGUE

• **ATTRACTING SOMEONE'S ATTENTION**

in the street:

> **Excusez-moi**, monsieur!
> **Pardon**, monsieur!

in a café:

> Mademoiselle, **s'il vous plaît!**

You can also use *Pardon!* and *Excusez-moi!* to apologise. Use *Pardon?*, making your voice go up at the end, to ask someone to repeat.

• **ASKING FOR SOMETHING**

> Un café, **s'il vous plaît**   *A coffee, please*
> La gare, **s'il vous plaît**   *The station, please*

• **GENDER ISSUES**   ■ 1, 2 ▶

Everything in French has a gender, masculine or feminine, and this affects words like 'the' and 'a'.

	masculine	*feminine*
the	**le** taxi	**la** gare
	l'aéroport	**l'**idée
	les taxis	**les** idées
a/an	**un** café	**une** bière
some	**des** cafés	**des** bières

When talking about more than one, *le, la* and *l'* (in front of a vowel) all become *les*, and *un* and *une* become *des*. In most cases, an *-s* is added to the noun in the plural, but there is no change in sound: *café* and *cafés* sound the same.

Mot à mot

oui/non	*yes/no*
C'est là-bas	*It's down there/over there*
une gare	*railway station*
une voie	*platform*
un coca	*Coca Cola*
un vin rouge	*red wine*
Bonne idée!	*Good idea!*
Vous désirez?	*What will you have?*
Voilà	*Here you are*
Bon appétit!	*Enjoy your meal!*
Merci	*Thank you*

1 Can you find these in the cartoon?
1 the right station for the Paris–Bordeaux TGV
2 the names of five drinks
3 four places or things the traveller asked for

2

Listen to people ordering in a café, and look at the menu card. Tick the items as you hear them mentioned.

Listen again and fill in *un* or *une* in front of each item. (Leave the prices column until later.)

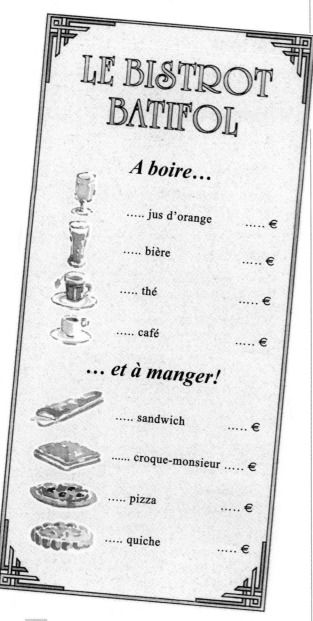

LE BISTROT BATIFOL

A boire...

..... jus d'orange ..... €

..... bière ..... €

..... thé ..... €

..... café ..... €

... et à manger!

..... sandwich ..... €

...... croque-monsieur ..... €

.... pizza ..... €

..... quiche ..... €

3 *Allez-y!*

Your turn to order something from the menu. Be polite! Say, for example: *Bonjour, madame. Un café, s'il vous plaît. Merci.*

Un, deux, trois...

• Numbers up to 20

Listen to the tape/CD and repeat.

0	zéro	7	sept	14	quatorze
1	un(e)	8	huit	15	quinze
2	deux	9	neuf	16	seize
3	trois	10	dix	17	dix-sept
4	quatre	11	onze	18	dix-huit
5	cinq	12	douze	19	dix-neuf
6	six	13	treize	20	vingt

1

Listen to Fabienne Dumas buying a newspaper. Read the conversation and fill in the numbers.

Fabienne   Bonjour, madame.
Vendeuse   Bonjour, madame.
Fabienne   Le journal, s'il vous plaît.
Vendeuse   Oui, voilà.
Fabienne   Merci. C'est combien?
Vendeuse   C'est ..... euros.
Fabienne   Euh, voici ..... euros.
Vendeuse   Merci, ... , et ..... , ...
Fabienne   Merci, madame.
Vendeuse   Au revoir.

2

Now fill in the prices on the café menu (left). Listen to customers asking how much something is: *C'est combien, le.../la..., s'il vous plaît?* The waitress answers: *.... euros.*

POINTS DE REPÈRE

At the end of this unit, do you think you can ...?	Yes	No	If not, go to ...
say hello and goodbye			p 10
use titles and address people			p 10
understand the alphabet			p 11
spell your name in French			p 11
attract someone's attention			p 12
ask for things			p 12
understand some prices			p 13
say numbers up to 20			p 13

PRÉSENTATIONS

Je m'appelle Corinne

• Introducing yourself • Numbers from 20 to 70

((•)) *T*urn on the tape/CD, and listen to people introducing themselves. You'll learn how to say your name, your age, and what you do for a living.

Corinne Baudelot Je m'appelle Corinne Baudelot. J'ai 33 ans.

Clara Baudelot Je m'appelle Clara. J'ai 18 ans. Je suis étudiante.

Françoise Comment vous appelez-vous?
Martine Debray Martine Debray.
Françoise Oui. Et quel est votre métier?
Martine Mère au foyer.

Françoise Vous vous appelez comment?
Claude Théret Monsieur Théret.
Françoise Et votre prénom?
Claude Mon prénom, c'est Claude.
Françoise Et qu'est-ce que vous faites comme métier?
Claude Je suis garagiste.

20	vingt	50	cinquante
21	vingt et un(e)	56	cinquante-six
		57	cinquante-sept
30	trente		
31	trente et un(e)	60	soixante
32	trente-deux	68	soixante-huit
33	trente-trois	69	soixante-neuf
40	quarante	70	soixante-dix
44	quarante-quatre		
45	quarante-cinq		… more on page 32!

INFO
LANGUE

• INTRODUCING YOURSELF ■ 4, 34 ▶

name	**Je m'appelle** Corinne Baudelot
age	**J'ai** 33 **ans**
job	**Je suis** journaliste

• ASKING OTHERS

name*	Comment vous appelez-vous? Vous vous appelez comment?
age*	Quel âge avez-vous? Vous avez quel âge?
job*	Quelle est votre profession? Quel est votre métier?

* Two ways of asking the same question.

Mot à mot

un agent des postes	*post-office worker*
un(e) architecte	*architect*
un(e) étudiant(e)	*student*
un(e) garagiste	*garage owner*
un(e) journaliste	*journalist*
une mère au foyer	*mother and housewife*
un professeur	*teacher*
un(e) secrétaire	*secretary*
mon prénom	*my first name*
un nom de famille	*surname*
Je suis au chômage	*I'm unemployed*
Je suis retraité(e)	*I'm retired*
Qu'est-ce que vous faites comme métier?	*What job do you do?*

1 ((•))

Listen to the numbers and tick the ones you hear.

2 ☐	12 ☐	20 ☐	22 ☐	28 ☐
3 ☐	13 ☐	30 ☐	33 ☐	37 ☐
4 ☐	14 ☐	40 ☐	41 ☐	44 ☐
5 ☐	15 ☐	50 ☐	55 ☐	56 ☐
6 ☐	16 ☐	60 ☐	63 ☐	66 ☐

2 ((•))

Listen to people saying their names and what they do for a living. Match up the details in the two columns.

1	Jean-Paul Jasserand	a	architecte
2	Mme Lebœuf	b	professeur de tennis
3	Antoine Bernard	c	agent des postes
4	Anne-Marie Lépine	d	journaliste
5	Frank Martin	e	secrétaire

3 *Vous y êtes?*

How would you say the following in French?
1 I'm 32 years old.
2 I'm a teacher.
3 My name is Georges Lépine.
4 How about you?
5 What's your name?
6 How old are you?
7 What's your job?
8 I'm a journalist.

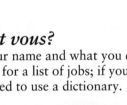

Corinne Baudelot

4 ((•)) *Allez-y!*

Imagine you're watching a game show on French television. The contestants introduce themselves. What does each of them say?

Mireille Ritz	34 ans	architecte
Jean-Pierre Duclos	22 ans	étudiant
Emile Depardieu	42 ans	garagiste
Corinne Picard	56 ans	secrétaire

5 *Et vous?*

Say your name and what you do for a living. See **R6** for a list of jobs; if yours isn't there, you may need to use a dictionary.

CULTUROSCOPE

Noms et prénoms

There are about 250 000 different surnames used in France. The ten most common are: Martin, Bernard, Moreau, Durand, Petit, Thomas, Dubois, Michel, Laurent, Simon.

First names go in and out of fashion, so they can give an idea of when people were born. Here are a few examples of the most popular names for children born in four different periods.

LE HIT-PARADE DES PRÉNOMS

	1920–1924	1960–1964	1980–1984	1990–2000
garçons (boys)	Jean André Pierre René Marcel	Philippe Pascal Eric Thierry Patrick	Nicolas Julien Sébastien Mickaël Mathieu	Thomas Nicolas Lucas Hugo Alexandre
filles (girls)	Marie Jeanne Madeleine Simone Yvonne	Sylvie Catherine Véronique Isabelle Christine	Aurélie Emilie Céline Virginie Elodie	Laura Julie Léa Manon Camille

J'habite en France
• Saying where you live

Listen to people saying where they live.

Françoise Où habitez-vous?
Mme Baudaillet J'habite à Anvin.

Françoise Et vous habitez où?
Martine A Saint-Pol-sur-Ternoise.

Françoise Comment vous appelez-vous?
Gabriel Persyn Persyn, Gabriel.
Françoise Oui, et vous êtes de la région?
Gabriel Je suis d'Hesdin.
Françoise Et vous habitez toujours la région?
Gabriel Non, j'habite le sud de l'Espagne maintenant.
Françoise Ah, vous habitez en Espagne!

INFO LANGUE

• **SAYING WHICH COUNTRY YOU LIVE IN** ■ 23, R5 ▶
The French names of countries and regions have genders, i.e. they are feminine or masculine. For example, *la Belgique* and *l'Australie* are feminine, *le pays de Galles* and *le Canada* are masculine. *Les Antilles* (feminine) and *les Etats-Unis* (masculine) are plural, as they are in English – the West Indies, the United States.

	Où habitez-vous?		
fem.	J'habite	**en**	France Ecosse
masc.		**au**	Canada pays de Galles
plural		**aux**	Etats-Unis Antilles

• **SAYING WHICH TOWN YOU LIVE IN**

J'habite (**à**)	Marseille Sydney	*I live in ...*
Je suis **de**	La Rochelle Montréal	*I'm from ...*

You can say *J'habite Londres* – the à is optional.

Mot à mot

l'Afrique du Nord (f)	*North Africa*
l'Allemagne (f)	*Germany*
l'Angleterre (f)	*England*
les Antilles (f)	*West Indies*
l'Australie (f)	*Australia*
la Belgique	*Belgium*
l'Ecosse (f)	*Scotland*
l'Espagne (f)	*Spain*
les Etats-Unis (m)	*USA*
la Grande-Bretagne	*Great Britain*
l'Irlande (f)	*Ireland*
l'Italie (f)	*Italy*
les Pays-Bas (m)	*Netherlands*
le pays de Galles	*Wales*
le Royaume-Uni	*United Kingdom*
la Suède	*Sweden*
la Suisse	*Switzerland*
toujours	*still*
maintenant	*now*
le sud de	*the south of*

1 Listen to six people saying where they live. Which of the following cities do they mention?

Berlin ☐ Marseille ☐
Boulogne ☐ New York ☐
Edimbourg ☐ Paris ☐
Londres ☐ Rome ☐

2 *Vous y êtes?*
How would you say the following?
1 I live in France.
2 I live in Wales.
3 I live in the West Indies.
4 I'm from London.
5 I'm from Orléans.
6 Where do you live?

If you don't understand something, say 'Je ne comprends pas' or 'Vous pouvez répéter, s'il vous plaît?'

3 ((•)) *Allez-y!*

Imagine you live in each of the cities represented by these landmarks: say what country and town you live in. For example: *J'habite en France, j'habite Paris.* Listen to the tape to check your statements.

4 *Et vous?*

Say where you live: in what country and what town, city or village.

Les régions françaises

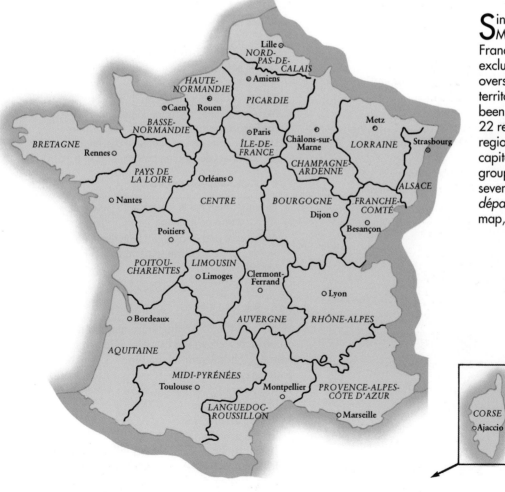

Since 1960, Metropolitan France (i.e. excluding overseas territories) has been divided into 22 regions. Each region has its own capital and groups together several *départements* (see map, page 247).

Je suis français – Je suis française
• Giving your nationality

((•)) *L*isten to people saying where they were born and what nationality they are.

Françoise Vous êtes… vous êtes d'ici?
Martine Debray Je suis née en France.
Françoise Et vous êtes donc française?
Martine Je suis française.

Françoise Et vous êtes né à Anvin aussi?
Claude Théret Je suis né à Anvin, oui.
Françoise Donc vous êtes français?
Claude Je suis français, bien sûr.

Hassan Zouazou Je m'appelle Hassan Zouazou. Donc mon prénom, c'est Hassan. H-A-S-S-A-N. Mon nom de famille, c'est Zouazou. Z-O-U-A-Z-O-U.
Corinne C'est un nom d'origine…?
Hassan Donc, moi-même, je suis marocain [.....]

Philippe Sanchez Je suis né en Afrique du Nord, à Alger plus exactement.

Mot à mot

Vous êtes né(e)…?	*Were you born…?*
Vous êtes de quelle nationalité?	*What's your nationality?*
et	*and*
bien sûr	*of course*
donc	*so*
moi-même	*myself*
allemand(e)	*German*
américain(e)	*American*
anglais(e)	*English*
australien(ne)	*Australian*
belge	*Belgian*
britannique	*British*
écossais(e)	*Scots, Scottish*
espagnol(e)	*Spanish*
français(e)	*French*
gallois(e)	*Welsh*
iranien(ne)	*Iranian*
irlandais(e)	*Irish*
italien(ne)	*Italian*
japonais(e)	*Japanese*
marocain(e)	*Moroccan*
suédois(e)	*Swedish*

INFO LANGUE

• **SAYING YOUR NATIONALITY** ■ *6, R5* ▶

	masculine	feminine
Je suis	britannique	
	belge	
	français	française
	italien	italienne
	allemand	allemande
	espagnol	espagnole

Espagnol, espagnole: different spelling, same sound.

• **SAYING WHERE YOU WERE BORN** ■ *23* ▶

Je suis né(e)	à Paris
	à Londres
	à Tokyo
Je suis né(e)	**en** France
	au Japon
	aux Etats-Unis

Né is masculine, *née* is feminine. Different spelling, same sound.
Use *à* for cities, towns, villages. Use *en, au, aux* for countries, depending on gender (see p 16).

• **NATIONALITIES AND ORIGINS**

Je suis de nationalité française
d'origine italien**ne**

Nationalité and *origine* are both feminine words, so the adjective (e.g. *française*) has a feminine ending.

1 ((•))

Read the following statements, and work out which were made by men, and which by women. Then listen to the tape/CD to check your answers.

1 Je suis français. M ☐ F ☐
2 Je suis française. M ☐ F ☐
3 Je suis américaine. M ☐ F ☐
4 Je suis américain. M ☐ F ☐
5 Je suis australienne. M ☐ F ☐
6 Je suis italien. M ☐ F ☐
7 Je suis allemande. M ☐ F ☐
8 Je suis japonais. M ☐ F ☐

2 *Vous y êtes?*

How would you say the following?
1 I'm English. (woman)
2 I'm Irish. (man)
3 I was born in Berlin. (man)
4 I'm a teacher.
5 I'm 42.
6 What's your nationality?

3 *Allez-y!*

Six people who live in the country of their birth make the following statements. Can you complete them, following the model of the first?
1 Je suis née à Paris. Je suis française et j'habite en France.
2 Je suis né à Rome. Je suis...... et j'habite......
3 Je suis née à Francfort.
4 Je suis né à Chicago.
5 Je suis née à Londres.
6 Je suis né à Dublin.

4 ((•))

We spoke to several tourists near the Pyramide du Louvre in Paris, and asked them their nationality. As you listen to the conversations, note down the nationalities and countries mentioned.

5 ((•)) *Allez-y!*

Imagine you are Ieoh Ming Pei, the architect responsible for the Pyramide du Louvre: you are interviewed by a French journalist. Listen to the tape/CD, and answer the questions.
Then take on the journalist's role and ask the questions, following the cues on the tape/CD.

Nom : Pei
Prénoms : Ieoh Ming
Nationalité : américain
Né : en Chine, à Canton
Profession : architecte

6 ((•)) *Et vous?*

Say as many details as possible about yourself: your name, your age, where you live, your nationality and place of birth. Listen to Corinne first, as an example.

CULTUROSCOPE

Le Louvre

The Louvre, which celebrated its 200th anniversary on 18 November 1993, is one of the largest museums in the world. Originally built as a palace, it became a museum a few months after the execution of King Louis XVI. The glass pyramid, which was completed in 1989, is now the main entrance to the museum.

Opening times:
9.00 to 18.00.

Mondays and Wednesdays,
9.00 to 22.00.

Closed on Tuesdays.

Ça va?
• Asking people if they're OK

Ça va? occurs often in French conversation, particularly in greetings and in telephone calls. It's an informal way of asking how someone is or how things are going. Ça va, said as a statement rather than a question, is the most common reply – 'Fine'. You'll find other ways of replying in the cartoon strip below. You can apply Ça va? to almost anything:

Ça va, le travail?   *How's work?*
Ça va, le bébé?   *How's the baby?*
Ça va, à Londres? *How are things in*
                                London?

1 ((•))
Look at the cartoon strip and listen to the tape/CD. Listen a second time and find the right snatch of conversation for each frame of the cartoon.

a – Ça va?
  – Ça va.

b – Ça va?
  – Non! Ça ne va pas!

c – Ça va?
  – Oh, comme ci comme ça!

d – Ça va?
  – Très bien, merci.

e – Ça va?
  – Pas très bien!

2 ((•))
See if you can say the scenes from memory, while looking at the cartoon strip. Listen to the tape/CD again first.

CULTUROSCOPE
Les chiffres de l'immigration

France has a wide ethnic mix which reflects its history as a colonial power and as a haven for political and economic refugees. French influence abroad spread especially in the Caribbean (e.g. Martinique, Guadeloupe), North America (e.g. Quebec, Louisiana), East Asia (e.g. Vietnam, Laos, Cambodia), North Africa (e.g. Algeria, Morocco, Tunisia), and Central and West Africa (e.g. Senegal, Ivory Coast).

The proportion of foreigners living in France has reduced slightly in the last 10 years. There were 3.3 million in 1999, which was 5.6% of the population, compared to 6.4% in 1990 and 6.8% in 1982. In 1999, 51% of immigrants were from Africa. Those from other European countries were the next largest proportion, with people from Turkey and other Asian countries making up the rest.

POINTS DE REPÈRE

At the end of this unit, do you think you can ...?	Yes	No	If not, go to ...
introduce yourself: your name, age and job			p 14
ask someone for their name, age and job			p 14
count to 70			p 14
say where you live: country and town			p 16
ask someone where they live			p 16
say your nationality			p 18
give your country and town of birth			p 18
ask someone what their nationality is			p 18
ask someone if they're OK			p 20
say how you are			p 20

PHONÉTIQUE

((•)) **Liaisons**

The *-s* at the end of *les* is sometimes silent:
les touristes   les Pays-Bas
When the word after *les* starts with a vowel, the *-s* is often pronounced:
les_étudiants   les_Antilles
This extra sound is called a *liaison*. It is shown here by a line linking two words.

Liaisons affect some other letters at the end of common words. Listen to the examples on the tape/CD.
Vous_avez quel âge?
J'habite en_Angleterre.
J'habite aux_Etats-Unis.

1   Say the following aloud, making a *liaison* where appropriate. (Draw in the *liaisons* if that helps you.) Check what you say by listening to the tape/CD.

Les touristes, les étudiants.
Six Français, six Allemands.
Vous vous appelez comment?
Je suis né aux Antilles.
J'habite en Ecosse.

((•)) **Ça va? Ça va, merci.**
Listen to the way someone's voice rises in pitch at the end of a question, but falls in an answer or statement.

2   Listen and add '?' or '.' to these sentences, to show whether you hear them as questions or answers. Then repeat after the tape/CD.

Vous vous appelez Carmen
Vous avez 18 ans
Ça va, en France
Vous êtes irlandaise

La France et les Français

The French have a common history, a common language and a strong sense of belonging to a nation, yet there is really no such thing as a true French person. Over the centuries invading armies and immigrants have left their mark on France and its people, creating a rich complex society. Each French province has its own history, traditions, culture, and sometimes language.

The 1789 Revolution did much to weld the country into one nation and the French do have a strong sense of national identity, but if you ask a French person where they come from they'll tell you the name of the town or region before the country.

French National Day (or Bastille Day) on 14 July celebrates the fall of the Bastille Prison in Paris and the beginning of the French Revolution on 14 July 1789. Throughout France people celebrate Bastille Day – from the great military parade on the Champs-Elysées to processions and fireworks in small towns and villages.

Infos

The largest celebration for 14 July was undoubtedly the one designed by Jean-Paul Goude (*above*) and held for the bicentenary of the revolution in 1989. Nine thousand people from all over the world paraded through Paris led by the opera singer Jessye Norman singing *La Marseillaise* (the original revolutionaries' marching song before it became the French national anthem).

UNITÉ 2
FAMILLE

Je suis célibataire
• Talking about your marital status

((•)) *L*isten to three people being asked for their marital status. You'll learn how to say whether you live with someone or on your own, and how to talk about your partner.

Françoise Vous êtes mariée?
Martine Debray Oui.
Françoise Et votre mari, il s'appelle comment?
Martine Mon mari s'appelle Jean-Michel.
Françoise Et qu'est-ce qu'il fait?
Martine Il est médecin généraliste.

Françoise Et vous êtes marié?
Claude Théret Je suis veuf.

Tony Vous êtes mariée?
Myrianne Agri Non, je ne suis pas mariée.
Tony Vous êtes célibataire?
Myrianne Je suis donc, célibataire.

Mot à mot

Vous êtes marié(e)?	*Are you married?*
Qu'est-ce qu'il fait?	*What does he do?*
Je vis seul(e)	*I live on my own*
Je ne suis pas...	*I'm not ...*
un ami	*boyfriend, friend*
une amie	*girlfriend, friend*
une femme	*wife*
un mari	*husband*
quelqu'un	*someone*
il	*he*
elle	*she*
avec	*with*
votre	*your*
un médecin généraliste	*doctor, G.P.*

INFO LANGUE

• TALKING ABOUT YOUR MARITAL STATUS ■ 6 ▶

Je suis	man	woman	
	célibataire		*single*
	marié	mariée*	*married*
	séparé	séparée*	*separated*
	divorcé	divorcée*	*divorced*
	veuf	veuve	*widowed*

* Each pair of words has different spellings but the same sound.

• TELLING PEOPLE ABOUT YOUR PARTNER ■ 13, 36 ▶

Comment s'appelle votre mari/femme/ami(e)?
Mon mari s'appelle Pierre. **Il** est français.
Mon ami est anglais. **Il** s'appelle Paul.
Ma femme s'appelle Siobhán. **Elle** est irlandaise.
Mon amie est écossaise. **Elle** s'appelle Judy.

• WORDS FOR 'MY' AND 'HER'/'HIS' ■ 9 ▶

masc.	le mari	**mon** mari	**son** mari
	l'ami	**mon** ami	**son** ami
fem.	la femme	**ma** femme	**sa** femme
	l'amie	**mon** amie	**son** amie
plural	les amis	**mes** amis	**ses** amis

Use *mon/son* for a masculine word. Use *ma/sa* for a feminine word, unless it begins with a vowel: *mon amie*, 'my girlfriend'.
Son, sa and *ses* all mean both 'her' and 'his'.
Ses amis can be 'his friends' or 'her friends'.

Le mariage en France

Since 2000, the number of people getting married in France has grown slightly, after years of decline. It could be that changes in the law, which used to benefit single people and their children, are part of the reason. In 1999, the *pacte civil de solidarité (pacs)* came into force. It allows people to make a formal union that is not a marriage – *pacs* constituted 8% of unions in 2001; and 15% of 18–25 year-olds say they will form a *pacs* rather than marry.

Most weddings take place on Saturdays during the summer months. Marriages are performed at the town hall by the mayor or one of his or her deputies. Religious ceremonies are optional and have no legal status, and the number of couples getting married who make it a religious occasion decreases all the time.

1 ((•))
Meet Chantal Decourt. Listen to her talking about herself and tick the right boxes.

Chantal est française ☐	italienne ☐		
Elle est née en France ☐	en Italie ☐		
Elle est célibataire ☐	mariée ☐		
Gilles Ciment, c'est son ami ☐	son mari ☐		

2 Vous y êtes?
How would you say the following in French?
1 My friend is called Lucinda.
2 He is divorced. He lives with someone.
3 My name is Paul. I'm single.
4 My wife is called Kitty. She's Scottish.
5 My husband is English, he's from York.
6 Her boyfriend is French. He was born in Paris.
7 He is German. He's married.
8 Are you married?

3 ((•)) Allez-y!
Imagine you are each of the three people below. How do you introduce yourself? Start with *je*.
For example: *Je m'appelle Amalia Rodrigo...*
Listen to the recording to check your answers.

1 Amalia Rodrigo, Spanish, from Madrid. Lives in London, teacher. Married, husband is English, Bob Waddle.
2 Jonathan Kossoff, British, from Birmingham, lives in Edinburgh, journalist. Divorced, lives with Rachel Addams, Australian.
3 Lucy Huntgate, Scottish. Born in Glasgow, lives in Glasgow. Secretary, widow.

Then imagine you have to introduce them to French friends. Use *il* or *elle*. For example: *Voici Amalia Rodrigo. Elle est espagnole...*

4 ((•)) Et vous?
Your turn to introduce yourself to a French speaker! Say as much as you can about yourself. Go back to what you learned in Unit 1 and add information about your marital status.
To help you, listen first to what Corinne Baudelot says.

J'ai quatre enfants
• Talking about your children

((•)) *L*isten to how Jean-Paul Jasserand describes his family to our interviewer.

Virginie Vous êtes marié?
Jean-Paul Jasserand Je suis marié, oui.
Virginie Vous avez des enfants?
Jean-Paul J'ai quatre enfants. Deux garçons et deux filles.
Virginie Ils s'appellent comment?
Jean-Paul L'aîné a vingt ans et il s'appelle Jean-Philippe. Le deuxième, qui est un garçon également, s'appelle Patrick, il a dix-huit ans. La fille ensuite a dix-sept ans, elle s'appelle Catherine, et puis la petite dernière, qui a treize ans, s'appelle Laetitia.
Virginie Deux filles et deux garçons!

Mot à mot

un enfant	*child*
une fille	*daughter, girl*
un fils	*son*
un garçon	*boy*
un mois	*month*
l'aîné(e)	*the eldest, oldest*
le/la deuxième	*the second*
le dernier/la dernière	*the last (one)*
également	*also*
ensuite	*next, after that*
qui	*who*
Ils s'appellent comment?	*What are they called?*

INFO LANGUE

• **To say you have children** ■ **2, 33** ▶

Vous **avez**	des enfants?
J'ai	des enfants
Nous avons	trois enfants
	un fils
	deux fils et une fille
Je n'ai pas	d'enfants

Des can mean 'any' or 'some'. These words are sometimes left out in English, but *des* is always needed in French: *J'ai des enfants*, 'I have children'.
Je n'ai pas de ... (*de* becomes *d'* before a vowel) means 'I haven't any ...'
To say 'we' rather than 'I', use *nous*:
Nous sommes mariés. Nous avons un enfant.

• **More than one** ■ **5** ▶
Most words add an *-s* to make the plural: *J'ai deux enfants*. The *-s* is not pronounced. No need to add an *-s* when there is one already: *J'ai un fils – J'ai deux fils*.

• **Saying how old someone is** ■ **13, 34** ▶

Quel âge a votre fils/fille? Il/Elle a quel âge?		
Il	a	quinze ans
Elle		deux ans
Mon fils		trente-cinq ans
Ma fille		six mois

• **At/in** ■ **24** ▶

Paris	Il est	à Paris
l'école	Elle est	à l'école
la maison		à la maison
le lycée		**au** lycée
les Antilles		**aux** Antilles

1 (())

Listen to our presenters speaking about their children. Note down the details: how many children, boys or girls, and their ages.

2 (())

We interviewed Christine Jay, mother of a large family. Listen out for her children's ages and jot them down.
Then find out what type of school they go to.

Mot à mot	
une école maternelle	*nursery school (2½–6yrs)*
une école primaire	*primary school (6–11 yrs)*
un collège	*secondary school (11–14 yrs)*
un lycée	*secondary school (14–18 yrs)*
un(e) étudiant(e)	*student*
en gestion	*management studies*
aussi	*also, too*

3 (())
Allez-y!

For this activity, you're married with three children: Françoise, aged 15, Isabelle, aged 13, and Patrick, aged 9. Listen to the tape/CD and answer the questions.
1 Vous êtes marié(e)?
2 Vous avez des enfants?
3 Des garçons, des filles?
4 Ils s'appellent comment?
5 Françoise a quel âge? Et Isabelle? Et Patrick?

Why not get yourself a small indexed notebook, and start building up your own vocabulary lists?

Famille typique... et moins typique

En 2000: la Française typique a 1,9 enfant. Elle a un enfant à 29 ans. Le Français typique a un enfant à 32 ans.

Le couple français typique a 1,8 enfant. 40% des enfants sont nés de parents non-mariés.

Record français: Madeleine Devaud (née en France, en 1910) a 25 enfants: 10 garçons et 15 filles! Le bébé n° 1 (Marc) est né en 1928, le bébé n° 25 (Michel) est né en 1958.

4 *Et vous?*

Prepare and practise what you would say to a French speaker about children, your own and theirs. For example:
– *Vous avez des enfants?*
– *Non, je n'ai pas d'enfants. Et vous?*
– *Oui, j'ai deux enfants, un garçon et une fille.*
– *Votre fils a quel âge?*
– *Il a 18 ans. Il est au lycée.*
– *Il s'appelle comment?*
– *Philippe.*
– *Et votre fille?...*

Je vous présente ma famille
• Describing your family

((•)) *L*isten to Fatira Berchouche. She is French, and like thousands of young people in France, she is of North African origin.

*Fatira Berchouche,
25 ans, est française
d'origine algérienne.
Elle est née en France,
à Nîmes.*

INFO LANGUE

• **DESCRIBING MORE THAN ONE PERSON** ■ *13, 36* ▶

one	two or more
Il **est** français	Ils **sont** français
Elle **est** française	Elles **sont** françaises
Elle **s'appelle** Radia	Elles **s'appellent** Radia et Malika
Il **a** 20 ans	Ils **ont** 20 ans
Il **est né** ici	Ils **sont nés** ici
Elle **vit** ici	Elles **vivent** ici

Ils = men only, or men and women
Elles = women only
The *-ent* ending of verbs is not pronounced.

• **MY BROTHER'S CHILDREN** ■ *10* ▶

Les enfants **de** mon frère

Use *de* for 'of' to express relationships. For example, 'my sister's son', or 'the son of my sister', is *le fils de ma sœur*.

---

1 ((•))
Listen to Fatira speaking about her parents. Tick the sentences that are true.
1 Ils s'appellent Mohamed et Aïcha. ☐
   Ils s'appellent Hamed et Fatima. ☐
2 Ils ont 60 et 68 ans. ☐
   Ils ont 60 et 58 ans. ☐
3 Ils sont nés en France. ☐
   Ils sont nés en Algérie. ☐
4 Ils habitent en France. ☐
   Ils habitent en Algérie. ☐

2 ((•))
Check the meaning of these words for relatives in *Mot à mot*. Then listen to Fatira and identify which relatives she mentions: tick the boxes as you hear them.

grand-mère	☐	grand-père	☐
grands-parents	☐	père	☐
mère	☐	frères	☐
sœurs	☐	demi-frère	☐
oncle	☐	tante	☐
cousins	☐	cousines	☐
nièce	☐	neveu	☐

Mot à mot

les grands-parents	*grandparents*
le grand-père	*grandfather*
la grand-mère	*grandmother*
les parents	*parents*
le père	*father*
la mère	*mother*
les enfants	*children*
le frère	*brother*
la sœur	*sister*
le demi-frère	*half-brother, stepbrother*
la demi-sœur	*half-sister, stepsister*
l'oncle	*uncle*
la tante	*aunt*
le neveu	*nephew*
la nièce	*niece*
le cousin	*(male) cousin*
la cousine	*(female) cousin*

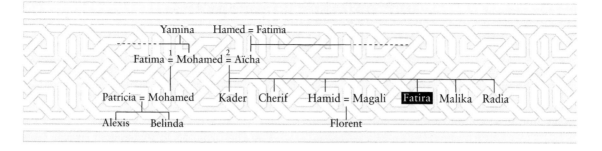

Yamina   Hamed = Fatima

Fatima = Mohamed = Aïcha

Patricia = Mohamed   Kader   Cherif   Hamid = Magali   **Fatira**   Malika   Radia

Alexis   Belinda   Florent

3

Fatira talks about her brothers and sisters. Are the statements below true (*vrai*) or false (*faux*)? Correct any that are false.

1 «Mon demi-frère s'appelle Mohamed.»
2 «Ma sœur Radia a 29 ans.»
3 «Mon frère Kader est marié.»
4 «Les enfants de Mohamed s'appellent Alexis et Belinda.»
5 «J'ai deux neveux et une nièce.»

4 *Vous y êtes?*

Fill in the missing word(s) in each sentence.

1 Le père de mon père est mon ......
2 La sœur de ma mère est ma ......
3 Le ...... de mon père est ...... oncle.
4 Le fils de ...... sœur est mon ......
5 La mère de ma mère, c'est ma ......

5 *Allez-y!*

Imagine you are Fatira. Look at her family tree and introduce as many members of the family as you like. Say for instance: *Mes parents sont algériens. Ils sont nés en Algérie mais ils habitent en France. J'ai quatre frères et deux sœurs...*

6 *Et vous?*

Draw your own family tree and use it to practise describing your family.

Cheb Khaled, chanteur de raï

Couscous

L'influence nord-africaine

Young people like Fatira are called the *Beurs*: they are French and have parents born in the Maghreb (Algeria, Tunisia, Morocco). Algeria was a French territory until independence in 1962. Algerians are the second largest minority group in France, after the Portuguese.

North African people have influenced various aspects of life in France: especially food, with *couscous* now one of France's favourite dishes, and music, with the very popular *raï*, based on traditional Arab rhythms and melodies.

Tu t'appelles comment?
• Using the right form of address

 Listen to Françoise asking ten-year-old Jonathan Riniou about himself and his family. Listen to Jonathan's answers, but see if you can also pick up the way Françoise says 'you' to him.

Jonathan Riniou

Françoise Bonjour.
Jonathan Bonjour.
Françoise Tu t'appelles comment?
Jonathan Jonathan Riniou.
Françoise Oui, et tu as quel âge?
Jonathan Dix ans.
Françoise Oui. Tu as des frères et des sœurs?
Jonathan Un frère et une sœur.
Françoise Oui. Comment s'appellent-ils?
Jonathan Barbara et Pierrick.
Françoise Et tes parents, comment s'appellent-ils?
Jonathan Mon père, il s'appelle Frédéric, et ma mère, Corinne.
Françoise Et où habites-tu?
Jonathan A Anvin.

CULTUROSCOPE
Choosing *tu* or *vous*

When you talk to someone in French you have to decide whether to address them as *tu* or *vous*. Both mean 'you' but they are not interchangeable.

Tu is informal, friendly, family-based. It is used for a close colleague, a friend or a child.
Vous is more formal and respectful, and is always used for two or more people, whether they are *tu* or *vous* individually.

If you're getting to know somebody and they invite you to say *tu* to them, you'll hear *On se dit tu?* or *On se tutoie?* (Shall we say *tu* to each other?). In which case, a likely answer is *Oui, bien sûr!* (Yes, of course!)

INFO
LANGUE

Using *tu* or *vous* involves other changes: ■ 13 ▶

VOUS	tu
Vous êtes français?	**Tu es** français?
Vous avez des enfants?	**Tu as** des enfants?
Vous habitez à Paris?	**Tu habites** à Paris?
Vous vous appelez comment?	**Tu t'appelles** comment?
s'il **vous** plaît	s'il **te** plaît

The word for 'your' also changes: ■ 9 ▶

	VOUS	tu
masc.	**votre** mari	**ton** mari
fem.	**votre** femme	**ta** femme
plural	**vos** enfants	**tes** enfants

Find a French-learning partner with whom you can practise speaking French.

1

Who's talking? Match each pair of speech bubbles to the right people.
1 a teacher and a child
2 two business people
3 two close friends
4 a shopkeeper and a customer

a
> Bonjour. Vous êtes de Paris, c'est ça?

> Oui, je suis ici pour la conférence.

b
> Et toi, tu habites où?

> A Amiens, monsieur.

c
> Alors, vous êtes du quartier?

> Oui, j'habite rue Steinkerque.

d
> Salut! Tu travailles demain?

> Non, je suis à la maison. Et toi?

2

Listen to Angélique and then Guillaume talking about their families. Can you pick up all the facts listed here?
1 number of brothers
2 number of sisters
3 their names
4 other family members mentioned
5 any pets?

Mot à mot

des animaux (*m*)	*animals*
un(e) chien(ne)	*dog*
un furet	*ferret*

3 *Vous y êtes?*

Imagine you meet a little boy in France and ask him some questions. Here are his answers: what were your questions?
a Je m'appelle Eric.
b J'ai sept ans.
c J'ai une sœur et un frère.
d Ils s'appellent Antoine et Amélie.
e J'habite à Tours.

4 *Allez-y!*

Look at the 'small talk' situations given and ask appropriate questions using either *tu* or *vous*. Check your answers with the recording.
1 Ask a French friend if she was born in Paris.
2 Ask the local baker if he has any children.
3 Ask a fellow traveller if he lives in France.
4 Ask a little girl how old she is.
5 Ask a French grandmother for the name of her sister.
6 Ask your boss how old his children are.
7 Ask a little boy what his parents are called.
8 Ask a man in the street if this is his dog.

Guillaume et sa classe

Angélique

Comptez jusqu'à cent!
• Numbers from 70-100

((•)) *L*isten to the tape/CD and learn the numbers from 71 to 100. If you wish, look back at numbers up to 70 first – on pages 13 and 14.

10	dix	71	soixante et onze
20	vingt	72	soixante-douze
30	trente	73	soixante-treize
40	quarante		
50	cinquante	81	quatre-vingt-un(e)
60	soixante	82	quatre-vingt-deux
70	soixante-dix	83	quatre-vingt-trois
80	quatre-vingts		
90	quatre-vingt-dix	91	quatre-vingt-onze
100	cent	92	quatre-vingt-douze
		93	quatre-vingt-treize
61	soixante et un(e)		
62	soixante-deux	101	cent un(e)
63	soixante-trois	102	cent deux

Note the words shown above for 70, 80 and 90. You might like to think of them as 'sixty-(plus)-ten', 'four twenties' and 'four-twenties-(plus)-ten'.

71 is 'sixty-(plus)-eleven', 72 is 'sixty-(plus)-twelve', and so on.

Note the hyphen in many of the compound numbers – *soixante-dix*, *quatre-vingts*. It is not used with *et*: *soixante et onze*.

1 From the patterns begun in the table above, work out how you'd say or write these numbers:
74, 75, 76, 77
84, 86, 88, 89
95, 97, 98, 99

2 *Vous y êtes?*
Work out the following numbers and practise saying them.
22 vingt-deux 23 24 25
21 vingt et un 41 61 81
34 trente-quatre 44 54 64
39 trente-neuf 59 79 99
22 vingt-deux 33 44 55 66 77

3 ((•)) French telephone numbers are always given in pairs of figures. Here are four phone numbers which you might find useful in Paris: the weather forecast, the tourist office, emergency doctor, and train information. Listen and match up the names and numbers.

1 Allô météo a 01 49 52 53 54
2 Office de tourisme de Paris b 01 47 07 77 77
3 SOS médecins c 01 36 65 02 02
4 SNCF renseignements d 01 45 82 50 50

4 ((•)) Listen to various people giving you their phone number in France. Write them down and say them back, to check you've got them right.

5 « Quel est le numéro de téléphone? » Answer your friend's question: look at the brochures, find and read out the phone numbers.

OFFICE du TOURISME
Place Saint-Pierre
14000 CAEN
TÉL: 02 11 86 27 65
FAX: 02 11 79 08 08

Jardin des Plantes

57, rue Cuvier - 75005 PARIS
Pour tous renseignements: 01 40 79 54 40

PARC FLORAL DE PARIS
Association pour l'Animation et la Promotion du Parc Floral de Paris
16 route de la Brasserie. 75012 Paris Tél.: 01 43 43 92 95.

LOCATION RENSEIGNEMENTS
AU PALAIS DES CONGRES
Les guichets de location sont ouverts de 12 h 30 à 19 h tous les jours à partir du 1er juillet 2003 et le dimanche à partir du 1er septembre 2003
PAR TELEPHONE
01.40.68.00.05

CHEQUE THEATRE
Les meilleures places pour tous vos spectacles
01 42 46 72 40

PARIS VILLE SPECTACLE

POINTS DE REPÈRE

At the end of this unit, do you think you can ...?	Yes	No	If not, go to ...
say whether you are married or single			p 24
ask someone if they're married			p 24
say someone's name, nationality, marital status			p 24
say how many children you have, if any			p 26
give your children's names and ages			p 26
ask someone about their children			p 26
talk about other relatives			p 28
talk about your family background			p 28
use *tu* and *vous*			p 30
count up to 100			p 32

PHONÉTIQUE

◖◗ Tu ou vous
Listen to the tape/CD and notice the different vowel sounds in *tu* and *vous*.

1 Tick the grid to show which sound you hear in these words.

	like *tu*	like *vous*
du		
une		
Toulouse		
douze		
Etats-Unis		
le Louvre		

2 Practise saying those sounds in these words. Listen and repeat.

du d'où tu tout
un jus d'orange
vous êtes d'où?
salut!

◖◗ Elles s'appellent...
The *-ent* ending of verbs is not pronounced.
Listen and repeat.

Elle s'appelle Fatira.
Elles s'appellent Radia et Malika.
Pierre habite en France.
Isabelle et Pierre habitent en France.

L'Esprit de famille

Changes in society and attitudes over the years have not diminished the French attachment to family life. Any occasion is an excuse for a family get-together – from baptisms and first communions to weddings and anniversaries.

It's not just older people who value the security and importance of the nuclear family. There is a tendency for young people today to live at home for longer and it's not unusual to see large family gatherings from the very young to the very old enjoying a meal in a restaurant together.

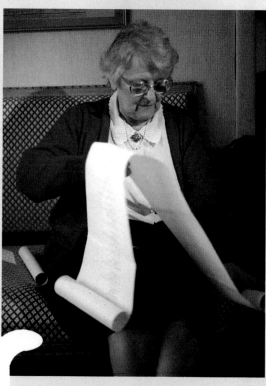

For some, like Mme Rabourdin, tracing the family tree has become an exciting pastime. It can involve research in the attic for letters, souvenirs and photographs; conversations with older relatives; or visits to town halls where records are kept.

Infos

For the French genealogist help is at hand in the form of the *Archives Nationales* in Paris. Each French *département* also has its own *Archives Civiles* while towns maintain records in their *Archives Municipales*.

In a reversal of traditional family roles, Rodolphe Boutanquoi (*below* with son Théo) has taken paternity leave to look after his children and allow his partner to return to work.

The origins of French names are diverse. They come from the saints (*Martin, Lambert, Robert*), from local topography, or from ancestral characteristics:

Dubois = from the woods
Duval = from the valley
Dupont = by the bridge

Leblond = with fair hair
Courtecuisse = with short thighs
Langlais = from across the Channel!

PROFESSIONS

Je travaille dans une banque

• Saying where you work and whether you like your job

((•)) *L*isten to people giving information about where they work, and what they think of their job.

Jean-Paul Quelle est votre profession?
François-Xavier Jay Je travaille dans une banque, je m'occupe de financements d'entreprise.

Corinne Denis, quelle est votre profession?
Denis Meynard Moi, je suis retraité. J'ai été militaire, [......] Maintenant, je suis retraité.

Corinne Qu'est-ce que vous faites dans la vie?
Gilles Ciment Je travaille à la Bibliothèque Nationale de France.
Corinne Ça vous plaît comme travail?
Gilles Beaucoup. Beaucoup. Ça me plaît beaucoup, c'est très original et intéressant.

CULTUROSCOPE

Le travail en France

France has seen many changes leading up to the start of the 21st century, and two fundamental trends in work have been the shift away from agriculture and the rise in unemployment.
In 1946, 38% of the working population were involved in agriculture; by 2001, that figure had dropped to only 2.4%. The remainder work either in industry (27.4%) or services (69.2%).
Unemployment, which was at only 1.4% in 1950 and 2.4% in 1970, rose to 9.2% in 1990 before coming down a little to 8.9% in 2002.

INFO LANGUE

• SAYING WHERE YOU WORK AND WHO YOU WORK FOR

Où travaillez-vous? Vous travaillez où?		Where do you work?
Je travaille	**dans** un hôpital	I work in ...
	à la Bibliothèque Nationale	I work at ...
	pour un journal	I work for ...
	chez Citroën	I work for ...

• SAYING WHAT JOB YOU DO ■ R6 ▶

Je suis secrétaire	I'm a secretary
Je travaille comme infirmière	I work as a nurse

• GIVING YOUR OPINION ■ 37 ▶

Ça vous plaît?	Do you like it?
Ça me plaît beaucoup	I like it very much
Ça ne me plaît pas	I don't like it
C'est intéressant	It's interesting
ennuyeux	boring
fatigant	tiring
J'aime mon travail	I like my work

Literally, *Ça me plaît* means 'It pleases me'. The expression for 'please' – *s'il vous plaît* – translates literally as 'if it pleases you'.

When you learn a new noun, always find out whether it's masculine or feminine and learn that too.

1

Listen to six people talking about their work, and match each one with the right description below. For example: *1b*

a works in a factory as a secretary
b is a teacher, works in a secondary school
c is unemployed
d is a nurse, works in a hospital
e is a sales assistant in a department store
f is retired

2

Complete the sentences with appropriate words from the list.

à chez comme dans

1 André Le Dantec travaille ...... une usine. Il travaille ...... mécanicien ...... Citroën ...... Rennes.
2 Amina Hussein travaille ...... un bureau. Elle travaille ...... comptable ...... Tati ...... Paris.

Mot à mot

Je m'occupe de	*I look after*
J'ai été militaire	*I was a soldier*
maintenant	*now*
une banque	*bank*
une bibliothèque	*library*
un bureau	*office*
un(e) comptable	*accountant*
les financements d'entreprise	*corporate financing*
un hôpital	*hospital*
un infirmier/ une infirmière	*(male/female) nurse*
un magasin	*shop*
un grand magasin	*department store*
un(e) mécanicien(ne)	*mechanic*
une usine	*factory*
un vendeur/ une vendeuse	*sales assistant*
grand(e)	*large, big*
chez X	*at X's home/shop/company*
c'est-à-dire	*that is to say, I mean*
enseigner	*to teach*
un étranger	*foreigner*
une langue	*language*
français langue étrangère	*French as a foreign language*
plusieurs	*several*

3 *Vous y êtes?*

How would you say these in French?
1 I work in Lyon ...
2 ... but I live in Grenoble.
3 I work as an accountant.
4 What about you?
5 Where do you work?
6 My wife works in a school.
7 My father's a teacher.
8 Yes, I like it very much.

4

Listen to an interview with Chantal Decourt, and find out where she works and what she does for a living.
Then read what a friend says about her. Can you find the two factual errors?

« Chantal travaille dans une école de langues à Londres. Elle est professeur de français langue étrangère, c'est-à-dire qu'elle enseigne le français aux étrangers. Elle a des étudiants de plusieurs nationalités: des Américains, des Japonais, des Anglais, des Ecossais, des Italiens et des Espagnols, mais elle travaille surtout avec des Japonais. »

5 *Et vous?*

Say whether you work or not, and if so where you work and what your job is. Do you like it?

Bibliothèque Nationale de France

Je travaille de neuf heures à midi

• Times and working hours

((•)) *L*isten to people talking about the hours they work. You'll also learn how to tell the time in French.

Françoise Quelle est votre profession?
Mme Lebœuf Je suis agent des postes.
Françoise Et combien d'heures par semaine faites-vous?
Mme Lebœuf Trente-neuf heures.

Claude Théret Je suis garagiste.
Françoise Quels sont vos horaires habituellement?
Claude Je travaille tous les jours de la semaine, de neuf heures à midi et de quatorze heures à vingt heures.

Corinne Tu as quels horaires de travail?
Michel Bassot Je commence le matin entre huit heures trente et neuf heures. Je termine mon travail aux alentours de dix-neuf heures trente, dix-neuf heures quarante-cinq.

Mot à mot

un jour	*day*
une heure	*hour*
un horaire	*working hours, timetable*
midi	*midday*
minuit	*midnight*
par semaine	*a week, per week*
tous les jours	*every day*
le matin	*morning, in the morning*
l'après-midi (*m*)	*afternoon, in the afternoon*
le soir	*evening, in the evening*
aux alentours de	*around*
entre	*between*
j'ai un élevage de chats	*I breed cats*
après l'école	*after school*
en général	*generally*
une hôtesse d'accueil	*receptionist*
parfois	*sometimes*
surtout	*mainly*

INFO
LANGUE

• TELLING THE TIME   ■ R3 ▶

Quelle heure est-il?	What's the time?
Il est quelle heure?	

Il est	une heure	It's one o'clock
	deux heures	It's two o'clock

• USING THE 12-HOUR CLOCK

une heure	cinq	five past one
	dix	ten past ...
	et quart	quarter past ...
	vingt	
	vingt-cinq	
	et demie	half past ...
deux heures	moins vingt-cinq	twenty-five to two
	moins vingt	
	moins le quart	
	moins dix	
	moins cinq	

• USING THE 24-HOUR CLOCK

13:05	Il est treize heures cinq.
14:15	Il est quatorze heures quinze.
17:50	Il est dix-sept heures cinquante.

Heures can be shortened to *h* in writing, e.g. 8h, 9h15, 14h30.

Note also:

deux heures du matin	*two in the morning*
trois heures de l'après-midi	*three in the afternoon*
sept heures du soir	*seven in the evening*

• EXPLAINING YOUR WORKING HOURS

Je	**commence à** neuf heures	I start at ...
	termine à cinq heures	I finish at ...
Je travaille		
	de neuf heures **à** cinq heures	from ... to ...
	jusqu'à sept heures et demie	until ...
	huit heures **par jour**	... a day
	quarante heures **par semaine**	... a week

1 ((·))

Play the recording. Match each conversation with the right clock, for example: *1a*.

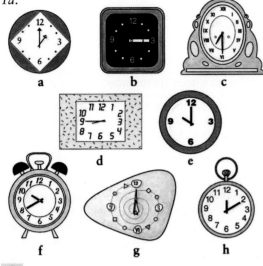

a   b   c

d   e

f   g   h

2 *Allez-y!*

Look at the clocks above, and say the time.

3

Using the time zones map, give the time in each place, including whether it's morning, afternoon or evening.

A Londres, il est midi.

1 A Tokyo, il est ...... heures du ....
2 A Madrid, il est ...... heure de l'...... .
3 A Delhi, il est ...... heures de l'...... .
4 A Rio de Janeiro, il est ...... heures du ....
5 A San Francisco, il est ...... heures du ....
6 A Paris, il est ...... heure de l'...... .

4 ((·))

Listen to the interviews with Françoise Guillaumont, Virginie Ducreux and Frank Martin. Read the statements below and work out who said what. Write the speaker's initials after each statement.

1 «Je suis professeur...» ☐
2 «Je suis infirmière...» ☐
3 «Je suis hôtesse d'accueil...» ☐
4 «Je travaille la nuit...» ☐
5 «Le matin j'ai un autre travail...» ☐
6 «Je m'occupe de mes chats...» ☐
7 «Je travaille surtout après l'école...» ☐
8 «Mes horaires sont un peu spéciaux...» ☐

5 ((·))

Play the recording of Françoise, Virginie and Frank again and listen out for what they say about their working hours.
Fill in the missing words.
Françoise «Je commence le soir .... vingt et une heures.»
Frank «Je travaille .... dix-sept heures .... vingt-deux heures en général.»
Virginie «Je travaille l'après-midi .... deux heures moins le quart .... cinq heures moins le quart, et parfois .... sept heures et demie.»

6 *Et vous?*

If you work, say at what time you start and finish work, and how many hours you do each day or each week.

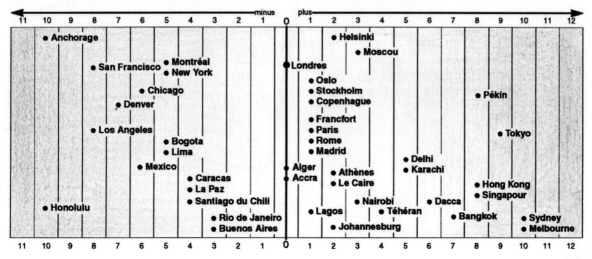

Du lundi au vendredi

• Days of the week • Frequency

((•)) *L*isten to people saying which days of the week they work and what they do outside work, for instance, how often they go to a restaurant.

Corinne Vous vous appelez comment?
Hubert Moreau Je m'appelle Hubert Moreau. Je suis boulanger-pâtissier-traiteur dans le Val d'Oise.
Corinne Vous commencez à quelle heure, le matin?
Hubert Quatre heures du matin.
Corinne Et vous travaillez tous les jours de la semaine?
Hubert Pas le lundi, lundi est repos. Tous les jours.
Corinne Mardi, mercredi,...
Hubert ... jeudi, vendredi, samedi, dimanche.

Jean-Paul Vous mangez souvent au restaurant?
Femme De temps en temps. Pas souvent.
Jean-Paul Combien de fois par mois?
Femme Deux fois par mois.

Mot à mot	
lundi	*Monday*
mardi	*Tuesday*
mercredi	*Wednesday*
jeudi	*Thursday*
vendredi	*Friday*
samedi	*Saturday*
dimanche	*Sunday*
tous les jours	*every day*
un boulanger-pâtissier	*baker*
un traiteur	*caterer*
le repos	*rest, day off*
je vais	*I go*
j'y vais	*I go there*
à la piscine	*to the swimming pool*
au théâtre	*to the theatre*

INFO LANGUE

• **SAYING WHICH DAYS YOU WORK**   ■ *R3* ▶

Je travaille le dimanche	*... on Sundays*
Je ne travaille pas le mercredi	*... on Wednesdays*
Je travaille du lundi au jeudi	*... from ... to ...*

• **TO SAY HOW OFTEN YOU DO SOMETHING**

Je **ne** vais **jamais**	au théâtre	*I never ...*
Je vais **très peu**	au cinéma	*I hardly ever ...*
souvent	au restaurant	*I often ...*
Je vais à la piscine		*... three times a*
trois fois par mois/an		*month/year*
de temps en temps		*from time to time*

1 ((•)) Listen to Anne-Marie Dossman describing her weekly routine. Check what she says against her diary: are there any differences this week? What is her job?

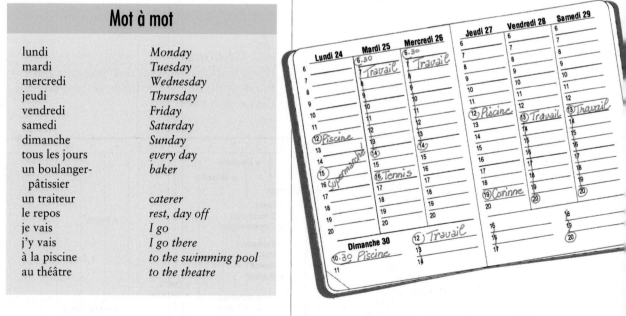

CULTUROSCOPE
Schooldays

Most French children of primary school age (6 to 11) go to school on Mondays, Tuesdays, Thursdays, Fridays, and Saturday mornings. They usually have Wednesdays off. Lessons generally start at 9 am and finish at 4.30 pm, with a lunch break between 12 and 2 pm.
Secondary school students (over 11 years) work longer hours. They usually have lessons every day, Monday to Saturday, with Wednesday and Saturday afternoons off. Their timetables vary, but some start as early as 8 am and finish as late as 6 pm.

2 ((•))
Fill in the gaps in this summary of Anne-Marie's routine. Listen again, if you wish.

Elle ne travaille pas le …… et le …… ,
mais elle travaille le …… .
Une fois par …… elle travaille le …… .
Elle va …… piscine …… fois par semaine.
Le lundi, elle va …… supermarché.
Elle ne va jamais …… restaurant.

3 ((•))
Listen to Thomas Février, and find out:
1 How old is he?
2 On which days does he go to school?
3 What time does he start and finish in the morning?
4 What time does he start and finish in the afternoon?

Then read *Culturoscope* above. Is Thomas's school week typical for his age group? In what way do his hours differ?

Do a little French study every day. Twenty minutes, five times a week, is better than two hours once a week.

4 *Et vous?*
Do you go out often, once a week, never? Do you work every day? Choose from these activities: how often do you do them, and on which days?
– work
– go swimming
– go to the cinema or theatre
– go to a restaurant
– go to your parents'/children's/friends' home

Ouverture du Jardin à : 7h45
Fermeture du Jardin à : 18h30

24 heures de la vie d'une femme

*H*ere is a magazine article, taken from *Elle*, in which a French woman talks about a typical day in her life.

CATHERINE PETERMAN, HÔTESSE DE L'AIR

42 ANS. DIVORCÉE. DEUX ENFANTS DE 15 ET 9 ANS. CHEF DE CABINE SUR UTA ET BÉNÉVOLE À MÉDECINS DU MONDE OÙ ELLE S'OCCUPE DE L'ENFANCE.

ASSOCIATION RÉGIE PAR LA LOI DU 1er JUILLET 1901
RECONNUE D'UTILITÉ PUBLIQUE
PAR DÉCRET DU 24/01/1989

« Tous les matins, à 7 h, je suis réveillée par mon fils aîné, Adoum, 15 ans. Je vais réveiller son frère, Stéphane, 9 ans, et nous prenons le petit déjeuner tous les trois. Deux fois par semaine, j'essaie d'aller faire de la gym. Puis je vais faire les courses au marché de Buci : un vrai plaisir. J'habite Saint-Germain-des-Prés depuis vingt ans et les commerçants sont devenus des copains. En fin de matinée, je pars travailler. J'ai deux casquettes : UTA où je suis chef de cabine sur long courrier et Médecins du monde où j'anime le secteur Enfance. Quatre ou cinq fois par mois, ma compagnie m'envoie, pour une durée de deux à cinq jours, en Afrique, à Singapour ou à San Francisco. Pendant que je suis dans les avions, les enfants vont chez leur père dont je suis séparée depuis deux ans. Il habite à 200 m de chez moi. A 16 h 30, j'essaie d'être à la maison pour les enfants. Après le dîner, les enfants lisent ou regardent un film. Les garçons couchés, parfois je vais au cinéma ou au restaurant avec des copains. Ou tout simplement je me glisse sous la couette et, vers 23 h, je dors. »

1 Read the article once, and make a list of all the words you have already come across in the first four units of this course.

2 Read through the text again, and find out the answers to the following questions:
Quel âge a Catherine?
Est-ce qu'elle vit seule?
Comment s'appellent ses enfants?
Quel âge ont ses enfants?
Où habite-t-elle?
Quelle est sa profession?

3 Find the French phrases used in the article for the following:

1 my eldest son
2 all three of us
3 twice a week
4 four or five times a month
5 at the end of the morning
6 after dinner
7 with some friends
8 at about 11 pm

4 Answer the following questions.

1 Catherine has two jobs: one is for a voluntary organisation called *Médecins du monde*. What is the other company she works for?
2 Does she work on short or long-haul flights?
3 Which places does her work take her to?
4 Who looks after the children when she goes away?

Mot à mot

un(e) bénévole	*volunteer*
une casquette	*cap, hat*
un chef de cabine	*head steward(ess)*
un courrier	*(here:) flight*
les courses (f)	*shopping*
une durée	*length of time*
l'enfance (f)	*children, childhood*
les garçons couchés	*when the boys are in bed*
une hôtesse de l'air	*air hostess*
UTA (Union de Transports Aériens)	*(a French airline, now part of the Air France group)*

POINTS DE REPÈRE

At the end of this unit, do you think you can ...?	Yes	No	If not, go to ...
say where you work			p 36
say whether you like your job			p 36
ask and say what time it is			p 38
say at what time you start and finish work			p 38
say how many hours a day/week you work			p 38
say what you do on different days of the week			p 40
say how often you do something			p 40
read about someone else's lifestyle			p 42

PHONÉTIQUE

((•)) **Les voyelles**
Generally, French vowels are shorter and crisper than English vowels. Listen and repeat the words you hear, rounding the lips firmly for '*o*' and spreading them wide for '*i*'.
mot   bureau   Tokyo
ami   Paris   dîner

1 Say these words, taking care with the vowel sounds. Check the way you say them with the tape/CD.

château   allô
hôtesse   hôpital
mardi   mercredi   jeudi
samedi   ami   allez-y!

2 Say these sentences with short, sharp vowel sounds. Listen to the tape/CD to check your pronunciation.

Jojo habite un château à Tokyo.
Lulu habite avec nous.
Loulou va à la piscine tous les jours.

La France au travail

The pattern of employment in France is changing. Work in rural and industrial areas is on the decline whilst jobs in service industries are on the increase. Unemployment and the number of working women (46 per cent of the work force) also mean that changes in the structure of working hours are essential, with part-time employment, shorter hours and job-sharing.

One thing that remains unchanged is *les congés payés* or paid holidays. The statutory right to these was introduced in 1936 and now, at five weeks entitlement, France is second only to Germany in the world for the length of paid annual holiday for its workers.

Les Fêtes Légales are in addition to the paid holidays. If they occur on a Tuesday or Thursday the French can *faire le pont* which means they link the days to the weekend and don't work on the Monday or the Friday either.

Les Fêtes Légales

1er janvier (Le Jour de l'An)	New Year's Day
Lundi de Pâques	Easter Monday
1er mai (La Fête du Travail)	Labour Day
8 mai (La Fête de la Liberté et de la Paix)	VE Day (1945)
Jour de l'Ascension	Ascension Day
Lundi de la Pentecôte	Whit Monday
14 juillet (La Fête Nationale)	Bastille Day
15 août (L'Assomption)	Assumption Day
1er novembre (La Toussaint)	All Saints' Day
11 novembre (La Fête de la Victoire)	Armistice Day (1918)
25 décembre (Noël)	Christmas Day

Infos

Pierre Baud is chief test pilot for Airbus Industrie, working on the whole Airbus range. The aerospace industry is thriving in France. Airbus Industrie, based in Toulouse, is a model of European cooperation. Set up in 1970 as a joint venture between France and Germany, it now has backing from both Britain and Spain too.

Inside a test Airbus

In contrast to the hi-tech world of French aerospace, Christian Ringeval works as a *garde* or ranger in the Parc National des Pyrénées. Within its 48 000 hectares, all hunting, flower-picking and camping are forbidden. One part of the ranger's job is teaching the younger generation to appreciate and understand nature.

VILLE ET CAMPAGNE

J'habite à Anvin

• Saying where you live

*L*isten to people saying where they live. You'll find out how to say where you live – what kind of home you have and where it is situated.

Françoise Vous habitez une maison ou un appartement?
Martine Debray Une maison.
Françoise Une grande maison?
Martine Avec jardin. Une grande maison avec jardin.
Françoise En ville ou à la campagne?
Martine En ville.

Françoise Et où habites-tu?
Jonathan Riniou A Anvin.
Françoise A Anvin? Où est-ce, Anvin?
Jonathan Ça se trouve dans le nord de la France, dans le Pas-de-Calais.

Virginie Vous habitez où, Claude?
Claude Vinsson A la Chapelle-en-Lafaye, un petit village situé dans les monts du Haut Forez.
Virginie Vous êtes dans les montagnes?
Claude On est situé à onze cents mètres d'altitude.
Virginie A la campagne, donc.
Claude Ah oui, à la campagne.

INFO LANGUE

• SAYING WHERE YOU LIVE ■ 24 ▶

Vous habitez où?	
Tu habites où?	
J'habite	
(dans) un appartement	*in a flat*
(dans) une maison	*in a house*
(à) Amiens	*in + name of town*
au centre-ville	*in the town/city centre*
en ville	*in town*
en banlieue	*in the suburbs*
dans un village	*in a village*
à la campagne	*in the country*
au bord de la mer	*at the seaside*

• THE WORD FOR 'WE'

You can use *nous*, or *on*, which is informal. The verb ending varies depending on which you choose: *Nous habitons en Bretagne, On habite dans une maison.*

• SAYING WHO LIVES WHERE ■ 38 ▶

J'habite is the *je* form of the verb *habiter*. *Habiter* is the infinitive, i.e. the neutral form of the verb, as you will find it in a dictionary if you look up the French for 'live' or 'to live'. To say 'I live', 'she lives' or 'we live', you adapt it:

I	j'habite
you	tu habit**es**
he/she	il/elle habite
we	on habite
we	nous habit**ons**
you	vous habit**ez**
they	ils/elles habit**ent**

Note that *habite, habites* and *habitent* all sound the same. The *-s* and *-ent* endings aren't heard.

Mot à mot

un appartement	*flat*
une maison	*house*
un jardin	*garden*
le nord	*north*
grand(e)	*big, large*
petit(e)	*little, small*
situé(e)	*situated*
ça se trouve	*it's situated/found*
une montagne	*mountain*
un(e) habitant(e)	*inhabitant*

1 ((·))

Listen to our presenter explaining where various members of her family live. Match up the details in the two columns.

1 Mes parents   **a** Dijon, centre-ville
2 Mon frère et sa femme   **b** bord de la mer
3 Ma grand-mère   **c** maison, banlieue
4 Ma sœur   **d** Ecosse, Glasgow
5 Mon mari et moi   **e** campagne
6 Mes enfants   **f** village de 150 habitants

2 ((·))

For each place in activity 1, how would you say 'in' or 'at'? Choose from the list below. Check back with the recording, if you wish.

à   à la   au   dans un   dans une   en

CULTUROSCOPE

75, c'est Paris!

France is divided into 95 *départements* (see map page 247). Many are named after mountains (e.g. le Jura, les Pyrénées-Orientales, les Hautes-Alpes), rivers (la Dordogne, la Loire), estuaries, coastlines and other characteristics like moorlands (les Landes). They are numbered 01–95, mostly in alphabetical order. These numbers appear on car number plates and in postcodes (telephone codes are different).

3 ((·)) *Allez-y!*

Imagine you've been stopped in the street for some market research. Play the tape/CD and answer the interviewer's questions.
«Comment vous appelez-vous?»
Say your name is Daniel Lambert.
«Et où habitez-vous?»
Say you live in Manchester, in a flat in the suburbs.
«Vous travaillez où?»
Say you work in the city centre.

Now look at the interviewer's form: work out the conversations she had with the people she has recorded.

Nom	Lucie CRAMET	M. et Mme GRANGER
Habite(nt)	Maison village	Appartement au bord de la mer
Travaille(nt)	Londres Banlieue	Vannes (petite ville)

4 ((·)) *Et vous?*

Now your turn to say where you live. Give as much information as possible. First, listen to Corinne saying where she lives and works.

Presles

Anvin, c'est dans le nord de la France

• Locating places

 INFO
LANGUE

((•)) *L*isten to the way three people give the precise location of their home town.

Françoise Vous habitez où?
Martine Debray J'habite à Saint-Pol-sur-Ternoise.
Françoise Et c'est où, ça?
Martine C'est une petite ville près d'Arras, dans le Pas-de-Calais.

Françoise [......] Où est Anvin?
Dji Persyn Anvin, c'est entre Saint-Pol et Hesdin, dans le département du Pas-de-Calais.
Françoise Dans le nord de la France, alors.
Dji Dans le nord de la France.

Chantal Decourt Je suis née dans une commune qui s'appelle Aubervilliers, tout près de Paris.
Corinne C'est où, Aubervilliers?
Chantal C'est dans le nord de Paris, enfin, c'est dans la banlieue nord de Paris.

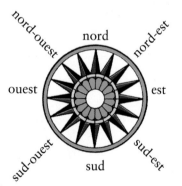

• **DESCRIBING THE LOCATION OF A PLACE** ■ *25, R4* ▶
Which part of the country or city it's in:

dans	le nord	de la France	in the north of ...
	le sud	de l'Italie	in the south of ...
	l'ouest	du pays de Galles	in the west of ...
	l'est	des Etats-Unis	in the east of ...
	le centre	de Paris	in the centre of ...

Where it is in relation to another place:

au	nord	de Paris	to the north of Paris
	sud	d'Amiens	
à l'	est		
	ouest		

How far it is from another town or place:

C'est à	50 kilomètres	de Paris	It's 50 km from Paris
	une heure		
	500 mètres	du centre	It's 500 m from the centre
	cinq minutes		

Note how *de* changes before a masculine or plural word. It's *de la ville* and *de l'Italie*, but *du centre* and *des Etats-Unis*.

Mot à mot

C'est où?	*Where is it?*
Où est ...?	*Where is ...?*
près de	*near*
tout près de	*very near*
à côté de	*next to*
pas loin de	*not far from*
loin de	*far from*
entre	*between*
une commune	*district*
un hameau	*hamlet*

 **CULTUROSCOPE**

Où vivent les Français?

• 38% des Français habitent dans le bassin parisien, 14% l'Ouest, 12% au bord de la Méditerranée, 10% l'Est, 9% le Centre-Est, 9% le Sud-Ouest, 8% le Nord.
• 35% habitent dans une ville, 31% dans une banlieue, 27% dans un village et 8% à la campagne.
• 55% habitent dans une maison, 45% dans un appartement.

1 ((•))

Listen to three women saying where they live. Fill in the gaps in the sentences taken from their explanations.

Virginie Ducreux «J'habite un petit hameau qui s'appelle Nuzin, à ...... kilomètres de Montbrison. Montbrison est à ...... minutes de Saint-Etienne et à ...... heure de Lyon.»

Fatira Berchouche «J'habite à Valliguières, dans le ...... de la France.»

Anne-Marie Lépine «Je viens de Normandie, d'un très petit ...... qui s'appelle Rônai. C'est à ...... kilomètres de Caen. Le ...... est le Calvados.»

2 ((•))

You want to visit five châteaux around Paris. Listen to the recorded information and jot down useful information about each one, as shown in the example for Versailles.

Château	Distance de Paris	Heures d'ouverture
Versailles	15 km	9 h – 17 h
Chantilly		
Saint-Germain-en-Laye		
Rambouillet		
Fontainebleau		

3 ((•)) *Allez-y!*

Imagine you're on your way to stay with some friends in the town of Vannes. Prepare what you'd say to the taxi driver in answer to his questions. Then listen to the recorded conversation to check your answers.

«Oui?»
Tell him, rue Pierre Loti.
«C'est où, ça, la rue Pierre Loti?»
Say it's in the north of Vannes.
«Où exactement?»
Say it's ten minutes from the lycée Lesage, near the centre commercial de Kercado.
«Ah oui, d'accord, je vois. Alors, on y va!»

4 *Et vous?*

Can you explain to French friends precisely where you live and where they'd find your home?

Chantilly

Saint-Germain-en-Laye

Versailles

Rambouillet

Fontainebleau

Verrières, c'est très petit

• Describing a place   • Expressing likes and dislikes

((•)) *P*lay the recording. You will hear people describing their home environment and saying how they feel about living there.

Danièle Ducreux J'habite à Verrières, c'est dans la Loire, à côté de Montbrison. Je préfère la campagne, je préfère être près des animaux et près de la nature. Verrières, c'est un petit village qui se trouve au pied des monts du Forez, c'est très petit. Il y a un lycée quand même, et une boulangerie...

Corinne Et c'est comment, Montmorency?
Valérie Buil Montmorency est une jolie ville, assez humaine. Il y a des jolies maisons, il y a des belles propriétés, c'est une ville agréable.
Corinne On peut y faire beaucoup de choses?
Valérie Il n'y a pas beaucoup de choses pour les enfants, pas beaucoup de choses pour les jeunes.

Mot à mot

C'est comment?	*What's it like?*
beau/belle	*beautiful, lovely*
Je préfère	*I prefer*
être	*to be*
agréable	*pleasant*
animé(e)	*lively*
calme	*quiet, calm*
joli(e)	*pretty, nice*
humain(e)	*human*
au pied de	*at the foot of*
quand même	*all the same, even so*
une boulangerie	*baker's shop*
de belles propriétés	*fine houses, property*
beaucoup (de)	*many, much, a lot*
une chose	*thing*
les jeunes	*young people*
un quartier	*area, district*

Find a method that suits you for memorising words. Do you prefer to write them down, read them over and over, or sing them?

INFO LANGUE

• **SAYING WHAT A PLACE IS LIKE**   ■ 37 ▶

C'est	**assez**	petit	*It's quite/rather ...*
	très	calme	*It's very ...*
	trop	moderne	*It's too ...*
Ce n'est pas **très**		agréable	*It's not very ...*

• **SAYING WHAT THERE IS OR ISN'T**   ■ 35 ▶

Il y a	un lycée	*There's /There are ...*
	des restaurants	
	beaucoup de bruit	*a lot of noise*
	trop de monde	*too many people*
Il n'y a pas de	cinéma	*There's no cinema*
	magasins	*There aren't any shops*

• **SAYING YOU LIKE OR DISLIKE SOMETHING**

✓	J'aime (bien)	la campagne
✓✓	J'aime beaucoup	habiter ici
✓✓✓	J'adore	ma maison de campagne
✗	Je n'aime pas beaucoup	Paris
✗✗	Je n'aime pas (du tout)	la ville
✗✗✗	Je déteste	habiter en banlieue

The verbs *aimer, adorer, détester* work the same way as *habiter*:
J'aim**e**..., Nous aim**ons**..., Les enfants aim**ent**... Tu ador**es**...?, Mon père détest**e**..., Vous détest**ez**...   ■ 38 ▶

• **USING ADJECTIVES WITH NOUNS**   ■ 6 ▶
Many adjectives change their spelling to match the gender (masculine, feminine) and number (singular, plural) of the noun. For example:

une jolie maison	trois jolies maisons
un joli café	beaucoup de jolis cafés

All four forms of *joli* sound the same, but for many adjectives the spelling change also affects pronunciation.

1

Listen to people speaking about four places worth visiting in France (and shown in the photos). Then read comments a–d below. Which one refers to which place?

a C'est très calme et il n'y a pas trop de monde. J'aime bien.

b C'est joli et agréable. Il y a beaucoup d'étudiants et beaucoup de restaurants. C'est assez animé. J'adore.

c C'est très joli, mais il y a trop de monde. Je n'aime pas du tout.

d L'architecture est très moderne, c'est intéressant. J'aime beaucoup.

1 *Le Mont-Saint-Michel, en Normandie*

2 *Les plages des Landes, dans le Sud-Ouest*

3 *Le quartier de la Défense, à l'ouest de Paris*

4 *La ville de Montpellier, dans le Sud*

2 *Vous y êtes?*

Rewrite these sentences, replacing the symbol with a suitable word or expression.

1 J' ✔✔ Paris.

2 Vous ✘✘ l'architecture moderne?

3 Nous ✘✘✘ habiter au centre-ville.

4 Tu ✔ la France?

5 Mes enfants ✔✔✔ les vacances au bord de la mer.

6 Mon mari ✘ les week-ends à la maison, c'est trop calme.

3 *Allez-y!*

Some people you've met in France are asking about your home environment. Listen to the tape/CD and answer their questions.

«Vous habitez où?»
Say you live in a suburb, in the north of London.
«Vous avez une maison ou un appartement?»
Say you live in a flat.
«Et votre quartier, c'est comment?»
Say it's pleasant, and very lively, but there's too much noise.
«Vous aimez bien?»
No, you don't like it at all.

Now imagine you're one of these people. How would you answer the same questions?

• Ahmed lives in a house in a village in the countryside, 10 kilometres west of Montpellier. It's very quiet and very beautiful, he loves it.

• Mme Leclerc has a flat in Lyon town centre. It's beautiful, it's very busy, there are lots of people, she adores it.

4 *Et vous?*

Your turn to explain where you live, what it's like, and to say whether you like it or not! Listen first to what Corinne says about Presles.

Le 17ᵉ arrondissement
• Getting to know Paris

((•)) *B*efore you listen to the recording, look at the map of Paris and read *Culturoscope* on page 53. On the tape/CD Parisians talk about the *arrondissement* they live in.

Mot à mot

une ambiance	*atmosphere*
anonyme	*anonymous*
sympa	*friendly*
vivant(e)	*lively, alive*
parce que	*because*
connu(e)	*well-known*
coupé(e)	*cut*
encore	*still*

INFO
LANGUE

• FIRST, SECOND, THIRD　　　　■ R1 ▶

1ᵉʳ	premier (*m*)	1st
1ʳᵉ	première (*f*)	1st
2ᵉ	deuxième	2nd
3ᵉ	troisième	3rd
4ᵉ	quatrième	4th
9ᵉ	neuvième	9th
17ᵉ	dix-septième	17th
20ᵉ	vingtième	20th

1 ((•))
Listen to a recorded guide to some of the best-known monuments in Paris. Find out which *arrondissement* each of them is in.
For example: la tour Eiffel – *dans le 7ᵉ*
La cathédrale Notre-Dame; le Louvre;
les Champs-Elysées; l'Opéra; le Sacré-Cœur.

2 *Vous y êtes?*
Write out in full the numbers in these sentences.
1 Son fils est la 8ᵉ merveille du monde!
(*Her son is the best thing since sliced bread.*)
2 Je suis au 7ᵉ ciel.
(*I'm in seventh heaven, I feel really happy.*)
3 Je suis au 36ᵉ dessous.
(*I feel really down.*)

3 ((•))
Listen to Chantal Decourt telling us about where she lives – the 17th *arrondissement*.
As you listen, match the captions to the photos.
1 Il y a un 17ᵉ très chic, très bourgeois.
2 Il y a un parc qui est très joli.
3 Il y a un 17ᵉ populaire.

a

b

c

4 ((•))
  Try and answer the following questions in French. Listen to Chantal again, if you wish.
1 Est-ce que Chantal aime son quartier?
2 Où est le 17e?
3 Est-ce qu'il y a beaucoup de monuments dans le 17e?
4 Monceau, c'est quoi?
5 Quels sont les deux aspects du 17e?
6 La population est cosmopolite. Quelles nationalités est-ce que Chantal mentionne?

CULTUROSCOPE

Paris, une capitale en spirale

Paris is built on seven hills and divided in two by a river, the Seine. Its north bank is called *la rive droite*, the south bank is *la rive gauche*. The city covers 78 km² and has 2.05 million inhabitants. It is divided into twenty administrative districts called *arrondissements*, arranged in a spiral.

POINTS DE REPÈRE

At the end of this unit, do you think you can ...?	Yes	No	If not, go to ...
say you live in a house or flat			p 46
say where you live, town or country			p 46
say where other people live			p 46
give details to locate your home town			p 48
understand information on where places are			p 48
describe a town or village			p 50
give your opinion of your home town			p 50
say you like/dislike, love/hate something			p 50
use numbers in a series: 1st, 2nd, 3rd...			p 52

PHONÉTIQUE

((•)) **Maison ou appartement**
A characteristic feature of the French language is its nasal vowels. The ones at the end of *maison* and *appartement* are different from each other: listen to the tape/CD.

Like *maison*:
mon, oncle, le Monde, Montpellier.

Like *appartement*:
France, centre, grands-parents, enfants.

One of each:
arrondissement.

1 Listen and decide which sound you hear in these words.

	like *maison*	like *appartement*
habitons		
campagne		
Montbrison		
étudiant		
ambiance		

2 Your turn to say these sentences. Check with the tape/CD.

Mon oncle s'appelle Léon.
Ma tante s'appelle Hortense.
Mon oncle et ma tante ont deux enfants.

Lieux de vie

Ninety per cent of French people live in urban areas and one in five lives in the Ile de France (the Parisian region). In the 1960s new towns were built, work was plentiful and immigrant workers were invited to settle in France. Housing was needed both for them and for the children of the post-war baby boom.

The new towns were to be modern and comfortable, but the monotony and uniformity of the *banlieue* bred depression and boredom. They became the dormitory towns of Paris summed up in the 1968 revolutionary slogan *Métro-Boulot-Dodo* (Metro-Work-Sleep). The social problems of the suburbs have now become so great that a Minister for the Urban Areas has been appointed to tackle them.

Not all new suburbs breed unhappiness. Cergy-Pontoise is 25 kilometres north-west of Paris. Begun in 1969 it avoided the tower blocks of the earlier 1960s and concentrated on the quality of life of the people who were to live there. In Cergy there is employment and excellent social amenities for its young population.

Infos

For the *néo-ruraux* the only solution is to leave urban life altogether. Almost thirty years ago six people set up a communal farm in Vaour, a village near Montauban in south-west France. It's still going, although some of the original 'settlers' have left and most of those who have stayed on are now doing other things.

UNITÉ ÉTAPE

1 Beaucoup de garçons nés en France en 1990 s'appellent Kévin. Vrai ou faux?

2 Quelle ville est dans quelle région?

Lyon	Bretagne
Marseille	Provence-Alpes-Côte d'Azur
Rennes	Rhône-Alpes
Strasbourg	Alsace

3 Le musée du Louvre est fermé le mardi. Vrai ou faux?

4 L'architecte de la Pyramide du Louvre s'appelle Ieoh Ming Pei.
   a) C'est un Français d'origine vietnamienne.
   b) C'est un Américain d'origine vietnamienne.
   c) C'est un Américain d'origine chinoise.

5 Un chômeur...
   a) n'a pas de maison.
   b) n'a pas de travail.
   c) n'a pas d'enfants.

6 En 2000, le couple français typique a...
   a) 2,18 enfants.
   b) 1,8 enfant.
   c) 3,8 enfants.

7 En France, les enfants commencent à aller à l'école primaire à l'âge de...
   a) six ans. b) cinq ans. c) sept ans.

8 Le Maghreb est...
   a) en Afrique du nord.
   b) un plat d'origine marocaine.
   c) aux Antilles.

9 Les Beurs sont de nationalité française et...
   a) leurs parents sont portugais.
   b) leurs enfants sont nord-africains.
   c) leurs parents sont nord-africains.

10 Un lycée est...
   a) une crèche pour les enfants de deux à six ans.
   b) une école secondaire pour les jeunes de quatorze à dix-huit ans.
   c) un collège technique.

11 Trente-huit pour cent des Français travaillent dans l'agriculture. Vrai ou faux?

12 Les jeunes Français ne vont pas à l'école le mercredi après-midi. Vrai ou faux?

13 Les jeunes Français vont à l'école le samedi matin. Vrai ou faux?

14 Trouvez l'intrus (*the odd one out*):
   dimanche   jeudi   jamais   mardi

15 Trouvez quatre pays ou régions francophones.

1 G	E	B	I	Q	U	E	L	
2 A	U	P	E	G	L	O	U	D	E
3 N	A	A	A	C	D			
4 G	L	A	S	E	N	E		

16 Le Jura est un département de l'est de la France. C'est aussi...
   a) le nom d'une rivière.
   b) le nom d'une chaîne de montagnes.
   c) le nom d'une ville.

17 Soixante-huit pour cent des Français habitent à la campagne. Vrai ou faux?

18 Qu'est-ce qui divise Paris en deux?
   a) La Seine. b) La Loire. c) Le Rhin.

19 A Paris, il y a...
   a) 2 050 000 d'habitants.
   b) 205 000 habitants.
   c) 12 000 000 d'habitants.

20 Ce dessin représente...
   a) les régions.
   b) les départements.
   c) les arrondissements.

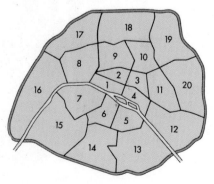

MOTS CROISÉS

Horizontalement
2 Il est né en France, il est ......
6 Sept jours = une ......
8 Joli
10 Tu es marié, elle est mariée, vous ...... mariés
11 Le premier jour de la semaine
12 ...... habite à Marseille = nous habitons à Marseille
13 Tu ...... française?
15 J'habite ...... France
16 J'habite dans une maison avec un ...... et un garage
18 Comment t'appelles-...... ?
20 Mon mari s'...... Pierre
23 Je n'...... pas d'enfants
24 Quelle ...... est-il? Il est minuit
26 J'ai trois frères et une ......
27 ...... s'appelle François

Verticalement
1 Onze + dix-neuf = ...
3 Quel ...... avez-vous? J'ai vingt-neuf ans
4 Il est né en Italie, il est ......
5 J'ai une ...... au bord de la mer
7 Mon mari est gallois, il est ...... au pays de Galles
9 Quinze heures quinze = trois heures et ...... de l'après-midi
14 Mon grand-père et ma grand-mère sont mes ......-parents
16 C'est beau = c'est ......
17 Il est six heures ...... soir
19 Nantes est dans l' ...... de la France
21 Mon fils habite à ...... campagne
22 ...... âge a Samuel?
25 Vous préférez la ville ...... la campagne?

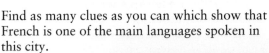

Document

Find as many clues as you can which show that French is one of the main languages spoken in this city.

Luxembourg

Contrôle langue

1 Match the questions with their answers.

1 Ça va?	**a** Six ans et neuf ans.
2 Quelle heure est-il?	**b** Neuf heures et demie.
3 Vous êtes français?	**c** En Bretagne.
4 Vous habitez où?	**d** Comptable.
5 Vous vous appelez comment?	**e** Ça va.
6 Quel est votre métier?	**f** Oui, c'est très intéressant.
7 Ça vous plaît?	**g** J'ai une fille et un garçon.
8 Vous avez des enfants?	**h** Non, je suis belge.
9 Ils ont quel âge?	**i** Christophe Sanchez.
10 Ils s'appellent comment?	**j** Inès et Jonathan.

SCORE (1 point par bonne réponse): .../10

2 Fill in the missing words.
1 Calme-toi, s'il ...... plaît!
2 ...... t'appelles comment?
3 Où sont ...... parents?
4 Comment s'appelle ...... papa?
5 Comment s'appelle ...... sœur?

6 Calmez-vous, s'il ...... plaît!
7 ...... vous appelez comment?
8 Quel âge ont ...... enfants?
9 Comment s'appelle ...... fils?
10 Comment s'appelle ...... fille?

SCORE (1 point par bonne réponse): .../10

3 Complete the sentences using these words:
à à la au au aux
dans le dans un dans une en en
Maria Gomes est portugaise. Elle habite ...... Portugal, mais ses parents habitent ...... France. Ils habitent ...... campagne, ... sud de la France.
Le frère de Maria est ...... Etats-Unis; il habite ...... appartement ...... Manhattan, et sa sœur habite ...... Espagne. Elle habite ...... maison ...... bord de la mer.

SCORE (1 point par bonne réponse): .../10

4 Rewrite the sentences in the right order.
a Je • pas • la • ville • n'aime • du • tout.
Ça • me • pas • plaît • ne.
Il • beaucoup • y • de • a • bruit.
Il • y • monde • trop • de • a.
Je • campagne • la • préfère.

b Je • la • déteste • campagne.
Il • n' • a • y • de • magasins • pas.
Il • pas • de • n'y • a • restaurants.
C'est • calme • trop.
Je • en • ville • habiter • préfère!

SCORE (1 point par bonne réponse): .../10

5 Which words and phrases can only apply to Robert? Which only apply to Nathalie? And which can apply to either?
1 canadien
2 étudiante
3 française
4 mariée
5 né à Montréal

Robert

6 calme
7 née à Grenoble
8 veuf
9 vit seul
10 retraité

Nathalie

SCORE (1 point par bonne réponse): .../10

6 Vrai ou faux?

1 `15 : 30` Il est cinq heures et demie de l'après-midi.

2 `00 : 15` Il est minuit et quart.

3 `02 : 45` Il est deux heures moins le quart.

4 `02 : 35` Il est trois heures moins vingt-cinq.

5 `23 : 00` Il est onze heures du soir.

SCORE (2 points par bonne réponse): `.../10`

7 Fill in the verbs in their appropriate form.

Femme 1 Mes parents [*habiter*] en ville. Moi, je [*préférer*] la campagne.

Femme 2 Tu n'[*aimer*] pas la ville?

Femme 1 Je n'[*aimer*] pas la ville. J'[*adorer*] les animaux et mon mari [*aimer*] la nature. Nous [*détester*] le bruit.

Femme 2 Vous n'[*aimer*] pas le bruit? Vous [*préférer*] le calme?

Femme 1 Oui, on [*préférer*] le calme de la campagne.

SCORE (1 point par bonne réponse): `.../10`

Contrôle audio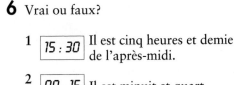

8 Listen to an interview with Mme Delcusse who looks after the musée d'Azincourt. Concentrate on the first part, and decide whether the statements are true or false.

1 The museum is closed in winter.
2 From Easter until October, it is open from 9 until 6.
3 It doesn't close for lunch.
4 In winter, the museum opens at 11.30 or 12.
5 In winter, it closes at 5 or 6 o'clock.

SCORE (2 points par bonne réponse): `.../10`

9 Listen to the second part of the interview. Which of the following nationalities are mentioned?

des Américains	☐	des Italiens	☐
des Australiens	☐	des Japonais	☐
des Canadiens	☐	des Néo-Zélandais	☐
des Chinois	☐	des Russes	☐
des Anglais	☐	des Espagnols	☐

SCORE (2 points par bonne réponse): `.../20`

Contrôle parole

10 Imagine you're the person whose details appear below. Play the tape/CD, and answer the interviewer's questions

Nom :	Catherine BOMMERT
Age :	32 ans
Nationalité :	française
Situation de famille :	mariée, deux enfants
Adresse :	5, avenue de la Liberté 33000 Bordeaux
Téléphone :	05 56 62 13 93
Profession :	professeur d'espagnol dans un lycée (aime son travail)

SCORE (2 points par bonne réponse): `.../20`

LANGUE:	.../70
AUDIO:	.../30
PAROLE:	.../20
TOTAL:	.../120

UNITÉ 5

LES COURSES

Je voudrais un baba au rhum

• Buying food • Describing flavours & ingredients

((•)) *P*lay the recording. You will hear Fabienne choosing cakes in a *boulangerie-pâtisserie*.

Boulangère Bonjour, madame, qu'est-ce que je vous sers?

Fabienne Oui, bonjour, madame, je voudrais des pâtisseries, s'il vous plaît.

Boulangère Oui. Qu'est-ce que vous désirez?

Fabienne Vous avez des babas au rhum?

Boulangère Oui.

Fabienne J'en voudrais trois, s'il vous plaît.

Boulangère Trois? Alors, trois babas au rhum. Et avec ceci?

Fabienne Vous avez des tartes aux fraises?

Boulangère Non, pas en ce moment, pas de fraises.

Fabienne Qu'est-ce que vous avez comme tartes?

Boulangère Il y a des tartes à la crème, [.....]

Fabienne C'est tout merci. C'est combien, s'il vous plaît?

Boulangère Ça fait douze euros cinquante, s'il vous plaît.

Fabienne D'accord. Voilà.

Boulangère Merci. Voilà. Merci, madame.

Mot à mot

Qu'est-ce que vous avez comme ...?	*What kind(s) of ... have you got?*
Qu'est-ce que c'est?	*What is it?*
Qu'est-ce que je vous sers?	*What can I do for you?/serve you?*
Vous désirez?	*What would you like?*
Avec ceci?	*Anything else?*
Désolé(e)	*I'm sorry*
Il ne m'en reste plus	*I haven't any left*
Ce sera tout?	*Is that everything?*
C'est tout	*That's all*
D'accord	*OK/Alright*
un ananas	*pineapple*
le beurre	*butter*
le café	*coffee*
une crème (pâtissière)	*cream, custard*
une fraise	*strawberry*
une framboise	*raspberry*
une glace	*ice cream*
un millefeuille	*vanilla slice*
une orange	*orange*
le pain	*bread, loaf*
le pain de campagne	*farmhouse loaf*
une pâtisserie	*cake, pastry; cake shop*
une pistache	*pistachio*
une pomme	*apple*
la vanille	*vanilla*

c *une tarte aux framboise*

a *un éclair au chocolat*

b *une religieuse au café*

INFO
LANGUE

• **ASKING FOR SOMETHING**

Je voudrais un croissant	I'd like ...
Je vais prendre une baguette	I'll take ...
Je peux avoir six brioches?	Can I have ..?

• **EN** ■ 15 ▶

When talking about quantities, you can leave out the name of an item you've just referred to, and replace it with *en*.

Vous avez combien **d'éclairs**?	➡ Vous **en** avez combien?
Je voudrais une **baguette**	➡ J'**en** voudrais une
Je n'ai plus **de croissants**	➡ Je n'**en** ai plus

• **ASKING THE PRICE** ■ 30, 31 ▶

La baguette, c'est combien?	
C'est combien, le baba?	
Ça fait combien?	How much is that?
Je vous dois combien?	How much do I owe you?

• **DESCRIBING FILLINGS AND FLAVOURS** ■ 24 ▶

une glace + **la** vanille	= une glace **à la** vanille
un gâteau + **l'**ananas	= un gâteau **à l'**ananas
un croissant + **le** beurre	= un croissant **au** beurre
une tarte + **les** fraises	= une tarte **aux** fraises

1
Listen to three conversations in a *boulangerie-pâtisserie*. Find the items bought in the illustration, and note down the letters.

d *une tarte aux kiwis*

f *une brioche*

e *un baba au rhum*

2 *Vous y êtes?*

How would you ask for these items? Say them, then write them down. For example, *un pain aux olives, s'il vous plaît.*

pain/olives   glace/pistache   tarte/pommes
gâteau/orange   éclair/café   brioche/beurre

3 (((•)))
Allez-y!

You're in a bakery buying some cakes and bread. Listen to the recording and join in.
« Bonjour, madame. »
Say good morning, you'd like four apple tarts, please.
« Ah désolé, mais je n'en ai plus. »
Say you'll take four strawberry tarts then.
« Voilà, ce sera tout? »
Ask the price of a farmhouse loaf.
« Alors, un euro vingt-sept. »
Say you'd like one. Ask how much you owe.
« Alors, six euros, et un euro vingt-sept, ça fait sept euros vingt-sept. »
Say here you are, thank you and goodbye.

4 (((•)))
Hit-parade des gâteaux! You'll hear a *pâtissier* naming three cakes he reckons are the favourites in France. Before listening, guess which of the following will come up in his list, then listen and find out.

Tarte aux pommes   Tarte à la crème
Eclair au chocolat   Gâteau aux fraises
Millefeuille   Baba au rhum

5 *Et vous?*

What cakes or pastries do you like? Choose a French *pâtisserie*, or a local or personal speciality. For instance:
Ma pâtisserie préférée, c'est la tarte aux fraises.
J'adore les religieuses. Ce sont des gâteaux à la crème.

g *une baguette* **h** *un pain de campagne*

J'ai acheté du pain, de la viande, des fruits
• Saying what you've bought • Shopping for groceries

Listen to two shoppers saying what they've just bought in a supermarket. You'll hear the complete conversation on the tape/CD, but only the start and end of each is printed below.

Fabienne Pardon, madame. Qu'est-ce que vous avez acheté aujourd'hui au supermarché?
Cliente 1 Du pain, de la viande.
Fabienne Qu'est-ce que vous avez acheté comme viande?
Cliente 1 De la chair à saucisses, dans l'intention de faire un chou farci. [.....]
Fabienne Très bien, merci, madame.

Fabienne Qu'est-ce que vous avez acheté aujourd'hui?
Cliente 2 Alors, des fruits.
Fabienne Qu'est-ce que vous avez acheté comme fruits?
Cliente 2 Des bananes, des clémentines... et puis des légumes.[.....]
Fabienne Et vous avez dépensé combien?
Cliente 2 Alors, 64,18 euros.

Mot à mot

une boîte de tomates	*a tin of tomatoes*
des cacahuètes (*f*)	*peanuts*
la chair à saucisses	*sausage meat*
un chou farci	*stuffed cabbage*
dépenser	*to spend*
l'eau (minérale) (*f*)	*(mineral) water*
un fromage	*cheese*
un fruit	*fruit*
le lait	*milk*
des légumes (*m*)	*vegetables*
un litre d'huile	*a litre of oil*
un morceau de	*a piece of*
un œuf	*egg*
le papier (de toilette)	*(toilet) paper*
un poisson	*fish*
le raisin	*grapes*
surgelé(e)	*frozen*
la viande	*meat*
le vin rouge/blanc/sec	*red/white/dry wine*
un yaourt/yogourt	*yoghurt*

INFO
LANGUE

• 'SOME' – UNSPECIFIED QUANTITIES ■ 3 ▶

de	+	la	=	**de la** viande
de	+	l'	=	**de l'**eau minérale
de	+	le	=	**du** poisson
de	+	les	=	**des** fruits

For example: *J'ai acheté de la viande. Vous avez de l'eau? On a du poisson. Je voudrais des fruits.*

• SPEAKING ABOUT THE PAST ■ 47 ▶

J'ai acheté	*I've bought/I bought*
Vous avez acheté	*You've bought/You bought*
Elle a acheté	*She has bought/She bought*
Vous avez dépensé	*You've spent/You spent*

To talk about something you've done or something that has happened, you need in most cases *avoir* (to have) and the past participle of the verb, e.g. *acheté*. This is called the *passé composé*.

I	j'ai	acheté
you	tu as	
he/she	il/elle a	
we/one	on a	
we	nous avons	
you	vous avez	
they	ils/elles ont	

La France des fromages

There are over 340 different cheeses in France. Some, such as brie, roquefort and camembert, are reputed worldwide. Cheeses are usually eaten with bread and wine, towards the end of a meal before the dessert. Most cheeses can be bought in any supermarket; lesser-known ones will be available from *une crémerie* or *une fromagerie*, a specialist cheese shop.

Note that the names of most cheeses are masculine: le brie, le gruyère.

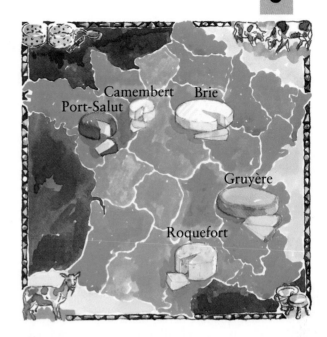

Camembert Brie
Port-Salut
Gruyère
Roquefort

1 Look at this list of items. Can you work out the French for 'some' for each word? Choose between *de la*, *du*, and *des*. Check your answers by listening to the shoppers again.
...... bananes ...... biscuits ...... cacahuètes
...... chair à saucisse ...... clémentines
...... fruits ...... lait ...... légumes
...... pain ...... papier ...... poisson
...... viande

2 Listen to Corinne and Antoine discussing what they need to buy. Look at their shopping list. Tick off the items as you hear them mentioned. Is the list correct and complete?

Lait
Yaourts
Œufs
Légumes
Vin rouge

3 Now listen to Corinne and Antoine at the grocer's (*épicerie* or *alimentation générale*). Find out the following:
1 Do they buy everything on their list? If not, what is left out?
2 Do they buy any additional items? If so, what are they?

4 *Vous y êtes?*
These sentences don't make sense! Rewrite them so that they do, as in the example:
1 Je voudrais un morceau de gruyère. 2 J'ai acheté un pain de campagne.
1 Je voudrais un morceau   de campagne.
2 J'ai acheté un pain   de gruyère.
3 Vous avez de la glace   au beurre?
4 Je vais prendre un baba   aux noix.
5 C'est combien le croissant   au café?
6 Je n'ai plus de tarte   au poivre?
7 J'adore le fromage   au rhum.
8 Vous aimez le steak   aux fraises.

5 *Et vous?*
Think of your last trip to the shops and answer this question: *Qu'est-ce que vous avez acheté?* Say for instance: *J'ai acheté du pain, des croissants, ...*

Qu'est-ce que c'est, le cake aux olives?

• Asking for an explanation • Understanding quantities for a recipe

Nanou Meynard explains what you need to make a *cake aux olives*. Understanding quantities, and knowing how to ask for them, is useful not only for recipes but also for shopping.

Corinne Pour faire le cake, qu'est-ce qu'il faut?
Nanou Meynard Il faut donc deux cent cinquante grammes de farine, un sachet de levure...
Quatre beaux œufs.
Quinze centilitres d'huile... Ça fait la valeur d'un verre moyen.
La même quantité de vin blanc sec.
Deux cents grammes d'olives vertes coupées en petits morceaux et bien sûr dénoyautées.
Cent vingt grammes de bacon et quatre-vingts grammes de jambon blanc, les deux étant coupés en petits morceaux.
Cent cinquante grammes de gruyère râpé.
Et c'est fini pour les ingrédients.

Chablis AOC 1992*
La bouteille de 75 cl

3,89 €

Cantal Entre-Deux*
Le kilo

5,35 €

INFO LANGUE

• ASKING FOR EXPLANATIONS	■ 32 ▶
Qu'est-ce que c'est, le cake aux olives? C'est quoi, le cake aux olives?	What is ...?
Qu'est-ce qu'il y a dans le clafoutis? C'est fait avec quoi, le clafoutis?	What's in ...?

• QUANTITIES			■ R2 ▶
100 grammes	de	sucre	100 g
une livre		fraises	500 g
une demi-livre		beurre	250 g
un kilo		pommes	1 kg

un verre	de	vin	a glass of
un centilitre		lait	10 ml
un décilitre	d'	huile	100 ml
un (demi-) litre		eau	(half) a litre

un sachet	de	levure	a sachet of
un paquet		café	a packet of
une boîte		tomates	a tin of
une bouteille		vinaigre	a bottle of
un pot		yaourt	a pot/jar of
une douzaine	d'	œufs	a dozen

Mot à mot

des amandes effilées	*split almonds*	même	*same*
le bacon	*bacon*	un morceau	*piece, bit*
un cake	*cake (especially fruit cake)*	des pruneaux (*m*)	*prunes*
une cerise	*cherry*	des raisins secs (*m*)	*raisins*
étant coupé(e)	*having been chopped, cut*	râpé(e)	*grated*
dénoyauté(e)	*stoned*	le sel	*salt*
la farine	*flour*	le sucre	*sugar*
l'huile (*f*)	*oil*	le sucre vanillé/en poudre	*vanilla/caster sugar*
il faut	*you need*	un verre (moyen)	*(medium-sized) glass*
le jambon (blanc)	*(cooked) ham*	vert(e)	*green*
la levure	*baking powder, yeast*	le vinaigre	*vinegar*

Numbers over 100	
100	cent
150	cent cinquante
200	deux cents
250	deux cent cinquante
999	neuf cent quatre-vingt-dix-neuf
1000	mille
1999	mille neuf cent quatre-vingt-dix-neuf / dix-neuf cent quatre-vingt-dix-neuf
10 000	dix mille

1 ((•))

Listen again to Nanou giving the ingredients for her *cake aux olives*. Find the correct quantity for each ingredient.

a	farine	quatre
b	levure	80 g
c	œufs	120 g
d	huile	150 g
e	vin blanc sec	200 g
f	olives vertes	250 g
g	bacon	un sachet
h	jambon blanc	un verre/15 cl
i	gruyère râpé	un verre/15 cl

2 ((•))

Every region has its specialities. Listen to descriptions of three regional cakes and complete the list of ingredients for each one.

1
Far breton (Bretagne)
une demi-livre de ......
...... de sucre
...... de sucre vanillé
quatre gros ......
un ...... de lait
des pruneaux

When listening to French people, don't expect to recognise every word. If you understand the key words, you'll get the general meaning.

Les Français mangent

- The average French person will eat 50 tons of food in their lifetime and spend about 12 years eating an average of 87 500 meals!
- A third of these meals are taken outside the home (at school canteens, at work, or in restaurants).
- 25% of women, 12% of men skip lunch.
- Although they spend less time and money on food than in the past, the French still value the traditional *repas de fête* as an occasion and a time to be with friends and family.

2
Kugelhof (Alsace)
...... de farine
125g ......
...... de lait
15 g de ......
deux ......
...... de sucre en poudre
un peu de ......
...... de raisins secs
...... d'amandes effilées

3
Clafoutis (Centre)
150 g ......
150 g ......
...... de lait
15 g ......
......
...... de cerises
(ou autres fruits)

3 ((•)) *Allez-y!*

How would you ask for these items in an *épicerie*? Listen to the tape/CD to check your answers.

12 eggs, a litre of milk, a kilo of apples, a packet of sugar, a bottle of oil, a tin of tomatoes, 500 g of cheese (choose one) and four yoghurts (choose the flavour).

Marché ou supermarché?

• Saying where you go shopping and why

((•)) *P*lay the recording. You'll hear people saying where they buy different things and why. One of the dialogues is printed here.

Françoise Bonjour, madame. Où faites-vous vos courses habituellement?
Femme 1 En principe, je fais toujours mes courses dans les grands magasins, de préférence, parce que je trouve que les prix sont beaucoup plus avantageux que dans les commerces particuliers.

INFO
LANGUE

• **SAYING WHERE YOU GO SHOPPING**

Je fais mes courses	au marché/supermarché
Je vais	à la boulangerie
J'achète le/la	à l'épicerie
	dans les petits commerces
	à Shopi/Carrefour/Continent

• **COMPARING TWO PLACES OR THINGS**　■ 27 ▶

C'est **plus** pratique/rapide	It's more ...
C'est **meilleur**	It's better
Les prix sont **plus** avantageux	Prices are better

C'est **moins** cher/agréable	It's less ...
C'est **moins** bon	It's not so good
Les fruits sont **moins** bons	The fruit isn't so good

Il y a **plus de** choix	There's more ...
Il y a **moins de** monde	There's less/ There are fewer ...

• **I DO, YOU DO ... AND I GO, YOU GO ...**　■ 40 ▶

	faire *to do*	aller *to go*
I	je fais	je vais
you	tu fais	tu vas
you	vous faites	vous allez

Faire and *aller*, like *avoir*, are irregular verbs and need to be learnt individually.

Mot à mot

faire les courses	to go shopping
un grand magasin	department store
un petit commerce	small trader/shop
un(e) fleuriste	florist
une librairie	bookshop
un(e) marchand(e) de fruits et légumes	greengrocer
un marché	market
pourquoi?	why?
parce que/qu'	because
je trouve que	I find that
cher/chère	expensive, dear
un choix	choice
un prix	price
un produit d'entretien	cleaning product
au bout de ma rue	at the end of my street

1 ((•))
Corinne asked Chantal Decourt where she goes shopping.
Listen for the following, and note (in French):
1 the names of four local shops
2 three items she buys at the market
3 the market opening and closing times
4 what she buys at the supermarket

Then tick her reasons for preferring the market to the supermarket:

a better quality   c it's in the open air   e it's less crowded
b it's cheaper   d it's nearer   f it's more pleasant

2 ((•)) *Allez-y!*
You're discussing shopping with a French friend. Listen to the tape/CD, and answer his questions.

« Quand est-ce que tu fais les courses ? »
Say you go shopping on Saturday mornings.
« Et tu vas où ? »
Say you go to the supermarket near your home, because it's quicker.
« Tu n'aimes pas aller au marché ? »
Say you normally buy fruit and veg from the market.
« Où est-ce que tu achètes ton pain, alors ? »
Say you buy that at the supermarket. Add that bread is nicer in France!

3 *Et vous?*
Where do you normally go shopping? What do you buy there? Why?

POINTS DE REPÈRE

At the end of this unit, do you think you can ...?	Yes	No	If not, go to ...
buy bread and cakes			pp 60–1
use the names of flavours and ingredients			pp 60–1
ask what is available in a shop			pp 60–1
ask the price of something			pp 60–1
say what you've bought			p 62
ask for the groceries you need			p 64
understand ingredients for a recipe			p 64
ask for specific quantities of something			p 64
recognise names of shops			pp 66–7
say where you go shopping and why			p 66
make comparisons			p 66

PHONÉTIQUE

((•)) **Du chèvre au marché**
Listen to the two different vowel sounds in the words *marché* and *chèvre*. The first is tighter, closed, while the second is said with a more open sound.

1 Listen carefully. Tick the columns to show if the sound you hear is like *chèvre* or *marché*.

	like *chèvre*	like *marché*
père		
épicerie		
c'est		
je voudrais		
elle		
acheté		
fraises		
thé		

2 Ask for the following items, with *Je voudrais..., s'il vous plaît*. Check with the tape/CD.

des fraises
du thé glacé
une baguette
de la crème
un éclair
des spécialités des Pyrénées

Bien manger: bien vivre

Food in France is a central part of life whether it's being discussed between friends or fought over by the supporters of *Nouvelle Cuisine* and gastronomic traditionalists. The French dedication to good, traditional food is strong – numerous cookery courses and clubs exist as well as guilds and societies all devoted to the cause of food. There is even a club dedicated to the delights of chocolate-eating.

French cuisine draws on *le terroir* (the land) for inspiration – from *Quiche Lorraine* and *Choucroute Alsacienne* to *Daube Provençale* and *Bœuf Bourguignon*. Throughout history immigrants and travellers have brought new and exotic *terroirs* to France. New foods have arrived from the Middle East, North Africa, Vietnam, and the West Indies to enrich the menus of France.

Infos

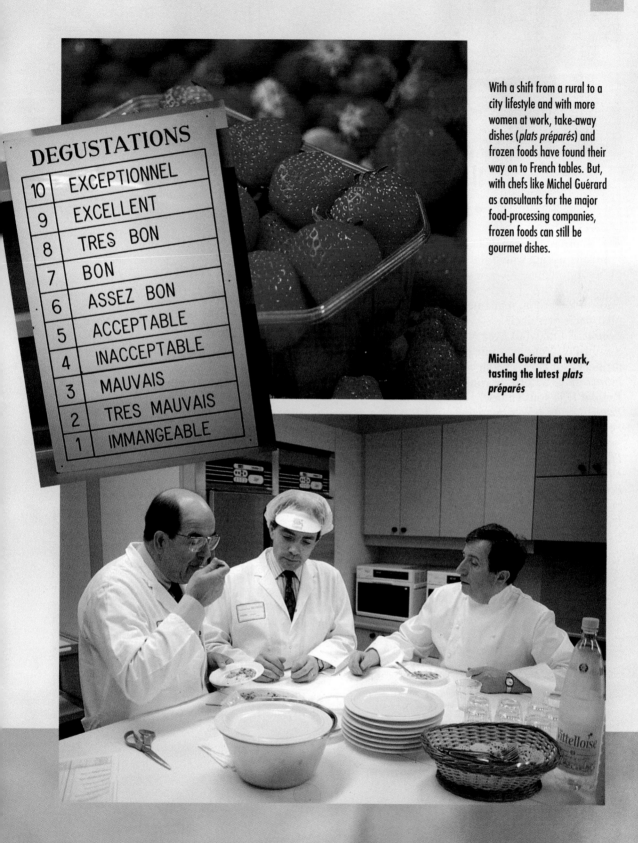

DEGUSTATIONS

10	EXCEPTIONNEL
9	EXCELLENT
8	TRES BON
7	BON
6	ASSEZ BON
5	ACCEPTABLE
4	INACCEPTABLE
3	MAUVAIS
2	TRES MAUVAIS
1	IMMANGEABLE

With a shift from a rural to a city lifestyle and with more women at work, take-away dishes (*plats préparés*) and frozen foods have found their way on to French tables. But, with chefs like Michel Guérard as consultants for the major food-processing companies, frozen foods can still be gourmet dishes.

Michel Guérard at work, tasting the latest *plats préparés*

TOUTES DIRECTIONS

Il y a une pharmacie près d'ici?

• Asking the way • Understanding directions

(((•))) *T*urn on the tape/CD, and listen to Françoise asking where she can find certain places in town.

Françoise Pardon, madame. Est-ce qu'il y a une pharmacie près d'ici?
Femme 1 Oui, vous avez plusieurs pharmacies à Saint-Pol. Vous avez une pharmacie là, sur la droite, et sur la gauche au coin de la rue.
Françoise D'accord. Je vous remercie.
Femme 1 Je vous en prie.
Françoise Au revoir, madame.
Femme 1 Au revoir.

Françoise Excusez-moi, madame. Est-ce qu'il y a un autre supermarché près d'ici?
Femme 2 Oui, vous tournez à droite, ensuite première à gauche. C'est Intermarché.
Françoise D'accord. Merci.

Mot à mot

au coin de	*at the corner of*
une banque	*bank*
un camping	*campsite*
un château	*castle, stately home*
un court de tennis	*tennis court*
devant	*in front of*
là	*(over) there*
la pêche	*fishing*
une pharmacie	*chemist's*
une place	*square*
un pont	*bridge*
une poste	*post office*
une station de métro	*metro station*
une rue	*street*

INFO LANGUE

• ASKING FOR DIRECTIONS ■ 30, 31 ▶

Est-ce qu'il y a/Il y a une pharmacie près d'ici?	*Is there a ... near here?*
Où est la poste?	*Where is ...?*
la banque la plus proche?	*Where is the*
le camping le plus proche?	*nearest ...?*

• UNDERSTANDING DIRECTIONS ■ 46, R4 ▶

Allez Continuez	tout droit	*Go straight ahead*
Tournez	à droite	*Turn right*
	à gauche	*Turn left*
Prenez	la première rue à gauche	*Take the 1st*
	la deuxième rue à droite	*Take the 2nd*
Montez	la rue	*Go up ...*
Descendez	l'avenue	*Go down ...*
Traversez	la place	*Cross ...*

There are two ways of giving instructions:
Vous tournez ... (You turn ...), or
Tournez... (Turn ...)
Vous allez tout droit (You go straight on), or
Allez tout droit (Go straight on).

You'll know when you get there because:

L'hôtel	est	sur la droite	*... on the right*
La poste		sur la gauche	*... on the left*
		en face	*... opposite/ in front of you*

1 ((•))

Listen to the recording: what place is each person looking for? Write numbers 1–5 next to each place, according to the order in which you hear them.

baker's ☐   metro station ☐   bank ☐
post office ☐   supermarket ☐

Then listen again: what directions are they given? Put the same numbers 1–5 in this sketch map to show where each person is told to go.

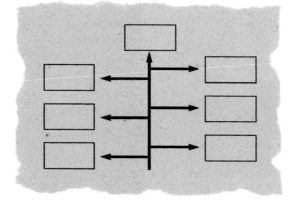

2 ((•))

You're in Montrond-les-Bains, at the tourist office. Look at the map, and listen to the directions for where to go for fishing, minigolf, and a night out. Listen as often as you need to and try to follow the routes on the map.

3 *Vous y êtes?*

1 Which of the following two phrases means 'straight ahead'?
à droite   tout droit
2 What is the French for:
Is there a bank near here?
Where is the cinema?
the nearest
left
right
Take the first left.

4 *Allez-y!*

Now you're the tourist officer at Montrond. Look at the map and direct people from the tourist office to:
1 the tennis courts
2 the swimming pool
3 the campsite

La détente

MONTROND-LES-BAINS

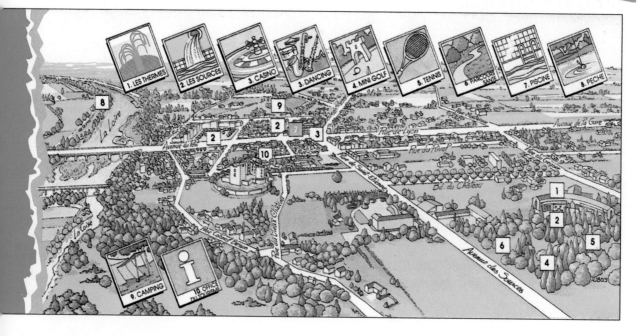

Pour aller à Gare du Nord, s'il vous plaît?

● Using the métro in Paris

(((•))) *F*rançoise is at Gobelins métro station (see plan opposite: in the south-east, near Place d'Italie) and asks someone for help with finding her route. Listen to the recording.

Françoise Pardon, monsieur. Pour aller à la Gare du Nord, s'il vous plaît?
Homme Alors, de la station Les Gobelins, vous prenez direction La Courneuve, vous changez à Gare de l'Est. A Gare de l'Est vous prenez direction Bobigny-Pablo Picasso et vous descendez à Gare du Nord.
Françoise D'accord, alors je prends d'abord direction La Courneuve...
Homme Oui.
Françoise ... je change à Gare de l'Est...
Homme Oui.
Françoise ... et ensuite je prends la direction Bobigny-Pablo Picasso.
Homme Oui.
Françoise Merci beaucoup. Au revoir, monsieur.
Homme Voilà, de rien, madame. Au revoir.

INFO LANGUE

● ASKING THE WAY TO ...		■ 24 ▶
la le l'	Pour aller **à** République, **à la** gare, **au** supermarché, **à l'**hôpital,	s'il vous plaît?

● PRENDRE, DESCENDRE   ■ 39, 40 ▶
Prendre, to take, and *descendre,* to go down or get out, follow slightly different patterns.
je prends, tu prends, vous prenez
je descends, tu descends, vous descendez

When speaking to French people, try using mime or body language if you don't know the word you need!

Mot à mot

d'abord	*first*
changer	*to change (trains)*
ensuite	*then, next*
jusqu'à	*as far as, until*
ou	*or*
de rien	*that's alright, don't mention it*

1 Read *Culturoscope* and look at the métro plan.
1 You're in the centre, at Châtelet. Which direction or line would you take to get to these stations?
 a Concorde **b** Gare de l'Est **c** St-Michel
2 You're at Belleville (north-east of centre). How do you get to Gare d'Austerlitz (to the south)?
3 You're at Porte de Versailles, in the south-west of Paris. Where do you need to change, to get to Porte de la Villette, in the north-east?

2 (((•)))
One of the services available on Minitel (a computer terminal offered to French telephone subscribers) is advice on the best route between two points in Paris by public transport. Listen to Corinne using this service and answer the questions.
1 Where does she want to go?
2 Where is she starting from?
3 She is advised to use three métro lines, but in what order?
 a Direction Nation **b** Direction Galliéni
 c Direction La Défense
4 Can you name the two stations where she has to change?
5 How long will the journey take?

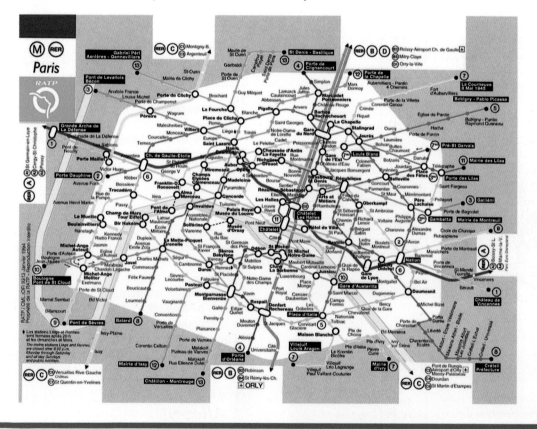

Le Métro

The *Métro* or *Métropolitain* in Paris is one of the oldest underground systems in the world; it's well worth visiting and easy to use. Each line bears the name of its two end stations. Directions along the line are given in terms of the end station in that direction; so when you're underground you'll need to find and follow signs for *Direction Porte d'Orléans*, for example. (Note that P^te = Porte). A point of intersection is called *une correspondance*.

The RER lines (*Réseau Express Régional*) are faster, with fewer station stops in the centre, and run out into the suburbs.

It's cheaper to buy métro tickets (*billets*) in packs of ten (*un carnet*), and they are valid on the RER and buses too. Other tickets, such as *Paris Visite* and *carte orange*, give unlimited travel journeys for set periods of time; ask at the métro station.

3 *Vous y êtes?*

How would you say the following?
1 Could you please tell me the way to Champ de Mars?
2 I take 'Direction Nation'.
3 (You) change at St-Michel.
4 Go as far as Gare du Nord.

4 *Dans le métro*

You are travelling on the métro from Palais Royal (map centre) to Gare du Nord, and ask another passenger for help with your route. Look at the map and say what you think the answer might be.

Au feu rouge

• Understanding directions when driving

Asking for and understanding directions is especially useful if you're driving in France. Listen to the tape/CD: Corinne has been visiting Denis Meynard at the Château de Nointel and asks for directions to her hotel.

Denis Meynard C'est très simple. Vous repartez en longeant le mur du château, vous allez ensuite jusqu'à la gare. Vous prenez à droite en direction de Beaumont...
Au premier feu rouge, vous tournez à gauche...
Vous arrivez à un stop devant le cinéma...
Vous retournez à gauche...
Et vous êtes... vous avez le Pré aux Loups sur votre droite.

Mot à mot

arriver	*to arrive*
en direction de	*in the direction of*
au feu rouge	*at the (traffic) lights*
en longeant le mur	*alongside the wall*
un panneau	*sign*
prendre à droite	*to turn right*
repartir	*to leave, to set off*
retourner à gauche	*to turn left again*
un stop	*stop sign*
à la suite de	*after, following*
suivre	*to follow*
en venant de	*coming from*
vert(e)	*green*

INFO LANGUE

• **ASKING HOW FAR**

C'est loin,	l'hôtel? la tour Eiffel?
C'est	à cinq minutes
C'est	à 500 mètres

• **DIRECTIONS BY ROAD** ■ 46, R4 ▶

Aux feux	tournez à droite	*At the lights ...*
Au carrefour	prenez à gauche	*crossroads ...*
Au rond-point	continuez tout droit	*roundabout ...*

Suivez le panneau	*Follow the sign*
Prenez la D102	*Take the D102*
Prenez la sortie Montbrison	*Take the Montbrison exit*

1 Listen to the conversation between a driver and a pedestrian: choose the correct option for each statement.
1 The driver is looking for:
  a a hotel **b** a cinema
2 She is told to go:
  a right, then left **b** left, then right
3 Then the place she wants is:
  a on her left **b** straight opposite

2 *Allez-y!*
Listen to the tape/CD. Imagine you have arranged to visit a business contact and he is now giving you directions to his office over the phone. Repeat the directions to check you've understood. (Take notes to remind you.)

Le réseau routier

The French road network holds the European record for total length, at over 950 000 km. That includes over 9000 km of *autoroutes* (motorways), the remainder being *routes nationales* (main roads) and *routes départementales* (secondary roads).

A road numbering system is used on signs and maps: the A2 is an *autoroute*, the N88 is a *route nationale*, and the D102 is a *route départementale*. Some main roads are also numbered E80, E15, etc, which identifies them as routes across Europe or *routes européennes*.

Most motorways are toll roads, *des autoroutes à péage*.

3 🔊
Listen to Jean-Paul giving Virginie directions to his house. He mentions signs and landmarks she should look out for: in what order will she come across them?

4 *Allez-y!*
Look at the map below. Direct someone to the Hôtel Gil de France from three starting points:
1 the road from Saint-Etienne
2 the A72 motorway
3 Notre-Dame

5 *Et vous?*
Give directions to a French person from the nearest station or main road to your home.

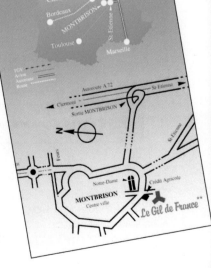

Le code des panneaux

• Recognising road signs

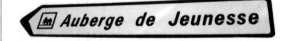

1
You are in Toulouse and on your way to Montpellier. Which sign do you follow?
a Bordeaux
b Autres directions

2
This sign means:
a you have right of way
b you must give way

3
You follow this sign to go to:
a a shopping centre
b the town centre

4
Follow this sign to go to:
a a National Park
b a Youth Hostel

5
Which of these signs do you follow to get to the next town?
a Centre ville
b Toutes directions

'Experience' French as often as possible. Read French newspapers and magazines. Join a French club, if there is one in your area.

6 This sign means:
a No parking
b No entry

7 This sign indicates that the car park is:
a closed
b open

POINTS DE REPÈRE

At the end of this unit, do you think you can ...?	Yes	No	If not, go to ...
ask for directions to a place in town			p 70
understand directions			p 70
use the métro in Paris			pp 72–3
ask for help in the métro if needed			p 72
ask the way when driving			pp 74–5
give directions to someone			p 74
recognise important road signs			pp 76–7

PHONÉTIQUE

Le code des mots
Listen and try to recognise the two 'o' sounds as in *code* and *mot*. The 'o' in *mot* is a more closed sound, made with closely rounded lips. *Code* is said with a more open mouth.

Like *code*: pomme, nord, port, comme
Like *mot*: panneau, bureau, allô

1 Which sound do you hear in each word? Tick the grid. Then listen again and repeat.

	like *code*	like *mot*
porte		
eau		
gâteau		
bonne		
gros		
photo		
autre		
bord		

2 Listen first, and then have fun getting your tongue round these! Listen again to check yourself.

Coco fait dodo dans l'auto de Roméo.
Un gros porc dort au bord du beau port de Bordeaux.

Bienvenue et merci pour votre visite

The French motorway toll is really quite a bargain when you think of the potted history of France you are getting in the form of the roadside signs. Leaving Calais the signs tell of Flanders lace (*la dentelle de Flandres*) and the Field of the Cloth of Gold where Henry VIII met Francis I of France in 1520. In Picardy you are in *la Terre des Cathédrales*.

Throughout France road signs welcome you and thank you for your visit. At the approach to a town there is often a crested notice-board telling the visitor of the sights to be seen there – *sa Cathédrale* or *son Château*. Even the dullest, smallest town will find something to boast about. A town without a *site historique* will advertise itself as an *étape gastronomique* – a place to pause and eat.

Great events and heroes of the past – national or local – are often remembered in the names of streets. Old names on street signs sometimes have the names of more recent heroes added underneath and in small towns the street names can change according to the politics of the place or the whim of the mayor.

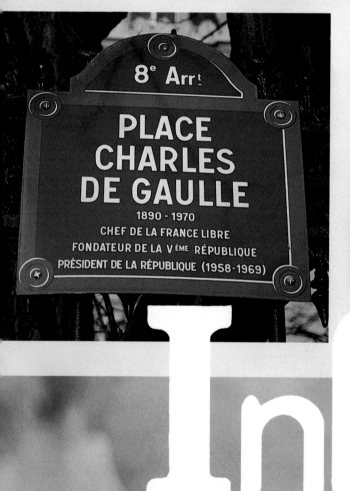

In the city of Strasbourg names on street signs appear in both French and German.

Infos

Take a walk through any town in France and you should be able to find an avenue, boulevard or street named after many of the following people:

Literary figures

Victor Hugo
Emile Zola
Voltaire
Frédéric Mistral

Politicians

Général de Gaulle
Georges Pompidou
Georges Clémenceau
Aristide Briand

Historical figures

Jean Moulin
Richelieu
Henri IV
Jeanne d'Arc

Cologne is one of 300 *bastide* villages in south-west France. These fortified villages were built by the French and English in the Middle Ages as part of the battle for territory in disputed areas. *Bastide* villages followed the Latin grid system and had their market-place in the centre of the settlement.

À TOUTE VITESSE

Un aller-retour, s'il vous plaît

• Buying a ticket • Asking about train times and platforms

((•)) *L*isten to Christine Douin at the station ticket office in Presles. You'll learn how to buy train tickets and obtain information.

Employée Bonjour, madame.
Christine Bonjour.
Employée Vous désirez?
Christine Je voudrais un aller-retour pour Paris.
Employée En première ou seconde classe?
Christine Seconde classe.
Employée Alors, ça va vous faire huit euros vingt-trois centimes. [.....]
Christine A quelle heure est le prochain train pour Paris, s'il vous plaît?
Employée A midi, en principe. [.....]
Christine Et c'est sur quel quai?
Employée Sur le quai numéro deux.
Christine Merci beaucoup.
Employée A votre service.

Mot à mot

un aller-retour	*return ticket*
un aller simple	*single ticket*
un billet	*(train) ticket*
composter	*to punch a ticket*
un composteur	*ticket punch machine*
un guichet	*ticket office/window*
n'oubliez pas	*don't forget*
partir	*to leave*
en première classe	*first class*
en seconde classe	*standard class*
prochain(e)	*next*
un quai/une voie	*platform*
un retard	*delay*

INFO
LANGUE

• **WHICH? WHAT?** ■ 32 ▶

le
la

C'est **quel** train pour Paris?
Il part à **quelle** heure?

Note that *quel* and *quelle* sound the same.

• **MAKING ENQUIRIES**

C'est sur quel quai?
C'est bien le train pour St-Etienne?
Le train part/arrive à quelle heure?

1 ((•))
Listen to people checking their platform number and departure/arrival times. Match up the details in each column.

Paris	quai 10
Vannes	voie 18
Dijon	12 h 05
St-Etienne	18 h 30
Londres	8 h 30

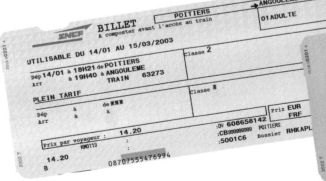

2 ((⋅))

Listen to eight short conversations in a station. Sentences 1–8 below sum up each person's enquiry: are they correct?
Correct any details that are wrong.

1 Where can I buy tickets?
2 How much is a single ticket to Paris?
3 I'd like two return tickets from Paris to Nice.
4 Can I have a first class single to Calais?
5 What time is the train to Paris?
6 What time are the trains to Menton?
7 How much is it to Avignon?
8 Is this the train for Brussels?

Now find the French equivalent for each (corrected) question above:

a C'est combien l'aller simple pour Paris?
b C'est quel quai pour Paris?
c Le prochain train pour Avignon est à quelle heure?
d Je voudrais un aller-retour Paris–Nice.
e Il y a des trains pour Menton à quelle heure?
f C'est bien le train pour Bruxelles?
g Pour acheter des billets, s'il vous plaît?
h Je peux avoir un aller simple en seconde pour Calais?

3 *Vous y êtes?*

How would you ask for the following?
1 a single to Toulouse
2 a return to Marseille
3 a first class single to London
4 a return to Tours, standard class
5 the right platform for Paris
6 the time of the train to Strasbourg

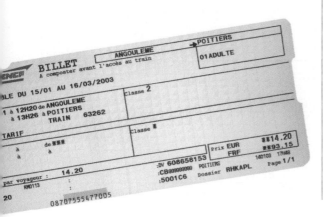

Chemin de fer

France has one of the most developed railway systems in the world. The SNCF (Société Nationale des Chemins de fer Français) was created in 1937, and today the state-owned, heavily-subsidised SNCF is justly proud of its record in research and development and punctuality.
The 31 939 km rail network forms a star shape with Paris at its centre. Around 875 million passengers are carried every year.

4 ((⋅)) *Allez-y!*

Imagine you're at the railway station in Bordeaux. Read what the employee says to you. Can you work out what you asked or said? Check with the recording.

..... ? « Alors, l'aller-retour Bordeaux–Toulouse, en seconde, c'est 51 euros. »
..... ? « Alors, deux aller-retour, d'accord, ça fait 102 euros. »
..... ? « Le prochain? A 14 h 25. »
..... ? « Alors, le 14 h 25, à destination de Toulouse, regardez le tableau, là. Voie 11. »
..... « De rien, à votre service. Au revoir, madame. »

Horaires et prix réduits

• Understanding printed information

1 Study the train ticket, then tick the right box in each statement below.

```
SNCF  BILLET        PARIS GARE LYON → BOURG ST MAURICE
      À composter avant l'accès au train    02ADULTE

Dép 18/01 à 08H50 de PARIS GARE LYON    Classe 2  VOIT 17: PLACE NO 87, 88
Arr       à 13H49 à BOURG ST MAURICE     02ASSIS NON FUM     01FENETRE,C1COULOIR
          TGV  6429                       SALLE
PERIODE DE POINTE
PLEIN TARIF
                                         Classe *
Dép    à        de ***
Arr    à        à
                                         Prix EUR   **167.80
                                              FRF  **1100.70
Prix par voyageur :    83.90            :DV 622756665    PARIS MONT 1 ET 2  170103  14H27
         KM0742              :           :CB999999999    Dossier QRQEYJ        Page 1/1
                                         :6AEEBC
  83.90    876227566653
  BP PP    08707924563522
```

It's a single ☐ return ticket ☐
Destination: Lyon ☐ Bourg-St-Maurice ☐
The journey is ☐ is not ☐ direct.
The reservation is for 18 January ☐ 23 May ☐
It is full price ☐ reduced price ☐
It's for a child ☐ two adults ☐

2 Here are some abbreviations used in this timetable. Can you work out what they mean?
1 jusqu'au 15 nov
2 les lun
3 sauf les sam, dim
4 25 déc et 1er jan.
5 1re CL

3 Choose a train for each of the following situations. Give the departure time.
1 Vous voulez un train direct Paris–Quimper le samedi 6 décembre.
2 Vous allez de Vannes à Quimper avec un ami en fauteuil roulant, le dimanche 29 décembre.
3 Vous allez de Redon à Lorient avec votre vélo, un mardi.

4 Where are these people going to?
1 «J'arrive à quinze heures trente-deux.»
2 «J'arrive à douze heures quatorze.»
3 «Le train arrive à quatorze heures vingt-huit.»

Numéro de train		8609	8709	8909	8613	89167	8813	4361/0	89167	571	8719	8721	8823
Notes à consulter		16	17	18	18	19	18	20	21	6	23	23	24
		TGV	TGV	TGV	TGV	TGV					TGV	TGV	TGV
Paris-Montparnasse 1-2	D	08.35	08.35	08.50	09.20		09.50				11.20	11.20	11.25
Massy	D								10.45				
Le Mans	D	09.31	09.31				10.47			11.41			12.21
Laval	D	10.19	10.19					11.37					
Rennes	D	10.58	11.01		11.24					12.55	13.24	13.31	
Nantes	D			10.58		11.30	12.02		12.24				13.36
Redon	A		11.35			12.21		12.16	13.14				
Questembert	A					12.39			13.31				
Vannes	A		12.01			12.53			13.46		14.28		
Auray	A		12.14			13.06			13.59				
Hennebont	A					13.22			14.15				
Lorient	A		12.32			13.29			14.22		14.55		
Quimperlé	A		12.46			13.43			14.36				
Rosporden	A		13.02			13.59			14.53				
Quimper	A		13.16			14.13			15.07		15.32		

6.	Circule : tous les jours sauf les sam, dim et fêtes.
16.	Circule : jusqu'au 15 nov : les lun sauf le 1er nov.Circule le 2 nov- ⚐ ⚫ ♿
17.	Circule : jusqu'au 19 nov : tous les jours sauf les sam, dim et fêtes- ⚐ ♿
18.	⚐ ♿
19.	Circule : tous les jours sauf les sam, dim et fêtes- 🚲 🚲
20.	🚲 assuré certains jours.
21.	Circule : les sam sauf les 25 déc et 1er jan.- 🚲 🚲
22.	Circule : les sam sauf les 25 déc et 1er jan.- 🚲
23.	Circule : jusqu'au 21 nov : les sam, dim et fêtes;à partir du 22 nov : tous les jours- 📱1re CL assuré certains jours- ⚐ ♿
24.	📱1re CL- ⚐ ♿

CULTUROSCOPE

Des prix pour tous, toute l'année.

The SNCF offers various schemes for reduced-price tickets, usually linked to the « Calendrier Voyageurs » (extracts shown on the right). Here are some examples:

Carte Senior: up to 50% discount on blue-day journeys for the over-60s.

Prix Découverte J: discounted fares for all ages on over 450 destinations, if you book in advance and travel standard class.

Carte Enfant +: up to 50% discount for up to four people travelling with a child under 12 years.

Carte 12–25: up to 50% reduction for those aged between 12 and 25.

Calendrier Voyageurs

● **Période bleue.**
en général
du samedi 12 h
au dimanche 15 h,
du lundi 12 h
au vendredi 12 h.

○ **Période blanche**
en général
du vendredi 12 h
au samedi 12 h,
du dimanche 15 h
au lundi 12 h et
quelques jours de fête.

5 Read *Culturoscope* and the *Calendrier Voyageurs*. Say whether these statements are true or false, *vrai ou faux.*

1 Vous avez une réduction avec votre Carte Senior si vous voyagez le samedi 2 juillet.
2 Vous ne pouvez pas avoir de réduction le vendredi 15 juillet dans l'après-midi.
3 Pour avoir une réduction avec la Carte Senior, il faut voyager en période bleue.
4 Pour bénéficier des Prix Découverte J, il faut réserver à l'avance et voyager en seconde.
5 Si vous avez un billet Carte Enfant +, vous devez voyager seul(e) avec votre enfant.

Mot à mot

à l'avance	*in advance*
bénéficier de	*to get (e.g. a reduction)*
blanc(he)	*white*
bleu(e)	*blue*
un calendrier	*calendar*
circuler	*to go, operate*
en fauteuil roulant	*in a wheelchair*
les fêtes (f)	*bank holidays*
un horaire	*timetable*
à partir de	*from*
vous ne pouvez pas	*you can't*
un prix réduit	*reduced price*
une réduction	*discount, reduced price*
réserver	*to book, reserve*
rouge	*red*
sauf	*except*
si	*if*
un vélo	*bike, bicycle*
voyager	*to travel*
un(e) voyageur/euse	*traveller*

INFO
LANGUE

• INSTRUCTIONS AND CONDITIONS ■ 44, 45 ▶

Pour avoir une réduction... bénéficier des prix...	*In order to...*
il faut voyager en période bleue réserver à l'avance	*you must.../it is necessary to ...*

You can use *il faut...* to check on what you have to do. For example: *Il faut payer ici? Il faut composter le billet?*

Je voudrais arriver avant dix heures
• Making specific enquiries

((•)) *L*isten to Françoise at the station in Hesdin (Pas-de-Calais), enquiring about train times and then buying her ticket and reserving a seat on the TGV.

Françoise Je voudrais des renseignements pour aller à Paris, s'il vous plaît. Je voudrais aller demain et je voudrais arriver à Paris avant 10 heures, s'il vous plaît.
Employé 1 D'accord. Alors donc demain, pour être à Paris pour 10 heures, vous avez... au départ d'Hesdin, un train à 6 h 26.
Françoise 6 h 26. Oui.
Employé 1 Direct jusqu'à la gare d'Arras. Arras, arrivée 7 h 39.
Françoise Alors, je dois changer.
Employé 1 Alors là, vous changez à Arras. Voilà, donc l'arrivée à 7 h 39, à Arras vous prenez un TGV direct pour Paris. Donc, départ d'Arras 8 h 08. Donc 8 h 08 et Paris 8 h 57.
Françoise J'arrive à 8 h 57. [......]

Employé 2 [......] Alors vous voyagez en première, deuxième?
Françoise Deuxième, s'il vous plaît.
Employé 2 Voilà. Fumeurs? Non-fumeurs?
Françoise Non-fumeurs.
Employé 2 Voilà, donc c'est bon, hein? Hesdin–Arras, jeudi 9, Arras–Paris, donc ça vous fera à Paris à 8 h 57 et vous avez une place réservée en salle non-fumeurs, côté fenêtre.
Françoise Côté fenêtre. D'accord.
Employé 2 Alors le retour, je peux vous proposer 17 h 05.
Françoise Oui, c'est parfait. [......]

Restauration à la place, en première classe

Mot à mot

une arrivée	*arrival*
avant	*before*
changer	*to change*
côté couloir/fenêtre	*on the corridor/window side*
demain	*tomorrow*
un départ	*departure*
donner	*to give*
en fin d'après-midi	*towards the end of the afternoon*
(non-)fumeurs	*(non-)smoking*
proposer	*to suggest*
qui	*which*
des renseignements (*m*)	*information*
rentrer	*to go/come back*
réservation obligatoire	*compulsory reservation*
un retour	*return journey*
revenir	*to come back*
trop tôt/tard	*too early/late*
une voiture	*coach, carriage*

INFO LANGUE

• **POUVOIR, DEVOIR, VOULOIR**　■ 41 ▶

pouvoir **Je peux** vous proposer un train à 17 h **Je ne peux pas** partir avant 18 h **Vous pouvez** me donner le prix?	*can, to be able to*
devoir **Je dois** changer à Arras **Vous ne devez pas** voyager le samedi	*must, to have to*
vouloir **Je veux** partir avant midi **Je ne veux pas** prendre le bus **Vous voulez** combien de billets? **Je voudrais** arriver avant 10 h	*to want to*

All three verbs are irregular and should be learnt.

TGV Atlantique

Le TGV

France's first high-speed train, the TGV (*Train à Grande Vitesse*) was introduced in 1981. Now there are TGV routes to Lyon, Geneva, Nantes, Lille, Brussels and Marseille. And a new TGV East route opens in 2006. TGVs travel at 300 km/h and offer a multitude of services and destinations. They have transformed travel in France and Europe.

1

Read the conversation between a passenger and an SNCF employee. Can you predict any of the missing words and phrases? Then listen to the tape/CD and check your answers.

Voyageur Je voudrais des ..... sur les départs ..... Vannes, s'il vous plaît.
Employée Oui, quand voulez-vous voyager?
V Je ...... à Vannes à 21 h 00 ce soir.
E Ah bon, très bien. Il y a un TGV à 16 h 15.
V Non, je ne ...... C'est trop tôt. Est-ce qu'un autre train ...... à Vannes avant 21 h 00?
E Oui, le train de 17 h 20 arrive à 20 h 26.
V D'accord. Il faut ...... ?
E Oui. C'est un TGV.
V Bien, alors deux ....., s'il vous plaît. Je ..... deux places dans une voiture ...... ?
E Bien sûr, pas de problème. Alors, deux allers simples, en seconde, Paris–Vannes. Non-fumeurs.
V Ça fait combien?
E 53 euros 75 chacun, avec la réservation. Donc ça fait 107 euros 50.
V .....
E Voilà votre billet. N'oubliez pas de composter.
V D'accord, merci.

Bar, sur tous les TGV

2 *Vous y êtes?*

How would you say the following in French?
1 I must arrive before midday.
2 I can't travel tomorrow.
3 Can you give me the price?
4 I'd like four return tickets to Nice.
5 I want to take the 9 am train.
6 You must not travel on Sundays.

3 *Allez-y!*

The language needed to book a flight is very similar to that for booking a train seat. Read the details below. How would you say this to a French travel agent? Start like this: *Bonjour. Je voudrais des renseignements sur un vol pour Londres, pour lundi...* Check with the recording.

You want a flight (*un vol*) to London for Monday. You must be there by 5 pm. You can't travel before 12.00. You need two singles for adults and one single for a child under two. You are vegetarian (*végétarien*) and would like a vegetarian meal (*un repas végétarien*) on the plane ...

J'y vais en voiture

• Speaking about journeys to work

((•)) *L*isten to people saying how they get to work, when and how long it takes them.

Corinne Vous mettez combien de temps pour aller de chez vous à votre travail?

Chantal Decourt Je mets environ vingt minutes pour aller de chez moi à mon travail.

Corinne Vingt minutes, ça va, c'est pas très long.

Chantal Non. Et en bus, c'est très agréable.

Corinne Vous préférez prendre le bus?

Chantal Oui.

Corinne Pourquoi?

Chantal Parce qu'on peut voir Paris.

Corinne Et vous travaillez loin de chez vous?

Gilles Ciment Oui, je travaille loin. Je travaille à l'autre bout de Paris. Je dois traverser tout Paris. Je prends ma voiture, le matin, et j'en ai pour une heure de trajet.

Corinne Et vous partez à quelle heure, le matin?

Gilles Je pars vers huit heures et demie, et si tout se passe bien, j'arrive vers neuf heures et quart au travail, et avec les embouteillages plutôt neuf heures et demie.

Corinne Et le soir?

Gilles Le soir, je quitte le travail vers sept heures, dix-neuf heures, et j'arrive une heure après à la maison.

INFO LANGUE

• SAYING HOW YOU TRAVEL		■ 24 ▶
Je prends	la voiture/le bus le métro/le RER	
Je vais	en	voiture/métro car/bus
	à	pied/moto/vélo

• TALKING ABOUT JOURNEY TIMES		■ R3 ▶
Je pars J'arrive	à ... heures vers ... heures	
Je mets	vingt minutes environ une heure	

Mettre, partir and *prendre* are irregular verbs and need to be learnt individually. ■ **40** ▶

• AVOIDING REPETITIONS ■ **16** ▶

Je pars **au travail** vers 8 h, et je vais **au travail** en bus → et j'**y** vais en bus Tu vas **à Paris** en train? Je vais **à Paris** en avion → J'**y** vais en avion

• C'EST PAS ... ■ **55** ▶

Note that in casual speech, *ne* or *n'* is often dropped from *ne ... pas: c'est pas très long, c'est pas loin.*

Place de la Concorde, Paris

Mot à mot

l'autre bout de	*the other end of*
un car	*coach, bus*
un embouteillage	*traffic jam*
environ	*about, approximately*
mettre	*to put, to take (time)*
une moto	*motorbike*
à pied	*on foot*
prendre	*to take*
rouler	*to go, to run*
voir	*to see*
une voiture	*car*

1
Listen to what people say about their journey to work, college or school, and link up two things each person says.

1 Je prends le métro et le RER
2 Je prends le train
3 Je vais au travail en voiture
4 J'y vais à pied
    a Il me faut environ cinq minutes
    b Je mets 35 minutes
    c à cinq heures, cinq heures et demie
    d et c'est rapide

2
You are in Beaumont. Read the three situations below. For each one, listen to the information given by an employee at Persan-Beaumont station, and choose your train!
1 Vous voulez arriver à Paris à 7 h 00, mais vous ne pouvez pas partir avant 6 h 00.
2 Vous voulez être à Paris avant 10 h 00, et vous ne voulez pas partir trop tôt.
3 Vous voulez aller à Monsoult, pour déjeuner avec une amie à 12 h 30.

Make the most of car journeys. Play the tape/CD and repeat what you hear as often as you can.

Boulevard périphérique, Paris

3 *Vous y êtes?*
What is the French for the following?
1 I leave at 7.30 am. I take a train at 8.10.
2 I leave before my wife. I go on foot and it takes me 30 minutes.
3 I leave between 7 and 7.15. I go by car or by bike.
4 I'm in the office at about 9.15. I work in Paris and I go there by bus.

4 *Allez-y!*
Imagine you're chatting to a French friend about your journey to work. What do you say? Check with the recording.
« A quelle heure est-ce que tu pars le matin? »
Say you leave at about 7 am.
« C'est tôt! Tu travailles loin? »
Say no, the office is quite near but you have to take three buses.
« Tu ne peux pas prendre la voiture? »
Say you can't, your wife/husband takes the car to go to work.
« Ça te prend combien de temps alors? »
Say it takes you about an hour and 15 minutes; you get to the office·between 8.00 and 8.30.

5 *Et vous?*
Do you make regular journeys: to work? to college? to see someone? to the shops? How would you talk about that in French?

36 15 – Code SNCF

• Understanding instructions and using technology

*T*here are various ways of making enquiries and bookings for train journeys.

1 ((·))
Listen to a telephone conversation about arranging a journey by TGV. Number the instructions 1– 4 in the correct order.

☐ Tapez votre numéro de réservation et retirez votre billet.
☐ Compostez votre billet avant de monter dans le train!
☐ Il faut réserver votre billet à l'avance.
☐ Vous pouvez réserver par Minitel.

2 Look at the leaflet on how to use the *billetterie automatique*. Find the French which tells you to do each of the following.
1 choose your seat
2 touch the panel of your choice
3 select your place of departure and arrival
4 insert your card and key in your PIN number
5 choose your train
6 take your ticket and your receipt

INFO LANGUE

• UNDERSTANDING TECHNOLOGICAL INSTRUCTIONS

taper	**Tapez** 3615 SCNF	*Key in ...*
composter	**Compostez** votre billet	*Punch ...*
sélectionner	**Sélectionnez** votre place	*Choose ...*
choisir	**Choisissez** votre train	*Choose ...*
prendre	**Prenez** votre ticket	*Take ...*
introduire	**Introduisez** votre carte	*Insert ...*

LILLE 4.24
ARRAS 3.47
ROUEN 3.49
MANTES 3.05
VERSAILLES 2.36
LE MANS 3.21
RENNES 4.39
ANGERS 3.52

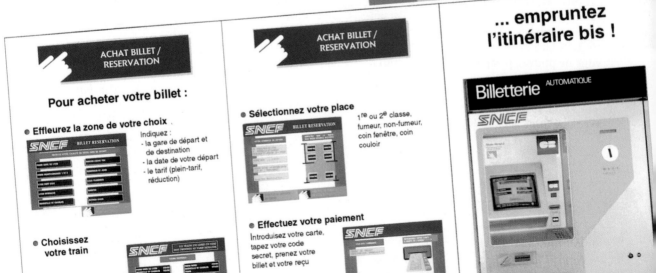

... empruntez l'itinéraire bis !

ACHAT BILLET / RESERVATION

Pour acheter votre billet :

● **Effleurez la zone de votre choix**

Indiquez :
- la gare de départ et de destination
- la date de votre départ
- le tarif (plein-tarif, réduction)

● **Choisissez votre train**

ACHAT BILLET / RESERVATION

● **Sélectionnez votre place**

1re ou 2e classe, fumeur, non-fumeur, coin fenêtre, coin couloir

● **Effectuez votre paiement**

Introduisez votre carte, tapez votre code secret, prenez votre billet et votre reçu

Billetterie AUTOMATIQUE SNCF

Minitel et Socrate

To plan a journey you can use the *Minitel*, a public service database you can access from a small computer terminal in stations and post offices (and in most French homes). It offers thousands of services including that of enquiring about and booking train journeys.

Socrate is a computerised system available in stations which allows you to make reservations for trains on which these are obligatory (such as the TGV) without having to queue at the ticket office.

3 ((•))
Listen to Corinne as she consults Minitel for train times. Fill in the gaps.

Corinne veut voyager de ...... à Lyon.
Le numéro du département, c'est le ......
La date de départ, c'est le ...... novembre.
Corinne préfère voyager vers ...... heures.
Finalement, elle choisit le train de ...... heures qui arrive à ......

POINTS DE REPÈRE

At the end of this unit, do you think you can ...?	Yes	No	If not, go to ...
buy a train ticket			p 80
ask for train times and platform numbers			p 80
understand printed train information			pp 82–3
say what you can and can't do			p 84
say what you must and must not do			p 84
say what you want and don't want to do			p 84
arrange a journey by TGV			pp 84–5
say how you travel to work			p 86
say how long it takes you			p 86
understand technological instructions			pp 88–9

PHONÉTIQUE

((•)) Liaisons (2)
You came across *liaisons* in *Phonétique*, Unit 1. Listen to *liaisons* you must make between closely-linked words:
deux_allers simples
en_octobre

Some *liaisons* between words are optional. People tend to make these when reading aloud or speaking formally, and not in conversation. Listen to the two ways of saying these sentences:
Je suis américain.
Je suis_américain.
Je dois arriver demain.
Je dois_arriver demain.

1 Listen to these sentences. Does the speaker make a *liaison* or not? Tick the ones in which you hear a *liaison*, and add a line linking the two words.

Je voudrais un billet pour Bordeaux.
Je vais au travail en voiture.
Vous devez arriver avant midi.
Je n'aime pas aller à Paris.

2 Say these sentences, first with the *liaison*, and then without. Check with the tape/CD. Which do you find easier to pronounce?

Je dois_acheter un billet.
Je dois acheter un billet.
Je suis_étudiant de français.
Je suis étudiant de français.
Vous pouvez_y aller en train.
Vous pouvez y aller en train.

Composter, pousser, s'entasser, courir

Most French city centres are a chaos of congested streets and it is estimated that there will be a traffic increase of 33 per cent by the year 2015. The need for efficient public transport systems has never been more urgent.

The French railway company SNCF now runs a network of fast trains. The TGV (*Train à Grande Vitesse*) links Paris to Lyon in two hours at a speed of 270 km/h. The *TGV Atlantique* travels to Spain, the *TGV Nord* serves Brussels, Cologne and Amsterdam and the *TGV Méditerranée* goes to Marseille. The *Service Eurostar* means Paris and London are now only three hours apart.

Public transport in Paris is well-run and well-used. The Paris Métro (first opened in 1900 for the *Exposition Universelle*) is regularly modernised to meet the ever-increasing demands on it. In addition to the Métro and the efficient Paris buses, the RER (Réseau Express Régional) serves the Parisian suburbs as a kind of super-métro. The system has to work well with the average Parisian spending 1 hour 20 minutes travelling on it each day.

Infos

Many other French towns are investing in the future – Lyon, Bordeaux, Marseille and Lille all now have a métro of their own. Trams, too, are no longer a thing of the past. Revamped and redesigned, they move through the streets of Grenoble, Nantes, Strasbourg and Lille.

Combatting traffic congestion on the front line is the job of the traffic policeman. Behind the scenes technology is also at work with computerised traffic control systems, but the ground troops are still needed.

HÔTELS ET CAMPINGS

156 N°3

Vous avez une chambre?

• Booking a hotel room • Arriving at a campsite

((•)) *L*isten to Fabienne asking for a room at the Hôtel des Flandres in Hesdin. Then listen to a holidaymaker asking if there is a space at a campsite for his family (his conversation is not printed here – just listen).

Réceptionniste Bonsoir, madame.
Fabienne Bonsoir, monsieur. Vous avez une chambre pour deux personnes, s'il vous plaît?
Réceptionniste Oui. Vous voulez une chambre à deux lits ou à un grand lit?
Fabienne Un grand lit, de préférence.
Réceptionniste Un grand lit. Vous désirez une chambre avec bains/WC ou douche/WC?
Fabienne Quel est le prix, s'il vous plaît?
Réceptionniste Alors, avec douche, WC, télévision – 65 euros, et avec salle de bains, WC privés, télévision – 70 euros.
Fabienne Et est-ce que le petit déjeuner est compris?
Réceptionniste Non, il n'est pas compris.
Fabienne Et c'est combien?
Réceptionniste Six euros.
Fabienne Par personne?
Réceptionniste Par personne.
Fabienne D'accord. Je vous remercie, donc je vais réserver la chambre, s'il vous plaît.
Réceptionniste D'accord. Voilà. Je peux avoir votre nom?
Fabienne Oui. C'est Madame Dumas. D.U.M.A.S.

INFO
LANGUE

• **ASKING FOR A ROOM OR A CAMPSITE PLACE**

Vous avez	une chambre,	s'il vous plaît?
	un emplacement,	
	de la place,	

C'est pour	une personne
	deux adultes et un bébé
	une nuit
	une semaine
	une tente
	une caravane

Mot à mot

d'accord	*alright/OK/I agree*
avec	*with*
un camping	*campsite*
une chambre	*room*
compris	*included*
une douche	*shower*
un emplacement	*site, place on a campsite*
un grand lit	*double bed*
un lit	*bed*
de la place	*any room/space*
par personne	*per person*
un petit déjeuner	*breakfast*
une salle de bains	*bathroom*
les WC (*m*)	*toilet*
(*pronounced* vé-cé)	

Camping Le Paradis, Dordogne

1 ((•))
Listen to five people booking hotel rooms, and tick the grid to record the details.

	1	2	3	4	5
une nuit					
deux nuits					
trois nuits					
une personne					
deux personnes					
douche					
salle de bains					

2 ((•))
This dialogue is out of order. Listen to the tape/CD as many times as you wish, and number the lines in the right order.

Cliente Bonjour, monsieur.

Réceptionniste Bonjour, madame.

Cliente Vous avez une chambre, s'il vous plaît?

Réceptionniste Donc... pour deux personnes, pour trois nuits... Avec salle de bains?

Cliente D'accord.

Réceptionniste C'est pour combien de personnes?

Cliente Pour trois nuits.

Réceptionniste Et pour combien de nuits?

Cliente Oui, si c'est possible. C'est combien?

Réceptionniste Ah, non. Le petit déjeuner est en plus, sept euros par personne.

Cliente Le petit déjeuner est compris?

Réceptionniste Soixante-quinze euros, madame.

Cliente Pour deux personnes, s'il vous plaît.

3 *Vous y êtes?*
How would you say the following in French?
1 a room for two people
2 a room for two people for three nights
3 a room with twin beds
4 Do you have a room?
5 Is breakfast included?
6 How much is it?
7 Do you have a campsite place for two nights?
8 Is there a room with a shower?

4 ((•)) *Allez-y!*
1 Play the role of a traveller who rings up l'hôtel Le Sansonnet in Paris, a two-star hotel, enquires about a room for two people for four nights and doesn't take it.
2 Play the role of a holidaymaker who telephones a campsite needing space for a caravan and a small tent for a week; the group consists of three adults, two children and a dog.

5 *Et vous?*
Look at the list of some hotels in Burgundy, and work out your first and second choice of hotel depending on the price and the amenities. Then work out the language you'd need if you telephoned the hotel to ask for a room.

	Carte Bancaire / Diners Club	American Express	Tennis	Piscine	Jardin	Garage	Parking	Ascenseur	Chambres handicapés	Chiens admis	Nombre de chambres avec bain ou douche et WC	Chambre single Prix	Chambre double Prix	Petit déjeuner Prix	Restaurant Prix menu
★★★ 31 ch. **HOTEL LE MOULIN ROUGE** *Route de Montcoy – 71570 Le Breuil*	● ●	●		●	●					●	31.ch	de 58 à 63	de 61 à 70	7	de 17 à 41
H 16 ch. **HOTEL DES VOYAGEURS** *5, Place Schneider*	● ●	●								●	8 ch.	de 37 à 43	de 40 à 51	de 5 à 7	de 13 à 37
LERY 21440 *(plan E3)*															
6 ch. **HOTEL RESTAURANT LA ROUSSOTTE** *Route de Salives*	●									●	6 ch.	de 41 à 46	de 45 à 58	de 5,50 à 7	de 15 à 40
LEVERNOIS 21200 *(plan E4)*															
★★★★ 12 ch. **HOSTELLERIE DE LEVERNOIS** *Route de Combertault*	● ● ●	●		●	●		●			●	12 ch.		115	10	de 69 à 99
★★★ 24 ch. **COL VERT – GOLF HOTEL** *Route de Combertault*	● ●	●	●	●	●	●	●			●	24 ch.	65	70	7,50	
★★ 42 ch. **HOTEL CAMPANILE**	●	●		●	●		●		●	●	42 ch.	40	45	6	de 11 à 34
★★ 19 ch. **HOTEL LE PARC**	●			●	●					●	18 ch.	de 36 à 48	de 39 à 63	6,50	
LEZINNES 89160 *(plan C2)*															
★ 10 ch. **HOTEL DE LA GARE** *4, Rue de la Gare*	●									●	3 ch.	de 20 à 25	de 23 à 37	de 5 à 6.50	de 11 à 25

Nous avons du retard

• Apologising • Saying you're late

((•)) *F*rançoise telephones the Hôtel des Flandres to tell them she's going to arrive later than expected. Listen to the tape/CD.

Françoise Allô. L'Hôtel des Flandres?
Oui? Bonsoir, monsieur. Madame Bruyneel à l'appareil.
Nous avons réservé une chambre pour ce soir et le ferry a du retard. Nous ne pouvons pas arriver avant 21 heures 30.
C'est encore possible de dîner?
Oui, un repas froid, c'est très bien.
D'accord. Alors, si nous arrivons après 21 heures 30, je vous retéléphone. Merci beaucoup, monsieur. A tout à l'heure. Au revoir, monsieur.

Mot à mot

désolé(e)	*sorry*
Excusez-moi	*Sorry/Forgive me*
Je regrette, mais...	*I'm sorry, but ...*
(nom) à l'appareil	*(name) speaking*
j'arriverai	*I'll get there*
à cause de	*because of*
la circulation	*traffic*
encore	*still*
froid(e)	*cold*
garder	*to keep*
une grève	*strike*
en panne	*broken down*
un repas	*meal*
un retard	*delay*
en retard	*late*
si	*if*
à tout à l'heure	*see you later*
vraiment	*really, truly*

1 ((•))
Listen to five people calling a hotel to explain why they're going to be late. Note their reasons, choosing from the following:
a car breakdown
b train strike
c plane delay
d train delay
e huge amount of traffic

INFO LANGUE

• **SAYING YOU'RE LATE**　　■ 34 ▶

J'ai	du retard
Le train **a**	
Nous **avons**	
Je **suis**	en retard
Nous **sommes**	

J'ai	une demi-heure	**de retard**
J'aurai	deux heures	
	un petit peu	

• **REFERRING TO THE FUTURE**　　■ 51 ▶

J'**aurai** du retard	*I'll/I will be late*
J'**arriverai** à minuit	*I'll/I will arrive at midnight*

These verbs are in the future tense.

• **ASKING IF YOU CAN DO SOMETHING**　　■ 30 ▶

Est-ce qu'on peut	dîner après 21 heures 30?
C'est possible de	téléphoner en Angleterre?

2

Complete the following dialogue. Try to guess the missing words first; then listen to the tape/CD to complete and check your answers.

Réception Allô. Hôtel du Cheval Blanc. Bonsoir.

Client Allô. Bonsoir. J'ai ...... une chambre pour ce soir, au nom de Bouttevin. B. O. U. deux T. E. V. I. N.

Réception Bouttevin. Ah, oui. Effectivement.

Client Je suis vraiment ......, mais ma voiture est en ...... et j'aurai une heure de .... J'arriverai à ...... heures et non pas à dix-neuf heures.

Réception Pas de problème. Ne vous inquiétez pas, Monsieur Bouttevin.

Client Est-ce qu'on peut encore ...... à vingt heures?

Réception Oui, le restaurant est ouvert jusqu'à vingt et une heures.

Client Je ...... remercie. Au revoir.

Réception Au revoir, Monsieur Bouttevin.

3 *Vous y êtes?*

How would you say the following in French?
1 I'm sorry.
2 I'm really sorry.
3 My car has broken down.
4 The plane has been delayed.
5 I'll be one hour late.
6 A room for one night.
7 Can we still have dinner?
8 I will arrive at ten pm.

4 *Allez-y!*

Play the part of Mr Martin who rings a hotel to explain he'll be late.

« Allô. Hôtel du Cheval Blanc. Bonsoir. »
Say hello, and explain you've booked a room.
« C'est à quel nom, s'il vous plaît? »
Say your name is Mr Martin, and you're sorry, you'll be two hours late.
« Pas de problème. Nous gardons votre chambre. Ne vous inquiétez pas, Monsieur Martin. »
Say thank you and goodbye.

Les hôtels en France

Most French hotels are controlled by the Ministry of Tourism which inspects them and awards stars according to the size of the rooms and the quality of comfort and services they provide (see page 97).

There is a wide range of hotel chains catering for different tastes and requirements. Some examples:

Climat de France: two-star hotels situated on the outskirts of towns.

Logis de France: more than 4000 one- to three-star hotels; family-run and situated in the country or in small towns; with regional cooking.

Logis de France

Moulin Etape: a small chain of one- to four-star hotels set up in converted windmills and watermills.

Relais du Silence: a chain of two- to four-star hotels characterised by their peaceful country settings.

There are cheaper alternatives, such as the *Café Couette* chain which offers French-style bed and breakfast, or the *Fédération nationale des gîtes ruraux* which has a large selection of country cottages to rent. Camping is becoming increasingly popular in France, and there are now 8300 registered campsites and a national association: *Fédération française de camping et de caravaning (FFCC)*.

When speaking French, give yourself time to think by using words such as 'euh...', 'alors...', 'eh bien...'.

La douche ne marche pas
• Reporting a problem

((•)) *T*urn on the tape/CD, and listen to Françoise asking for things she needs in her hotel room. You'll also learn what to say when something in your room doesn't work.

Françoise Monsieur, s'il vous plaît, je pourrais avoir un autre oreiller?
Réceptionniste Oui, vous avez juste devant votre lit une armoire, où il y a des oreillers.
Françoise Dans la chambre?
Réceptionniste Dans la chambre, voilà.
Françoise D'accord. Et est-ce que je peux avoir une couverture supplémentaire?
Réceptionniste Oui, oui, oui. Je vous la monte dès que je peux.
Françoise Ah d'accord. Je vous remercie.
Réceptionniste De rien. Merci, madame.

INFO LANGUE

• REPORTING A PROBLEM

Say something doesn't work:

Le chauffage La douche	**ne marche pas**

Say something's missing: ■ 35 ▶

Il n'y a pas	**de** serviette de toilette **de** papier hygiénique **d'**eau chaude

Ask for something: ■ 30 ▶

Est-ce que je peux avoir Je pourrais avoir	une autre couverture? un autre oreiller? une autre chambre?

Note that *un(e) autre...* can mean two things: 'an extra ...' (*une autre couverture*) and 'a different ...' (*une autre chambre*).
Je peux and *je pourrais* are different tenses of the verb *pouvoir*. ■ 41 ▶

Mot à mot

une armoire	*wardrobe*
chaud(e)	*hot, warm*
le chauffage	*heating*
une couverture	*blanket*
dès que	*as soon as*
il fait bon	*it's pleasant, comfortable*
monter	*to take up, to go up*
un oreiller	*pillow*
le papier hygiénique	*toilet paper*
en route	*started up (machine)*
le savon	*soap*
une savonnette	*bar of soap*
une serviette (de toilette)	*(hand) towel*
supplémentaire	*extra*

1 ((•)) Listen to four hotel guests making complaints. Match up each room number with an illustration.

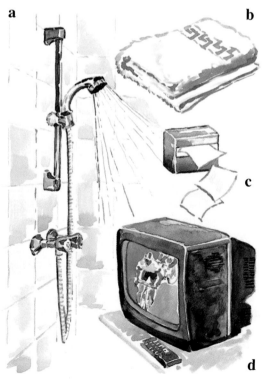

a   b   c   d

2

Complete the following sentences.
1 Le chauffage ...... marche pas.
2 Il n'y a ...... de papier hygiénique.
3 Il n'y a pas ...... serviette de toilette.
4 La douche ne ...... pas.
5 Il n'y a pas d'...... chaude.

3

There's a second problem with Françoise's hotel room. Before listening, match these phrases taken from the conversation with their English equivalents.
1 Il ne fait pas chaud
2 Le chauffage est en route
3 D'ici un quart d'heure
4 Il va faire très bon

    a The heating has been switched on
    b It's not very warm
    c It will be very comfortable
    d In a quarter of an hour

Then play the tape/CD and listen out for the phrases listed.
What did Françoise ask, and what was the receptionist's answer?

4 *Allez-y!*

Look at the illustrations for activity 1. Work out what you would say if you needed those items for your hotel room.

Question d'étoiles

Voici les différentes catégories d'hôtels de tourisme homologués (approuvés par le Ministère du Tourisme). Les dimensions des chambres et des salons sont les dimensions minimum.

0 étoile
eau froide et chaude
chambre une personne: 7 m²
chambre deux personnes: 8 m²

★ une étoile
chambre une personne: 8 m²
chambre deux personnes: 9 m²
une cabine téléphonique dans l'hôtel
un salon de 15 m²
une salle de bains pour quinze personnes
un WC pour dix chambres

★★ 2 étoiles
téléphone dans les chambres
ascenseur à partir de quatre étages
une salle de bains pour dix personnes
30% des chambres avec salle de bains
petit déjeuner servi dans la chambre

★★★ 3 étoiles
chambre une personne: 9m²
chambre deux personnes: 10m²
70% des chambres avec salle de bains
50% des chambres avec WC

★★★★ 4 étoiles
chambre une personne: 10m²
chambre deux personnes: 12m²
90% des chambres avec salle de bains et WC
ascenseur à partir de deux étages

Don't be afraid to make mistakes. Most of the time, people will still understand you.

Châteaux et hôtels indépendants

• Understanding information on hotels

*T*hese extracts are from a brochure published by a French tourism organisation. Use the *Glossary* to help you do the activities.

1 Which hotel, if any, would meet your needs in the following circumstances?

1 You're touring the grandest of the Loire châteaux, with your mother, who has a dog. You'd like to fit in some golf and fishing.

2 You have a very precious sports car and want a hotel with a garage. You'd prefer to be in the centre of a town.

3 You're organising a conference for 15 people, and are prepared to pay for excellent food.

2 Et vous?

If you could afford to stay at any of these hotels, which one would you choose and why?

Blois / Onzain   48

Hôtel-Restaurant Golf de La Carte

VAL DE LOIRE
RN 152 – Chouzy-sur-Cisse
41150 Onzain
Tél: 02.54.20.49.00

M. Hubert Wayaffe
Fermeture annuelle : 30.11 au 15.03
15 chambres : 150 €, 158 €, 165 €
5 appartements : 165 €, 172 €, 180 € (S.T.C.)
Petit déjeuner : 8 €
Menu : 120 € + carte 130 €
1/2 pension : 135 – 145 € 2 pers.
Pension : 135 €, 145 € 2 pers.

Ferme traditionnelle au milieu d'un golf, grange à dîmes du XIII⁰ au centre des châteaux les plus prestigieux. A 20 km de Chambord, Cheverny, Chenonceaux, 10 km à l'ouest de Blois en bordure de la Loire. Idéal pour les séminaires.

Tours   308

Hôt. Groison - Rest. Jardin du Castel

VAL DE LOIRE
6, rue Groison – 37100 Tours
Tél: 02.47.41.94.40

M. Jean André
Fermeture hebdo. (rest.): dimanche et lundi midi de novembre à mars, lundi et mardi midi d'avril à octobre
Fermeture annuelle: 2 semaines en novembre et 3 semaines en janvier
10 chambres de 150 € à 172 € (S.T.C.)
Petit déjeuner : 9 €
Menus : 128 €, 136 €, 150 € + carte 130 €, 145 €
1/2 pension : chambre + 130 € "Grande Carte", pour 2 pers.

Un hôtel particulier XVIII⁰ entièrement restauré, adapté au confort d'aujourd'hui. A 5 mn du centre ville dans un quartier résidentiel pour passer la nuit au calme. Table de qualité au restaurant "Le Jardin du Castel", figurant dans les meilleurs guides gastronomiques. Attention! Ne pas utiliser le parking privé de l'hôtel "Castel Fleuri", mitoyen. Voiturier à votre disposition.

Château de Beaulieu

VAL DE LOIRE
Route de l'Epend, D 207 – 37300 Joué-les-Tours
Tél: 02.47.53 20.26

Jean-Pierre Lozay
Ouvert toute l'année
19 chambres de 70 € à 125 € (S.T.C.)
Petit déjeuner : 7 €
Menus Touristiques : 18 €, 41 €
Gastronomique : 53 € Dégustation: 70 €
1/2 pension : de 130 € à 172 € 2 pers.
Pension : de 130 € à 145 € 2 pers.

A 4 km S.O. de Tours. Accès par D 86 puis D 207. Au cœur des châteaux de la Loire, une étape gastronomique : le château de Beaulieu, gentilhommière du XVIII⁰ siècle. Grand parc. Jean-Pierre Lozay, maître cuisinier de France. De novembre à mars : prix spéciaux.

309 Tours/Joué-les-Tours

CLASSEMENT DES HOTELS-RESTAURANTS E
CLASSEMENT DES HOTELS

CONFORTABLE

TRES CONFORTABLE

GRAND CONFORT

CHATEAUX & HOTELS
DE FRANCE®

310 Tours/La Membrolle

Château de l'Aubrière

TOURAINE
Route des Fondettes
37390 La-Membrolle-sur-Choisille
Tél: 02.47.51.50.35

M. et Mme Francis Brisou
Fermeture hebdo. (rest.): lundi
Ouvert toute l'année
9 chambres de 150 € à 162 € (S.T.C.). 4 appartements
+ suite familiale de 162 € à 220 € (S.T.C.)
Soirée étape : 148,50 €
Petit déjeuner : 6 €
Menus : 14 €, 20 € + carte de 18 € à 33 €
1/2 pension : 65 € pour hommes d'affaires
Pension : de 70 € à 85 €

A 6 km du vieux Tours, N 138, au cœur d'un parc de
15 ha, petit château tourangeau du XIXᵉ, dominant la
vallée de la Choisille. Suite bleue avec water bed à
baldaquin. 2 appartements dans la tour avec ciel de
lit. Chambre avec sauna, bain à bulles, 4 salons 10,
20, 30, 90 personnes équipés pour recevoir séminaires, groupes, mariage en exclusivité, accueil autocaristes. Loisirs: piscine chauffée du 15.05 au 30.09,
disponibilité tennis, circuit pédestre, ping-pong, V.T.T.,
billard français. Service dans le parc durant l'été.

SYMBOLES

C= CARTE DE CRÉDIT		**HANDICAPÉS**		**TENNIS**	
P PARKING		**SÉMINAIRES**		**PISCINE**	
GARAGE		CHIENS		ÉQUITATION	
ASCENSEUR		PÊCHE		GOLF	

POINTS DE REPÈRE

At the end of this unit, do you think you can ...?	Yes	No	If not, go to ...
ask for a hotel room			p 92
ask for a campsite place			p 92
specify the number of people and nights			p 92
ask for specific hotel facilities			p 92
ask if breakfast is included			p 92
apologise			p 94
say you'll be late and explain why			p 94
say something doesn't work			p 96
ask for something that is missing			p 96
understand information on hotels			pp 98–9

PHONÉTIQUE

Oui, une nuit
Try to hear and copy the distinction between the vowel sounds of *oui* and *nuit*. The starting point of *oui* is *ou*, as in *vous*. The starting point of the vowel sound in *nuit* is *u* as in *tu*.

1 Listen carefully to these words, and repeat.

lui
fruit
Louise
oui
huit
je suis
Louis
suivez

2 Fill in the gaps with either *ui* or *oui*. Check with the tape/CD, and repeat.

Il y a du br......t, toutes les

n......ts, à min......t.

L......se mange un fr......t

dans la c......sine.

Vacances à la française

The French have changed the pattern of their holidays: they prefer to stay in France rather than travel abroad. In 1991, 87 per cent of French people spent their holidays in France. Their holidays are also shorter but more frequent with weekend breaks on the increase. The choice of possible accommodation is huge from the vast network of hotels to well-organized campsites. It all depends on your taste and your purse.

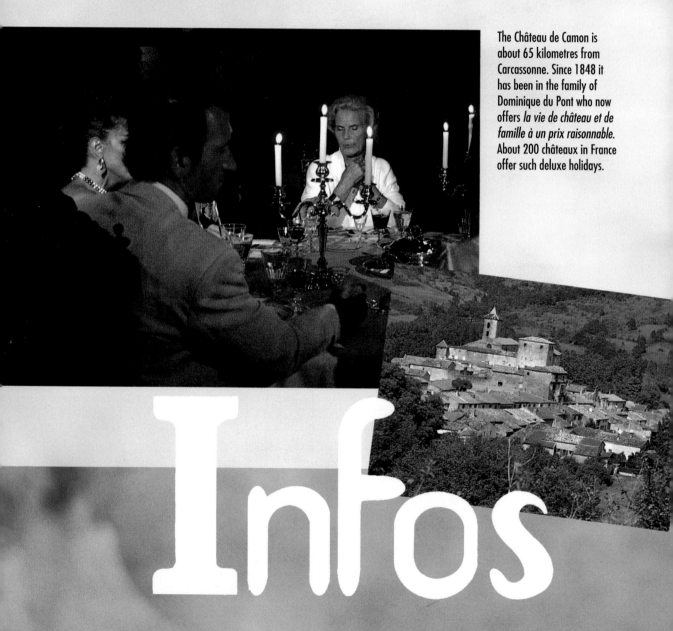

The Château de Camon is about 65 kilometres from Carcassonne. Since 1848 it has been in the family of Dominique du Pont who now offers *la vie de château et de famille à un prix raisonnable.* About 200 châteaux in France offer such deluxe holidays.

Infos

Sainte Marie de Boulaur near Toulouse is a Cistercian monastery and one of 150 monastic foundations which offer simple accommodation and rest in a peaceful environment. At Boulaur prayer may be the keystone of their lives but, according to the Mother Superior, hospitality is also an expression of Christian faith.

UNITÉ ÉTAPE 2

1 Il y a environ 450 sortes de fromages français. Vrai ou faux?

2 Le millefeuille est...
a) un fromage. b) un gâteau.
c) une charcuterie.

3 Trouvez l'intrus (*the odd one out*):
le munster le camembert le surgelé le brie

4 On peut acheter des livres dans une librairie. Vrai ou faux?

5 Trouvez l'intrus:
Nation Galliéni La Défense Montbrison

6 En France, les autoroutes s'appellent...
a) A1, A2, A3, etc.
b) N1, N2, N3, etc.
c) E10, E20, etc.

7 «Péage» signifie...
a) qu'il faut s'arrêter.
b) qu'il faut descendre.
c) qu'il faut payer.

8 Vous voyez «SNCF»...
a) à la gare.
b) à la banque.
c) sur les autoroutes.

9 Le TGV est...
a) un train à grande vitesse.
b) une très grande voiture.
c) un train pour grands voyages.

10 Avec la carte Senior, on peut acheter des billets de train moins cher. La carte Senior est...
a) pour les jeunes de moins de 16 ans.
b) pour les personnes de plus de 60 ans.
c) pour les groupes.

11 Vous voyez un panneau: «Compostez votre billet». Il faut...
a) acheter un billet.
b) donner son billet au contrôleur.
c) mettre son billet dans une machine.

12 En France, il y a environ 8300 terrains de ...
a) football.
b) sport.
c) camping.

13 Dans un hôtel deux étoiles, on ne peut pas prendre son petit déjeuner dans la chambre. Vrai ou faux?

14 Trouvez l'intrus:
Relais du Silence Carte Vermeil
Café Couette Moulin Etape

15 Regardez bien la photo de la Moselle à Metz, et faites une liste des éléments que vous y voyez: une rivière, ...

MOTS CROISÉS

Horizontalement

1 Je voudrais un …… simple pour Paris, s'il vous plaît
4 Tu prends le …… ou le RER pour aller travailler?
7 Un gâteau = une pâtis_ _rie
8 J'…… réservé une chambre au nom de Rabelais
9 Douze heures
11 Tu y vas en …… ou en train?
12 Il achète …… viande, ses légumes et son dessert
14 Vous désirez du …… rouge, blanc ou rosé?
15 Pour monter au sixième étage, je prends l'……
17 Mon lit est dans …… chambre
20 Dans la salle de bains, il y a de l'eau froide et de l'eau ……
21 Prenez la deuxième …… à droite
24 Ma voiture est …… panne
25 Continuez tout droit jusqu'…… château
26 Je voudrais une baguette …… deux croissants
29 Il prend sa voiture ou …… vélo?
30 J'achète la viande à la ……

Verticalement

1 Tu …… réservé une chambre?
2 …… chauffage ne marche pas
3 Pour faire du vin, il faut du ……
4 Douze heures = _ _di
5 Vous désirez une …… aux fruits ou à la crème?
6 Pour faire une omelette, il faut des ……
8 J'…… acheté du pain et du vin
10 Il y a le téléphone …… la chambre
11 J'ai réservé une ……
13 Ce n'est pas à droite, c'est à ……
14 On y va à pied, ou tu …… prendre le bus?
16 Il prend son vélo ou …… moto?
18 Je voudrais une chambre pour deux ……
19 Ce n'est pas derrière le garage, c'est ……
22 Une chambre à …… lit
23 Je prends le train à la ……
27 Je voudrais de l'eau et …… vin
28 J'…… dépensé trente-sept euros

Document

Avez-vous bonne mémoire?
Examinez bien ce document pendant
deux ou trois minutes,
puis décrivez l'hôtel :
faites au moins dix phrases.

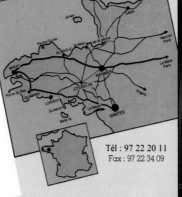

Tél : 97 22 20 11
Fax : 97 22 34 09

HOTEL DU CHATEAU ★☆

Restaurant gastronomique.
Salle pour séminaires.

36 chambres calmes et confortables.

Garage.
Parking privé.

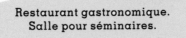

Logis de France

RESTAURANT

Josselin

MORBIHAN · BRETAGNE SUD

Contrôle langue

1 Where would you hear the following sentences? After each one, write the letter corresponding to the most likely location.

  a dans une gare   **b** dans un hôtel
  c dans un magasin   **d** dans la rue

  1 J'ai réservé une chambre.
  2 Je voudrais un aller simple.
  3 Vous avez des éclairs?
  4 J'en voudrais un kilo.
  5 Ce n'est pas loin. C'est à 200 mètres.
  6 Je n'ai plus de pain de campagne. Je suis désolée.
  7 Je pourrais avoir un autre oreiller, s'il vous plaît?
  8 C'est bien le train pour Paris?
  9 Où est la salle de bains?
  10 Tournez à droite au carrefour.

SCORE (1 point par bonne réponse):   .../10

2 Use these words (some are needed more than once) to complete the following sentences.

au   à la   à l'   aux   du   de la   de l'   des

« Pour vous, mes petits chats, j'ai acheté
des boîtes de sardines ...... huile,
...... viande,
...... croquettes ...... céréales et ...... viande,
...... boulettes ...... poulet et ...... légumes,
et ...... lait.
Et pour moi, j'ai acheté
...... eau minérale. »

SCORE (1 point par bonne réponse):   .../10

3 Choose the correct form for each verb, and cross out the incorrect one.

Mère Qu'est-ce que tu [*fais/faites*]?
Julien Je [*vais/allez*] chez Alexandre.
Mère Chez Alexandre? Tu y [*vont/vas*] comment? Tu [*prenons/prends*] le bus?
Julien Euh oui. Ah, zut! Je [*dois/devez*] être chez Alex à deux heures. Je suis en retard! Et en bus, on [*met/mettez*] une heure! Est-ce que je [*peux/pouvons*] prendre ta voiture?
Mère Non, je prends la voiture cet après-midi.
Julien Oh, maman, s'il te plaît!
Mère Ah, d'accord! Mais tu [*dois/doivent*] faire attention, hein!
Julien Oh, merci, maman. Tu es sympa! Et... euh... tu [*ai/as*] vingt euros, s'il te plaît? On [*va/vais*] au cinéma ce soir et...
Mère Au revoir, Julien!

SCORE (1 point par bonne réponse):   .../10

4 Match up the questions and answers.

  1 A quelle heure est le train pour Nice?
  2 Ça fait combien?
  3 Vous allez au bureau en métro?
  4 Vous mettez combien de temps?
  5 C'est sur quelle voie?
  6 Pour aller à la gare, s'il vous plaît?
  7 C'est loin, la piscine?
  8 Où sont les ascenseurs?
  9 Il y a une banque près d'ici?
  10 C'est un train direct?

  a Non, je prends ma voiture.
  b Prenez la première rue à gauche.
  c A treize heures dix.
  d Deux cent trente-six euros, s'il vous plaît.
  e Ça me prend vingt minutes.
  f C'est à huit cents mètres.
  g Oui, elle est à côté de la boulangerie.
  h Ils sont en face de la Réception.
  i Non, vous devez changer à Bordeaux.
  j Numéro 10.

SCORE (1 point par bonne réponse):   .../10

5 Read and re-order the words in the following conversation.

1 Pour • à • aller • la • France? • de • Banque
2 Montez • de • l'avenue • la • Liberté.
3 Continuez • tout • rond-point • jusqu'au • droit.
4 Tournez • au • droite • à • rond-point.
5 Prenez • la • gauche • rue • à • deuxième.
6 La• rue • de • France • est • dans • la • Banque • du • château.
7 C' • en • est • du • face • château.
8 C' • ici? • loin • d' • est
9 Non, • minutes • c' • à • est • cinq.
10 Je • remercie • vous.

SCORE (1 point par bonne réponse): [.../10]

6 Complete this conversation betwen a traveller and an SNCF employee.

Voyageur Je ...... un ...... pour Paris, s'il vous plaît.
Employé Un aller ...... ou un aller-......?
Voyageur Un ...... simple, s'il vous plaît.
Employé En ...... ou seconde?
Voyageur Seconde, s'il vous plaît.
Employé C'est pour ...... train?
Voyageur C'est un TGV. Il ...... de Tours à 12 h 09, et il ...... à Paris à 13 h 20.
Employé D'accord.
Voyageur Ça fait ......?
Employé 39 euros en tout.

SCORE (2 points par bonne réponse): [.../20]

Contrôle audio

7 Listen to a conversation between Fabienne and a local grocer, and complete the list showing what she bought and at what prices.

a kilo of .....   Price: 1,90 €
...... grapefruit   Price: ......
...... lettuce   Price: ......
a bunch of parsley   Price: ......
           Total: ......

SCORE (2 points par bonne réponse): [.../14]

8 Replay the conversation, and match the items Fabienne asks for (1–4) with the choices she is offered (a–d).

1	des pommes	a	roses ou blancs?
2	des pamplemousses	b	petite ou grande botte?
3	de la salade	c	Golden ou Granny?
4	du persil	d	laitue, scarole ou frisée?

Then complete the summary to show exactly what she chose:

Fabienne a acheté des pommes ....., des pamplemousses ....., de la ....., et une ..... botte de persil.

SCORE (2 points par bonne réponse): [.../16]

Contrôle parole

9 **a** Book a hotel room, for two people, for three nights. You'd like a room with a double bed, and with shower and toilet. Your name is Mme Ledru. Ask the receptionist if there is a room, and answer his questions.

b Once in your room, you find it's not up to standard. Ring reception and say you're in room 75, and:
- there is no towel in the bathroom,
- the shower doesn't work,
- the television doesn't work,
- and you'd like an extra pillow.

SCORE (2 points par bonne réponse): [.../20]

LANGUE:	.../70
AUDIO:	.../30
PAROLE:	.../20
TOTAL:	.../120

INTÉRIEURS

J'ai un trois-pièces

• Describing your home

((•)) *L*isten to people describing their home.

Jean-Luc Ortel Dans mon appartement, il y a trois pièces plus cuisine. Donc, deux chambres, salon-salle à manger, et une terrasse.

Martine Debray Au rez-de-chaussée, nous avons un sous-sol avec garage. Au premier étage, la cuisine, avec le salon, la salle à manger, et à l'étage quatre chambres, une salle de bains.

Chantal Decourt Oui, j'habite dans un appartement.
Corinne Il est grand, petit?
Chantal C'est un trois-pièces, et assez grand pour un appartement parisien.
Corinne Il est au rez-de-chaussée, ou...?
Chantal Non, il est au deuxième étage.

Mot à mot

assez	*quite, enough*
chez moi	*(at) my home*
une cour	*yard, courtyard*
une cuisine	*kitchen*
une dépendance	*outbuilding*
donner sur	*to open onto*
une entrée	*hall, entrance*
entrer	*to go in, enter*
un étage	*floor*
à l'étage	*upstairs*
une marche	*step, stair*
une pièce	*room*
au rez-de-chaussée	*on the ground floor*
une salle à manger	*dining room*
un salon/séjour	*living/sitting room*
un sous-sol	*basement*

INFO LANGUE

• **DESCRIBING WHERE YOU LIVE**

J'ai	une maison
J'habite dans	un appartement
Il y a deux étages et un sous-sol	
Au premier étage, il y a trois chambres	
Je n'ai pas	de jardin
Il n'y a pas	d'ascenseur

CULTUROSCOPE

Un trois-pièces

*D*ans un trois-pièces, il y a... trois pièces! Deux chambres et un séjour. On l'appelle aussi un F3. Dans un quatre-pièces, il y a donc trois chambres et un séjour. C'est un F4.

Il y a bien sûr aussi une cuisine et une salle de bains, mais elles ne sont pas comptées.

1 ((•))
Listen again to Jean-Luc, Martine and Chantal. Tick the sentences which are true and correct the others, following the example.
1 Chez Jean-Luc, il y a trois chambres. *Non, il y a deux chambres.*
2 L'appartement de Jean-Luc a une terrasse.
3 Martine habite une maison à plusieurs étages.
4 Chez Martine, la cuisine est au rez-de-chaussée.
5 Chantal a un deux-pièces.
6 Chantal habite au troisième étage.

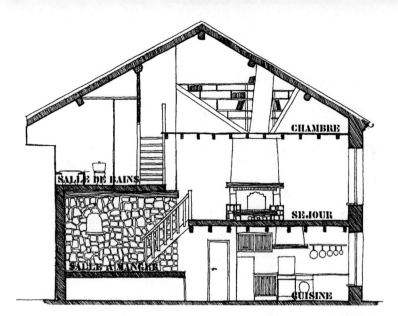

CHAMBRE

SALLE DE BAINS

SÉJOUR

SALLE À MANGER

CUISINE

Chez Corinne et Antoine

2 The architect's drawing shows Corinne and Antoine's house in Presles. Listen to Corinne describing the house.
1 Do they have a garden?
2 What room is mentioned by Corinne and not shown in the drawing?

3 *Allez-y!*

Imagine you're Corinne. How would you answer these questions?
1 Vous habitez dans une maison ou un appartement?
2 C'est une maison de ville ou de campagne?
3 Elle donne sur la rue ou sur les champs?
4 Vous avez un jardin? une cour? un garage?
5 Il y a combien de pièces?
6 La cuisine est au rez-de-chaussée ou à l'étage?

4 *Et vous?*

Now your turn to practise describing your own home to a French person. Start, for instance:
J'habite dans une maison. Il y a trois étages...
Remember how you described your environment in Unit 4. Try and use the language you learned and apply it to your home. For instance:
La maison est assez loin du centre-ville, à environ 30 minutes en bus. C'est très moderne, c'est joli. J'aime beaucoup ma maison!

5 Listen to Philippe Sanchez, an estate agent in Presles, talking about two properties on the market in the area.
1 First, find the matching ads below.
2 Work out the meaning of the following abbreviations:

mais.   appart.   ét.   av.   asc.
ent.   séj.   ch.   sdb   WC
jard.   gar.   cuis. équip.

3 Imagine you're selling property **d** (below) to an estate agent. How would you describe it?

a PRESLES
mais. centre-ville av. jardin, ent., cuis., 2 ch., sdb, WC + dépendance, 70 000 €

b PRESLES
mais. extérieure ville, avec jard. 200m², 3 pièces, ent., 2 ch., grand séj. cuis., sdb et WC séparé, cave, gar. 86 000 €

c L'ISLE-ADAM
apart. 6ème ét. av. asc., ent., 4 ch. 2 sdb, WC, séj. double, cuis. équip., place parking, interphone, vue magnifique, 110 000 €

d L'ISLE-ADAM
centre-ville dans un beau parc, apart. 3 pièces, 2ème ét., balcon: ent., cuis. équip., séj., sdb, WC, 2 ch., multiple placards, cave, 75 000 €

J'habitais en Seine-et-Marne

• Saying where you used to live

((•)) *P*lay the tape/CD. Géraldine, a schoolgirl in Montbrison, talks about where she used to live before moving to this part of France.

Virginie Où étais-tu auparavant?
Géraldine Dans la région parisienne.
Virginie A quel endroit exactement?
Géraldine En Seine-et-Marne.
Virginie Et tu avais une maison?
Géraldine Oui.
Virginie C'était comment?
Géraldine C'était une maison de village simple.
Virginie Avec combien de pièces?
Géraldine Il y avait six pièces. Il y avait deux chambres, un salon, une salle à manger, une cuisine et une salle de bains.
Virginie C'était plus agréable là-bas ou ici?
Géraldine Ici, c'est plus agréable.
Virginie Pourquoi?
Géraldine C'est plus calme et j'aime mieux la campagne.

INFO LANGUE

• REFERRING TO THE PAST	■ 49 ▶
maintenant	*avant*
Je suis à Paris	**J'étais** à la campagne
J'ai une maison	**J'avais** un appartement
Il y a cinq pièces	**Il y avait** deux pièces
C'est grand	**C'était** petit
J'habite seul	**J'habitais** avec mes parents

In the second column, the verbs are in the imperfect tense (*l'imparfait*). Use it to talk about how things were, or what used to be.

The imperfect tense has these verb endings attached to the 'stem' of the verb:

je **–ais**	tu **–ais**	il/elle/on **–ait**
nous **–ions**	vous **–iez**	ils/elles **–aient**

1 ((•))
Listen to Géraldine again. Can you spot four errors in this summary of what she says?

« Avant Montbrison, j'habitais dans la région parisienne, dans une maison de ville. C'était une maison de dix pièces. Il y avait six chambres, un salon, une salle à manger, une cuisine et une salle de bains. C'était plus calme là-bas. »

2 ((•))
Hervé, a young waiter from Montbrison, speaks about where he used to live. Before listening, read the questions and try to fill in the gaps in his answers. Then listen to the tape/CD.

1 Vous habitiez où, avant?
  « J'...... dans un autre appartement à Montbrison. »
2 Quand vous habitiez chez vos parents, c'était où?
  « C'...... à Veauchette. »
3 La maison de vos parents était comment?
  « C'...... une villa avec le sous-sol. »
4 Il y avait un jardin?
  « Oui, on ...... 3000 mètres de terrain. »
5 Vous aviez des animaux?
  « Nous ...... des moutons, des lapins, des poules et des chiens. »

Mot à mot

auparavant	*before*
avant	*before*
un couloir	*corridor, passage*
un grenier	*attic, loft*
un terrain	*(piece of) land*

When you work with the book alone, do the activities which don't involve listening, especially 'Vous y êtes?'. Practise vocabulary with 'Mot à mot', and study the patterns in 'Infolangue'.

3 *Vous y êtes?*

Change the sentences to say how things used to be: use the elements in brackets, and make new sentences starting with *avant*.

For instance: J'habite à Lyon. (Quimper) *Avant, j'habitais à Quimper.*

1 Il y a quatre chambres. (deux chambres)
2 C'est très animé. (trop calme)
3 Je suis professeur. (architecte)
4 On a trois chats. (huit chats)
5 Je travaille à la maison. (dans un bureau)
6 Nous habitons Montbrison. (en Seine-et-Marne)

4 ((•)) *Allez-y!*

Imagine you've just moved to a house in a small French village. In this conversation, your replies to an inquisitive neighbour's questions are muddled up. Put them in the right order by numbering the lines 1–10, then check with the tape/CD.

Voisin Bonjour! Vous êtes ici pour les vacances?
Vous Non, je n'étais pas très heureux, je préfère la vie à la campagne!
Voisin Ah bon! Vous habitiez où avant?
Vous Non, j'avais un appartement.
Voisin Vous aviez une maison?
Vous Non, non, j'habite ici maintenant.
Voisin Vous travailliez à Lyon?
Vous J'habitais dans la banlieue de Lyon.
Voisin Vous n'étiez pas heureux en ville?
Vous Oui, je travaillais dans une banque, mais maintenant, je suis à la retraite.

5 *Et vous?*

Think of where you lived when you were 10 or 15 years old, and answer these questions.

C'était où? Vous habitiez avec qui? Vous aviez un appartement ou une maison? C'était comment? Il y avait un jardin? Vous aviez des animaux?

Moi, je fais la vaisselle
• Saying who does what at home

((•)) *P*lay the tape/CD. Listen to people talking about who does the household tasks.

Antoine Je passe l'aspirateur, je fais la vaisselle, je lave les carreaux, pas souvent, je dépoussière les meubles.
Corinne Et moi, je fais la lessive, un petit peu de repassage, mais souvent Antoine aussi repasse une chemise ou un pantalon. Et puis surtout, je fais la cuisine.

Corinne Et chez vous, qui fait quoi? Par exemple, les courses?
Anne-Marie Lépine Mon mari fait les courses, et puis, il fait la cuisine.
Corinne Et le reste du travail à la maison, c'est vous?
Anne-Marie C'est moi.

Corinne Et donc, à la maison, puisque vous, vous restez à la maison, j'imagine que vous faites presque toutes les tâches ménagères?
Nicole Ritz Oui.
Corinne Est-ce qu'il y a des choses que votre mari fait dans la maison?
Nicole Oui, oui, oui. Il passe l'aspirateur.

Mot à mot

les carreaux (*m*)	*tiled floor*
dépoussiérer	*to dust*
faire la cuisine	*to do the cooking*
faire la lessive	*to do the washing (clothes)*
faire les lits	*to make the beds*
faire le ménage	*to do the housework*
faire le repassage	*to do the ironing*
faire la vaisselle	*to do the washing-up*
faire les vitres	*to clean the windows*
laver	*to wash*
le linge	*laundry, washing*
nettoyer	*to clean*
passer l'aspirateur	*to hoover, vacuum clean*
Qui fait quoi?	*Who does what?*
repasser	*to iron*
rester	*to stay*
une tâche ménagère	*household task*
tous/toutes les deux	*both of us/you/them*

INFO
LANGUE

• **SAYING WHO DOES WHAT** ■ 14 ▶
Use these words for people, to stress who you're talking about: *C'est **moi** qui fais le ménage. Ce sont **elles** qui font la cuisine.*

C'est	moi/toi	qui...
	elle/lui	
	nous/vous	
Ce sont	elles/eux	

Use them on their own: *Qui fait la vaisselle?* **Lui**. And after *chez, avec, sans: chez nous, avec moi.*

• **ALWAYS, OFTEN, SOMETIMES, NEVER ...** ■ R3 ▶

Je fais	toujours	le ménage
	souvent	les courses
Je ne fais	jamais	la cuisine

Je	passe l'aspirateur	tous les jours
	fais la lessive	toutes les semaines
	fais les lits	de temps en temps

CULTUROSCOPE

Les hommes à la cuisine?

• Entre 1975 et 1986, la participation des hommes au travail domestique a augmenté de onze minutes par jour. La participation des femmes a diminué de quatre minutes. Mais il n'y a toujours pas d'égalité! Les femmes font 4 h 38 de travail à la maison par jour et les hommes 2 h 41.

• Les tâches restent spécialisées: par exemple, les hommes lavent la voiture mais ne font pas la lessive et ne repassent pas. Il y a aussi des tâches "négociables": la cuisine, les vitres, l'aspirateur, la vaisselle, les courses, le couvert.

1

Jean-Paul interviewed a woman about which tasks she liked doing, and how tasks were shared between herself and her husband. Listen to her answers and decide whether the following are true or false – *vrai ou faux*.

1 Elle aime bien faire la vaisselle.
2 Elle aime repasser le linge.
3 Elle aime passer l'aspirateur de temps en temps.
4 C'est elle qui fait les vitres.
5 C'est son mari qui fait les lits.
6 Elle fait la cuisine et les courses.

2

Listen to Chantal Decourt and Gilles Ciment talking to Corinne about their arrangements for sharing housework. Complete the sentences.

Chantal Ça dépend des semaines mais ...... , c'est moi ...... le marché.
Gilles Eh bien, moi, comme j'ai la voiture, ... les courses lourdes.
Corinne Et la cuisine, alors?
Chantal C'est ...... moi qui la ...... parce que Gilles rentre tard le soir. ...... , c'est Gilles qui la ......

3 *Vous y êtes?*

How would you say these in French?
1 Who does what in your home?
2 Do you often do the washing up?
3 I do the cooking every day.
4 It's always my husband who does the cleaning.
5 My children go shopping and my wife prefers ironing ...
6 ... so I do all the cleaning.
7 I never clean the windows.
8 From time to time, I do the shopping for my mother.

4 *Allez-y!*

Take on each of the three roles described below. You're being interviewed by a market researcher whose subject is *Qui fait quoi à la maison?* Listen to the tape/CD to take part in the first interview, then work out the second and third yourself.

Femme, 32 ans. Professeur de danse. Vous vivez avec un acteur de théâtre qui travaille beaucoup le soir. Deux enfants.
Vous : la cuisine, la lessive, le repassage, le ménage.
Lui : les courses, le ménage de temps en temps.

Homme, 65 ans. Veuf, en retraite. Votre fils de 28 ans, au chômage, vit avec vous.
Vous : le ménage, les courses, la lessive.
Lui : la cuisine.

Homme, 23 ans. Infirmier de nuit. Marié, un bébé. Votre femme ne travaille pas.
Vous : l'aspirateur, les lits.
Elle : le linge, le repassage.
Tous les deux : les courses, la cuisine.

5 *Et vous?*

Now your turn to explain who does what in your home! Choose some household tasks and say how often you do them.

Styles de vie
• Describing homes and lifestyles

La vie de château

Nanou and Denis Meynard look after the château de Nointel, one of many country houses in the Ile-de-France which are owned as *résidences secondaires*.

1 (•))
Listen to the Meynards describing the château and the park. Here are some adjectives that could come into their description: tick the ones you hear them use.

beau/belle	élégant/élégante	énorme
grand/grande	gros/grosse	joli/jolie
magnifique	moderne	petit/petite

2 Imagine the château de Nointel is for sale. Use some of the adjectives in activity 1 to complete this estate agent's advert.

> À VENDRE
> très ...... affaire   Nointel
> Château du 17e siècle, 30 pièces, un étage.
> Possibilité 10/12 chambres avec salle de bains et ...... salon.
> ...... cuisine ...... toute équipée, ... cuisine à l'étage, salons,
> bibliothèque, salle de billard, parc ...... avec animaux.

Le château de Nointel

INFO
LANGUE

• **POSITION OF ADJECTIVES**   ■ 6, 7 ▶

An adjective usually comes after the word it describes: *une maison **moderne***.

However, some very common adjectives come before the word described: *une **grande** cuisine, un **petit** salon*. These adjectives are:

beau/belle	bon(ne)	joli(e)
grand(e)	petit(e)	gros(se)
jeune	vieux/vieille	
premier/première, deuxième, etc		

Record des résidences secondaires

Qui? 13% des Français ont une résidence secondaire (record mondial!).
Quoi? Dans 80% des cas, c'est une maison avec un jardin. Dans 9% des cas, une caravane sur un terrain.
Où? 56% des maisons sont à la campagne, 32% au bord de la mer, 16% à la montagne.

When reading French, start by spotting words which are similar to English words. They might give you clues to what the text is about.

3

((•))

We interviewed Philippe Laperrouse of INSEE, the French National Statistics Office, on the subject of home ownership and where the French prefer to live. Listen to that part of the interview, and fill in the missing figures below.

> **LA MAISON**
> - ...... des ménages français sont propriétaires de leur logement. ...... sont locataires, et ...... sont logés gratuitement.
> - ...... des Français habitent en ville et ...... à la campagne.
> - ...... des ménages vivent en maisons individuelles.

4

((•))

M. Laperrouse went on to talk about changing lifestyles and the growing popularity of certain household articles. Listen and complete the table.

EQUIPEMENTS (en %)	1991
une voiture	......
deux voitures	......
un téléphone	......
une chaîne hi-fi	45%
un lecteur de CD	88%
une télévision	......
un magnétoscope	......
un lave-linge	88%
un lave-vaisselle	35%
un réfrigérateur	98%

5 *Allez-y!*

Tell a French-speaking friend about where you used to live: a large flat with a beautiful drawing room, with TV, video and hi-fi, four small bedrooms, two bathrooms and a modern kitchen. You also had a small garden. It was wonderful!

POINTS DE REPÈRE

At the end of this unit, do you think you can ...?	Yes	No	If not, go to ...
describe your home – rooms, floors, garden			p 106
understand someone describing their home			p 106
say where you used to live, and describe it			p 108
say who does which household tasks			p 110
use adjectives to describe a home			p 112
understand figures and percentages			p 113
name some household electrical items			p 113

PHONÉTIQUE

((•)) **The French 'r' sound**
Most French speakers, in most parts of France, make the 'r' at the back of the throat. (To help you say it, make a gargling sound!) Listen to the tape/CD and repeat:

rue garage marché séjour travail gros quatre

1

Listen to these words and sentences, and repeat them, rolling the 'r' at the back of your throat:

terrasse carreaux trois centre grand réfrigérateur
Henri fait les courses et les vitres.
Mon mari travaille dans la chambre au rez-de-chaussée.

2

Note that in words like *carte*, *parti*, the 'r' should be pronounced just as clearly. Listen and repeat:

Martine bar jardin départ

Chez nous, à la maison

The ambition of many is to own their own home and 54 per cent of French people have bought their own house or flat. There is also a growing interest in interior decorating and gardening as witnessed by the popularity of such magazines as *La Maison* and *Mon Jardin et Ma Maison*.

Thirteen per cent of the French population owns a second home – mainly by the coast or in the mountains. However, the costs of maintenance and crowded roads are putting many people off. By contrast those who live in state-aided housing (HLM or *Habitation à Loyer Modéré*) have to make do with tenancy rather than ownership and often face problems of poor maintenance and over-crowding.

Visiting treasure houses like the Château of Versailles or Fontainebleau is a marvellous way of exploring the history of France. Visiting the home of a famous artist or writer can also be enlightening whether it's Balzac's house in Saché (Touraine), George Sand's home in Nohant (Berry) or the Château du Bosc (*right* and *above*) near Albi, south-west France, where the artist Henri de Toulouse-Lautrec grew up.

Infos

It took seventeenth-century Nicolas Fouquet just five years to create the magnificent Vaux-le-Vicomte. Affronted by such luxury and power, Louis XIV imprisoned him for life and took inspiration from Vaux for his own marvel at Versailles. In fact, he also took furniture, tapestries, statues and all the orange trees. Two centuries later the stunning perspectives and running water at Vaux had become pasture and cornfields. In 1880 the gardens were relaid and, now owned by Patrice le Vogüé, Vaux is once again one of the glories of France.

UNITÉ 10
LOISIRS

Je fais du théâtre
• Talking about your leisure interests

((•)) *T*urn on the tape/CD, and listen to three people talking about what they and their children do outside work and school.

Françoise Quelles sont les activitiés préférées de vos enfants?
Mme Boudaillet Alors, ma fille Carole fait du piano et du théâtre, et mon garçon Sylvain fait du football.

Interviewer Votre fils, Yann, qu'est-ce qu'il fait en dehors de l'école?
Chantal Bassot Une fois par semaine, le mercredi après-midi, il va au Conservatoire, où il fait du violon, puis du solfège et il chante dans une chorale.

Corinne J'ai un petit peu de temps pour avoir d'autres activités en dehors de mon travail. D'abord, je fais de la gymnastique une fois par semaine. Mais j'aime le théâtre et le cinéma. Et puis, j'aime beaucoup lire, et surtout ma grande passion depuis un an, c'est de faire de la broderie.

Mot à mot

bricoler	*to do odd jobs, DIY*
la broderie	*embroidery*
une carte	*card*
chanter	*to sing*
la chorale	*choir singing*
les échecs (*m*)	*chess*
écouter	*to listen to*
en dehors de	*outside*
l'équitation (*f*)	*horse riding*
une exposition	*exhibition*
la gymnastique	*keep fit, gymnastics*
jardiner	*to do (the) gardening*
lire	*to read*
partir	*to go away*
la pétanque	*bowls (in Southern France)*
la planche à voile	*windsurfing*
une promenade	*walk*
regarder	*to watch*
le solfège	*musical theory*
le théâtre	*acting, theatre*
un violon	*violin*
voir	*to see*
le volley	*volleyball*

INFO
LANGUE

• SAYING WHAT YOU DO IN YOUR SPARE TIME
Use the verb *faire* followed by *de la/du/de l'/ des* to say what you do:

le vélo	**Je fais**	**du** vélo
l'équitation		**de l'**équitation
la gymnastique		**de la** gymnastique
les mots croisés		**des** mots croisés

Use the verb *jouer* to say you play a musical instrument or a game or sport:

le piano	**Je joue**	**du** piano
l'accordéon		**de l'**accordéon
la clarinette		**de la** clarinette

le tennis	**Je joue**	**au** tennis
la pétanque		**à la** pétanque
les échecs		**aux** échecs

CULTUROSCOPE

Les week-ends des Français

Que font les Français le week-end?

- 65% restent à la maison. Ils lisent, ils regardent la télé, ils bricolent ou ils écoutent de la musique.
- 39% font des promenades.
- 20% travaillent.
- 19% partent à la campagne.
- 16% bricolent.
- 14% jardinent.
- 11% font des courses.
- 11% font du sport.
- 10% vont au restaurant, au théâtre, ou au cinéma.
- 3% visitent des musées ou des expositions.

11% des Français font du sport le week-end

1 ((•))

Listen to several people saying what they do at the weekend. For each activity you hear mentioned, see if you can find the matching category in *Culturoscope* above.

2 ((•))

Read Mme Robert's statement about how she spends her time and work out what should fill the gaps, using the words listed. Then listen to the tape/CD to complete and check your answers.

à la	au	aux
de la	du	du	des
tous	par

«Je fais ...... gymnastique ...... les mercredis, et je joue ...... tennis trois fois ...... semaine. Le week-end, je fais ...... vélo ou je joue ...... cartes avec mes amis. De temps en temps, je reste ...... maison, et je joue ...... piano ou je fais ...... mots croisés.»

3 *Vous y êtes?*

How would you say the following in French?
1 I do the gardening.
2 I go shopping.
3 I stay at home.
4 I watch television every day.
5 I play tennis two or three times a week.
6 I play the piano.
7 I never go to the cinema.
8 I often go to museums.

4 ((•)) *Allez-y!*

Four people's leisure activities are recorded in the table below. Imagine you are each of them in turn, listen to the tape and answer the questions on their behalf.

	heures de loisirs	*le week-end*
Maria	télévision musique	courses promenades
Bob	vélo piscine	cinéma (souvent)
Christine	théâtre musées	restaurant (avec des amis)
Amir	jardiner bricoler	football

5 *Et vous?*

Quelles sont vos activités préférées? Qu'est-ce que vous faites le week-end?

Je ne sais pas nager

• Saying what you enjoy doing, what you can and can't do

Listen to people saying what they enjoy doing and whether they can swim. You'll also hear the expressions for saying how well or how badly you do something.

René J'aime bien jardiner. C'est moi qui m'occupe du jardin.

Françoise Votre mari a des préférences?
Mme Boudaillet Oui, le football!
Françoise Il aime jouer au football et regarder les matches de foot à la télévision?
Mme Boudaillet Oui, regarder les matches à la télévision. Il est également dirigeant d'une équipe de football.

Corinne Est-ce que Manon et Charlotte savent nager?
Anne-Marie Lépine Non, les enfants ne savent pas nager. Manon est trop petite. Généralement on prend les enfants à partir de cinq ans.

Yves-Marie Février J'ai horreur de l'eau.
Corinne Donc tu ne sais pas nager?
Yves-Marie Je ne sais pas nager, officiellement non.

Chantal Bassot En dehors de l'école, deux fois par semaine, il va à la piscine. Il fait partie d'un club.
Corinne Il sait nager?
Chantal Il sait nager.

Mot à mot

avoir horreur de	to hate
une bande dessinée	comic strip book
bien	well
conduire	to drive
un dirigeant	manager, leader
une équipe	team
faire partie de	to be a member of
la lecture	reading
mal	badly
monter à cheval	to ride a horse
nager	to swim
la pêche	fishing

INFO LANGUE

• **SAYING WHAT YOU LIKE AND DISLIKE DOING**

J'aime bien/beaucoup	faire du sport
J'adore	aller au théâtre
Je n'aime pas	jouer au tennis
Je déteste	jouer du piano

• **AVOIDING REPETITIONS** ■ 15, 16 ▶

Vous aimez faire **du sport**?
Oui, j'**en** fais tous les dimanches
J'aime beaucoup faire **de l'équitation**.
J'**en** fais tous les jours

Note that in these sentences, *en* replaces *du sport, de l'équitation*.

Vous aimez jouer **au tennis**?
Oui, j'**y** joue tous les jours
J'adore aller **à la piscine**, j'**y** vais très souvent

Note that *y* replaces *au tennis*, and *à la piscine*.

• **SAYING YOU KNOW HOW TO DO SOMETHING** ■ 41 ▶
The verb *savoir* is often used to talk about what you can and can't do.

Tu sais	jouer aux échecs?
Vous savez	nager?
Oui, je sais	jouer aux échecs
Non, je ne sais pas	nager

• **SAYING HOW WELL/BADLY YOU DO SOMETHING** ■ 26 ▶

Je fais **très bien** la cuisine
Je nage **bien**
Je joue **mal** aux échecs
Je joue **très mal** de la guitare

Note that *bien, mal,* etc. come directly after the verb.

Be selective with 'Mot à mot'! Concentrate on remembering the words which are most relevant to you.

1 ((·))

Listen to the interview with 13-year-old Mélanie Février, and tick the grid to show what she can and can't do.

Est-ce qu'elle sait...	oui	non
monter à cheval?		
jouer d'un instrument de musique?		
chanter?		
faire la cuisine?		
nager?		

2 ((·))

We asked René, Chantal, Denis, Nanou and Gilles what they really like doing. Listen and note their favourite leisure interests.

3 *Vous y êtes?*

How would you say the following in French?
1 I love playing tennis, I play every weekend.
2 I can ride a horse, but I can't drive.
3 Do you know how to play chess?
4 I like playing chess, but I play badly.
5 I don't like doing DIY.
6 I play the violin very well.
7 I hate cooking, I prefer going to restaurants.
8 I love going to the theatre.

4 ((·)) *Allez-y!*

Imagine you are each of these people in turn: introduce yourself and describe your interests. Start, for example: *Je m'appelle Irène, j'adore faire du sport. Je joue bien...*
Listen to the tape/CD to check your answers.

Irène loves sports – plays tennis well, can ride a horse, but cannot swim. Hates going to the theatre or the cinema.

Naresh hates sports, likes playing chess (but plays badly). Loves singing, and loves going to the opera. Also likes DIY.

Erica likes cooking and DIY. Can ride a horse, but does that only two or three times a year. Loves going to the theatre, but doesn't like going to the cinema.

5 *Et vous?*

Qu'est-ce que vous aimez faire le dimanche? Et le vendredi soir? Savez-vous nager, jouer d'un instrument de musique? Faites-vous un sport?

La pétanque

La pêche, au bois de Vincennes

Je t'invite à déjeuner

• Invitations

((•)) *L*isten to the recording. Françoise meets a friend who asks her to have lunch with her the next day.

Anny Françoise, tu vas au marché jeudi, à Hesdin?
Françoise Ah, mais bien sûr, comme d'habitude.
Anny Je t'invite à déjeuner après.
Françoise Ah mais ça, c'est sympa!
Anny Midi et demi! A la Brasserie du Globe. Tu sais, celle qui est sur la place d'Armes.
Françoise Oui, d'accord.
Anny Midi et demi. Je t'invite, hein? C'est mon tour.
Françoise D'accord. Alors la prochaine fois, ça sera moi!
Anny OK. Je dois filer maintenant. Alors, à demain.
Françoise A midi et demi. Au revoir.
Anny OK. Salut!

Mot à mot

à vendredi	*see you on Friday*
à tout à l'heure	*see you later*
d'accord	*OK*
boire un verre	*to have a drink*
déjeuner	*to have lunch*
dernier/dernière	*last*
devant	*in front of, outside*
c'est dommage	*it's a pity*
c'est mon tour	*it's my turn*
comme d'habitude	*as usual*
filer	*to dash, to rush*
inviter	*to invite/treat someone*
libre	*free*
malheureusement	*unfortunately*
on se retrouve	*let's meet*
venir	*to come*
je veux bien	*all right*
si tu veux/si vous voulez	*if you like*

INFO LANGUE

• ASKING SOMEONE TO DO SOMETHING
To ask someone if they want to do something, use the verb *vouloir*:

Tu veux	aller au cinéma avec moi?
Vous voulez	boire un verre avec moi?

To ask if they can do something, use *pouvoir*:

Est-ce que tu peux/vous pouvez venir manger à la maison samedi?

Use *inviter* if you're offering to pay:

Je t'invite au restaurant
Je vous invite

You could also make a suggestion by using *on*:

On va au théâtre?	*Shall we go to the theatre?*

or by saying what you'd like to do:

Je voudrais	voir un film
J'aimerais bien	aller au restaurant

• ACCEPTING AND TURNING DOWN AN INVITATION

Oui, je veux bien	
Oui, d'accord	C'est sympa
Oui, si tu veux/si vous voulez	
Je ne peux pas	
Je regrette, mais...	
Merci beaucoup, mais...	

1

Listen to four different conversations in which someone is being asked out. For each conversation, find out:
a what the invitation is for, and
b whether the person accepts it or turns it down.

2

The conversation below is jumbled up. Number the lines to put it in the right order.

– Salut.
– J'aimerais bien aller au cinéma.
– Qu'est-ce que tu veux voir?
– Je ne sais pas... Et toi?
– Qu'est-ce que tu fais samedi après-midi?
– Je voudrais voir le film avec Gérard Depardieu. Tu veux venir avec moi?
– D'accord. Si tu veux. C'est à quelle heure?
– Alors, on se retrouve à deux heures et quart devant le cinéma. D'accord?
– C'est à deux heures et demie au Gaumont.
– OK. A samedi.

3

Here are eight answers you might give when invited out: four to use if you want to be invited again, and four if you don't! Which is which? Tick the first category, cross the second.
1 Ah, j'aimerais bien, mais je ne peux pas.
2 Non, je ne veux pas.
3 Certainement pas!
4 Malheureusement, je ne peux pas. Je suis vraiment désolé.
5 Non merci. Il y a un bon film à la télé.
6 Merci beaucoup, mais c'est impossible cette semaine.
7 Pas lundi, mais une autre fois, peut-être?
8 Non, ça ne m'intéresse pas.

4 *Vous y êtes?*

How would you say the following in French?
1 I'd like to go to a restaurant.
2 Do you want to come with me?
3 If you like.
4 It's a pity, but I can't.
5 I am sorry, but I can't.
6 Let's meet at two o'clock.

5 *Allez-y!*

Listen to the tape/CD, and play the following parts.
1 You're invited out, and refuse.
2 You're invited out, and accept.
3 You ask a friend to the restaurant tonight.
4 You ask a colleague to have a drink with you after work.

6

This is a still from *Quai des Brumes*, a 1938 Marcel Carné film set in Le Havre. Jean Gabin, who is on the run from the police, is befriended by Michèle Morgan. Look at the photo and make up a short conversation in which one invites the other out. For example:

Michèle Vous voulez boire un verre avec moi?
Jean Je regrette, je ne peux pas.

Jean On part aux Etats-Unis?
Michèle Oui, je veux bien.

Les loisirs des Français
• Reading about leisure in France

L'AGE DES LOISIRS Préférences de pratiques culturelles en fonction de l'âge (en % de la population concernée) :	15–19	20–24	25–34	35–44	45–54	55–64	65 et +
Lit un quotidien tous les jours	26	29	31	44	50	57	58
Lit régulièrement un hebdomadaire d'information	10	19	17	20	14	13	8
Possède un magnétoscope au foyer	36	30	30	32	24	17	6
Possède des disques compacts	15	17	12	13	11	7	2
N'a lu aucun livre au cours des 12 derniers mois	14	19	20	23	29	32	38
Ne fait pas de sorties ou de visites*	4	8	9	10	17	21	32
Fait une collection	41	29	24	22	22	19	14

* Liste de 24 activités : restaurant, cinéma, musée, brocante, bal, match, zoo, galerie d'art, spectacle, opéra, etc.

Ministère de la Culture et de la Communication

1 Look at the research findings above, then answer these questions.

1 Find the phrase meaning 'for the last twelve months'. How would you say 'for the last five years'?
2 *Un magnétophone* is a tape recorder; what do you think *un magnétoscope* is?
3 Find in the table three words for things you can read.
4 Look at the fourth line in the table, about CDs. Can you work out what question the market researcher asked?
5 Look at the last line of the table. How would you say 'I collect CDs'?

2 According to the statistics in the table above, in what age group are the following people most likely to be? For example: Albert David reads a daily newspaper every day. *65+.*
1 Alexandra Ambroggi has a video recorder at home.
2 Jérôme Olanié collects key rings.
3 Nabila Bouabid owns compact discs.
4 Pierre Coltier regularly reads a weekly paper.
5 Thérèse Capelle never goes to restaurants, cinemas, etc.
6 Valentin Martineau has not read a single book in the last twelve months.

3 **Vive la musique!** Use your own judgement to guess whether the following statements about music listening in France are true or false – *vrai ou faux*. Then read the article on page 123 to check your guesses.

	at a guess	according to article
1 Increasing numbers of people listen to music.		
2 The use of personal stereos is growing.		
3 The quality of hi-fis and FM receivers is improving.		
4 Prices of music equipment are increasing.		
5 One third of French households own a hi-fi.		
6 Ninety per cent of 15–19-year-olds own a personal stereo.		
7 The increase in music listening only relates to rock and opera.		
8 Rock is the most popular music among young people.		

10

Vive la musique

La musique tient une place croissante dans la vie des Français.

On constate une spectaculaire progression de l'écoute de la musique, sur disques, cassettes ou à la radio. Là encore, la diffusion des baladeurs et des disques compacts, l'amélioration des chaînes hi-fi et des postes de radio FM ainsi que la baisse des prix ont largement favorisé le mouvement. Près des deux tiers des ménages possèdent une chaîne hi-fi contre 8% en 1973; 67% des 15–19 ans ont un baladeur.

La proportion de Français qui écoutent des disques ou cassettes au moins un jour sur deux a doublé en quinze ans, passant de 15% en 1973 à 33% en 1989. L'augmentation de l'écoute touche toutes les catégories de population sans exception, et tous les genres de musique, du jazz au rock en passant par la musique classique et l'opéra.

Le phénomène est cependant plus marqué chez les jeunes. La moitié des 15–19 ans écoutent des disques ou cassettes tous les jours, le plus souvent du rock.

Francoscopie

4 Read the article above.

1 Find the French words or phrases used for the following:
  a six kinds of musical equipment
  b four types of music
  c 'the drop in prices'
  d 'at least every other day'
  e 'two thirds of households'
2 What doubled between 1973 and 1989?
3 Half of the 15–19 age group are said to do something every day. What is it?

POINTS DE REPÈRE

At the end of this unit, do you think you can ...?	Yes	No	If not, go to ...
talk about your leisure interests			p 116
say what you enjoy/dislike doing			p 118
say what you can and can't do			p 118
say how well/badly you do something			p 118
invite someone out			p 120
decline/accept an invitation			p 120
arrange to meet			p 120
understand information on social trends			pp 122–3

PHONÉTIQUE

 Je t'invite demain
In Unit 4, *Phonétique* introduced two nasal vowels, in the words *maison* and *appartement*. Another nasal vowel is the one at the beginning of *inviter* and the end of *demain*. Listen, to practise recognising and saying this sound.

1 In which words do you hear the sound at the end of *demain*? Tick them in the list.

dessin semaine
devine vin
important immédiat
américain mexicaine
cousin voisine

2 Repeat what you hear on the tape/CD and add your reaction using *c'est impossible* or *c'est indispensable!*
Say, for example: *Un bain le matin, c'est impossible!*

Un bain le matin...
Un bon vin blanc...
Un beau copain blond...
Un cousin médecin...

Note: some French speakers use different pronunciation for *un* and the nasal vowel in *bain, vin, impossible*, but most French speakers use the same sound.

La main verte

Do-It-Yourself (*bricolage*) or gardening (*jardinage*) are favourite hobbies of many French people. With the death of rural France, it's as if the French see a way of preserving their rustic roots by getting some mud on their boots.

On 30 August, the day of St Fiacre (the patron saint of gardeners) home-growers' harvests are paraded through the streets. After a presentation at the Hôtel de Ville, the produce is given to the old, the sick and the poor. Stores like *Jardinland* and *Monsieur Jardin* cater for the needs of the green-fingered and inspiration is to be found in the famous gardens of France – in the symmetry of the classical or the freedom of Monet's garden at Giverny.

Infos

Each year the nationwide *Concours des Villes et Villages Fleuris* (towns and villages in bloom competition) takes place. It's been going for forty-four years and over a quarter of all communes take part. Autretot (below) in Seine-Maritime is just one of the many beautifully adorned villages to be submitted to the scrutiny of the judges.

Coveted plaques of one to four flowers are awarded to victorious towns and villages by the Minister of Tourism at an official ceremony at the Sénat in Paris.

BON APPÉTIT!

Mon plat préféré, c'est le steack-frites

• Talking about your favourite food

((•)) *T*urn on the tape/CD and listen to people saying what their favourite dishes are and why.

Jean-Paul Quel est votre plat préféré?
Femme Alors, moi, j'aime la cuisine française traditionnelle: les viandes grillées, les légumes, les choses très simples.
Jean-Paul Pas de sauces?
Femme Non, pas tellement de sauces. Plutôt les grillades, les choses comme ça, très naturelles.
Jean-Paul Et en dessert?
Femme Les choses très sucrées, le chocolat.

Corinne Quel est votre plat préféré?
Anne-Marie Lépine Eh bien, mon plat préféré, typiquement français, le steack-frites.

Jean-Paul Quel est votre plat préféré?
Homme Les tripes à la mode de Caen.
Jean-Paul Pour quelle raison?
Homme Parce que je suis normand d'origine.

Bien manger en France

Où est-ce qu'on mange le mieux en France? Selon les Français, c'est dans le Périgord (44%), à Lyon (33%), en Alsace (32%), en Bourgogne (29%) et en Auvergne (23%).

INFO LANGUE

• **SAYING WHAT YOU LIKE AND WHY**

Mon plat préféré, c'est le couscous
Mes desserts préférés sont les glaces et les gâteaux

Je n'aime **pas tellement**...	I'm not so keen on ...
J'aime **plutôt**...	I'd rather have ...
J'aime **(tout) ce qui est** sucré/épicé tarte/gâteau	I like anything that is sweet/spicy a tart, cake
J'aime ce qui est **à base de** fromage	I like cheese dishes
Je ne suis pas très chocolat	I'm not keen on chocolate

Mot à mot

à base de	*based on, with*
Bon appétit!	*Enjoy your meal!*
un congélateur	*freezer*
en conserve	*tinned, canned*
la (crème) chantilly	*whipped cream*
dépanner	*to solve a problem*
diminuer	*to reduce*
un four à micro-ondes	*micro-wave oven*
les fruits de mer	*seafood, shellfish*
grâce à	*thanks to*
un gratin	*cheese-topped dish*
les grillades (*f*)	*grills*
un plat	*dish*
rester	*to stay*
un robot ménager	*food processor*
salé(e)	*savoury, salted*
le steack-frites	*steak and chips*

1 ((•))

Four people describe their favourite dishes, which are well-known and lesser-known French specialities. Before listening to the tape/CD, can you match up each dish with its description? (Refer to the *Glossary* for any new ingredients.) Check your answers with the recording.

Qu'est-ce que c'est?
1 le tian de fayots
2 le couscous
3 le gratin dauphinois
4 la râpée

C'est ...
a des pommes de terre et des œufs frits dans l'huile, avec du sel et du poivre
b de la semoule de blé, des légumes (courgettes, tomates, carottes, pois chiches), et de la viande (poulet, mouton, merguez)
c de la viande de mouton ou de bœuf, avec des haricots et de la sauge
d des pommes de terre avec de la crème fraîche et du fromage fondu

2 *Vous y êtes?*

How would you say the following in French?
1 What's your favourite dessert?
2 I don't really like sweet things.
3 I don't really like chicken, I'd much rather have beef.
4 My favourite dish is steak and chips.
5 I hate anything with cheese in it.
6 I love fish because I was born near the sea.

3 *Et vous?*

How would you answer these questions?
1 Vous aimez ce qui est sucré? salé? épicé?
2 Vous êtes plutôt fromage ou dessert?
3 Quel est votre plat préféré? Pourquoi?

4 *Quiz*

How well do you know French eating habits? Choose what you think is the correct option to complete each statement, and then check your answers by reading the article below.
1 The French spend more ☐ less ☐ money on food than they used to.
2 Nowadays they want to spend more ☐ less ☐ time preparing meals.
3 They tend to eat more ☐ less ☐ frozen and tinned food than before.
4 French women use ready-prepared meals regularly ☐ only in an emergency. ☐
5 French women prefer to ☐ no longer want to ☐ prepare traditional meals.

Au menu : évolution et tradition

Les habitudes alimentaires des Français changent. Ils dépensent de moins en moins en produits alimentaires (36% du budget en 1959, 19,2% en 1991).

Ils veulent aussi diminuer le temps de préparation des repas grâce aux équipements ménagers. Ils pensent qu'il est essentiel d'avoir un congélateur (59% des familles en ont un), un four à micro-ondes (30%) et un robot ménager. Ils mangent de plus en plus de produits surgelés et en conserve parce qu'ils sont plus pratiques.

Les Françaises restent cependant attachées à la tradition: 82% d'entre elles utilisent les plats préparés seulement pour dépanner, 85% veulent continuer à cuisiner de façon traditionnelle et 83% préfèrent manger à heure fixe.

Francoscopie

Un jambon-beurre, s'il vous plaît!

• Ordering drinks and snacks

Listen to Virginie choosing a sandwich and a drink at a café.

Serveuse Bonjour, madame.
Virginie Bonjour, madame.
Serveuse Qu'est-ce que je vous sers?
Virginie Qu'est-ce que vous avez comme sandwiches?
Serveuse Euh... jambon, saucisson, pâté, gruyère, fromages variés, ou alors des sandwiches au poulet ou au thon.
Virginie Bon, écoutez, je pense que je vais prendre jambon, tout simplement.
Serveuse Jambon-beurre?
Virginie Jambon-beurre, oui.
Serveuse Jambon-beurre-cornichons?
Virginie Ah oui. Avec un café-crème.
Serveuse Un grand ou un petit?
Virginie Un grand.
Serveuse Un grand crème, très bien.

Mot à mot

apporter	*to bring*
une boisson	*drink*
un café-crème	*coffee with milk*
un champignon	*mushroom*
un cornichon	*gherkin*
un croque-monsieur	*toasted ham and cheese sandwich*
le jambon	*ham*
libre	*free*
au lieu de	*instead of*
une salade	*(green) salad, lettuce*
en salle	*inside*
service compris	*service charge included*
un supplément	*extra charge*
en/à la terrasse	*on the pavement/terrace*
le thon	*tuna*

INFO
LANGUE

• **UNDERSTANDING THE WAITER**   ■ 55 ▶

Qu'est-ce que	je vous sers?	
	vous prenez?	
	vous voulez comme boisson?	
Il **n'y a pas de** glace		*There isn't any ...*
d'omelettes		*There aren't any ...*
Il **n'y a plus de** jambon		*There's no more ...*
de frites		*There are no more ...*
Il **n'y a que du** gruyère		*There's only ...*
de la bière		
des frites		

• **FINDING OUT WHAT'S AVAILABLE AND ORDERING**

Vous avez des sandwiches?
Vous n'avez pas de croque-monsieur?
Qu'est-ce que vous avez **comme** sandwiches?

Je **voudrais**	un café-crème,	s'il vous plaît
Je **vais prendre**	un thé au lait,	
Donnez-moi	un chocolat chaud,	

CULTUROSCOPE

Où manger?

• Dans un café, on ne peut manger que des sandwiches ou des plats rapides comme les croque-monsieur, les pizza ou les quiches.
• Dans une brasserie ou un bistrot, il y a une sélection de plats rapides. Contrairement à un restaurant, on peut y manger presque toute la journée.
• Dans un restaurant, il y a des heures d'ouverture. Il y a des menus (à prix fixes) ou une carte.

1 Listen to conversations in two different brasseries. At which brasserie do the customers get the following?
1 a table outside on the terrace
2 a cheese omelette
3 a ham sandwich
4 salad instead of chips, at no extra charge
5 a very polite waiter

2 *Vous y êtes?*

How would you say these in a café or brasserie?
1 Can I eat outside?
2 What sort of sandwiches do you do?
3 I'll have a ham sandwich.
4 Don't you have any omelettes?
5 There are no more chips.
6 Give me a white coffee, please.
7 There's no bread.
8 Do you have only vanilla ice cream?

3 Study the menu below (using the *Glossary* if you wish). Then read these customers' requests, and select which of the replies is possible, according to the menu.
1 Une salade niçoise, s'il vous plaît.
  a Désolé, nous n'en faisons pas.
  b Désolé, nous n'en avons plus.

2 La salade fjord est végétarienne?
  a Oui, oui, c'est végétarien.
  b Ah non, il y a du poisson dedans.

3 Est-ce que le service est compris?
  a Oui, il est compris.
  b Non, c'est 15% en plus.

4 *Allez-y!*

Select from the menu something to eat and drink, according to your own taste. Listen to the tape/CD and answer the waiter. (The recorded answers are only examples.)

CAFÉ MADELEINE

BIÈRES PRESSION

Dab	(25cl) .... 3,70 €	(50cl) .... 7,00 €
Tuborg (25cl) .... 5,35 €	(50cl) .... 9,15 €

BIÈRES BOUTEILLE

Carlsberg Blonde (33cl) .... 4,90 €
Pelforth Brune (33cl) .... 4,60 €

VINS AU VERRE

Beaujolais, Bordeaux .... 3,75 €
Côtes-du-Rhône .... 3,35 €
Rosé de Provence .... 3,25 €
Sauvignon .... 3,35 €

BOISSONS FRAÎCHES

1/4 Evian, 1/4 Badoît, 1/4 Vichy .... 3,20 €
1/4 Jus de fruit .... 3,75 €
Coca-Cola, Orangina,
Schweppes, Limonade .... 3,75 €

BOISSONS CHAUDES

Café express, Décaféiné. .... 2,00 €
Chocolat, café au lait .... 3,75 €

LES ŒUFS

Omelette nature .... 4,15 €
Omelette jambon ou gruyère .... 5,80 €
Omelette mixte (jambon et gruyère) .... 7,00 €

LES SANDWICHES

Jambon ou comté .... 3,00 €
Mixte (jambon et comté) .... 4,30 €
Pâté .... 3,00 €

LES SALADES

Niçoise: salade, thon, pomme de terre tomate, céleri, œuf, anchois .... 8,40 €

Salade fjord: salade, saumon fumé sur toast, tomate, œuf dur, pamplemousse, crème fraîche, citron .... 8,85 €

Tropicale: salade, crabe, tomate, maïs, œuf dur, soja, ananas, sauce aurore .... 8,85 €

Assiette italienne: tomate, mozarella, jambon de Parme, huile d'olive, citron .... 9,60 €

PRIX NETS, SERVICE 15% COMPRIS

Pour moi, un menu du jour!
• Ordering a meal in a restaurant

 Virginie and Jean-Paul took an English friend, Alan, for lunch at an inn near Montbrison, *Auberge Les Trabuches*. You'll hear four extracts from their conversations with the waitress.

1 **L'apéritif** Play extract 1 and find out the following:
1 Who isn't having an apéritif?
2 Who's having the *kir*? And the *Suze nature*?

2 **Le menu** In extract 2, you'll hear various useful phrases. Match the French phrases (1–6) to their English equivalents (a–f).
1 « Alors moi, je prendrai un menu du jour. »
2 « La même chose pour moi. »
3 « Je peux avoir le coq au vin à la place de l'escalope de dinde? »
4 « Sans problème. »
5 « Et comme boisson? »
6 « On va prendre du rouge. Une demi-bouteille, s'il vous plaît. »

a I'll have the same.
b I'll have today's set menu.
c Certainly.
d What will you have to drink?
e Can I have coq au vin instead of the turkey?
f We'll have half a bottle of red, please.

3 **Le fromage** Listen to extract 3 and decide whether the following are true or false. Alan is the first of the two men to speak.
1 Virginie choisit un fromage blanc.
2 Alan ne prend pas de fromage.
3 Jean-Paul prend le plateau de fromages.

4 **Le dessert** Listen to extract 4.
1 Tick the desserts which are available today from this list of desserts at *Les Trabuches*:
tarte au citron — fruits
sablés aux amandes — glaces
tarte aux pommes — vacherin
gâteau au chocolat
soufflé glacé aux amandes
2 Who's having what?
3 Will they have any coffee?
4 What does Jean-Paul ask the waitress to bring with the coffee?

Mot à mot

l'addition (f)	bill
la carte	menu
les chambres d'hôtes (f)	bed and breakfast
sur commande	on request
un fromage blanc	soft white cheese
le menu (du jour)	set menu
à la place de	instead of
le plateau de fromages	cheese board
une pomme de terre (au four)	(baked) potato
remplacer	to replace

Advertisement:

Auberge "Les Trabuches"
La Fumouse
42610 ST-ROMAIN-LE-PUY
Tél. 77 76 07 68
Repas campagnards
Chambres d'hôtes
FERME LE LUNDI - Ouvert les autres jours de la semaine à midi, et le soir sur commande
Ouvert les samedis, dimanches et jours fériés midi et soir.

"Les Trabuches"

Menu du jour   16 €

Quiche au jambon
****
Escalope de dinde
Pommes de terre au four
****
Fromage blanc
ou
Fromage sec
****
Carte des desserts

Supplément

Salade campagnarde   2 €
Assiette de charcuterie   2 €
****
Coq au vin   2,50 €
Cuisse de canard rôtie   3,00 €
****

Nos menus s'entendent service compris

INFO
LANGUE

- **UNDERSTANDING RESTAURANT TALK**

Désirez-vous un apéritif?	*Would you like ...?*
Vous avez choisi?	*Have you decided?*
Vous avez terminé?	*Have you finished?*

- **GETTING EXACTLY WHAT YOU WANT**

Je prendrai/vais prendre le menu du jour
Pour moi, (ça sera) un fromage blanc
On va prendre une demi-bouteille de rouge
Je peux avoir une salade **à la place de** la quiche?

---

5 *Allez-y!*

Imagine you're dining at *Les Trabuches*.
Work out your own answers to the waitress's questions:
« Vous prendrez un petit apéritif? »
« Vous avez choisi? »
« La quiche en entrée, ça vous convient? »
« Et comme plat principal, que désirez-vous? »
« Et comme boisson? »
Un peu plus tard...
« Vous avez terminé? »
« Vous voulez un fromage? »
« Qu'est-ce que je vous sers en dessert? »
« Vous prendrez un café ensuite? »

6

Look at the menu and the card (left).
Which of these statements about *Les Trabuches* are correct?
1 It's open every day of the week.
2 It opens at 12 o'clock.
3 It is not open for bank holidays.
4 At the weekend, it opens in the evening only by special arrangement.
5 You can also sleep at *Les Trabuches*.
6 There is no extra charge for service.

A table!

A typical French meal has four parts to it, and five or six for festive occasions:
- *l'apéritif* (alcohol or a soft drink)
- *le hors-d'œuvre* (starter)
- *l'entrée* (also a starter, often fish, only for special occasions)
- *le plat principal* (meat and vegetables)
- *le fromage*
- *le dessert*

Restaurants offer set menus with fixed prices (*le menu à ...€*) or a list of dishes you can choose from (*la carte*). Set menus are usually better value for money, but don't give you such a wide choice.

S'il vous plaît!

• Asking for advice and explanations • Making a complaint

1 A meal in a restaurant may not always go as smoothly as in *Les Trabuches*! Imagine yourself in the situations shown below, and tick the option representing what you think you should say.

1 You ask the waiter for his advice. Which do you say?
  a Vous pouvez me donner quelque chose?
  b Vous pouvez me recommander quelque chose?

2 You want to find out what the grand-sounding dishes on the menu actually are.
  a Qu'est-ce que c'est, "harmonie en rouge..."?
  b Je vais prendre une "harmonie en rouge...".

3 You want to make sure that you're not going to eat something with meat in it.
  a Est-ce qu'il y a de la viande dedans?
  b Vous aimez la viande?

4 You would like more bread.
  a Je peux avoir encore du pain, s'il vous plaît?
  b Je voudrais une baguette, s'il vous plaît.

5 You ordered your meat well-cooked and it's been served rare.
  Excusez-moi, mais j'ai demandé le steack...
  a saignant   b à point   c bien cuit

6 There is a mistake in the bill.
  a Il y a une erreur dans l'addition.
  b Je peux avoir l'addition, s'il vous plaît?

When you go to a restaurant in your own country, work out how you would order in French!

2 (((·))) *Allez-y!*

Take on the role of the customer in this conversation, and reply to the waitress's questions.

« Bonjour. Voici le menu. Vous désirez un apéritif? »

You'd like a kir.

« Très bien. Vous avez choisi? »

You'd like the 18 € menu, but could you have a tomato salad instead of the ham quiche?

« Pas de problème. Et comme plat principal? La blanquette est excellente. »

Ask what it is and whether there's meat in it.

« Ah oui, c'est de la viande en sauce. »

Say that's fine, you'll have that.

(Later:) « Vous avez terminé? »

Say yes, thank you, and ask for more water.

« Voilà... et l'addition. »

Say there's a mistake.

« Ah oui, j'ai compté deux fois le kir. Excusez-moi, monsieur! »

Mot à mot

dedans	*inside, in it*
demander	*to ask for*
encore du...	*some more...*
une erreur	*mistake*
recommander	*to recommend*
saignant/à point/bien cuit	*rare/medium/well-done*

POINTS DE REPÈRE

At the end of this unit, do you think you can ...?	Yes	No	If not, go to ...
say what your favourite dish is			p 126
understand a simple description of a French dish			pp 126–7
say you like or dislike certain foods, and why			p 126
order a snack or a drink in a café			p 128
order a meal in a restaurant			p 130–1
understand the waiter or waitress			p 130–1
ask for advice or an explanation			p 132
make a complaint			p 132

PHONÉTIQUE

(((·))) **Grillade et ratatouille**

Listen carefully to the sounds highlighted in these words. Repeat after the tape/CD.

bouteille volaille
ratatouille grillade

The *ye* sound also appears in words containing an *i* or *y* before another vowel:

viande région
addition gruyère

1 Listen to these words and tick those you hear with a *ye* sound.

spécialité
l'origine
tradition
monsieur
mayonnaise
cuisine

2 Ask for the following items, using *s'il vous plaît!* Check with the tape/CD.

une assiette variée
un steack grillé
une bière pression
une crème chantilly

3 Listen first, then have fun saying this sentence!

Il y a de la volaille à Lyon et des grenouilles à Marseille.

Two pitfalls to avoid:

● *-ille* is sometimes pronounced with an *l* sound instead:

ville mille

● pression addition

not the English *sh* sound but *s + y*

On dîne en ville?

La bonne table comes high on the list of life's pleasures in France. For eating out there is a huge variety of places to chose from: bistrots, cafés, restaurants, brasseries and auberges. But French attitudes towards food are changing. French people still love to sit with their friends and family over a good meal in a restaurant but, as the pace of life increases, snacks (*viennoiseries*) and fast food are more and more in demand.

Since 1977 France has had an *Institut du Goût*. Set up by three gourmets from Touraine, it is devoted to the defence of taste and flavours. All over France on a special day each year French chefs go into schools to educate the taste-buds of the younger generation.

Infos

Alsace is a great place for good food and drink. The *Winstub* is a local institution, often family-run, and a place where regular customers meet up to talk over a jug of Sylvaner or Riesling wine.

FORME ET SANTÉ

J'ai mal à la tête

• Saying what's wrong with you

Listen to Françoise telephoning a doctor's surgery to make an appointment (not printed here), and then visiting the doctor.

Dr Persyn Bonjour, entrez.
Françoise Bonjour, docteur.
Dr Persyn Installez-vous.
Françoise Merci.
Dr Persyn Qu'est-ce qui vous arrive?
Françoise Alors, je viens vous voir parce que j'ai un bouton sur le menton là, ici, qui me fait très, très mal.

INFO
LANGUE

• **SAYING WHERE IT HURTS**   ■ 34 ▶

J'ai mal	au dos
	à la tête
	aux pieds
Ça fait mal	
Ça me fait mal	
J'ai un bouton qui me fait mal	

• **SAYING HOW IT FEELS**

J'ai froid/chaud	I'm cold/hot
mal au cœur	I feel sick
de la fièvre	I have a (high) temperature
Je me sens mal	I feel ill
Je ne me sens pas bien	I don't feel well

• **MAKING AN APPOINTMENT**

| Est-ce que je peux voir le docteur/le dentiste? |
| Je voudrais prendre rendez-vous avec... |

Dr Persyn Depuis combien de temps?
Françoise Ça fait un peu plus de deux jours.
Dr Persyn Bien, je vais regarder ça. Ça vous gêne pour ouvrir la bouche?
Françoise Ça me fait mal quand je mange et quand je ris. J'ai un peu mal à la tête et un peu mal au cœur, mais je me sens fatiguée à cause de ça, je crois.
Dr Persyn D'accord. Bon, je vois ce que c'est. C'est un petit bouton qui s'est surinfecté. Alors, je vais vous donner un médicament qui s'appelle Pyostacine 500. Vous en prendrez six par jour – deux matin, deux midi, deux le soir, plutôt avant les repas.
Françoise D'accord. Pendant combien de jours?
Dr Persyn Pendant cinq jours minimum.
Françoise D'accord.

Mot à mot

un bouton	*spot*
le bras	*arm*
la dent	*tooth*
le dos	*back*
ça vous gêne?	*does it bother you?*
la gorge	*throat*
installez-vous	*take a seat*
la jambe	*leg*
la main	*hand*
malade	*ill*
le menton	*chin*
le nez	*nose*
l'oreille (f)	*ear*
le pied	*foot*
la tête	*head*
tout de suite	*at once*
le ventre	*stomach*

1
Listen to six people saying something is wrong. Choose from this list of ailments to show what their problem is.
a earache
b headache
c stomach ache
d toothache
e sore feet
f sore throat

2
Listen to two people making an appointment to see a dentist. Note the day, date and time of their appointments.
Colette Thomas:
Pierre Jullien:

3 *Vous y êtes?*
How would you say the following in French?
1 I have a headache.
2 Her back aches.
3 His feet hurt.
4 I've got a temperature.
5 Can I see a doctor?
6 Can I make an appointment with the dentist?
7 I don't feel well.
8 That hurts.

4 *Allez-y!*
Turn on the tape/CD and play the part of someone who telephones a doctor's surgery to make an appointment. You have a headache and feel sick.

Always listen to the tape/CD first, several times, and only read the script finally to check words you have not been able to catch at all.

CULTUROSCOPE

Allô, docteur

You have to pay to see a doctor in France. Most doctors are *médecins conventionnés* which means their fee has been agreed by the French Health Service, *la Sécurité Sociale*. Patients complete a health-care form, called *une feuille de soins*, to reclaim approximately 75% of the doctor's fee from the *Sécurité Sociale*. Many people have a private or work-based insurance, *une mutuelle complémentaire,* which covers the rest of the cost.

If you're very sick and need to see a doctor at home, your GP or their locum will call to see you whatever the time of day or night. If you live in a large city, you're advised to call *SOS Médecins* who offer a 24-hour emergency service. Alternatively, you could go to the *service d'urgences* at the nearest hospital, or dial 15 for an ambulance and qualified medical advice.

Quelque chose pour la toux

• Obtaining medicines and medical advice

((•)) *T*urn on the tape/CD, and listen to Françoise at the chemist's.

Pharmacienne Bonjour, madame.
Françoise Oui, bonjour, madame.
Pharmacienne Qu'est-ce qu'il vous faut?
Françoise Je voudrais quelque chose pour la toux, s'il vous plaît.
Pharmacienne Pour la toux. Vous voulez en pastilles? En suppositoires?
Françoise Vous avez du sirop?
Pharmacienne En sirop. Avec sucre ou sans sucre?
Françoise Sans sucre, de préférence.
Pharmacienne Eh bien, voilà. Voilà un sirop. La posologie est de trois cuillers à soupe par jour.
Françoise D'accord.
Pharmacienne Voilà. C'est tout ce qu'il vous fallait?
Françoise Oui, c'est tout. [.....]

INFO LANGUE

• UNDERSTANDING MEDICAL ADVICE   ■ 45, 46 ▶
Advice often comes in the form of imperatives:

Restez au lit	**Ne buvez pas** d'alcool
Prenez ce médicament trois fois par jour	

It can come in other forms:

Vous prenez	ce médicament trois fois par jour
Vous prendrez	
Il faut prendre	

In formal printed information, such as instructions on medicine packets, the infinitive is often used instead of the imperative:

Prendre ce médicament trois fois par jour

(See examples on page 142.)

Mot à mot

arrêter (de)	to stop
avoir une bronchite	to have bronchitis
avoir la grippe	to have flu
avoir une laryngite	to have laryngitis
avoir un rhume	to have a cold
une boîte	box
un comprimé	tablet
une cuiller à soupe	soup spoon, table spoon
fumer	to smoke
un médicament	medicine
une pastille	pastille, lozenge
la posologie	directions for use
un sirop	syrup
un suppositoire	suppository
tousser	to cough
la toux	cough

1 ((•))
Fill the gaps in the following dialogues, choosing from the words listed. Then listen and check your answers.

bronchite   de la   fait   fumer   grippe
laryngite   mal   rhume   suis   tête

1 – J'ai mal à la ...... J'ai ...... au dos. Je ...... très fatiguée et j'ai ...... fièvre.
   – Vous avez la ...... Restez au lit.
2 – Mon nez coule. J'ai besoin d'une boîte de Kleenex par jour.
   – Vous avez un ...... Restez bien au chaud.
3 – Ça ...... mal quand je parle.
   – Vous avez une ......
4 – Je tousse beaucoup, et ça me fait mal.
   – Vous avez une ...... Arrêtez de ......

Try to think in French! Avoid translating everything word for word.

2

Read the magazine article below about what to do and not do when you have a cold. Work through the seven points in the article, and match sentences **1–7** with words **a–g**, for example: *1f*. Use the *Glossary* if you need to, but try to work out words from their context.

1 Stop it.   a antibiotics
2 Blow one at a time.   b aspirin
3 Ban them.   c medicines
4 Don't overuse it.   d nostril
5 Don't use them without medical advice.   e cloth handkerchieves
6 Beware of them.   f smoking
7 Don't stuff your children with them.   g stuffy, overheated rooms

Then, find in the text:
1 three names of medicines
2 two words meaning 'beware'
3 three words for different parts of the body
4 the French for 'cloth handkerchief'
5 the French for 'prescribing for yourself'

Quand vous avez un rhume...

1. **Arrêtez de fumer.**

2. **Mouchez une narine après l'autre.** Cela évite d'étendre l'infection aux régions voisines (sinus, oreilles, etc.)

3. **Boycottez les mouchoirs en tissu.**

4. **N'abusez pas de l'aspirine.** Elle calme les douleurs et fait tomber la fièvre, mais s'il y a fièvre, consultez un médecin. Prenez du paracétamol.

5. **Attention aux antibiotiques.** Ne faites jamais d'automédication. Respectez bien la durée du traitement.

6. **Gare aux pièces mal aérées et surchauffées:** pas plus de 20°!

7. **Ne bourrez pas vos enfants de médicaments.** Et s'il y a d'autres symptômes, consultez vite votre médecin.

Ça m'intéresse

CULTUROSCOPE

Les pharmaciens

In France, medicines are only available from chemists'. You can't buy items such as aspirin or cough mixture at supermarkets.

Not all medicines available on prescription – *une ordonnance* – are refundable – *remboursables par la Sécurité Sociale* – but when they are, they come with a detachable stamp which has to be stuck on the *feuille de soins* (see *Culturoscope*, page 137).

Local chemists work to a rota so that you will always find one on duty, 24 hours a day, seven days a week. To find out where the *pharmacie de garde* is, check in the local press, on your nearest chemist's door, or at the police station.

3 *Vous y êtes?*

How would you say these in French?
1 I'd like tablets.
2 twice a day
3 I've got the flu.
4 I've got a cold.
5 I have a temperature.
6 Stay in bed.
7 Stop smoking.
8 I'd like something for a stomach ache.

Ça va mieux

• Saying how you look after yourself

((•)) *T*urn on the tape/CD, and listen to a doctor talking about changes he has seen in people's health.

Jean-Paul Est-ce que les gens sont davantage attentifs à leur santé, est-ce qu'ils surveillent leur nourriture?

Docteur Les gens sont davantage informés, mais ne suivent peut-être pas beaucoup plus qu'avant les différents conseils. De toute façon, le Français fait toujours plus ou moins ce qu'il veut.

Jean-Paul Est-ce qu'il y a de nouvelles maladies?

Docteur Il me semble qu'on voit de plus en plus de maladies ou de conséquences de stress. Les gens sont de plus en plus stressés à tous les niveaux – les enfants, les parents, les grands-parents et ça touche même toutes les couches sociales de la population.

INFO LANGUE

• BETTER

Je me sens Ça va	(beaucoup) **mieux**

• MORE, LESS ■ 27 ▶

Les gens sont	**davantage** **plus**	attentifs à leur santé informés
Je mange **plus de** fruits		
Je bois **moins d'**alcool		

• MORE AND MORE ■ 27 ▶

Les gens sont **de plus en plus** stressés
On voit **de plus en plus de** maladies

• THE MOST ■ 29 ▶

Quelles sont les maladies **les plus** courantes?

Mot à mot

attentif/ve à	*careful about*
en baisse/hausse	*down/up*
les conseils (*m*)	*advice*
une couche sociale	*social class*
éviter	*to avoid*
les gens (*m*)	*people*
la graisse	*fat*
gras(se)	*fatty (e.g. food)*
la moyenne	*average*
la nourriture	*food*
plus ou moins	*more or less*
la santé	*health*
il me semble	*I think*
suivre	*to follow*
surveiller	*to watch over*
à tous les niveaux	*at all levels*
de toute façon	*anyway*

1 ((•))

Listen to more of the interview with the doctor. Which of the following statements did he make?

1 People are better informed.
2 French people always do more or less as they're told.
3 We see more and more stress-related illnesses.
4 Stress affects all ages – children, parents and grandparents alike.
5 Stress is only a middle-class illness.
6 Stress can be due to work or unemployment.

2 ((•))

We asked three people how they look after their health. Listen and decide who made each of these statements: was it interviewee 1, 2 or 3?

1 Je ne fume pas.
2 J'évite les graisses.
3 Je vis à la campagne.
4 Je ne bois que de l'eau.
5 Je ne bois que du bon vin.
6 Je ne bois pas beaucoup d'alcool.
7 Je ne vais pas au restaurant le week-end.
8 Je donne toujours des fruits et des légumes à mes enfants.

3 *Vous y êtes?*

How would you say the following?
1 I don't smoke.
2 I only drink water.
3 I eat more fruit and vegetables.
4 I eat less sugar.
5 I feel much better.
6 I'm careful about my health.

4

M. Laforme writes to a friend about his new lifestyle: use the words and expressions listed to complete the extract from his letter.

*fumer   davantage de   moins de   plus de
de plus en plus   malade   mieux*

5

Read the article below and find the answers to these questions.
1 The graph shows numbers of cigarettes smoked per head of population (over 15). Do the figures represent daily or weekly consumption? Do the figures for alcohol consumption show litres per month or per year?
2 How many litres of alcohol do young people drink per year? How does this compare with the national average? How many never drink alcohol?
3 Has the percentage of male smokers risen or fallen since 1977? And female smokers?

6 *Et vous?*

Vous pensez à votre santé? Qu'est-ce que vous faites? Expliquez à un ami français.

J'ai déménagé, j'habite maintenant à Hesdin, dans le Pas-de-Calais. Quand j'habitais à Paris, j'étais souvent ...., j'étais .... stressé. Maintenant ça va .... J'ai (presque!) arrêté de ...., je fais .... sport, je mange .... fruits et je bois .... vin. Ça va mieux !

Alcool en baisse, tabac en hausse

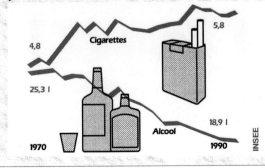

Evolution de la consommation journalière de tabac et de la consommation annuelle d'alcool pur (adultes de 15 ans et plus) :

4,8   Cigarettes   5,8
25,3 l
18,9 l   Alcool
1970   1990
INSEE

Les jeunes (18–24 ans) semblent réduire leur consommation qui avait augmenté au cours des dernières années. Elle représente aujourd'hui trois litres d'alcool pur par an (vins et spiritueux), soit beaucoup moins que la moyenne nationale. 30% d'entre eux ne boivent jamais d'alcool. Les jeunes qui boivent le plus ne sont pas, comme on pourrait le penser, issus de milieux défavorisés.

47% des hommes et 36% des femmes sont fumeurs. Ils étaient respectivement 51% et 29% en 1977.

Francoscopie

Que faire?

• Understanding printed instructions

These are examples of the instructions you would find on French medicine bottles and packets. Some key vocabulary is given in *Mot à mot*; try to work out other words and phrases from their context, and use the *Glossary*.

1 Read the leaflet that accompanies Rinutan syrup, and find out the following:

1 What kinds of illness is it for?
2 How much would a child aged five take, and how often?
3 What is the maximum length of treatment for children under one?
4 What is the French equivalent for 'teaspoon'?
5 What flavour does the syrup have?
6 What is the dosage for an adult?
7 What should sports people be aware of?
8 What should you do before taking the medicine?

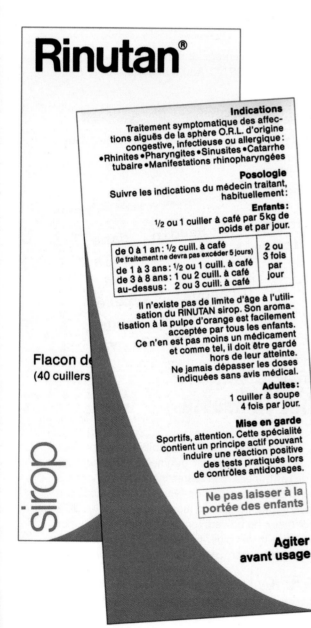

Rinutan®

Indications

Traitement symptomatique des affections aiguës de la sphère O.R.L. d'origine congestive, infectieuse ou allergique :
• Rhinites • Pharyngites • Sinusites • Catarrhe tubaire • Manifestations rhinopharyngées

Posologie

Suivre les indications du médecin traitant, habituellement :

Enfants :

½ ou 1 cuiller à café par 5kg de poids et par jour.

de 0 à 1 an : ½ cuill. à café (le traitement ne devra pas excéder 5 jours)	2 ou 3 fois par jour
de 1 à 3 ans : ½ ou 1 cuill. à café	
de 3 à 8 ans : 1 ou 2 cuill. à café	
au-dessus : 2 ou 3 cuill. à café	

Il n'existe pas de limite d'âge à l'utilisation du RINUTAN sirop. Son aromatisation à la pulpe d'orange est facilement acceptée par tous les enfants. Ce n'en est pas moins un médicament et comme tel, il doit être gardé hors de leur atteinte. Ne jamais dépasser les doses indiquées sans avis médical.

Adultes :

1 cuiller à soupe 4 fois par jour.

Mise en garde

Sportifs, attention. Cette spécialité contient un principe actif pouvant induire une réaction positive des tests pratiqués lors de contrôles antidopages.

Ne pas laisser à la portée des enfants

Agiter avant usage

Flacon de
(40 cuillers

sirop

Mot à mot

Indications	*Instructions*
Mode d'emploi	*Directions for use*
Mise en garde	*Warning*
au-delà de	*beyond*
au-dessus	*above*
le début	*beginning*
une gélule	*capsule*
un état grippal	*flu-like condition*
éventuellement	*possibly, as necessary*
de façon précoce	*early*
laisser	*to leave, let (something)*
un nourrisson	*baby, (unweaned) infant*
les sportifs (*m*)	*sports people*
le traitement	*treatment*
l'usage (*m*)	*use*

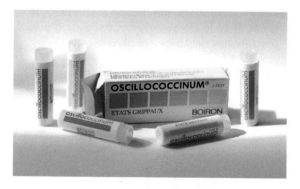

2

Look at the medicine called Oscillococcinum, and its leaflet. Decide which of the following statements are true. Correct any that are false.

1 This is a homœopathic remedy.
2 It is a remedy for colds.
3 You must let it dissolve under the tongue.
4 You can't give this remedy to young babies.
5 You must take the remedy in the middle of a meal.

Dosage depends on when you start the treatment. How often should a dose be taken in these situations?

a You're using it as a preventative measure, e.g. during an epidemic.
b You've just started feeling ill.
c The illness has taken hold.

INDICATIONS ET PROPRIETES :
Etats grippaux.
Oscillococcinum est un médicament homéopathique.

PRESENTATIONS :
Dose-globules de 1g. environ.
Boîte de 1 dose ou boîte de 6 doses.

MODE D'EMPLOI :
Laisser fondre sous la langue
le contenu entier du tube-dose.
Pour les nourrissons : laisser fondre dans un peu d'eau
et donner à la cuiller ou au biberon.
Prendre Oscillococcinum à distance des repas,
1/4 d'heure avant ou 1 heure après.
Oscillococcinum sera d'autant plus efficace
et rapide d'action qu'il sera pris de façon précoce,
dès les premiers symptômes de l'état grippal.

oscillococcinum

POSOLOGIE USUELLE :
La posologie varie selon le moment où l'on intervient :

• **traitement préventif :** prendre une dose par semaine
pendant la période d'exposition grippale.

• **état grippal à son début :** prendre une dose le plus
tôt possible. Répéter éventuellement 2 à 3 fois
à 6 heures d'intervalle.

• **état grippal déclaré :** prendre une dose matin
et soir pendant 1 à 3 jours.

Si les symptômes persistent au-delà de 3 jours,
consultez votre médecin.

Visa 215-1502

LABORATOIRES
BOIRON 69110 Ste-Foy - France

a Libération

PRO.5WZ

POINTS DE REPÈRE

At the end of this unit, do you think you can ...?	Yes	No	If not, go to ...
say where it hurts			p 136
say how you feel			p 136
make an appointment to see a doctor or dentist			p 136
speak to a chemist about ailments			p 138
understand medical advice			p 138
say what you do to look after yourself			p 140
understand printed instructions			pp 142–3

La santé

Bonne année! Bonne santé! is the traditional New Year's greeting in France. As you raise your glass in France À votre santé is the usual toast. Great value is placed on health by French people. It is possible that before long the French family budget will spend more on health than on food. Although 90 per cent of the French consider their health to be satisfactory, their overriding fear, before violence, drugs or unemployment, is to contract a fatal illness.

The French are the world's greatest consumers of tranquillizers and sleeping pills and visit their doctor, on average, five times a year. Perhaps as a reaction to the over-medication of their society they have also turned to other forms of therapy. Alternative medicine (*les médecines parallèles*) is thriving in France and spa towns (*stations thermales*) and seaside cures (*thalassothérapie*) are also very popular.

There are 104 spas in France particularly in the Auvergne, Pyrenees, Vosges and Alps. 'Cures' involve drinking the mineral-enriched waters, hydrotherapeutic baths, showers, mud baths and massage. Patients are also taught how to eat sensibly, to exercise and manage stress.

Infos

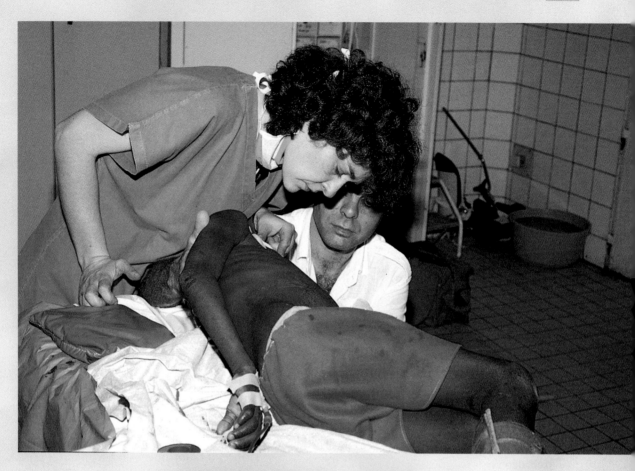

Médecins sans Frontières was set up in 1971 to offer free medical help wherever there is war, disease, famine or poverty. Their speed of reaction to events is what makes them so effective whether in Somalia, Ethiopia, Afghanistan or Bosnia.

Regis, worker with *Médecins sans Frontières*

Other medical aid charities have their headquarters in France. *Médecins du Monde* for example, set up in 1980, sends doctors and nurses to trouble spots around the world. Above: a doctor from *Médecins du Monde* examines a young patient in Chad

UNITÉ ÉTAPE

1 40% des Français ont une résidence secondaire. Vrai ou faux?

2 Dans un trois-pièces, il y a...
a) deux chambres, un séjour, une cuisine et une salle de bains.
b) trois chambres, un séjour, une cuisine et une salle de bains.
c) une chambre, une cuisine, un séjour et une salle de bains.

3 Trouvez l'intrus:
le magnétoscope   le sous-sol   le lave-linge le lecteur CD

4 *Quai des Brumes* est un film français avec...
a) Gérard Depardieu et Isabelle Adjani.
b) Yves Montand et Jeanne Moreau.
c) Jean Gabin et Michèle Morgan.

5 Trouvez l'intrus:
la chorale   l'équitation   le solfège l'accordéon

6 Ils jouent...
a) à la balle.
b) aux échecs.
c) à la pétanque.

7 Dans les brasseries, en France, on peut manger presque toute la journée. Vrai ou faux?

8 Le gratin dauphinois est un plat à base de...
a) pommes de terre.
b) haricots.
c) fruits de mer.

9 Selon les Français, les régions où on mange le mieux sont...
a) l'Alsace, l'Ile de France et la Loire.
b) la Bretagne, Lyon et la Provence.
c) le Périgord, Lyon et l'Alsace.

10 85% des Françaises veulent continuer à cuisiner de façon traditionnelle. Vrai ou faux?

11 Trouvez l'intrus:
le congélateur   le four à micro-ondes les surgelés   le robot ménager

12 Si vous avez besoin d'une ambulance en France, il faut trouver un téléphone et faire...
a) le 12.
b) le 15.
c) le 999.

13 Vous êtes dans une grande ville et vous avez besoin d'un médecin la nuit ou le week-end. Il faut appeler...
a) l'automédication.
b) la Sécurité Sociale.
c) SOS Médecins

14 En France, on trouve de l'aspirine dans tous les supermarchés. Vrai ou faux?

15 Trouvez l'intrus:
le menton   l'ordonnance   l'oreille   le ventre

Mots cachés

Trouvez dans la grille:
- trois parties de la maison
- trois parties du corps
- trois maladies
- trois sports
- trois choses à manger

E	M	R	B	S	É	J	O	U	R	E	T
I	H	F	R	O	M	A	G	E	C	O	E
A	S	L	O	J	N	S	E	É	T	R	N
G	Y	M	N	A	S	T	I	Q	U	E	N
R	R	E	C	M	S	U	O	U	V	I	I
I	H	T	H	B	E	G	E	I	S	L	S
P	U	I	I	O	R	P	L	T	E	L	M
P	M	S	T	N	U	O	U	A	V	E	E
E	E	J	E	Ê	S	D	P	T	C	R	A
N	N	O	C	S	T	O	R	I	G	E	E
C	H	A	M	B	R	E	D	O	E	E	C
E	P	S	C	U	I	S	I	N	E	D	E

100 pages de recettes, vins compris.

18 €
Juin N°5

Retrouvez nos 8 pages de trucs et astuces

Cuisine et Vins de France

AU BANC D'ESSAI
Les rosés d'Anjou

1 PLAT - 1 VIN

Pigeonneaux farcis et un pessac-léognan

FACILE
Notre menu fête des Mères

VIGNOBLE
Le meilleur des Côtes du Rhône Villages

Les entrées de l'été
10 recettes fraîcheur et des idées de sauces pour vos salades

M 1068 -5- 12,00 F

Cuisine et Vins de France.
On n'a jamais rien lu d'aussi bon.

Document

Study this advertisement for a French food and wine magazine, and make a list of the words you already know.

Then find out:
1 how much the magazine costs
2 how often it comes out
3 the French for:
   – Mother's Day
   – useful tips and tricks
   – stuffed pigeons
   – on trial
4 the names of three wines

Finally, work out how you'd say:
   – Father's Day
   – stuffed tomatoes
   – I've never read anything as good.
   – She's never eaten anything as delicious.

Contrôle langue

1 Match the questions with their answers.
1 Qu'est-ce que vous avez comme sandwiches?
2 Est-ce que je peux voir le docteur?
3 Qu'est-ce que tu fais le dimanche?
4 Qu'est-ce que je vous sers?
5 Vous habitez à quel étage?
6 Il y a combien de pièces?
7 Vous habitiez où avant?
8 Qu'est-ce qui ne va pas?
9 Vous savez nager?
10 On va au cinéma?

a Je joue au tennis.
b Oui, je veux bien.
c Au rez-de-chaussée.
d Pâté, jambon ou fromage.
e Non, j'ai horreur de l'eau.
f J'ai mal au cœur et j'ai de la fièvre.
g Je vais prendre un sandwich au pâté.
h Demain, à quinze heures. Ça vous va?
i Le séjour, la cuisine, et deux chambres.
j J'habitais dans un trois-pièces à Marseille.

SCORE (1 point par bonne réponse): .../10

2 Arrange these words in pairs of opposites.

mal	toujours	en bonne santé	salé
plus	saignant	bien cuit	bien
froid	malade	détester	petit
jeune	adorer	jamais	vieux
sucré	grand	chaud	moins

SCORE (1 point par bonne réponse): .../10

3 Unjumble the words in brackets to find out what Georges does at home.
« Je passe l'...... (PIRAUSATRE),
je fais la ...... (SAVIELLES),
je fais les ...... (SORECUS),
je fais la .... (NICUISE),
et puis je ...... (DRIJANE),
et je ...... (CIRBOLE),
mais je ne fais pas la ...... (VILESSE),
je ne fais pas le ...... (PERAGASSE),
je ne fais pas les ...... (TIRVES),
et je ne fais pas souvent le ...... (GAMENÉ). »

SCORE (1 point par bonne réponse): .../10

4 Complete these exchanges, using *en* or *y*.

1 – Vous faites du sport?
 – Oui, j'...... fais.
2 – Vous jouez au tennis?
 – Oui , j'...... joue.
3 – Vous jouez du piano?
 – Non, je n'...... joue pas.
4 – A quelle heure est-ce qu'on va au cinéma?
 – On ...... va à 18 heures.
5 – Un jus de pamplemousse, s'il vous plaît.
 – Désolé, nous n'...... avons plus.

SCORE (2 points par bonne réponse): .../10

5 Use these verbs, in the appropriate form, to complete the sentences.
avoir être habiter
« Avant, j'...... très riche. J'....... une femme et trois enfants. On ...... dans une grande maison. Il y ...... dix chambres et six salles de bains. C'...... fantastique. »

SCORE (2 points par bonne réponse): .../10

6 Complete this restaurant conversation.

Serveur Vous ...... choisi?
Femme Oui, je ...... prendre le menu à 18 euros.
Serveur Qu'est-ce que vous prenez ...... entrée?
Femme La bouillabaisse, s'il ...... plaît.
Serveur Et ensuite, comme ...... principal?
Femme Le coq au vin, s'il vous plaît.
Serveur Je suis ......, il n'y a plus de coq au vin. Mais nous ...... du poulet aux olives.
Femme Oui, très bien.
Serveur Et comme ......?
Femme Une ...... de Côtes du Rhône, et une bouteille d'...... minérale.
Serveur Je vous apporte ça tout de suite.

SCORE (2 points par bonne réponse): .../20

Contrôle audio

7 Listen to M. Théret speaking to Françoise about his leisure activities and complete the transcription.

Françoise Le ......, quelles sont vos occupations ......?
M. Théret Le repos, un peu de comptabilité malgré tout, et puis un peu de ......
Françoise Un peu de promenade. Vous ...... au restaurant?
M.Théret Un peu dans la ......, un peu au ...... Il faut diversifier les ......, oui.

SCORE (2 points par bonne réponse): .../14

8 Listen to Mme Boudaillet telling Françoise about her weekends, and tick the grid showing on which days she does what.

	Saturday		Sunday	
	a.m.	p.m.	a.m.	p.m.
cleaning the house				
cooking				
ironing				
outings				
shopping				
sports				

SCORE (2 points par bonne réponse): .../12

9 Listen to Mme Boudaillet again, and tick four words or expressions in this list that she uses.

1 je repasse 5 les courses
2 le repassage 6 le marché
3 le ménage 7 les promenades
4 laver la maison 8 les balades

SCORE (1 point par bonne réponse): .../4

Contrôle parole

10 Imagine a colleague asks you to go out for a drink after work. You accept and say it's a good idea. You can't make the first date suggested, and apologise. He suggests another day. You agree and ask what time. Ask where you'll meet. Agree to the place, and say see you on Thursday. Switch on the tape/CD, and take part in the conversation.

SCORE (2 points par bonne réponse): .../10

11 You're at the doctor's surgery.
You want to tell him/her that:
– you don't feel well
– you're very tired
– you have a headache
– your back hurts
– and you've got a temperature.
Listen to the tape/CD and speak to the doctor.

SCORE (2 points par bonne réponse): .../10

LANGUE:	.../70
AUDIO:	.../30
PAROLE:	.../20
TOTAL:	.../120

Le plus beau métier

• Explaining what your job is • Making comparisons

((·)) *L*isten to people describing their jobs; and then to others (not printed here) saying what they think is the best possible job.

Corinne Est-ce que tu travailles?
Valérie Buil Oui, je travaille chez moi. Je fais du secrétariat à domicile. [......]

Philippe Sanchez Actuellement, je travaille dans la publicité. [......]

Homme Je suis acteur et professeur de français.
Interviewer Et qu'est-ce que vous préférez?
Homme Le métier de professeur est plus difficile que le métier d'acteur. [......]

INFO
LANGUE

• **EXPLAINING WHAT YOUR JOB IS**

Je fais du secrétariat à domicile
Je suis/travaille dans la publicité
Je m'occupe de communications

• **COMPARING**　　　　　　■ *28, 29* ▶

plus intéressant **que**	*more … than*
moins intéressant **que**	*less … than*
aussi difficile **que**	*as … as*
le plus beau	*the most …*
le moins cher	*the least …*
le meilleur/le pire	*the best/the worst*

Mot à mot

actuellement	*at the moment*
à votre avis	*in your opinion*
un chef	*head (leader, boss)*
les chômeurs (*m*)	*unemployed*
la conception	*design*
la direction	*management, directors*
à domicile	*at home*
l'enseignement (*m*)	*teaching*
une entreprise	*firm, company*
la fabrication	*manufacturing*
la gestion	*management, administration*
un métier	*job, career*
je m'organise	*I organise myself*
un produit	*product*
la publicité	*advertising*
responsable de	*responsible for*
la scène	*(here:) acting, theatre*
le secrétariat	*secretarial work*
la vente	*sales*

1

Read *Culturoscope*, using the *Glossary* to help you. Then complete the following statements, choosing from: *plus, moins, le plus, le moins, aussi.*

Pour les Français...
1 Le métier de journaliste est ...... intéressant que le métier de chef d'entreprise.
2 Le métier ...... utile, c'est infirmière.
3 Etre ingénieur, c'est ...... utile que d'être enseignant.
4 Le métier de pilote de ligne est ...... intéressant que le métier de médecin.
5 Le métier ...... aimé des Français, c'est chercheur.
6 Ministre, c'est le métier de la liste que les Français aiment ....

2 (( ))

Look at this extract from the organisation chart of a (fictional) French firm, Bernet-Soficom. Listen to one of its employees, Mme Plévert, explaining the chart to a new trainee. Add her colleagues' names or initials to the chart, choosing from this list:
Mme Bernet Mme Loy M. Massot M. Parc M. Rio Mme Simon

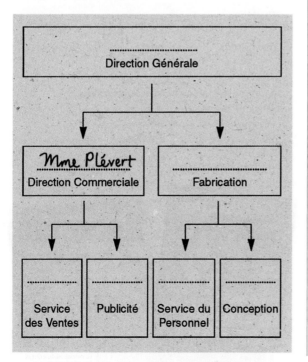

CULTUROSCOPE

Hit-parade des métiers

- **Les métiers préférés** des Français: chercheur 20%; pilote de ligne 17%; rentier 17%; médecin 17%; journaliste 17%; chef d'entreprise 13%; comédien 12%; publicitaire 8%; professeur de faculté 7%; avocat 7%; banquier 5%; ministre 2%.
- **Les métiers les plus utiles** selon les Français (par ordre décroissant): infirmière, ouvrier, médecin, enseignant, agriculteur, ingénieur, postier, policier.
- **Les métiers les moins utiles** selon les Français: prostituée, député, haut-fonctionnaire, prêtre, commercial, journaliste.

3 (( ))

Here are some facts and figures on work and unemployment in France in the 1990s. Listen, and note the important points by completing the summary below.

- Population active (personnes de plus de 14 ans, qui ont un travail): ......%
  Pour les femmes: ......%
- Qui sont les inactifs? les ......; les ......; les ...... au foyer; les ......
- Il y a combien de chômeurs? ......
  Cela représente ......% de la population.
- Combien y a-t-il de retraités? ......% de la population française a plus de ...... ans.

4 *Vous y êtes?*

How do you say the following in French?
1 I'm in advertising.
2 It is the most interesting job.
3 What are you responsible for?
4 I'm in charge of the personnel department.

5 *Et vous?*

Est-ce que vous travaillez? Qu'est-ce que vous faites comme métier? Vous vous occupez de quoi? Ça vous plaît? A votre avis, quel est le plus beau métier? Pourquoi?

Qu'est-ce que tu vas faire?
• Talking about future possibilities

((•)) On the tape/CD, some *lycée* students talk about their studies and what they plan to do.

[.....]

Jean-Paul Tes études vont durer combien de temps ici?

Christophe Deux ans.

Jean-Paul Deux ans. Au bout de deux ans, tu auras quel diplôme?

Christophe J'aurai un BTS.

Jean-Paul Un BTS. C'est-à-dire...? Brevet de...?

Christophe ... Technicien Supérieur, agricole.

Jean-Paul Agricole. Quel métier tu vas faire?

Christophe Eh bien, moi, j'ai pour projet de m'installer sur l'exploitation de mes parents.

Jean-Paul Tu vas travailler avec tes parents? Tu vas prendre la suite de tes parents?

Christophe Tout d'abord, je vais travailler avec mon père et mon oncle, et par la suite je prendrai la place de mon père.

Mot à mot

agricole	*in agriculture*
un apprentissage	*apprenticeship*
l'avenir (*m*)	*future*
un BTS, Brevet de Technicien Supérieur	*type of vocational training certificate*
une carrière	*career*
un diplôme	*qualification*
durer	*to last*
un emploi	*job*
les études (*f*)	*studies*
une exploitation	*(here:) farm*
une formation	*training*
s'installer	*to set oneself up*
une langue	*language*
un(e) photographe	*photographer*
un pilote d'essai	*test pilot*
poursuivre des études	*to study*
soit... ou bien...	*either ... or ...*
un stage	*placement, training course*
à temps plein/à mi-temps	*full-time, part-time*
le tourisme	*tourism*
un voyagiste	*tour operator*

INFO
LANGUE

• REFERRING TO THE FUTURE ■ *51, 52* ▶

You can use the present tense when talking about the future:

Qu'est-ce que **tu fais** demain? **Je travaille**

Use this for events that are certain.

You can use *aller* followed by the infinitive of a verb, to say what you are going to do:

Tu **vas faire** quel métier?
Je **vais travailler** avec mon père

This form is mostly used to refer to something that is already planned and very likely to happen.

You can use the future tense to say what you will do:

Tu **auras** quel diplôme? J'**aurai** un BTS
Je **prendrai** la place de mon père
Je **travaillerai** à la campagne

This form has less sense of certainty.

The future tense has these endings:

je	−**rai**	tu	−**ras**	il/elle/on	−**ra**
nous	−**rons**	vous	−**rez**	ils/elles	−**ront**

Another option, to state your intentions for the future, is to use one of these expressions:

Je voudrais	aller...
J'aimerais bien	travailler...
J'ai l'intention de/d'	étudier...

1 ((•))

Read the job ads, using the *Glossary*, then listen to the tape/CD. You'll hear five people being asked about their qualifications and preferences. Where possible, find a suitable job for each person.

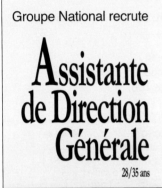

Groupe National recrute

Assistante de Direction Générale

28/35 ans

Qualités requises:
*Maîtrise des tâches de secrétariat traditionnel (courrier, classement, gestion de planning…)
Fortes aptitudes à la négociation et aux achats.
Bonne connaissance de la fonction vente et marketing.
Anglais souhaitable.*

*Statut cadre, salaire suivant profil.
Poste basé à* **BREST.**

Merci d'adresser lettre manuscrite CV + photo à Précontact sous réf. 017 – BP 97 – 44814 Saint Herblain cedex qui transmettra

b Cabinet infirmier Lorient cherche infirmier (ère) DE pour remplacement régulier. Ecrire à Samedi Emploi sous réf. 731 BP 445 56104 Lorient qui transmettra.

c Restaurant La Jonquière, Saint-Brieuc, recherche chef de cuisine, poste à l'année, à pourvoir de suite, profil 25/30 ans, sens des responsabilités, savoir animer une équipe. Téléphoner pour rendez-vous au 96 61 97 70.

d Entreprise guadeloupéenne, spécialisée en organisation de séjour, recherche jeune BTS tourisme H ou F, une expérience serait appréciée. Adresser CV avec photo, réf. 9295 AT, à Samedi Emploi, BP 88, 35002 Rennes cedex qui transmettra.

2 *Vous y êtes?*

How would you say the following in French?
1 What are you doing on Sunday?
2 What job are you going to do?
3 What diploma will you have after your studies?
4 I'll have a BTS in tourism.
5 My studies will last three years.
6 I'm going to do a work placement.

Université de la Sorbonne (Grand Palais), Paris

Les études post-baccalauréat

The *baccalauréat*, or *bac* for short, is the exam taken by students at the age of 18–20, usually in at least five subjects. Students can then opt for *études courtes* (up to two years, for example: *BTS*) or *études longues* (various university degrees, such as *une licence, une maîtrise, un doctorat*). The most prestigious *post-bac* establishments are *Les Grandes Ecoles*, including *Polytechnique*, which take high-flying students after an extra two years' preparatory classes and produce many of France's top civil servants, politicians and industrialists.

3 *Allez-y!*

You meet a young woman in France, who tells you she's a student. Ask her (using *tu*) about her studies and her plans.
Ask what studies she's doing.
Ask how long it's going to last.
Ask what certificate she will have.
Ask what job she's going to do.

4 *Et vous?*

Imagine yourself in 10 years time. Draw your own portrait.

Vive la retraite!

• Saying what you used to do • Describing your daily routine

(((•))) Listen to M. Soleillant describing how he spends his time in retirement.

Virginie M. Soleillant, depuis quand êtes-vous en retraite?

M. Soleillant Eh bien, il va y avoir 14 ans le premier mai prochain.

Virginie 14 ans. Et qu'est-ce que vous faisiez comme métier?

M. Soleillant Eh bien, j'étais percepteur.

Virginie Et qu'est-ce que vous faites maintenant que vous êtes en retraite?

M. Soleillant Eh bien maintenant, ce sont des activités qui se font sur place, je m'occupe, j'aime la vidéo, j'aime filmer, faire du montage. [......]

Virginie Donc vous n'avez pas le temps de vous ennuyer?

M. Soleillant Non, je n'ai pas le temps de m'ennuyer. D'ailleurs, je dois dire aussi que je passe pas mal de temps à me reposer, j'aime me lever assez tard.

Mot à mot

s'ennuyer	to be bored
se lever	to get up
longtemps	a long time
s'occuper	to occupy oneself
un percepteur	tax collector
se préparer	to get ready
se promener	to go for a walk
se reposer	to rest, have a rest
un restaurateur-hôtelier	restaurant and hotel owner/manager
se réveiller	to wake up
le temps	time
il va y avoir 14 ans	it will be 14 years
un voyage	journey, holiday

INFO
LANGUE

• **SAYING WHAT YOU USED TO DO**　　　■ 49 ▶

> J'**étais** percepteur
> Je **travaillais** dans un bureau

This is the *imparfait* or imperfect tense. For more on this, look back to page 108.

• **SINCE WHEN? FOR HOW LONG?**　　　■ 42 ▶

Depuis quand est-ce que	vous êtes en retraite?
	vous travaillez ici?

Je **suis** à la retraite	depuis	1988
Je **travaille** ici		trois ans

Note the use of the present tense here.

• **USING REFLEXIVE VERBS**　　　■ 53 ▶

Many verbs in French are 'reflexive' and have an extra pronoun between the person (subject) and the verb.

Je **m'**occupe	(literally)	I occupy myself
Je **me** repose		I rest myself
Je **me** lève		I get myself up

Me, or m' before a vowel, is the pronoun that goes with je. The other pronouns are shown here:

> Tu **te** reposes/**t'**organises
> Il/Elle/On **se** promène/**s'**ennuie
> Nous **nous** reposons
> Vous **vous** ennuyez
> Ils/Elles **se** lèvent/**s'**organisent

Retraitées, avec *Notre Temps*, vos droits ne prennent pas leur retraite

notre temps

1 ((•))

M. Persyn talks about his retirement. Before listening, work out how you think he would say the phrases listed below. Then listen and check your answers.

I am from Hesdin.
I now live in the south of Spain.
I was a hotel and restaurant owner.
I live with my wife.
It's a very pleasant country.

2 ((•))

A young mother tells a friend about a typical morning. Read the list of events and fill in the missing pronouns, choosing from *me*, *te*, *se* or *nous*. Listen to the tape/CD to check your answers.

1 Je ...... prépare.   5.00
2 Nous ...... reposons.   6.30
3 Je ...... occupe du ménage. 7.00
4 On ...... promène.   9.30
5 Tu ...... lèves?   11.00
6 Alex ...... réveille.   13.00

Then listen again, to match up the events with the times at which they happen.

3 *Vous y êtes?*

Can you say the following in French?
1 My wife was a journalist.
2 She used to work from home.
3 We have been retired since 1991.
4 I have been living here for three years.
5 I wake up at 6.30, get up at 7.00, and get ready in 10 minutes.
6 Do you get bored at home?

4 *Allez-y!*

Imagine you're a teacher who retired two years ago. Now you keep busy at home, and you travel a lot. You don't get bored. You get up late and rest in the afternoon. Describe to a French friend how you spend your time.

5 *Et vous?*

Practise explaining one of the following to a French friend.
1 Say what you'd like to do after your studies.
2 Say what you'd like to do during your retirement.
3 Say what you used to do when you worked.

CULTUROSCOPE

La retraite

- L'âge légal du départ à la retraite en France est 60 ans.
- Il y a 11 millions de personnes de 60 ans et plus. Plus de 11% des Français sont à la retraite.
- Pour un retraité, il y avait 10 travailleurs en 1955. Il y en a deux en 1992. 60% des Français pensent que la situation matérielle des personnes âgées est insuffisante.
- 80% des Français voient la retraite avec optimisme. 78% espèrent faire des activités de loisirs: lecture, voyages, activités de clubs et associations.

Je peux laisser un message?
• Phoning for business

1 ((•))
Listen to four telephone calls for Mme Simon, and find the matching summary for each one.

a M. Garcin can't get through as Mme Simon's line is engaged.
b Mme Simon is at a meeting, and her secretary takes a message.
c The secretary puts the call through to Mme Simon.
d M. Garcin gets through on Mme Simon's direct line.

INFO LANGUE

• SPEAKING ON THE PHONE

Je voudrais parler à (nom), s'il vous plaît
Je pourrais parler à (nom)?
Vous pourriez me passer (nom)?
Ici (nom)
M./Mme (nom) à l'appareil
Je rappellerai plus tard
Il/Elle pourrait me rappeler?
Je peux laisser un message?

• UNDERSTANDING TELEPHONE TALK

C'est moi — Speaking/It's me
Je vous le/la passe — I'll put you through
Ne quittez pas — Hold on/Hold the line
C'est de la part de qui? — Who's calling?
Ça ne répond pas — There's no answer
Son poste est occupé — His/Her line is engaged
Vous patientez? — Do you want to hold?
Je peux avoir vos coordonnées? — Can I take your details?
Vous pouvez répéter/ épeler, s'il vous plaît? — Could you repeat/ spell it, please?

2 *Vous y êtes?*
Say the following in French:
1 Could you put me through to Mme Belon?
2 Simon Durell speaking.
3 I'll call back.
4 Can I leave a message?
5 Could she ring me back?

3 ((•)) *Allez-y!*
Imagine you're ringing Mme Simon. Reply to her assistant, following the suggestions on tape/CD.

4 ((•))
Listen to the messages left on Mme Simon's office answerphone. The callers are trying to arrange a time to meet her the following week. Look at her diary. Which people could she see and when?

	non	oui	jour	heure
Alain Sicret				
Estelle				
Gérard Lautner				

5 Mme Simon left notes for her secretary to phone M. Sicret, Estelle and M. Lautner. Which message is for whom?
a Désolée, je suis prise toute la matinée du 25.
b Je suis libre lundi de 14 h à 17 h. Réunion de 14h à 16h.
c Je suis prise toute la journée du mardi, mais je peux me libérer mercredi après-midi, entre 14 h et 17 h.

Mot à mot

libre — free
je peux me libérer — I can be free
pris(e) — busy
en réunion — at a meeting

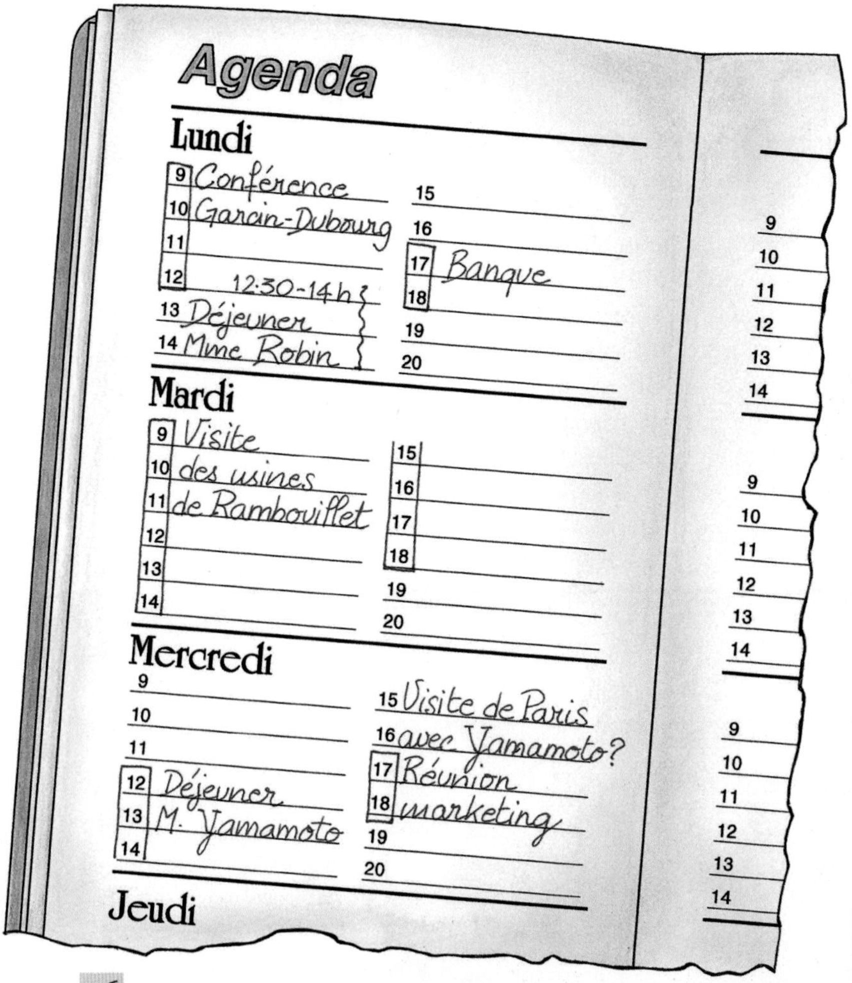

Agenda

Lundi
9 Conférence
10 Garcin-Dubourg   16
11
12   12:30–14h
13 Déjeuner
14 Mme Robin

15
16
17 Banque
18
19
20

Mardi
9 Visite
10 des usines
11 de Rambouillet
12
13
14

15
16
17
18
19
20

Mercredi
9
10
11
12 Déjeuner.
13 M. Yamamoto
14

15 Visite de Paris
16 avec Yamamoto?
17 Réunion
18 marketing
19
20

Jeudi

9
10
11
12
13
14

9
10
11
12
13
14

9
10
11
12
13
14

6 Vous y êtes?

How would you say these in French?
1 Are you free next Monday?
2 I'm free between 3 and 4 pm.
3 Can we have a meeting in April?
4 I'll be busy all day on Monday 18th March.

POINTS DE REPÈRE

At the end of this unit, do you think you can ...?	Yes	No	If not, go to ...
explain what your job consists of			p 150
make comparisons			p 150
say what you'll do in the future			p 152
ask someone about their studies and their plans			pp 152–3
say what work you used to do			p 154
describe your daily routine			p 154
get through to the right person on the telephone			p 156
arrange a meeting with someone			p 156

PHONÉTIQUE

((•)) **On se lève tôt**
You will notice that French speakers often drop the vowel in words like:
le je me de se
when speaking fast or informally. This can also apply to syllables containing the same vowel sound within longer words, such as *petit*, *semaine*.

Listen to the examples:
le: Elle vient l'matin.
se: On s'promène.
de: Il n'a pas d'travail.
petite: Ma p'tite amie.

1 Listen to these phrases and tick them if the *e* sounds are dropped by the speaker.

A la semaine prochaine.
Tu te lèves tôt?
Je vais travailler.
Tu me passes mon livre?
Mon petit restaurant.
Je vous le passe.

2 Say each sentence in activity 1, pronouncing the *e* sounds clearly. After each one, repeat it faster, dropping the *e* sounds, as shown below. Check with the tape/CD.

A la s'maine prochaine.
Tu t'lèves tôt?
J'vais travailler.
Tu m'passes mon livre?
Je vous l'passe.

Chômage

France is as susceptible as any country to the threat of unemployment. The number of people out of work in recent times has risen on occasion to over 10 per cent of the population. 'Unions' of sorts have been set up to offer the jobless some basic financial and moral support. Mutual aid organisations have been created to boost the confidence of unemployed people. These organisations see some hope for the future in a possible reversal of the economic drift towards towns, with some jobless people settling in villages as shopkeepers, mechanics and craftspeople.

The French comedian Coluche was the son of an Italian immigrant and while being a highly successful TV, film and stage actor, he identified with the deprived and the poor. In his work on screen and stage, he often made fun of politicians and the faults he saw in society. In 1985, the year before he died in a motorcycling accident, he founded *Les Restos du Cœur*, a charity providing food for the *Quart-Monde*, the New Poor.

Infos

Eighteen years on *Les Restos* are still at work in Paris and other French towns and they have triggered new initiatives: *Les Relais du Cœur* offer advice and information; Les *Camions du Cœur* travel to big cities throughout France bringing food to the hungry; *Les Jardins du Cœur* in about 60 towns encourage deprived people to grow their own produce and sell the surplus.

Nicole Meyer, volunteer for *Les Restos*

Farming in France has changed profoundly from a traditional activity into a highly competitive industry involving management, accountancy and production policies. To survive, 'agri-managers' have to be in touch with all the latest technology – Minitel, weather reports, sophisticated machinery. However, although the future is uncertain, French farmers still cling to the rural life and the right to pass their farms on to their children.

PLAIRE ET SÉDUIRE

Vous me faites un paquet-cadeau?
• Buying presents

((◦)) *T*urn on the tape/CD, and listen to Valérie Meirien buying sweets to give as a present.

Valérie Bonjour, madame.
Pâtissière Bonjour.
Valérie Alors, je voudrais acheter un cadeau pour un ami chez qui je vais dîner ce soir. Qu'est-ce que vous me conseillez?
Pâtissière Nous avons différentes choses. Nous avons donc des bonbons, des boîtes de bonbons comme celles-ci, qui sont des bonbons d'Auvergne. Et la boîte vous fait environ 14 euros 50.
Valérie Oui. Je voudrais y mettre à peu près 15 euros, donc ça irait...
Pâtissière Donc, c'est dans vos prix. J'ai également les chocolats maison.
[.....]

INFO LANGUE

• **ASKING THE SHOP ASSISTANT FOR HELP**

> Je cherche quelque chose pour un ami
> C'est pour faire un cadeau
> Qu'est-ce que vous me conseillez?
> Vous me faites un paquet-cadeau?

Note the use of *me* (me, to me, for me) before the verb, in two of the sentences above. ■ 19 ▶

• **SAYING WHICH ONES YOU'RE CHOOSING** ■ 21 ▶

		this one/ these ones	that one/ those ones
le paquet	Je prends	celui-ci	celui-là
la boîte		celle-ci	celle-là
les chocolats		ceux-ci	ceux-là
les fleurs		celles-ci	celles-là

1 ((◦)) Jean-Paul buys a picture in a gift shop. The key phrases are listed below; can you work out who says each one? Write JP for Jean-Paul and V for *la vendeuse*. Then listen and check your answers.

a J'ai vu ça en vitrine.
b Je vais vous les chercher.
c C'est pour offrir?
d On va faire un joli petit paquet.
e Je vais prendre celui-ci.
f Vous les vendez tous au même prix?
g Ils sont soldés.

Now listen again and number the phrases 1–7 in the order you hear them.

Les cadeaux

Si vous cherchez un cadeau pour une personne que vous ne connaissez pas très bien, choisissez toujours quelque chose de simple: des fleurs, des bonbons, des chocolats ou une pâtisserie. Si vous connaissez mieux les goûts de la personne, vous pouvez choisir un livre, un disque ou un objet décoratif.

Si on vous offre un cadeau, ouvrez-le immédiatement. Admirez-le et remerciez la personne.

Mot à mot

apporter	*to bring, take*
en boîte	*in a box*
un cadeau	*present*
chercher	*to look for*
vous connaissez (bien)	*you know (well)*
coûter	*to cost*
ça dépend	*it depends*
une fleur	*flower*
le goût	*taste*
être invité(e)	*to be invited*
nous-mêmes	*ourselves*
un paquet-cadeau	*gift-wrapping*
soldé(e)	*at a sale price*
un tableau	*picture*
en vitrine (*f*)	*in the shop window*
vous-mêmes	*yourselves*

2 ((•))
Jean-Paul tried to find out if the French always take a present when they're invited to someone's home for a meal. Listen to what four people told him, and after each one, list the presents they suggest, under three headings:
à manger   à boire   à regarder

Listen again. Which presents mentioned aren't included in the guidelines in *Culturoscope*?

3 *Vous y êtes?*
How would you say the following?
1 I'm looking for a present for a friend.
2 It's in the shop window.
3 It's to give as a present.
4 Can I have a look at the pictures?
5 I'll take these. (talking about flowers)
6 I'll take this one. (a picture)
7 I'll take those. (chocolates)
8 I'll take that one. (a bottle, e.g. wine)

4 ((•))
Allez-y!
Imagine you're in a *pâtisserie-confiserie* buying a present for a friend. Listen to the tape/CD and take part in the conversation with the sales assistant.

Je fais du 38
• Buying clothes

((•)) *T*urn on the tape/CD, and listen to Françoise buying herself a pullover.

Françoise Bonjour, madame.
Vendeuse Bonjour, madame. Vous désirez?
Françoise J'ai vu un pull en vitrine... [Oui?]
Qu'est-ce que vous avez comme couleurs?
Vendeuse Je vais vous montrer. Alors, vous
avez le rouge, qui est toujours à la mode, qui se
porte facilement avec le jean. Vous avez
toujours le bleu marine, qui s'accorde avec pas
mal de choses.
Françoise Non, je préfère une autre couleur...
Vendeuse Sinon, après, vous avez le gris.
Françoise Je crois que... le rouge. Je prends
normalement du 38. Je peux essayer?
Vendeuse 38. Voilà...
Un peu plus tard:
Françoise Celui-là va bien. [......]

INFO
LANGUE

• **BEING ASKED FOR AND STATING YOUR SIZE**

Vous faites **quelle taille**?	*What size do you take?*
Vous faites **quelle pointure**? **Je fais du** 38/42/46	*(for shoes only)*

• **SAYING SOMETHING DOESN'T FIT**

Ça ne (me) va pas	*It doesn't fit/suit me*
C'est trop grand/petit	*It's too big/small*
long/court	*long/short*

• **REFERRING TO 'IT' OR 'THEM'** ■ 17 ▶

	Je **le** prends	Je peux **l'**essayer?
un pantalon		
une robe	**la**	**l'**
des chaussures	**les**	**les**

Mot à mot

à la mode	*fashionable*
essayer	*to try, try on*
peut-être	*perhaps*
les chaussures (f)	*shoes*
une chemise	*shirt*
un imperméable	*raincoat*
une jupe	*skirt*
un maillot de bain	*swimming costume*
un manteau	*coat, overcoat*
un pantalon	*trousers*
un pull-over/pull	*sweater, pullover*
une veste	*jacket*
en coton (m)	*cotton*
en cuir (m)	*leather*
en laine (f)	*wool*
en soie (f)	*silk*
blanc(he)	*white*
bleu(e)	*blue*
bleu marine	*navy blue*
gris(e)	*grey*
jaune	*yellow*
marron	*brown*
noir(e)	*black*
rose	*pink*
rouge	*red*
vert(e)	*green*
clair	*light (+ colour)*
foncé	*dark (+ colour)*
rayé(e)	*striped*
uni(e)	*plain*

1 ((•))

Listen to four dialogues taking place in a clothes shop, and note the details of each enquiry: article requested, colour, size, price.

2 ((•))

Fabienne looks for a shirt, and finds two that she likes. Read sentences 1–5, then listen to the tape/CD. Decide whether each sentence is true or false.

1 Elle cherche une chemise pour son mari.
2 Elle veut voir une chemise rayée, bleu marine et blanc.
3 Elle regarde aussi une chemise unie bleue.
4 Les deux chemises sont en polyester et coton.
5 Finalement, elle prend la chemise rayée.

Now listen again, and find out:
a the three colour options in striped shirts
b the price of the striped shirt
c the price of the plain shirt

3 *Vous y êtes?*

How would you say these in French?
1 I'm looking for a cotton shirt.
2 I'd like a leather jacket.
3 Blue, white and red.
4 I'll take it. (a pullover)
5 They are too small. (shoes)
6 It's too short.
7 I take size 38.
8 It doesn't fit.

4 *Et vous?*

Read the article about how often, on average, a French woman buys clothes, and about the styles preferred by French men today.
Then work out how you'd answer the following questions:
1 Vous achetez un manteau tous les 4 ans et 5 mois? Plus souvent ou moins souvent? Vous achetez un maillot de bain tous les 3 ans et 3 mois? Plus souvent ou moins souvent? Et les autres vêtements?
2 Qu'est-ce que vous préférez porter? (Ou qu'est-ce que votre mari/ami/fils préfère porter?) Un costume-cravate ou un polo? Un pantalon de ville ou un jean?

Comment s'habillent les Français

Les femmes achètent en moyenne...
• un vêtement de dessus (manteau, imperméable) tous les 4 ans et 5 mois,
• un maillot de bain tous les 3 ans et 3 mois,
• un ensemble tous les 2 ans et 6 mois,
• une robe tous les 15 mois,
• un pantalon ou un jean tous les 14 mois,
• une jupe tous les 11 mois,
• un chemisier tous les 9 mois.

Beaucoup d'hommes ont remplacé le costume-cravate par le polo, le pantalon de ville par un velours ou un jean. Aujourd'hui ils préfèrent les vêtements décontractés mais chics : blousons et parkas; chemises fantaisie portées avec une cravate; pantalons à la fois confortables et élégants.

Francoscopie

Un grand brun aux yeux bleus
• Describing people

((•)) *T*urn on the tape/CD, and listen to two people in Anvin describing the local doctor, Thierry Persyn. The second goes on to describe his wife, Dji, also.

Femme 1 Alors, physiquement, Thierry est très grand, puisque je pense qu'il doit faire plus d'un mètre quatre-vingt-dix. Au début quand je l'ai connu, il était très, très, très mince, et là je crois qu'il a pris quelques bons petits kilos, justement parce qu'il a aussi arrêté de fumer, donc, je crois qu'il a pris du poids. Autrement, il porte des lunettes, il a des yeux clairs, je crois.
Françoise La couleur de ses cheveux?
Femme 1 Hmm... grisonnants, je ne sais pas, grisonnants... et puis, au point de vue caractère, c'est quelqu'un qui est quand même très aimable, très intéressant en fait à écouter, hein?
Françoise Est-ce qu'il a le sens de l'humour?
Femme 1 Oui, beaucoup!

[.....]
Françoise Et vous connaissez Dji? [.....]
Femme 2 Alors, autant Thierry est grand, Dji est petite, un mètre cinquante-huit, sans doute. Elle est blonde, avec des cheveux longs, des yeux bleus qui sont d'un très joli bleu, et elle est mince.

Mot à mot

les cheveux bruns	*brown hair*
les cheveux grisonnants	*greying hair*
les cheveux roux	*red hair*
connaître	*to know (someone)*
court(e)	*short*
drôle	*funny*
frisé(e)	*curly*
grand(e)	*tall, large*
gros(se)	*fat*
mince	*slim*
porter	*to wear (clothes), carry*
porter des lunettes	*to wear glasses*
raide	*straight (hair)*
sympathique	*friendly, likeable*

1 ((•))
Listen again to the two people describing Dr Persyn.
1 Take notes on the following:
height, colour of hair, colour of eyes, glasses, character.
2 The speakers disagree on two details. What are they?
3 Listen again to the description of Mme Persyn. Can you pick her out among the photographs above?

2 ((•))
Look at the portrait (right) of film actress Emmanuelle Béart, and listen to three people describing her. Note their main points. Which description fits her best?

INFO
LANGUE

• DESCRIBING SOMEONE'S APPEARANCE   ■ 6, R7 ▶

Il est grand/petit/gros/mince
Elle est grande/petite/grosse/mince
Il/Elle fait 1,65m/1,80m
Il/Elle porte des lunettes
Il/Elle a   les yeux marron/bleus/verts/noirs
          les cheveux   bruns/blonds/roux/gris
                        courts/longs/frisés

• DESCRIBING SOMEONE'S CHARACTER   ■ 6 ▶

Il est sympa/drôle/calme/actif/intelligent
Elle est sympa/drôle/calme/active/intelligente

• DESCRIBING YOURSELF

Use the above, starting *Je suis...*, *J'ai...*,
Je fais...., Je porte...

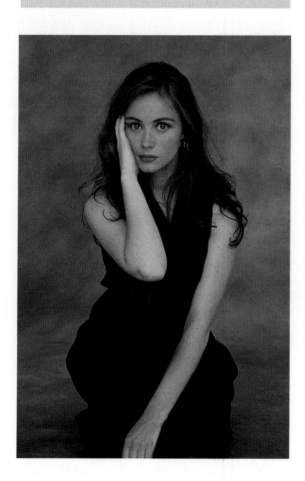

3 *Vous y êtes?*

How would you say the following?
1 He's tall and slim.
2 She's small and fat.
3 I have grey hair and brown eyes.
4 She's friendly.
5 He's very intelligent.
6 I wear glasses.
7 He has short curly hair.
8 He's very funny.

4 *Allez-y!*

You're meeting a French friend's mother at
the Gare du Nord tomorrow; you've never
met before. She telephones to make
arrangements. Work out what you'd say
(see below), then listen to the complete
conversation on tape/CD.
– Check the place she suggests: in front of
   the café-bar, is that it?
– Tell her you're very tall and thin, and
   you've got fair hair.
– Say you'll wear jeans and a blue shirt.
– Add that you wear glasses.

5 *Et vous?*

Vous êtes comment? Grand(e)? Petit(e)?
Vous avez les cheveux de quelle couleur? Et
les yeux? Décrivez-vous.

*To practise vocabulary, play 'I spy' in
French. Either on your own – look for
an object beginning with a chosen
letter – or with someone else, saying
'Ça commence par un... B'.*

Merci mille fois
• Saying thank you

1 Jean-Paul asked people whether they contact their hosts to say thank you after a party or a dinner. Listen to two answers.
1 What does the first person do, **a** if she knows her host well, **b** if she doesn't?
2 What does the second person prefer to do, and why?
3 Do they do as suggested in the book extract below?

Les invitations

Lorsque vous avez été invité quelque part, en quittant vos hôtes, vous devez les remercier. Mais ce n'est pas tout. Le lendemain, soit vous passez un petit coup de téléphone pour dire combien vous avez été content de votre soirée, comme le dîner était réussi, etc., soit, si la réception était plus mondaine, vous envoyez un petit mot.

N'oubliez pas non plus, lorsqu'il vous sera possible de le faire, de rendre la politesse, c'est-à-dire d'inviter à votre tour les personnes qui vous ont invité.

Le savoir-vivre aujourd'hui,
Nathalie Pacout, Marabout

Bien chers Louise et Paul,
Merci encore pour cette excellente soirée. J'ai eu beaucoup de plaisir à rencontrer vos amis, Audrey et Jean-Marc, que j'ai trouvés très sympathiques et marrants. Louise m'a impressionnée par ses talents de cordon bleu!
A bientôt,
Je vous embrasse
Florence.

Louise et Paul
56 Rue Notre-Dame
13100 ~ Aix-en-Prou

2 Read the cards, and find out how to say:
1 Thank you for organising ...
2 that excellent evening
3 a very pleasant evening
4 Everything was perfect.
5 friendly
6 funny
7 See you soon.
8 With love from/Love and kisses from ...

3 Read the cards again. Then match up these sentences with the people they describe:
Odile Bernard Dominique Louise Paul Audrey et Jean-Marc
1 Ils ont organisé une soirée agréable.
2 Ils sont sympathiques et marrants.
3 Elle a des talents de cordon bleu.
4 Elle a passé une agréable soirée chez Odile et Bernard.
5 Ils ont invité Florence, Audrey et Jean-Marc chez eux.

4 You've spent the evening with two French friends; you had an excellent meal and met other friends of theirs, as well as their children. Write a card to thank them.

INFO LANGUE

• **SAYING THANK YOU**

Merci pour l'	excellent repas
	une merveilleuse soirée
	les fleurs magnifiques
	votre carte
Merci de	nous avoir invités
	m'avoir invité(e)
d'	avoir organisé cette journée

Merci beaucoup – Merci bien – Merci mille fois!

Chère Odile et
cher Bernard,
Merci encore une fois.
Bravo d'avoir
organisé cette très
agréable soirée entre
copains : l'ambiance,
la cuisine, tout était
parfait.
À bientôt.
Dominique

Odile et Bernard
10 Grand-Rue
30 000 Nîmes

POINTS DE REPÈRE

At the end of this unit, do you think you can ...?	Yes	No	If not, go to ...
say what you're looking for in a shop			p 160
ask for advice			p 160
ask to have a look at something			p 160
say which ones you'll take			p 160
state your size in clothes and shoes			p 162
ask if you can try something on			p 162
say it doesn't fit, and why			p 162
describe your/someone's appearance			pp 164–5
describe your/someone's character			pp 164–5
thank your host(s) after being invited out			pp 166–7

PHONÉTIQUE

◀)) Fleurs bleues
Listen to the difference between the vowels in *fleur* and *bleu*.
fleur   couleur   neuf   jeune
bleu   je peux   cheveux

At the end of a word or syllable, the *eu* sound is more closed (say it with the lips closely rounded):
bleu   cheveux
It's more open when followed by a spoken consonant sound, such as *f, r, n*:
fleur   neuf

The *-euse* ending is an exception. Although a consonant follows, the closed form of the vowel is used:
la vendeuse   la chanteuse
Compare those words with the *-eur* endings:
le vendeur   le chanteur

1   Listen to the words and tick the grid to show which sound you hear.

	like *fleur*	like *bleu*
peu		
peur		
veuf		
je veux		
beurre		
six œufs		

2   Have a go at saying these phrases. Check with the tape/CD.

ma sœur
le coiffeur et la coiffeuse
j'ai peur des ascenseurs
les yeux bleus
je veux deux œufs

Le parfum et la mode

Chanel, Dior, Yves St Laurent – for many people there is a seductive fascination in the world of French perfumes and clothes. The art of perfumery in France originally came from Italy with Catherine de Medici. In the sixteenth century the town of Grasse in Provence became a centre for perfume blending. Surrounded by hillsides of roses, jasmine and orange blossom, it was the ideal place. Today some of the most prestigious and expensive scents are still created in Grasse.

French chic is no myth. Paris is still a city of sophistication and elegance where *haute couture* is a religion. The true devotees of *haute couture* are restricted to a very few, very rich women who can afford made-to-measure fashion and unique designs but *prêt-à-porter* (off-the-peg fashion) takes its inspiration from *haute couture*, bringing it to a more affordable level.

Chantal Thomass (*left*), who presented her first collection in 1968, now offers a *prêt-à-porter* collection in her Paris boutique.

Infos

A new perfume at Jean Patou may include anything from 30 to 200 ingredients. The perfume blender's olfactory ability must be infallible as he or she may be working on up to 400 different products at one time, any one of which can take from three months to two years to create.

Perfumier at Jean Patou

PAR TOUS LES TEMPS

Quel temps fait-il?

- Talking about the weather   • Understanding weather forecasts

((•)) *L*isten to two conversations about the weather in Montbrison.

Jean-Paul Comment trouvez-vous le climat de Montbrison?
Femme 1 Un peu dur, parce que...
Jean-Paul En hiver?
Femme 1 En hiver. Froid, humide... à part aujourd'hui, où il fait très beau. [......]

Jean-Paul Quel temps fait-il aujourd'hui?
Femme 2 Il fait mauvais temps.
Jean-Paul La pluie, la neige... ?
Femme 2 Eh bien, les deux, c'est de la neige fondue. [......]

Mot à mot

l'automne (*m*)	*autumn*
l'été (*m*)	*summer*
l'hiver (*m*)	*winter*
le printemps	*spring*
une brise	*breeze*
un climat dur	*harsh climate*
une éclaircie	*sunny spell*
l'ensemble (*m*)	*whole*
fondu(e)	*melted*
un hiver doux	*mild winter*
humide	*damp*
il manque de vent	*there's no wind*
la météo	*weather forecast*
en milieu de journée	*in the middle of the day*
un parapluie	*umbrella*
la pluie	*rain*
par rapport à	*in relation to*
le temps	*weather*
un temps lourd	*close, sultry weather*

INFO LANGUE

- **TALKING ABOUT THE WEATHER**   ■ 51 ▶

Use the expressions shown in the left-hand column to talk about the weather. In the future tense, they are: *Il fera beau, Il y aura du vent, Il pleuvra, Il neigera,* etc.
The right-hand column gives related terms used more in weather forecasts.

	Il fait...	un temps...
fine	beau	
hot	chaud	
awful	mauvais	
cold	froid	
cloudy	gris	maussade
	Il y a...	
sun	du soleil	ensoleillé
wind	du vent	
fog	du brouillard	brumeux
clouds	des nuages	nuageux/couvert
storm	de l'orage	orageux
rain	Il pleut	pluvieux
snow	Il neige	

Listen regularly to French radio, and watch French films. Even if you don't understand everything, it will help you get used to the sounds and rhythms of the language.

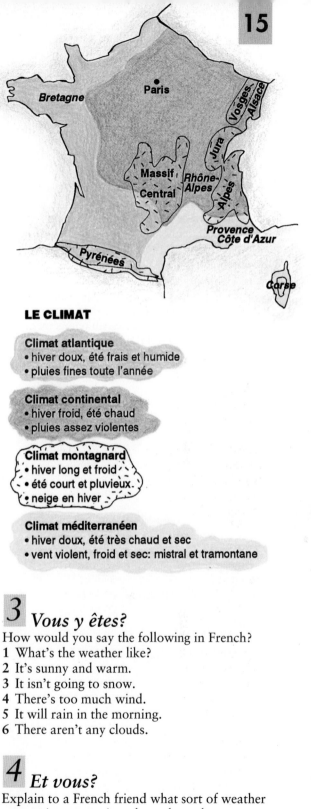

1 ((•))

Listen to Robert, Nadine, Fadila and Yannick describing typical weather in their region.

1 Jot down in French the main points of what they say.

2 Look at the climate map. Can you work out who is likely to live in each of these areas: Bretagne, côte d'Azur, Alsace and Rhône-Alpes?

2 ((•))

Listen to the recorded weather forecast. Look at the weather maps. Which one matches the radio forecast?

Which of these comments are made by people reacting to the forecast you've just heard?

1 « Bon, alors, il va faire beau et chaud toute la journée. »

2 « Alors, il y aura des nuages et il va pleuvoir. »

3 « Il va faire très froid cet après-midi. »

4 « Il y aura peut-être des orages. »

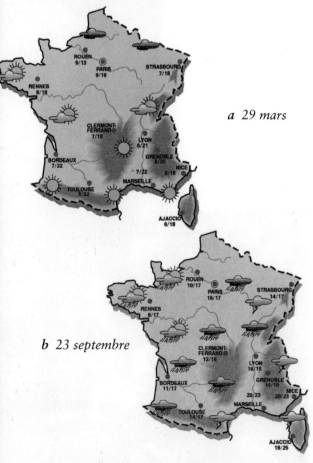

a 29 mars

b 23 septembre

LE CLIMAT

Climat atlantique
• hiver doux, été frais et humide
• pluies fines toute l'année

Climat continental
• hiver froid, été chaud
• pluies assez violentes

Climat montagnard
• hiver long et froid
• été court et pluvieux.
• neige en hiver

Climat méditerranéen
• hiver doux, été très chaud et sec
• vent violent, froid et sec: mistral et tramontane

3 *Vous y êtes?*

How would you say the following in French?

1 What's the weather like?
2 It's sunny and warm.
3 It isn't going to snow.
4 There's too much wind.
5 It will rain in the morning.
6 There aren't any clouds.

4 *Et vous?*

Explain to a French friend what sort of weather you get in your region, throughout the year.
For example:
En hiver il ne fait pas très froid, mais il pleut souvent...

Je joue dans un club
• Talking about sports • Saying what you used to do

((•)) *L*isten to the tape/CD. Two people talk about when and how they take part in a sport.

Jean-Paul Est-ce que tu pratiques un sport?
Fabrice Oui, le football. [......]
Jean-Paul Est-ce que tu t'intéresses à un sport comme spectateur?
Fabrice Oui, je m'intéresse au sport automobile.

Jean-Paul Est-ce que vous pratiquez un sport?
Femme Je pratiquais le tennis et la natation.
Jean-Paul [......] Vous faisiez du tennis même en hiver, même quand il pleuvait?
Femme Ah oui, oui, en salle. En salle, oui oui. L'été dehors et l'hiver en salle.

Mot à mot

avoir envie de	*to want, feel like*
bronzer	*to get a suntan*
casanier/casanière	*stay-at-home*
le cyclisme	*cycling*
une équipe	*team*
essayer de	*to try to*
faire du ski (alpin)	*to ski, go skiing*
s'intéresser à	*to be interested in*
même quand/si	*even when/if*
la natation	*swimming*
une randonnée pédestre	*walk, ramble*
ressortir	*to go out again*
un résultat	*result*
un spectateur/ une spectatrice	*spectator*
sportif/sportive	*sporty, keen on sports*
ça tourne bien	*it's going well*
tous les combien?	*how often?*

INFO LANGUE

• **SAYING WHAT YOU USED TO DO** ■ 49 ▶
Use the *imparfait* when you're explaining what you used to do.

Il y a 20 ans,	je **faisais** du ski
Quand j'**étais** jeune,	je **jouais** au tennis
Quand il pleu**vait**,	j'**allais** à la piscine

1 Read *Culturoscope*: look at the ten points showing how the French see sport. Match each point with its English translation.
a a devouring passion
b enriching your mind
c going back to nature
d playing, unwinding
e a healthy lifestyle
f pushing back your limits
g an escape from daily routine
h being with friends
i making your body work
j a painful effort

2 ((○))

Jean-Charles Mornand, a sports shop owner in Montbrison, gives his views on the practice of sport locally and nationally. Before listening, read questions 1-5. Try to guess the answers, choosing sports from this list:
*l'aérobic   le football   la gymnastique   le golf
la natation   le ski   le tennis   le vélo   le volley*

1 Quels sont les deux sports principaux pratiqués à Montbrison?
2 Quel sport est très physique et coûte cher?
3 Quel est le sport préféré des jeunes Françaises de 5 à 20 ans?
4 Quel sport font-elles à partir de 20 ans?
5 Quels sont les deux nouveaux sports pratiqués par beaucoup de femmes?

Then listen and check your guesses.

3 ((○))

Listen to M. Mornand again. In each pair of statements below, tick the one you hear him say.
1 a Young people go out more and more, even when it rains and when it's cold.
  b Young people go out less and less when it rains and when it's cold.
2 a They do more and more cycling nowadays.
  b They do less and less cycling nowadays.

Roland-Garros

CULTUROSCOPE

Quels sports et pourquoi?

Les sports favoris des Français (pratique occasionnelle):
● Hommes: la natation (20,2%), le cyclisme (17,5%), les boules (15,2%), le tennis (15,1%), le ski alpin (13,3%).
● Femmes: la natation (16,7%), le cyclisme (9,7%), la randonnée pédestre et la gymnastique (9,3%), le jogging (8,4%).

Pour les Français, faire du sport, c'est:
1 – échapper à la routine
2 – une hygiène de vie
3 – jouer et se défouler
4 – retrouver des amis
5 – retrouver la nature
6 – faire travailler son corps
7 – éduquer son esprit
8 – un effort douloureux
9 – une passion dévorante
10 – repousser ses limites

4 *Vous y êtes?*

How would you say the following in French?
1 I'm interested in cycling.
2 I play tennis even when it rains.
3 When I was young ...
4 ... I used to ski in winter.
5 Ten years ago, I played football regularly.

5 ((○)) *Allez-y!*

You're no longer very sporty, but 15 years ago, you used to do gymnastics every day. You played tennis in a club, even when it was cold and rainy. Now you prefer to watch tennis on TV. Answer the questions on tape/CD.

Tour de France

Sports d'hiver

• Choosing a resort from brochures • Discussing facilities

1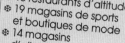
Read the brochure extracts, using the *Glossary* to help you. Frédéric and Aline are planning a week's skiing holiday in the Alps. Listen to their discussion of the advantages and disadvantages of Les Menuires and Méribel. Put a ✓ or a ✗ in the grid for each factor they like or dislike.
Which resort do they finally decide on?

	Méribel	Les Menuires
Pistes		
Enneigement		
Télécabines		
Equipements sportifs		
Equipements loisirs		

Les Menuires proposent 61 pistes, dont 11 noires, 32 rouges, 12 bleues et 6 vertes.
La station des Menuires dispose de 238 canons à neige pouvant couvrir 60 hectares, soit 12 km de pistes. Cet équipement entièrement automatique, unique en Europe, fait des Menuires l'une des rares stations où l'enneigement est totalement garanti et le retour à la station sans problème quelles que soient les conditions climatiques.
Détente Loisirs
❋ 20 bars et restaurants à la station
❋ 15 restaurants d'altitude
❋ 19 magasins de sports et boutiques de mode
❋ 14 magasins d'alimentation
❋ 4 librairies
❋ 2 discothèques
❋ 2 magasins d'artisanat
❋ 2 bijouteries
❋ 1 salle de jeux
❋ 3 cinémas
❋ 2 salles polyvalentes
Et dans les villages de la vallée, 10 bars ou restaurants et 25 commerçants et artisans.
Patinoire
Sur piste artificielle en plein air, dans le quartier des Bruyères, la patinoire offre une attraction où petits et grands trouvent un amusement garanti.
Ouverture de 17 h à 21 h, tous les jours sauf le samedi.
Piscines
Situées sur la Croisette et dans le quartier des Bruyères, les deux piscines des Menuires proposent un bassin découvert, chauffé à 30° et accessible de l'intérieur du bâtiment par un sas.
Elles sont ouvertes au public de 14 h 30 à 19 h 30 avec un jour de fermeture hebdomadaire.
Remise en forme
Fitness Club "L'Espace Tonic", quartier des Bruyères, sauna, cabines U.V.A., salles de gymnastique et musculation.

INFO LANGUE

• IF... ■ 51 ▶

Si je ne suis pas fatigué, j'**irai** faire du ski
S'il n'y a pas de neige, on **pourra** se promener
Si c'est trop cher, je n'y **vais** pas

Both present and future tenses are used after the *si* clause.

Mot à mot

un bowling	*bowling alley*
un canon à neige	*snow cannon*
couvert(e), découvert(e)	*covered, uncovered*
la détente	*relaxation*
l'enneigement (m)	*snow cover*
l'entretien (m)	*maintenance*
une patinoire	*ice skating ring*
une piste	*(ski) slope*
en plein air	*open air*
on pourra	*we'll be able to*
tu as raison	*you're right*
une télécabine	*ski-lift*

Les pistes : Dans la seule vallée de Méribel, 120 kilomètres de pistes ! 10 pistes noires, 22 rouges, 29 bleues, 6 vertes ! Deux pistes olympiques, un stade de slalom, et un stade de descente !

L'entretien des pistes : Méribel dispose de 400 canons à neige pour renforcer si nécessaire son manteau neigeux. Toute la nuit, les pisteurs de la station travaillent pour vous. Avec l'aide de 20 chenillettes.

Les télécabines : Record du monde ! La vallée de Méribel est la seule à vous offrir seize télécabines.

Les restaurants sur les pistes : De nombreux

MÉRIBEL

restaurants vous attendent. Pour boire, manger ou prendre le soleil.

La patinoire C'est dans la patinoire de Méribel que s'est déroulé le tournoi de hockey sur glace des Jeux Olympiques de 1992. Vous pouvez patiner tous les jours de 16 h à 19 h, et trois soirs par semaine de 20 h 30 à 22 h 30. Et aussi apprendre le hockey sur glace : stages à partir de 7 ans, même débutants.

Le bowling Nouveauté dans l'enceinte de la patinoire : le bowling

"Le Canadien", 6 pistes avec affichage électronique des scores.

La piscine Piscine couverte à la Chaudanne. Bassin de 25 m. Ouverte de 16 h à 19 h 45. Gratuite pour les moins de 5 ans.

Les étoiles L'astronome Patrick Delavaud a installé à Méribel un planétarium, à côté de la Maison du Tourisme de Méribel. étude du ciel sur un écran demi-sphérique.

Le shopping Galeries marchandes : de petits commerces pour faire vos courses, des magasins de sport, des boutiques.

Le casino A Brides-Les-Bains : boules, roulette, blackjack !

2 Imagine you're planning your next winter holiday. Would you choose Méribel or Les Menuires? Tell a French friend where you're going and why. For example:

J'irai /Je vais à Méribel, parce que s'il pleut, je pourrai aller...

POINTS DE REPÈRE

At the end of this unit, do you think you can ...?	Yes	No	If not, go to ...
talk about the weather			pp 170–1
understand weather forecasts			pp 170–1
discuss sports			pp 172–3
say what sports you practise and how			pp 172–3
talk about things you used to do			p 172
understand ski holiday brochures			pp 174–5
discuss facilities at a holiday resort			pp 174–5

PHONÉTIQUE

Rhythm and stress English words and sentences often carry a definite emphasis on a particular syllable. The unemphasized syllables are often shortened or dropped altogether, to sound like this sentence: It's *diff*'cult t'*say*. The French equivalent is: C'est difficile à dire. In French, stress is weaker and syllables are not usually dropped (except for the vowel in *le*, *me*, etc. See *Phonétique*, Unit 13).

In French, it's usually the last syllable of a word or a phrase that has a slight stress, unlike in English where the stress patterns vary.

élec*trique* (*e*lectric) électri*cité* (elec*tri*city) impos*sible* (im*pos*sible) Aujourd'*hui*, il fait *chaud*. De cinq à vingt *ans*, le Français est assez spor*tif*.

1 Repeat after the tape/CD, making sure you stress the last syllable. Il *mange*. Il ne mange *pas*. Il ne mange pas *bien*. Il ne mange pas au restau*rant*.

2 In these sentences, mark the syllables you think are stressed. Say them aloud. Check with the tape/CD.

Je m'intéresse au sport automobile. Je pratique le tennis et la natation. Demain, s'il fait beau, on ira chez Sophie.

Allez la France!

French people are showing an ever-increasing interest in sport. Sport is a welcome change from the stress of work and commuting and, in a society often concerned with the way people look, projecting an image of fitness is becoming all-important.

Football is the most popular spectator sport in France. On match days you can hear the cheers from open café doors – *'Allez les Verts'*, *'Vive l'OM'*. Major sports fixtures are real media events with the French tennis championships at Roland-Garros, the Le Mans 24 hours or the Paris-Dakkar race attracting huge TV audiences.

Le Tour de France is the greatest cycle race in the world – 4000 km long taking three weeks to cover, the cyclists must travel some 200 km a day. TV cameras follow every inch of the race while a mobile weather station and meteorologist travelling with the Tour gives daily weather forecasts along the way.

Infos

Picturesque Chamonix lies at the foot of Mont Blanc and is a centre for skiing, walking and mountaineering (*l'alpinisme*). But mountains can be dangerous places and the teams of *Le Peloton de Gendarmerie de Haute Montagne* are trained to rescue skiers buried in the snow or wounded climbers and transport them quickly to hospital.

VOYAGES

Je suis parti à la montagne

• Saying where you've been on holiday

 *L*isten to people talking about the places they've been to on holiday.

Virginie Alors, où avez-vous passé vos dernières vacances?
Anne-Marie Lépine J'ai eu la chance de partir au Sénégal, il y a deux mois juste, début décembre. C'était bien agréable.
Virginie Vous y avez passé combien de temps?
Anne-Marie Une dizaine de jours. Bon, c'était un peu court, c'est vrai, mais...
Virginie Vous y êtes allée en famille?
Anne-Marie Euh non, avec une de mes filles.
Virginie C'était donc très agréable?
Anne-Marie Ah oui! Prête à repartir!

Virginie Et les dernières vacances, vous les avez passées où?
Hervé Ah, je suis parti en vacances à la montagne.
Virginie A quel endroit exactement?
Hervé Dans le Haut-Jura.
Virginie Pendant combien de temps?
Hervé Pendant quatre, cinq jours.

Mot à mot

la chance	*(good) luck, opportunity*
la nourriture	*food*
nul(le)	*awful, terrible, useless*
sale	*dirty*

INFO LANGUE

• **SAYING WHERE YOU WENT ON HOLIDAY** ■ 48 ▶

> **J'ai visité** la Belgique
> **Je suis allé(e)** en Italie
> **Je suis parti(e)** au Sénégal

Some verbs use *être* (and not *avoir*) to form the *passé composé* which you need when talking about the past. They are mostly verbs of coming and going: *Je suis allée aux Antilles, Vous êtes parti en vacances? Elle est arrivée à minuit. Il est venu chez moi.*

In writing, the second part (the past participle) has an extra *-e* when referring to a female and an *-s* when referring to more than one person:

> Hervé est parti   Anne-Marie est partie
> Mes fils sont partis   Les femmes sont parties

• **REFERRING TO THE PAST** ■ 50 ▶

You have been using two kinds of past tense: the *passé composé* and the *imparfait* or imperfect. They are not interchangeable.

Use the *passé composé* to talk about what you did and where you went.

> Où **avez-vous passé** les dernières vacances?
> Je **suis parti** en vacances à la montagne.

Use the *imparfait* to say what it was like:

> C'était magnifique, il y avait des éléphants!

and also to say what used to be the case:

> J'avais des amis à Epsom, j'allais souvent chez eux.

Les vacances des Français

Les Français aiment rester en France pendant leurs vacances. En 1991, seulement 13% des Français ont passé leurs vacances à l'étranger. Les raisons ? La France est un pays touristiquement riche: il y a beaucoup de choses à voir et à faire. Et les Français n'aiment pas l'aventure: ils aiment rester chez eux. Ils ne sont pas de très bons linguistes. Ils ne parlent pas facilement une langue étrangère. Et ils n'apprécient pas beaucoup les cuisines exotiques.

1

Unlike the majority of French people, Micheline Pierre likes holidays abroad. Listen to her talking about her travels, and find out the answers to the following questions:
1 Which European and which African countries has she been to?
2 What struck her most about Kenya?
3 What did she do in Mombasa?
4 Where did she go after that?
5 What animals did she see there?

2

Listen to Micheline again, and complete this summary:
« J'ai beaucoup voyagé. Je suis allée en ......, où j'...... des amis. Je suis allée en Espagne et en ....
Ensuite, je suis allée plus loin, je ...... allée en Afrique: au ......, en Guinée, au ...... et en Tanzanie. Au Kenya, j'ai passé une ...... à Mombasa. En Tanzanie, j'...... vu toutes sortes d'animaux. Il y ...... des éléphants, des lions et des girafes. C'était ......! »

3

Some holidays turn out to be disastrous! Read the comments below, then listen to the tape/CD, and number them in the order in which you hear them.
L'hôtel n'était pas confortable!
On a eu mauvais temps!
La plage était sale!
C'était nul!
On a mal dormi!
L'eau était froide!

4

Look again at the list of complaints in activity 3; match each one with its opposite in the list below.
a La plage était belle!
b On s'est reposés!
c Il a fait un temps magnifique!
d On était dans un hôtel superbe!
e L'eau était bonne!
f C'était super!

5 *Vous y êtes?*

How would you say the following in French?
1 It was awful.
2 It was fantastic.
3 I didn't go away on holiday.
4 We slept badly.
5 It was very pleasant.
6 I went to Spain and Italy.
7 There were beautiful beaches.

TOURMONDE
ANTILLES

6 *Et vous?*

Practise telling a French friend about your travels. Work out answers to their questions:
Où es-tu allé(e)? Qu'est-ce que tu as fait? C'était comment?

Je pense partir dans les Alpes
• Talking about holiday plans

((•)) *L*isten to three people talking about their holiday plans.

Virginie Cette année, qu'est-ce que vous pensez faire?
Femme Alors, là, pour les vacances de Pâques, nous allons partir quelques jours, on ne sait pas encore, soit à la neige, soit... sur la côte d'Azur quelques jours. Et pour les vacances d'été, l'océan – l'océan Atlantique.

Virginie Qu'est-ce que vous pensez faire cette année pour vos vacances?
Anne-Marie Lépine Pour les grandes vacances, je pense partir dans les Alpes, peut-être les Alpes autrichiennes.

Virginie Où avez-vous passé vos dernières vacances?
Jeune fille Eh ben, moi, je ne pars pas en vacances depuis plus de cinq ans.
Virginie Pour quelle raison?
Jeune fille Car nous sommes une famille assez nombreuse, et les vacances sont assez chères, quoi, donc, je vais chez ma cousine à Villeurbanne.

Mot à mot

un congé	*leave, time off*
espérer	*to hope (to)*
une famille nombreuse	*large family*
penser	*to think (of)*
(tout) de suite	*at once*

INFO
LANGUE

• **TALKING ABOUT YOUR PLANS**　　　■ 43 ▶

To explain your plans, hopes and wishes, there's a range of possibilities:

Je pense	partir à la neige	*I'm thinking of ...*
J'espère	visiter la Chine	*I hope to ...*
J'aimerais	rester un mois	*I'd like to ...*
Je voudrais		*I'd like to ...*
J'ai l'intention de		*I intend to ...*

Other possibilities (see page 152):

Je pars demain	*I'm leaving ...*
Je vais partir cet été	*I'm going to leave ...*
Je partirai	*I'll leave ...*

Speak to yourself in French when you're alone! Try to memorise snippets of conversation and tell them to yourself.

Les congés payés des Français

1936	2 semaines
1956	3 semaines
1969	4 semaines
1982	5 semaines

La France est en deuxième position dans le monde pour la durée des vacances, derrière l'Allemagne.

1 ((°))

Listen to six people saying briefly what their holiday plans are. For each one, answer these questions:

a Are they going on holiday this year?
b If they are, will they stay in France or go abroad?

2 *Vous y êtes?*

How would you say the following?
1 She's leaving tomorrow.
2 I'm going to have a rest.
3 He's hoping to go to India for three weeks.
4 We're not going away this year.
5 We'll go to Australia in December.
6 They're thinking of visiting Martinique.

3 ((°))
Allez-y!

Imagine you're planning a holiday in the West Indies. You're thinking of going to Martinique with some friends. You're hoping to stay for three weeks, in a hotel that has a swimming pool and tennis courts. Switch on the tape/CD, and answer the questions.

4 *Et vous?*

Qu'est-ce que vous allez faire pendant les vacances? Où pensez-vous aller? Parlez de vos projets.

Ma voiture ne démarre pas
• Coping with a car breakdown

1 ((•))
Listen to Françoise speaking to a garage mechanic about her car, and choose the right option in each sentence.
1 Françoise asks him if he can: **a** clean her car, or **b** repair her car.
2 She has: **a** a puncture, or **b** a flat battery.
3 The job will take: **a** three quarters of an hour, or **b** twenty minutes.
4 He'll find: **a** the wheel, or **b** the battery ...
5 ... **a** in the garage, or **b** in the boot.

2 ((•))
Françoise has another problem with her car. Before listening to her conversation with the hotel manager, read the sentences below, and make sure you understand them all.
Then switch on the tape/CD, and tick each item as you hear it.
Which one of the items below is NOT said?

1 Quelle est la marque de votre voiture?
2 La batterie est complètement à plat.
3 On essaie de pousser cette voiture.
4 Je vais appeler mon garagiste.
5 Ma voiture ne démarre pas.
6 Vous avez de l'essence?
7 Vous êtes bien gentil.
8 Ça ne marche pas.
9 On a déjà essayé.
10 Ça va être long?

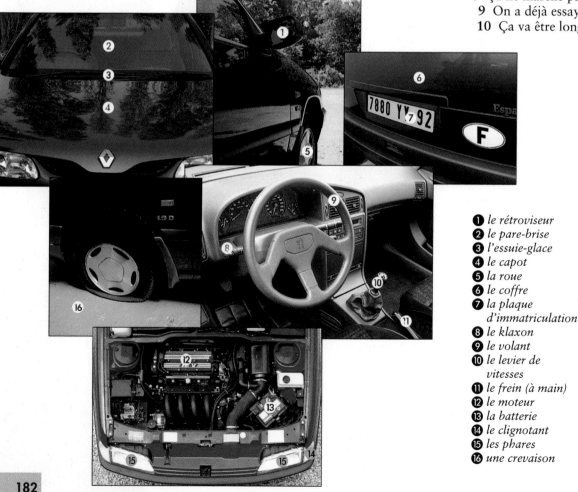

❶ *le rétroviseur*
❷ *le pare-brise*
❸ *l'essuie-glace*
❹ *le capot*
❺ *la roue*
❻ *le coffre*
❼ *la plaque d'immatriculation*
❽ *le klaxon*
❾ *le volant*
❿ *le levier de vitesses*
⓫ *le frein (à main)*
⓬ *le moteur*
⓭ *la batterie*
⓮ *le clignotant*
⓯ *les phares*
⓰ *une crevaison*

3 *Quiz*

1 La voiture ne démarre pas. Vous vérifiez...
   a la batterie **b** le clignotant **c** le levier de vitesse
2 Il pleut beaucoup. Il faut utiliser...
   a le rétroviseur **b** les essuie-glace **c** le klaxon
3 Vous roulez la nuit. Il faut allumer...
   a les freins **b** les phares **c** les roues
4 Pour regarder derrière vous, vous avez besoin...
   a du volant **b** du pare-brise **c** du rétroviseur
5 Quand vous partez en voyage, vous mettez les bagages...
   a dans le coffre **b** dans le capot

4 *Vous y êtes?*

How would you say the following in French?

1 Do you do repairs?
2 My battery is flat.
3 I have a puncture.
4 My car won't start.
5 Is it going to take long?
6 The wheel's in the boot.
7 You're very kind.
8 I have a white Citroën.
(NB. all makes of cars are feminine, because voiture *is feminine.)*

5 *Allez-y!*

While staying in a French town, you have a problem with your car. Switch on the tape/CD and take part in the conversation.
– Tell the mechanic the car won't start.
– Add that you think the battery is flat.
– When he starts looking under the bonnet, ask how long it's going to take.
– He suggests you come back in an hour; agree and say goodbye.

POINTS DE REPÈRE

At the end of this unit, do you think you can ...?	Yes	No	If not, go to ...
talk about where you've been on holiday			p 178
describe what it was like			p 178
say where you hope to go this year			p 180
talk about something you're thinking of doing			p 180
explain what's wrong with your car			p 182

PHONÉTIQUE

Intonation

Listen to the rising and falling patterns in the voice when French people speak. There are three main 'rules of thumb' to remember:

● Questions expecting the answer 'yes' or 'no' are usually made with a rising intonation:
Vous aimez voyager?
Est-ce que vous êtes allé en France?
Est-ce que vous allez passer vos vacances en France cette année?

● The voice generally falls during a question asking for specific information:
Est-ce que vous allez en France ou en Allemagne?
Où êtes-vous allé?
Qu'est-ce que vous avez fait?

● In a long sentence, keep your voice up at the end of each phrase, except the final one:
Il y avait des éléphants, des lions, des gnous, des girafes et des tigres.

1 Can you work out the intonation in these sentences? Say them, then check with the tape/CD and repeat.

– Tu as passé de bonnes vacances?
– Non! La plage était sale, l'eau était froide, et l'hôtel était nul!

– Quels pays avez-vous visités?
– La France, l'Italie, l'Espagne et la Suisse.

La douce France

Travellers in France can enjoy a wealth of cultural treasures and natural beauty. Promoting *La Douce France*, at home and abroad, is the job of the Ministry of Tourism and, in addition, each different region of France competes with the others in announcing its own historical, cultural, natural and gastronomic attractions.

With so many foreign visitors as well as a huge number of French people staying at home for their holidays every taste for accommodation and activity has to be met from multi-activity holidays to historical trails including deluxe board and lodging. You can look for mysterious long-lost treasures and learn about the Knights Templar, you can cycle through the forests of rural France or cruise on the network of French canals – the possibilities are endless.

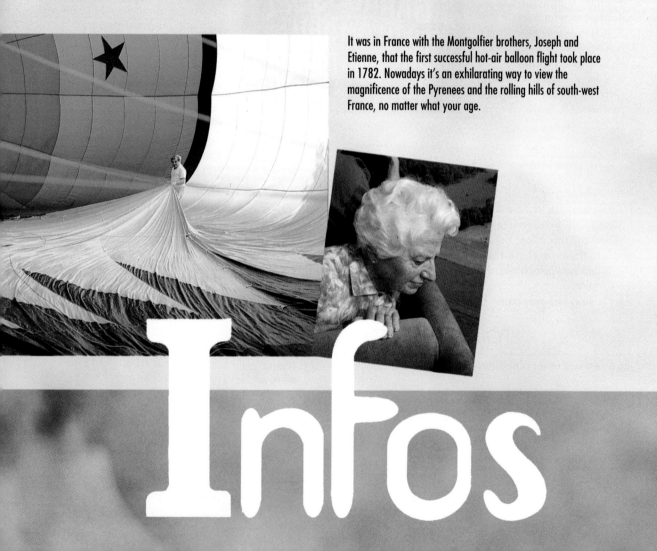

It was in France with the Montgolfier brothers, Joseph and Etienne, that the first successful hot-air balloon flight took place in 1782. Nowadays it's an exhilarating way to view the magnificence of the Pyrenees and the rolling hills of south-west France, no matter what your age.

Infos

Travelling by boat on the Canal du Midi takes you through the beautiful countryside of south-west France. Built in the seventeenth century, the canal connects the Atlantic with the Mediterranean by way of 134 locks. Today the canal attracts around 50,000 tourists a year.

UNITÉ ÉTAPE

1 Selon les Français, les métiers les plus utiles sont prêtre et journaliste. Vrai ou faux?

2 Les jeunes Français passent leur baccalauréat...
a) à l'âge de 7 ans.
b) à l'âge de 13–14 ans.
c) à l'âge de 18–20 ans.

3 Pour obtenir une licence, il faut étudier...
a) à l'université.
b) dans une grande école.
c) à Polytechnique.

4 Un Français sur cinq a plus de 60 ans. Vrai ou faux?

5 Trouvez l'intrus:
un chercheur   un domicile   un enseignant   un ouvrier

6 Si vous cherchez un cadeau pour une personne que vous ne connaissez pas, vous choisissez...
a) des bonbons, des chocolats ou des fleurs.
b) un livre, un disque ou un objet décoratif.
c) un vêtement, un bijou ou un tableau.

7 Trouvez l'intrus:
le manteau   la jupe   la soie   l'imperméable

8 Dans les régions méditerranéennes, ...
a) les hivers sont doux et les étés sont très chauds.
b) les hivers sont froids et les étés sont très chauds.
c) les hivers sont doux et les étés sont frais.

9 Le mistral et la tramontane sont deux vents des régions atlantiques. Vrai ou faux?

10 La Bretagne et la Normandie ont un climat...
a) continental.
b) montagnard.
c) atlantique.

11 Les deux sports préférés des Français sont...
a) la natation et le cyclisme.
b) les boules et le ski.
c) la randonnée pédestre et le football.

12 Ce sport s'appelle...
a) le ski de fond.
b) le parapente.
c) le patin à glace.

13 Trouvez l'intrus:
le brouillard   le manteau   la pluie   le vent

14 Les Français aiment rester en France pendant leurs vacances. Vrai ou faux?

15 Depuis 1982, les Français ont...
a) quatre semaines de congés par an.
b) cinq semaines de congés par an.
c) six semaines de congés par an.

Mots cachés

Trouvez dans la grille:
- trois couleurs
- trois vêtements
- deux professions
- trois parties de la voiture
- trois mots en rapport avec le temps

R	O	U	G	E	M	J	E	B	N	B
M	A	I	M	A	E	R	V	L	R	R
A	E	V	R	A	D	I	E	A	M	O
N	E	M	O	T	E	U	R	N	N	U
T	T	R	A	S	C	L	T	C	E	I
E	R	B	O	L	I	J	M	A	R	L
A	V	O	L	A	N	T	U	E	F	L
U	A	B	U	O	U	T	D	P	I	A
C	E	C	H	E	M	I	S	E	E	R
L	L	E	H	A	C	T	E	U	R	D
N	E	I	G	E	T	P	L	U	I	E

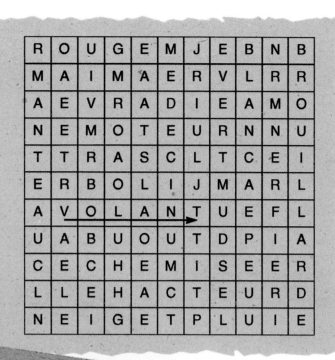

La Guadeloupe.
Nous,
Vous,
Îles

Nous, de la Guadeloupe, des Saintes, de Marie-Galante, de la Désirade, de Saint-Martin et de Saint-Barthélemy vous invitons.

Vous, avides de détente, de découvertes, d'Histoire et de traditions, découvrez notre archipel.

Îles ou le soleil rythme les journées, les aventures sportives, les marchés colorés et le farniente sur la plage. La Guadeloupe et ses îles, cet été, venez nous y rejoindre !

Saint Martin
Saint Barthélemy
La Guadeloupe
La Désirade
Marie Galante
Les Saintes

Guadeloupe

OFFICE DEPARTEMENTAL DU TOURISME DE LA GUADELOUPE
5, SQUARE DE LA BANQUE. BP 1099 - 97181 CEDEX POINTE A PITRE - TEL 19. 590 82 09 30 - FAX 19. 590 83 89 22 - MINITEL 3615 GUADE.
1, PLACE PAUL VERLAINE 92100 BOULOGNE - TEL 46 04 00 88 - FAX 46 04 74 03

Document

This advert for the islands of Guadeloupe has a slogan based on a play on words. Can you find the word-play and explain it?

A slogan without word-play might be: *Soleil, détente et tradition*. Read the rest of the advert and then see if you can think of other slogans to advertise Guadeloupe.

Contrôle langue

1 Who says what? Match the following sentences with the most likely speaker:

a un(e) garagiste **b** un(e) secrétaire
c un vendeur ou une vendeuse

1 Son poste est occupé.
2 La batterie est à plat.
3 Vous faites quelle taille?
4 Il faut vérifier les freins.
5 Un moment, je vous le passe.
6 Vous voulez l'essayer en bleu?
7 Je vous fais un paquet-cadeau?
8 C'est de la part de qui?
9 M. Martineau est en réunion.
10 Vous pouvez ouvrir le capot, s'il vous plaît?

SCORE (1 point par bonne réponse): `.../10`

2 Put the words in each sentence in the right order, to find out about Mme Landau's working life.

Avant • dans • je • restaurant • travaillais • un • mi-temps • à.
J' • de • étais • gestion • la • responsable.
Mais • ans • au • chômage • depuis • deux • est • mari • mon.
Alors • ai • changé • de • j' • travail.
Maintenant • à • dans • hôpital • je • temps • travaille • plein • un.

SCORE (2 points par bonne réponse): `.../10`

3 Match the descriptions with the drawings.

1 Je suis petit et gros. J'ai les yeux marron et les cheveux gris et courts.
2 Je suis grande et mince. Je suis brune avec les cheveux longs et les yeux bleus.
3 Je suis assez grand et très gros. J'ai les cheveux blancs.
4 Je suis petite et mince. Je suis blonde. J'ai les cheveux longs et les yeux bleus. Je porte des lunettes.
5 Je suis grand. J'ai les cheveux blonds et les yeux marron. Je porte des lunettes.

SCORE (2 points par bonne réponse): `.../10`

4 Philippe describes how he spent Sundays as a child. Use these verbs in the appropriate tense to complete what he says.
*aller amuser être faire
jouer pleuvoir prendre*

« Quand j'...... petit, on ...... nos vélos et on ...... déjeuner chez ma tante tous les dimanches. L'après-midi, mes parents ...... aux cartes avec mon oncle et ma tante. Moi, quand il ...... , j'...... au cinéma avec ma sœur et ma cousine. Quand il ...... beau, je ...... au football avec mes cousins, ou on ...... à la piscine. On s'...... bien! »

SCORE (2 points par bonne réponse): `.../20`

5 A student describes last summer and her plans for next winter. Choose from these verbs to complete the sentences.
*allaient sont allés ira irai iront
choisira fera ferai partira partirai
passer pourra pouvait ai travaillé*

« L'année dernière, mes parents ...... en vacances en Espagne. Moi, j' ...... tout l'été. L'hiver prochain, je ...... à la montagne avec mes parents. On ...... une bonne station de ski. Comme ça, s'il y a de la neige, on ...... du ski, et sinon, on ...... aller visiter la région ou on ...... à la patinoire. Le soir, j' ...... danser avec mes copains, et mes parents ...... au restaurant ou au cinéma. J'espère ...... de bonnes vacances. »

SCORE (1 point par bonne réponse): `.../10`

6 Complete this telephone conversation.

Mme Sabatini Allô, je voudrais ...... à M. Bruneau, s'il vous plaît.
Secrétaire Ah, je suis désolée, M. Bruneau n'est pas là en ce moment. Il est en ....
Mme Sabatini Je peux ...... un message?
Secrétaire Oui. C'est de la part de qui?

Mme Sabatini Je m'appelle Mme Sabatini.
Secrétaire Vous .... épeler, s'il vous plaît?
Mme Sabatini S. A. B. A. T. I. N. I. Sabatini. Est-ce qu'il pourrait me ...... ?
Secrétaire D'accord. Au revoir, madame.

SCORE (2 points par bonne réponse): .../10

Contrôle audio ((•))

7 Read the sentences below. Then listen to a businessman talking about his travels, and find the right ending for each sentence.

1 Il s'occupe...
  a de relations extérieures.
  b d'exploitations agricoles.
2 Il a voyagé avec des groupes...
  a d'hommes d'affaires. **b** d'agriculteurs.
3 Ils sont allés dans plusieurs pays...
  a d' Europe. **b** d'Afrique.
4 Il a visité des fermes...
  a en Ecosse. **b** en Angleterre.
5 Pour les loisirs, il est allé...
  a en Espagne et en Ecosse.
  b en Afrique.
6 Pour lui, les vacances idéales, c'est...
  a le soleil. **b** se reposer en famille.

SCORE (2 points par bonne réponse): .../12

8 Listen to M. Blanchard, a travel agent, speaking about holiday trends, and complete the transcription.

Jean-Paul ...... de ...... partent à l'étranger?
M. Blanchard ...... un Français sur deux part en ...... et parmi ces gens qui ...... en vacances, on peut estimer qu'il y a environ ...... pour cent de gens qui partent à ....
Jean-Paul On peut conclure qu'un Français sur ...... ne ...... pas en vacances.
M. Blanchard Tout à fait.

SCORE (2 points par bonne réponse): .../18

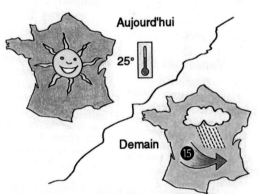

Contrôle parole ((•))

9 Look at the weather symbols for today and tomorrow, and say what the weather will be like. Give three sentences for today and two for tomorrow. Then listen to the recording to check your answers.

SCORE (2 points par bonne phrase): .../10

10 Imagine you're shopping for a jacket, and see one you like. Switch on the tape/CD, and speak to the sales assistant. First ask the price of the jacket, and then ask if you can try it on. You normally take a size 42. You'd like it in green. When you try it on, it's too big.

SCORE (2 points par bonne phrase): .../10

LANGUE:	.../70
AUDIO:	.../30
PAROLE:	.../20
TOTAL:	.../120

LANGUES ET TRAVAIL

Les jobs d'été

*T*ravailler un ou deux mois pendant l'été, c'est une excellente façon d'occuper ses vacances, de mettre un pied dans le monde du travail, et parfois même de trouver un premier emploi.

Jobs d'été pour les jeunes

Déménagements

Rejoignez une équipe de déménageurs. Ce travail a le mérite d'être bien payé, avec les pourboires. Le permis de conduire est très apprécié.

Vendanges et cueillette

L'agriculture recrute pendant les périodes d'été : maïs, fraises, petits pois... de juin à août; vendanges en septembre-octobre. Les jeunes sont les bienvenus dès 16 ans et aucune formation n'est exigée. Vous

toucherez le Smic pour huit heures de travail par jour.

Animateurs de centres de vacances

Si vous êtes dynamique et que vous vous sentez capable d'encadrer un groupe d'enfants de 4 à 16 ans, avec mille idées de jeux, d'activités manuelles, sportives, musicales, ce job est pour vous. Inscrivez-vous au BAFA (Brevet d'aptitude aux fonctions d'animateur) : après une semaine de stage théorique

d'initiation, vous pouvez déjà décrocher un poste. L'animateur est payé, logé et nourri.

Restauration

Travailler comme serveur tout près de sa plage préférée est une belle façon de conjuguer travail et vacances. Aucune formation n'est exigée pour ces jobs, bien rémunérés si l'on compte les pourboires.

Parcs de loisirs

Les missions des jeunes (18 ans au moins) recrutés pour renforcer les équipes, consistent à accueillir les visiteurs, vendre les billets, assurer l'entretien ou la restauration. Ou encore à jouer les Gaulois ou Mickey pendant quelques semaines. Qualifications exigées : sens du contact, bonne présentation et anglais courant. Une seconde langue étrangère fait souvent la différence entre deux curriculum vitae. Rémunération au Smic.

Hypermarchés ou épiceries

Dans une petite surface ou chez un commerçant, vous pouvez

remplacer le gérant pendant un mois. L'expérience, plus variée, exige le sens de l'organisation et des responsabilités. Les étudiants en formation de gestion (18 ans au moins) sont souvent recrutés. A vous de négocier le salaire.

Garages

Vous adorez les moteurs. Alors, jouez les pompistes le temps d'un été. Vous serez payé au Smic, plus les pourboires dans les stations.

Même salaire pour les receveurs d'autoroute ou les caissiers de parking.

Emplois de bureau

Banques, compagnies d'assurances, administrations font le plein d'étudiants en été. Il est préférable d'envoyer très tôt son CV et d'être recommandé par un employé de l'entreprise. Les tâches, souvent administratives, sont rémunérées au Smic. Les organismes d'assistance recrutent des étudiants (18 ans et souvent plus) chargés de répondre au téléphone aux assurés en détresse. Une langue étrangère au moins est exigée et vous devrez subir un test.

1 Read the magazine article suggesting ideas for holiday jobs. Make a list in English of the jobs, and note any specific requirements: minimum age; training or qualifications; languages; personal qualities.

2 Read four people's descriptions of their holiday jobs, and find the corresponding paragraphs in the article.

« Je suis habillé comme Astérix le Gaulois. Je parle souvent anglais et allemand. »
Nicolas, 20 ans

« Vendre l'essence toute la journée, ce n'est pas drôle. Heureusement, il y a les pourboires. »
Nathalie, 17 ans

« Je m'occupe d'un groupe d'enfants de 4 à 6 ans. C'est très fatigant, mais ça me plaît. »
Alexandre, 19 ans

« Je réponds au téléphone. Les gens appellent parce qu'ils ont eu un accident, ou parce que leur voiture est en panne, ce genre de chose. »
Marina, 24 ans

Mot à mot

un(e) animateur/trice	leader
aucune formation	no training
une boîte de nuit	night club
un(e) caissier/caissière	cashier
la cueillette	fruit/vegetable picking
cueillir (les choux)	to pick (cabbages)
les déménagements (m)	removals
gagner	to earn, win
un organisme d'assistance	insurance/breakdown recovery organisation
payé à l'heure	paid by the hour
un permis de conduire	driving licence
un pourboire	tip
un receveur d'autoroute	motorway toll collector
la rémunération	pay
le Smic (Salaire minimum de croissance)	index-linked minimum wage
toucher (de l'argent)	to get (money)
les vendanges (f)	grape harvest

3 Listen to Cyril, an 18-year-old student, talking about holiday jobs. Choose one or more endings to complete these sentences.

1 Il y a quelques années, il a fait la cueillette…
  a des fraises. b des framboises.
2 Cette année, il va cueillir…
  a les fraises. b le raisin. c les choux.
3 Il dépense l'argent qu'il gagne…
  a pour aller danser.
  b pour partir en vacances.
  c pour acheter des vêtements.
  d pour apprendre à conduire.
  e pour acheter des cadeaux pour ses parents.
4 La cueillette des choux est payée…
  a à l'heure. b à la pièce. c au kilo.
5 La cueillette des fraises est payée…
  a à l'heure. b au kilo. c à la barquette.
6 Pour la cueillette des fraises, on gagne en moyenne…
  a entre 13 et 15 euros par jour.
  b entre 30 et 35 euros par jour.
  c 45 euros par demi-journée.

4 Complete Fabienne's summary of the interview with Cyril.

Il y a quelques années, Cyril a commencé à cueillir des …… pendant les …… . Cette année, il va probablement …… des choux. Avec …… qu'il gagne, il sort dans les boîtes de ……, il va passer le permis de conduire, ou bien …… des vêtements. La cuillette des choux est payée à …… . Pour les fraises, c'est payé au …… . Si on …… assez vite, on peut gagner …… euros pour la journée.

5 Imagine a conversation between two grape-pickers on a vineyard in Burgundy, in which they discuss previous jobs. Re-read the article and listen to Cyril, and work out the conversation. Start, for example:
– C'est la première fois que tu fais les vendanges?
– Oui. L'année dernière, j'ai travaillé au Parc Astérix.
– Ah bon? Qu'est-ce que tu as fait exactement?
– J'ai travaillé dans un restaurant. C'était bien payé mais très fatigant.

Les stages en entreprise

*U*n stage est une période passée dans une entreprise pour apprendre comment on y travaille. Cela fait maintenant partie de la vie de beaucoup d'étudiants.

1 ((•))
Listen to M. Hanocq speaking about work and training in his company. Decide whether the following statements are true or false, and correct those which are inaccurate.

1 M. Hanocq est PDG d'une petite entreprise.
2 L'entreprise vend et répare les machines agricoles.
3 Il y a quatre-vingts employés dans l'entreprise.
4 Ils travaillent tous les jours sauf le dimanche.
5 Ils travaillent de 8 h à 18 h avec deux heures pour déjeuner.
6 Les employés ont quatre semaines de congés par an.
7 Six à huit jeunes viennent tous les mois pour faire un stage dans l'entreprise.
8 M. Hanocq accueille volontiers les stagiaires parce qu'il les considère comme la main-d'œuvre de l'avenir.

2 ((•))
Listen again. Find the words or phrases used for the following:
1 working hours
2 payment
3 they are paid double
4 we take on six young people a year
5 without payment

3 Using the language on the tape/CD and in activities 1 and 2, write a short article for a college magazine about M. Hanocq's company. Include information on:
L'entreprise: les employés, horaires et congés
Les stagiaires: combien d'étudiants, rémunération, accueil

Mot à mot

accueillir	*to welcome, take on*
la bureautique	*office automation*
le chiffre d'affaires	*turnover*
la durée	*length of time*
effectuer	*to carry out*
une facture	*invoice*
gentil(le)	*kind, nice*
LEA, Langues étrangères appliquées	*applied foreign languages*
une licence	*B.A. degree*
la main-d'œuvre	*workforce*
une maîtrise	*master's degree*
la motoculture de plaisance	*garden machinery*
un ordinateur	*computer*
un PDG, président-directeur général	*managing director*
Ça t'a plu?	*Did you like it?*
la pub, la publicité	*advertising*
réceptionner	*to check in, receive*
rémunéré(e)	*paid*
le secrétariat	*secretarial work*
un(e) stagiaire	*(student) trainee*
la traduction	*translation*
un(e) tuteur/tutrice	*tutor, supervisor*

Publicité

Référence: stage chef de pub

Mission: chargé(e) de la commercialisation des pages de publicité du magazine interne d'une compagnie aérienne.

Formation: BTS, post-BTS commerce ou communication, école de commerce, DEUG ou licence d'économie.

Période: toute l'année

Durée: minimum deux mois.

Lieu: Toulouse (31)

Rémunération: pourcentage sur le chiffre d'affaires

Statistiques

Référence: stage études statistiques

Mission: réalisation d'études statistiques et création de supports pédagogiques.

Formation: licence, maîtrise, magistère statistiques, école d'ingénieurs généraliste.

Période: été

Durée: trois mois ou plus

Lieu: Ivry-sur-Seine (94)

Rémunération: 700 €

Etats-Unis

Référence: stage traduction

Mission: traductions d'anglais en espagnol

Formation: licence, maîtrise LEA.

Période et durée: variables

Lieu: Etats-Unis

Rémunération: aucune

Grande-Bretagne

Référence: stage aide-réceptionniste

Mission: réception des clients, standard, réservations, cotations, administration etc.

Formation: BTS hôtellerie ou formation similaire.

Période: juin–septembre

Durée: deux mois minimum

Lieu: Brighton

Rémunération: 200 livres sterling par semaine.

4 The magazine *L'Etudiant* regularly publishes offers of work experience, available also through Minitel. Look at these adverts and find a suitable post for each of the following students.

Caroline BTS communications, bilingue (français, espagnol), recherche un stage, trois mois minimum.

David maîtrise LEA, trilingue (français, anglais, espagnol) recherche un stage de deux ou trois mois.

Thierry BTS, trilingue (français, italien, anglais) recherche un stage à l'étranger, deux ou trois mois.

Valérie maîtrise école d'ingénieurs, recherche un stage rémunéré, quatre ou cinq mois.

5 ((•)) Listen to Daisy, a student in a *lycée professionnel*, and complete the following statements.

1 Elle prépare...
  a un BTS de secrétariat.
  b un bac professionnel.
2 Ses études durent...
  a quatre ans. b deux ans.
3 Comme langues étrangères, elle étudie...
  a l'anglais. b l'anglais et l'allemand.
4 Pendant ses études, elle effectue...
  a quatre semaines de stage.
  b seize semaines de stage.
5 Elle a effectué son premier stage...
  a dans un bureau. b dans une pharmacie.
6 Pendant son stage,...
  a elle a réceptionné les marchandises sur ordinateur et elle a fait des factures.
  b elle a appris à se servir d'un ordinateur pour préparer les factures.
7 Daisy est contente de son stage,...
  a parce qu'elle a gagné de l'argent.
  b parce que le tuteur était très gentil et l'a beaucoup aidée.

Le télétravail

*L*e télétravail consiste à travailler pour une entreprise en restant chez soi, à l'aide d'un terminal d'ordinateur. Ce système de travail se développe et va probablement continuer à se développer dans les années à venir.

1 Read the article opposite and find answers to the following questions.

1 Which reasons for working from home does the article mention?
a to coordinate office hours and family life
b not wishing to spend three hours a day travelling
c not finding any work nearby
d disliking office environments
e wanting to earn more money
f wanting to live in the country

2 Which of the following does the article say you need in order to work from home?
a computer b fax c modem
d business phone line e CD Rom f Minitel

3 According to the article, which of the following jobs can easily be done from home?
a accountant b architect c archivist
d designer e manager f publisher
g secretary h translator

4 According to the article, many employers welcome this way of working because...
a it saves money
b it saves office space
c employees take fewer days off for illness
d employees work more efficiently

5 What does the article suggest your employer might do when you work from home?
a finance your computing equipment
b pay for your meals
c pay your phone bills
d pay your rent

2 Read what Francine says about her work (below). Read it again, and then answer the following questions from memory.
1 Quelle est la profession de Francine?
2 Est-ce que son travail lui plaît?
3 Combien a-t-elle d'enfants?
4 Où habite-t-elle?
5 Pourquoi a-t-elle craqué, il y a deux ans?
6 Combien de fois par semaine va-t-elle au bureau maintenant?
7 Où travaille-t-elle le reste du temps?

« Je travaille comme comptable dans une grande entreprise. J'habite à la campagne, à trente kilomètres des bureaux de mon employeur, et j'ai deux jeunes enfants. J'aime beaucoup mon travail, mais il y a deux ans, j'ai craqué. J'en avais marre de passer deux heures par jour pour me rendre à mon travail, et je n'arrivais pas à concilier ma vie de famille et mes horaires de bureau.
Alors, j'ai pensé au télétravail, et j'en ai parlé à mon employeur. Il a été d'accord. Il a financé l'équipement (ordinateur, fax, Minitel) et c'est lui qui paie mes factures de télécommunications.
Maintenant, tout va bien. Je vais dans mon entreprise un jour par semaine. Le reste du temps, je travaille chez moi. J'organise mon temps comme je le veux. Je suis moins stressée et je travaille mieux. »
Francine, 32 ans

Comment *gagner sa vie* **en restant** chez soi?

Vous en avez assez de passer trois heures par jour dans les transports pour vous rendre à votre travail? Vous n'arrivez pas à concilier vie de famille et horaires de bureau? Vous voudriez vivre à la campagne? Vous habitez un village et il n'y a pas de travail à des kilomètres à la ronde?

Dans tous ces cas-là, le télétravail est peut-être la solution pour vous. La France compte actuellement 16 000 télétravailleurs et devrait voir grimper ce chiffre entre 300 000 et 500 000 postes d'ici dix ans. Selon la Sofres, 54% des actifs se disent favorables à une activité partielle ou totale à domicile.

Le télétravail, qu'est-ce que c'est?

Vous travaillez chez vous, avec un ordinateur, un fax, un Minitel et une ligne téléphonique professionelle, c'est l'équipement de base.

Grâce à cette installation, vous restez en contact permanent avec votre employeur.

Vous effectuez des travaux de secrétariat, de traduction, de gestion, de comptabilité, d'archivage, de graphisme, etc. La liste est longue!

Suggérez-le à votre employeur

Il sera peut-être ravi de gagner de la place dans ses bureaux et financera alors l'installation informatique à votre domicile, ainsi que la prise en charge des télécommunications. Un investissement intéressant lorsqu'on songe qu'un poste de télétravailleur peut faire économiser de 8 000 à 18 000 euros par an à une entreprise (économie de surface immobilière, frais de transport, tickets, restaurant, etc.).

MARTINE KURZ

Mot à mot

en avoir assez/marre de	*to have had enough of, be fed up with*
l'archivage (*m*)	*archiving*
la comptabilité	*accountancy*
un(e) comptable	*accountant*
concilier	*to coordinate*
craquer	*to have a breakdown, collapse*
gagner sa vie	*to earn one's living*
le graphisme	*graphic design*
grimper	*to climb, rocket*
l'installation informatique	*computer equipment*
la prise en charge	*responsibility for*
la Sofres	*a survey organisation*

3 Imagine that you work from home. Describe your situation to a friend.

« Comment ça marche pour ton travail? »
Say that you work for a large company, as a translator. You live 50 km from the office, and you only go there once a month.
« Tu travailles donc ici? »
Say yes, you spend the rest of the time working from home, with a computer, fax and telephone.
« Ça doit coûter cher, non? »
Your employer pays your phone bills, you organise your time as you wish, and you're happy.

Un pays, une langue?

The origins of the French language lie in Latin. Throughout France there were many different regional languages and dialects, but over centuries the dialect from the Ile de France became the national language of France. With compulsory schooling at the end of the nineteenth century the language became even more centralised, further endangering the dialects of the provinces.

However, after the Second World War interest in regional culture and language grew. Breton, Catalan, Corsican, Basque, Occitan and Alsatian all won the right to be taught in schools and universities and there was a rebirth of their folk songs and poetry. Families became bilingual, rediscovering their *langue du cœur*.

Bernard Pivot is a journalist responsible for many literary TV programmes like *Apostrophes* and *Bouillon de Culture*. In celebration of the French language, Pivot conducts an annual, televised dictation (*Dictée*). Anyone can and does take part from politicians and show business stars to ordinary people. The 15 minute-long dictation is full of thorny words and grammatical traps.

Infos

Dominique Dinkel is a *frontalier*: he lives in Strasbourg on the frontier between two cultures and has a foot in each. At the start of every week he crosses the border to work in Stuttgart at the Bosch plant, returning home to Strasbourg every Friday. Evenings in Stuttgart are often spent with other *frontaliers* from the plant. Over 30,000 French *frontaliers* currently work in Germany.

UNITÉ 18

VACANCES

Le tourisme vert

*L*e tourisme vert progresse. De plus en plus de Français choisissent des vacances à la campagne, loin de la mer, et loin des foules. Ainsi les vacances en péniche ou en roulotte sont de plus en plus populaires.

1 ((•))

Listen to M. Zaug, a travel agent, talking about recent holiday trends.
1 Which of the following types of accommodation does he mention?
   a le camping à la ferme **b** les châlets
   c les gîtes **d** les hôtels
2 Which of the following activities does he mention?
   a le sport **b** les visites de châteaux
   c le théâtre **d** les visites de musées
3 Which of the following sports does he mention?
   a le canoë-kayak **b** l'escalade **c** le golf
   d la natation **e** le ski **f** la spéléo

2 ((•))

Listen again. According to what M. Zaug says, are the following statements true or false?
1 People are increasingly choosing holidays which bring them close to nature.
2 Mountain holidays are out of fashion.
3 People don't like visiting museums or châteaux.
4 Burgundy (la Bourgogne) is popular for canal holidays.
5 The problem with country holidays is that local people don't offer activities to interest holidaymakers.
6 Activities can include pot-holing, canoeing, climbing and golf.

3

The extract on the right is from a magazine article about canal holidays. Read it and match the following key words and expressions with their English equivalents.

1 la capacité d'accueil	**a** narrow boat, barge
2 une caution	**b** lock
3 une écluse	**c** hire company
4 une péniche	**d** hiring, hire
5 la location	**e** out of season
6 le loueur	**f** deposit
7 un permis	**g** accommodation
8 en saison creuse	**h** licence

4

Read the article again, and decide whether the following statements are true or false.
1 Boats can accommodate from 2 to 12 people.
2 You can hire a boat for a week or a weekend.
3 You need a licence to drive a boat.
4 Bigger boats are more difficult to manoeuvre through locks.
5 Boats are normally hired for return trips.
6 You're usually asked to pay a deposit.

5

You're trying to convince a friend to go on a canal holiday. Find in the article answers to his objections. Work out what to say.
1 « Je n'ai pas de permis bateau. »
2 « Je ne sais pas conduire un bateau. »
3 « Je voudrais passer mes vacances avec toute ma famille. Un bateau, c'est trop petit pour neuf personnes »
4 « On voudrait passer nos vacances dans la région de Toulouse. »

CANAUX TOURISTIQUES

OUEST
1– canal de Nantes à Brest
2– canal Ille et Rance

MIDI
3– canal latéral à la Garonne
4– canal du Midi
5– canal du Rhône à Sète

CENTRE
6– canal du Loing
7– canal de Briare
8– canal latéral à la Loire
9– canal du Nivernais
10– canal de Bourgogne
11– canal du Centre
12– canal de Roanne à Digoin

EST
13– canal de l'Aisne à la Marne
14– canal latéral à la Marne
15– canal de la Marne au Rhin
16– canal de la Marne à la Saône
17– canal de l'Est (Nord et Sud)
18– canal des houillères de la Sarre
19– canal du Rhône au Rhin
20– grand canal de l'Alsace

LE PRIX

C'est cher en été. Raisonnable au printemps et en automne, carrément moitié prix en saison creuse. Les variations sont considérables selon les régions, les loueurs et le confort du bateau. Mieux vaut partir à plusieurs: plus le bateau est grand, plus le prix par personne diminue. Les capacités d'acceuil sont variables: 2 à 12 personnes. Les locations se font à la semaine, pour le week-end seulement de septembre à juin.

● Pour 2: 900€ la semaine, 300R le week-end. ● Pour 4: 1200€ la semaine, 400€ le week-end. ● Pour 6: 1500€ la semaine, 450€ le week-end. ● Pour 10: 2100€ la semaine, 800€ le week-end.

FACILE !

Un bateau de location se conduit sans permis. Au bout d'une heure, il vous est aussi familier que votre voiture! Attention, plus le bateau est gros, plus le passage des écluses est délicat.

Jean-Pierre Reymond

Insolite et agréable : visiter la France au fil des rivières et des canaux. 8 500 kilomètres de voies navigables s'étendent de la Bourgogne au Midi, du Lot à la Saône, de la Loire à la Somme... On s'arrête où on veut, on sort les vélos et on se balade. Une autre façon de voyager, un autre regard sur les paysages...

En général, une location de bateau se fait pour un aller-retour. Pour un aller simple, prévoir l'acheminement de votre voiture, ou un taxi. Le plus souvent, le loueur demande une caution de 400 €, en cas de dommage elle n'est pas restituée.

Mot à mot

un canal (*pl.* les canaux)	*canal(s)*
le canoë-kayak	*canoeing*
en cas de dommage	*if there's any damage*
un chemin pédestre	*footpath, walk*
l'escalade (*f*)	*climbing*
s'étendre	*to stretch, extend*
facile	*easy*
une façon	*way*
une ferme	*farm*
les gens du cru	*local people*
un gîte	*self-catering cottage/flat*
insolite	*unusual*
une randonnée à cheval	*horse-riding*
une roulotte	*horse-drawn caravan*
la spéléo(logie)	*potholing*
le tourisme vert	*country holidays*

Les gîtes de France

*S*i le tourisme vert vous intéresse, la Fédération nationale des Gîtes de France propose différentes formules d'hébergement. Les plus connues sont: les gîtes ruraux, les chambres d'hôtes, le camping à la ferme.

Il existe aussi:
- des gîtes d'étape, pour les personnes qui font des randonnées à pied, et ont besoin d'un lit pour la nuit,
- des gîtes équestres pour les amateurs de randonnées à cheval,
- des gîtes d'enfants pour les jeunes de 4 à 16 ans.

1 Find the right type of accommodation for these people, from the six on the left.

« Je vais faire une randonnée en montagne pendant une semaine. On s'arrêtera dans un endroit différent chaque nuit. On ne recherche pas le confort, juste un lit pour la nuit. »
Linda, 19 ans

« Je pars quinze jours avec mes enfants. On adore le camping, et on préfère être à la campagne. Mes enfants adorent les animaux. »
François, 38 ans

« Je cherche une chambre dans une ferme. Je voudrais partager la vie des gens de là-bas, c'est-à-dire manger avec eux, discuter avec eux. »
Leila, 29 ans

Aménager une chambre d'hôtes

*S*i vous avez un grand appartement ou une grande maison, vous pouvez peut-être accueillir des invités payants. Pourquoi ne pas tenter l'aventure?

Mais, avant de vous décider, il est important de penser aux conséquences. Il faudra vous occuper de l'entretien de la chambre (ménage, nettoyage des draps, serviettes de toilette), préparer les petits déjeuners, et être disponible…

Avoir le sens de l'hospitalité

*L*es voyageurs ne cherchent pas seulement un hébergement. Ils souhaitent découvrir une région au contact de ses habitants et choisissent le système des chambres d'hôtes pour la qualité et la chaleur de l'accueil. Tout cela implique, de votre part, un certain goût pour la conversation, et pas seulement au moment du petit déjeuner! Mais si vous avez le sens de l'hospitalité, si vous aimez aller à la rencontre des gens de toutes nationalités, pas de doute, la formule est pour vous.

Les Gîtes de France

*L*es Gîtes de France ont aujourd'hui plus de 25 ans d'existence. Ils comptent 12 000 chambres d'hôtes, et leur nombre a doublé depuis 1988.

Elles sont toutes situées dans des communes rurales. Mais il n'est pas nécessaire d'être fermier pour ouvrir une chambre d'hôtes. Si 42% des hôteliers verts sont des agriculteurs, 20% sont retraités ou sans profession, 15% employés, 9% artisans, 8% cadres ou professions libérales.

Des épis en guise d'étoiles

*L*a première étape consiste à contacter les Gîtes de France. Un responsable viendra alors à votre domicile et étudiera avec vous les solutions les plus avantageuses pour aménager la chambre. Comme les hôtels ont des étoiles, les Gîtes de France établissent un classement de un à quatre épis. Minimum obligatoire pour le premier épi, un lavabo par chambre, une salle de bains et des toilettes communes pour six personnes. Les épis supplémentaires dépendent des sanitaires, de la taille de la pièce, et sa décoration, mais aussi de l'environnement, de l'aménagement du jardin…

• Fédération des Gîtes de France, 35 rue Godot-de-Mauroy, 75009 Paris.

2 The article below left explains how to set up *chambres d'hôtes* in your home. Read it and find which paragraphs tell you about:
1 the Gîtes de France organisation
2 the process of registration
3 the work involved in renting out a *chambre d'hôtes*

3 A friend is thinking of moving to France, buying a large farmhouse and renting some rooms out as *chambres d'hôtes*. Reread the article and answer your friend's questions:
1 What qualities do I need to have?
2 Do I have to be a farmer to offer a *chambre d'hôtes*?
3 How many *chambres d'hôtes* are there in France?
4 What is the minimum comfort expected in a basic *chambre d'hôtes*?

4 Listen to Françoise and a friend arriving at a gîte, and answer the following questions:
1 What is the name of the gîte?
  a la ferme des travailleurs
  b la ferme des tilleuls
  c la ferme des tartines
2 What word is used to refer to the fridge?
  a le frigo b le frigidaire c le réfrigérateur
3 What kind of fireplace is there in the living room?
  a There is no fireplace.
  b a coal fire
  c a wood fire
4 How many bedrooms are there upstairs?
  a one b two c three

5 The gîte owner gives Françoise information about the area. Read the extracts below, then listen to the conversation and choose an option to complete each one.
1 Nous pouvons vous prêter...
  a des bicyclettes... b des chevaux...
  pour faire un petit tour dans la région.
2 Saint-Pol-sur-Ternoise, c'est une petite ville où vous allez trouver...
  a une banque, une pharmacie et un café.
  b un cinéma, des restaurants, un musée.
3 Pour le lait frais, ...
  a vous pouvez aller dans une ferme.
  b vous pouvez aller au marché.
4 Nous avons à trois ou quatre kilomètres une abbaye de religieuses, où vous pouvez acheter...
  a les gâteaux de Belval.
  b le fromage de Belval.

Mot à mot

une abbaye (de religieuses)	abbey (convent)
l'accueil (*m*)	welcome, reception
aménager	to set up
les bagages (*m*)	luggage
un canapé	sofa
un cellier	cellar, store-room
la chaleur	warmth
une chambre d'hôtes	bed and breakfast
une cheminée	fireplace
disponible	available
l'entretien (*m*)	cleaning, upkeep
un épi	ear of corn, Gîtes de France quality symbol
un évier	sink
un feu (de bois)	(wood) fire
une grande surface	supermarket
un lit d'appoint	spare bed
prêter	to lend
une remise	shed
la rencontre	meeting
rural(e) (*pl* ruraux)	in the country
une salle d'eau	shower room
un tilleul	lime (tree)
on trait les vaches	they milk the cows

Au bord de la mer

*V*ous êtes un fan du bord de la mer, mais vous aimez aussi le calme. Alors, pourquoi ne pas choisir une île?

CHAUSEY

Où ? Deux compagnies au départ de Granville : Vedettes Jolie-France, liaison quotidienne en saison. Emeraude Lines, à partir du 17 avril. Une heure de traversée. Possibilité de faire l'aller-retour dans la journée.
A savoir. Pas d'eau courante ni d'épicerie (apportez vos provisions). Camping interdit. La moitié est de l'archipel est classée réserve ornithologique, l'accès aux îlots est impossible pendant la période de nidification, mai et juin.
Office de tourisme, 4, cours Jonville, 50400 Granville, tél 33 50 02 67.

BRÉHAT

Où ? Au départ de la pointe de l'Arcouest, près de Paimpol, 10 mn de traversée.
A savoir. Louer un vélo chez Olivier Ramon ou chez Mme Dalibot.
Office de tourisme, 22870 Bréhat, tél. 96 20 04 15.

OUESSANT

Où ? Au départ de Brest avec la Penn Ar Bed, 2 h 15 de traversée. En avion avec Finist'air, 15 mn de vol.
A savoir. Ecomusée de Niou Huella : reconstitution d'un intérieur traditionnel. Musée des Phares et des Balises : au Phare du Créac'h. Consacré à l'histoire de la signalisation maritime : magnifiques pièces d'optique. ➡
Office de tourisme, 29242 Ouessant, tél. 98 48 85 83.

GROIX

Où ? Au départ de Lorient avec la Compagnie Morbihanaise de Navigation, 45 mn de traversée.
A savoir. Ecomusée de Port-Tudy : histoire géologique de l'île, ses traditions, la saga des thoniers. 25 km de sentiers balisés. Sortir en mer à bord du Kénavo, cotre groisillon.
Office de tourisme, 56590 Groix, tél. 97 05 53 08.

HOUAT ET HŒDIC

Où ? Au départ de Quiberon, jusqu'à six liaisons par jour en été, par la CMN. 1 h de traversée pour Houat, 1 h 20 pour Hœdic.
A savoir. Pas de voiture, pas de location de vélos. Possibilité de pêche.

BELLE-ILE-EN-MER

Où ? Au départ de Quiberon, liaisons avec Sauzon (30 mn) ou le Palais (45 mn) par la CMN. Réservations sur Minitel 3614 CMN
A savoir. Réserve ornithologique de Koh-Kastel : cormorans huppés, goélands argentés, mouettes et corbeaux au bec vermillon. Visites accompagnées en juillet et août, au départ de l'Apothicairerie.
Office de tourisme, quai Bonnelle, 56360 Belle-Ile-en-Mer, tél. 97 31 81 93.

YEU

Où ? A 22 km au large des côtes vendéennes. 1 h 15 de traversée au départ de Fromentine. 45 mn en hydro-jet au départ de Noirmoutier. Liaison par hélicoptère, Oya Hélicoptères.
A savoir. Circulation automobile en croissance... L'idéal : le vélo (location).
Office de tourisme, place du Marché, Port-Joinville, tél. 51 58 32 58.

ÎLES D'HYÈRES

Où ? Embarquement à la Tour Fondue, sur la presqu'île de Giens. Navettes toutes les demi-heures en été. Vision des mers a un bateau à coque transparente. Porquerolles 15 mn de traversée, Port-Cros 1 h, Le Levant 1 h 15.
A savoir. Porquerolles compte 70 km de pistes cyclables (location au village). Visiter le hameau agricole, les collections du conservatoire botanique, le fort Sainte-Agathe, le phare. A Port-Cros, voir l'aquarium du fort de l'Estissac.
Office de tourisme, BP 709, 83400 Hyères, tél. 94 35 22 22.

ÎLES DE LÉRINS

Où ? Au départ de Cannes.
A savoir. Sur l'île Saint-Honorat, l'abbaye accueille des retraitants pour cinq jours maximum. A Sainte-Marguerite, visiter le fort et le musée de la mer.
Office de tourisme, place de la Gare, 06400 Cannes, tél. 93 99 19 77 et Minitel 3615 COTE D'AZUR.

1 Go through the information opposite. Find the French for the following key words:

boat
crossing
daily link
bird sanctuary
island
lighthouse
bike hire

2 Some friends of yours would like to go to Chausey. Can you answer their queries?

1 Is it possible to go there for the day?
2 How long does the crossing take to Chausey?
3 Is it true that there is no running water?
4 Can we take a tent there?
5 Is there a bird sanctuary?
6 Why is there no access to the eastern islands of the archipelago in May and June?

Belle-Ile-en-Mer

3 Choose the most appropriate island for the following people.

« J'aimerais des vacances au bord de la mer, parce que j'aime la mer et j'aime pêcher. Mais j'habite à Paris, alors je ne veux pas voir de voitures pendant quinze jours. »
Philippe, 32 ans

« J'aime l'ouest de la France, j'aime la mer, et j'aime les oiseaux. J'aimerais visiter une réserve ornithologique, de préférence avec un guide. On apprend plus de choses! »
Jeanne, 51 ans

« Je recherche le calme, mais j'aime le soleil des régions méditerranéennes. J'adore la mer. Et puis, je m'intéresse à la flore et à la faune aquatiques. J'adore visiter les aquariums. »
Halim, 43 ans

« Je suis vraiment fatiguée. J'ai besoin de calme. Mon rêve, c'est de faire une retraite de quatre ou cinq jours, dans une abbaye, par exemple. »
Françoise, 46 ans

« J'adore la Bretagne, la mer et les bateaux. Quand je serai grand, je veux être gardien de phare! »
Nicolas, 11 ans

« Je vais passer quinze jours en Normandie près de Granville. J'aimerais aller visiter une île, en faisant l'aller-retour dans la journée. »
André, 62 ans

Mot à mot

un cotre groisillon	*Groix cutter*
au départ de	*leaving from*
un îlot	*little island*
au large des côtes vendéennes	*off the coast of the Vendée*
une navette	*ferry*
la nidification	*nesting period*
profiter de	*to make the most of*
un sentier balisé	*waymarked route*
un thonier	*tuna boat*
une traversée	*crossing*

Porquerolles (îles d'Hyères)

Les grandes vacances

For most French people the real time for holidays is the summer – *les grandes vacances*. In August everything comes to a standstill. Schools, offices, factories and shops close and Paris is virtually empty (except for foreign tourists).

These days many people are opting for some sort of activity holiday rather than a straightforward rest. Holiday courses (*stages*) of every kind are on offer whether it's to learn how to windsurf, sail or pot-hole, or perhaps study astronomy, archaeology or music. *Journées gourmandes* (gastronomy days) and *circuits gastronomiques* or *routes du vin* (food and wine trails) offer a taste of local produce to visitors and help keep local industries alive.

La Réserve Naturelle de l'Aiguille Rouge

Infos

La Réserve Naturelle de l'Aiguille Rouge near Chamonix is one of many nature reserves set up to preserve sites of great beauty and show nature at its best to the city dweller. Here there are no winter sports, ski-lifts or cable cars but a *sentier de la découverte* (nature trail) for observing plants and animals in their natural environment.

Since the Middle Ages people have panned for gold in the River Ariège (*bottom*) where it runs through the foothills of the Pyrenees down to Foix. Holidaymakers still pursue the dream of the *chercheurs d'or*, shaking sieves and sifting sand in the search for a grain or two of gold.

CULTURE: SÉJOUR À PARIS

Où dormir? Où manger?

*I*l y a plus de 75 000 chambres à Paris, et une diversité incroyable d'hôtels, du palace cinq étoiles au petit hôtel familial. Il est préférable de réserver à l'avance: téléphonez à l'hôtel de votre choix ou à l'Office de Tourisme de Paris.
Et pourquoi ne pas essayer une autre façon de vous loger? Vous trouverez des auberges de jeunesse (pas de limites d'âge) et même un camping!
A Paris, vous trouverez aussi des restaurants pour tous les goûts: gastronomie française traditionnelle, spécialités régionales, cuisine du monde entier. Quel choix!

80, rue Vitruve
75020 PARIS
Tél.: 01 43 61 08 75
Fax: 01 43 61 09 12

L'AUBERGE D'ARTAGNAN

est la plus grande de France.
Elle est située dans le 20e dans un ancien village de Paris aux rues pleines de charme.

HÉBERGEMENT
411 lits

315 lits en chambres de 3 avec lavabo
(douches et wc à l'étage)
40 lits en chambres de 2 avec douche, wc, tv
56 lits en chambres de 8 avec douche et wc

TARIFS 2003

Draps fournis
Petit déjeuner inclus
Prix par personne et par nuit:
Chambre Chauffeur	28 €
Chambre à 2 lits	22 €
Chambre à 3 lits et 8 lits	18 €

 Fermeture des chambres entre 10 h et 14 h

Mot à mot

une auberge de jeunesse	*youth hostel*
un déjeuner d'affaires	*business lunch*
draps fournis (*m*)	*sheets provided*
la fermeture	*closure, closing times*
(se) garer	*to park*
goûter à	*to taste*
l'hébergement (*m*)	*accommodation*
inclus(e)	*included*
un lavabo	*washbasin*

CAMPING DU BOIS DE BOULOGNE

Situé dans le 16ᵉ arrondissement de Paris, à 10 minutes des Champs-Elysées, le camping du Bois de Boulogne est heureux de vous accueillir tout au long de l'année.

Dans un site boisé de 7 ha, le long de la Seine, vous y trouverez tout le confort d'un camping moderne : douches chaudes, lave-linge, sèche-linge, supermarché, restaurant et entre les mois d'avril et octobre, un service privé de bus ainsi qu'un bureau de change.

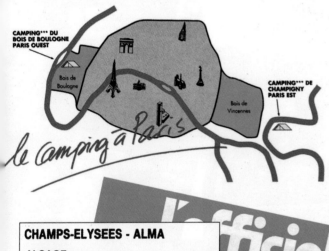

CHAMPS-ELYSEES - ALMA

ALSACE (b), 39, av. des Champs-Elysées, 01 43 59 44 24. Ouvert jour et nuit. Ambassade gastronomique régionale, fruits de mer.

BERKELEY (b), 7, av. Matignon, 01 42 25 72 25, t.l.j. jusqu'à 1h du mat. Brasserie-salon de thé. Le soir menu 26 € b.c., et Formule 22 €. Grillades, poissons, suggestions du jour, salades composées. Parking à 30 m.

CAFÉ DU BOUGNAT, 44, rue de Ponthieu, 01 43 59 00 99. Spéc. d'Auvergne et du terroir. Formules midi et soir 15 €. Kir auvergnat offert.

COPENHAGUE ET FLORA DANICA (b), 142, Champs-Elysées, 01 44 13 86 26. Spécialités danoises et scandinaves. Menu au Copenhague 35 € b.c. FLORA DANICA 30 € b.c.

DRAGONS ELYSEES (b), 11, rue de Berri, 01 42 89 85,10. Spéc. chinoises et thaï. 7j/7. Service jusqu'à 23h30. Immense aquarium. Menu et carte.

GOLDENBERG (b), 69, av. de Wagram, 01 42 27 34 79. Ouv. jusqu'à minuit. Spéc.: saumon, caviar, vodka, bortsch, zakouskis, pastrami.

KILIM – Salle d'Orient, (c), 20, rue Jean-Mermoz, 01 45 61 28 53. Gastronomie d'origine. Spéc. turques, grecques. Déj. d'aff. 15 €. Ouvert jsq 2h mat.

---

1 Auberge d'Artagnan

Look at the information on the D'Artagnan hostel. Which of the following are available in the hostel?
1 une chambre avec télévision
2 une chambre pour deux personnes
3 dîner inclus dans le prix de la chambre
4 petit déjeuner inclus dans le prix
5 une chambre avec bains
6 draps fournis

2 Camping du Bois de Boulogne

Read the campsite leaflet. Which of these comments made about the campsite are correct?
1 « Il y a un très bon restaurant. »
2 « Il n'y a pas de douches chaudes. »
3 « Le camping est fermé en hiver. »
4 « On peut laver son linge. »
5 « On peut faire des courses au camping, c'est pratique. »
6 « On peut aller à Paris à pied – c'est tout près – ou en bus. »

3 Liste des restaurants

Can you work out the meaning of these abbreviations?
t.l.j.   Ouv.   mat.   7j/7   jsq

Choose a restaurant for each of these situations.
1 Vous voulez manger des spécialités françaises traditionnelles.
2 Il est deux heures du matin, vous avez faim!
3 Vous êtes en voyage d'affaires avec des collègues. Vous voulez déjeuner pour pas trop cher.
4 Vous voulez garer votre voiture près du restaurant.
5 Vous voulez juste un thé et un gâteau.
6 Vous voulez goûter à la cuisine thaïlandaise.

4

You're planning a visit to Paris. Choose the campsite or the hostel, and write to book a place or a room.

Madame, Monsieur,
Je voudrais réserver un emplacement pour une tente, pour trois nuits, du 6 juin au 9 juin. Il y aura cinq personnes: trois adultes et deux enfants.
Veuillez agréer, Madame, Monsieur, mes salutations distinguées.

Les marchés: mode d'emploi

Si vous aimez le shopping, vous aimerez Paris!
– les boutiques de luxe du quartier des Champs-Elysées (haute-couture, bijoux, parfums)
– les grands magasins sur les grands boulevards (Galeries Lafayette, Printemps)
– les petits commerces des quartiers populaires.

Quel choix! Les magasins sont ouverts du lundi au samedi, en général de 9 h 00 ou 9 h 30 à 18 h 30 ou 19 h 00. Attention! Certains commerces ferment entre midi et deux heures. Et le dimanche? Allez flâner avec les Parisiens dans un des nombreux marchés de la capitale. Ambiance garantie!

Puces de Saint-Ouen
Métro: Porte de Clignancourt
sam, dim, lun – 7.00 à 18.00
◆ Le plus vieux, le plus visité (150 000 visiteurs chaque week-end), et aussi le plus cher des marché aux puces. Divisé en plusieurs marchés, chacun avec sa spécialité: meubles, brocante et antiquités, bijoux, peintures, livres, porcelaine, vêtements d'occasion, etc.

Puces de Montreuil
Métro: Porte de Montreuil
sam, dim, lun – 8.00 à 18.00
◆ Moins connu, moins fréquenté et moins cher que Saint-Ouen. Très intéressant pour la brocante, les vêtements d'occasion, les objets d'artisanat africain et les épices exotiques. Un conseil: allez-y tôt le samedi matin pour les affaires!

Marché d'Aligre
Métro: Ledru-Rollin
tlj sauf lun – 9.30 à 13.00
◆ Un des endroits les plus animés de la capitale le dimanche matin! Le marché le moins cher de Paris. Spécialités gastronomiques de toutes les régions de France et du monde entier: africaines, nord-africaines, etc. Aussi, vêtements et brocante. Les meilleures affaires: vers 13 h 00 le dimanche.

Marché aux timbres et pin's (Cour Marigny)
Métro: Champs-Elysées/F.D Roosevelt
jeu, sam, dim – 10.00–soir
◆ Un endroit de rêves pour les fous de philatélie et les amateurs de pin's, ces petits badges publicitaires en métal, que beaucoup de Français collectionnent.

Marché aux fleurs et aux oiseaux
Métro: Cité
lun au sam – 8.00 à 18.00: fleurs
dim – 8.00 à 19.00: oiseaux
◆ Le plus vieux (1808), le plus beau et malheureusement un des derniers marchés aux fleurs de Paris. Couleurs et parfums garantis! Se transforme en marché aux oiseaux, le dimanche.

Carreau du Temple
Métro: Temple/Arts et Métiers
tlj sauf lun: 9.00 à 12.00
◆ Les Parisiens pauvres s'habillaient ici au 19ème siècle. Maintenant vêtements de créateurs connus (Kenzo, etc) neufs ou d'occasion, et cuir pas cher.
Préparez-vous à marchander!

1 Read about some of the best-known Parisian markets. Decide which market(s) you'd choose for the following:
cheap vegetables   stamps   cheap antiques
cheap leather   exotic spices

2 C'est quel marché?
1 On y trouve des fleurs pendant la semaine et des oiseaux le dimanche.
2 On y trouve des vêtements pas chers, sauf le lundi.
3 Pour y faire de bonnes affaires, il faut y aller vers une heure le dimanche après-midi.
4 La brocante y est moins chère qu'à Saint-Ouen.
5 Pour y aller, il faut prendre le métro Ledru-Rollin.

3 ((•)) Read again about the marché d'Aligre. Then listen to a stallholder at that market and answer the questions below.
1 Que vend-il?
2 Quels sont ses horaires?
3 Les clients sont-ils en général des gens du quartier?
4 Il travaille là depuis combien de temps?
5 Ça lui plaît?

4 ((•)) Read the following comments about the marché d'Aligre. Then listen to a customer there, and tick the ones you hear her say.
1 « C'est comme dans un village. »
2 « Il y a une bonne ambiance. »
3 « C'est comme une grande famille. »
4 « J'aime bien les rapports avec les gens. »
5 « C'est joli comme marché. »
6 « On fait de bonnes affaires. »

5 ((•)) Listen to the customer again, and find out:
1 Où est-ce qu'elle habite?
2 Quand est-ce qu'elle va au marché?
3 Qu'est-ce qu'elle achète?

6 Imagine you've been to the marché d'Aligre (below). Listen to the recordings and read the information again, and describe your visit in a postcard to French friends.

Mot à mot

les antiquités (f)	antiques
les bijoux (m)	jewellery
la brocante	secondhand goods/ furniture
les (bonnes) affaires (f)	bargains
les épices (f)	spices
fréquenté(e)	busy
marchander	to bargain
le marché aux puces	flea market
les meubles (m)	furniture
le mode d'emploi	directions for use
d'occasion	second-hand
un oiseau	bird
la philatélie	stamp-collecting
faire des prix	give a discount
les puces (f)	flea market
le quartier	district, neighbourhood
les rapports (m)	relationships, dealings
réputé(e) pour	well-known for

TITRE D'ACCES TOUR E
VALIDITE :
11-12-
ASCENSEUR 3 EME ETAGE PLEIN TAF
PRIX
CR8082, Date vente 11-12-93, T 723, no serie
S.N.T.E. Tour Eiffel - Champ de Mars - 75007
Ce titre n'est valable que muni de son talon

LA VUE PARISIENNE

VISITE PANORAMIQUE
Métro Montparnasse-Bienvenüe
Tél. 01 45 38 52 56

TOUR MONTPARNASSE
Tous les jours, tous les soirs
56. Etage et Terrasse

M U S É E   N A T I O N A L
P I C A S S O

Picasso

D'ACCES TOUR E
E : **11-12-**
EUR 3 EME ETAGE PLEIN TARIF
nte 11-12-93, T 723, no serie 1951
Eiffel - Champ de Mars - 75007 PARIS
valable que muni de son talon

À travers Paris

Vous connaissez déjà les principaux monuments de la capitale? Vous avez déjà visité le Louvre et le musée d'Orsay, cette ancienne gare transformée? Alors, partez à la découverte d'un Paris un peu moins connu... Promenez-vous dans les parcs (le Luxembourg est un des plus romantiques de Paris), faites une visite en bateau ou, pourquoi pas, à vélo!

PARC DES BUTTES-CHAUMONT

Moins connu que le Luxembourg, ce parc est peu fréquenté par les touristes.
Les Parisiens adorent ses deux lacs, ses bateaux, sa grotte, ses cascades, la vue magnifique sur Paris, les châlets-restaurants, les guignols...
A voir, absolument!

1

In the Jardin du Luxembourg, we asked a Parisian about Sunday afternoons in Paris. Listen and choose one option to complete each sentence.
1 Elle vient...
   a souvent... b rarement... au Luxembourg.
2 Elle va au café...
   a quand il fait beau.
   b quand il fait mauvais.
3 Avant, elle sortait de Paris, le dimanche,...
   a avec son mari. b sans son mari.

Mot à mot

l'assurance (*f*)	*insurance*
autrefois	*in the past*
connu(e)	*known*
une croisière	*cruise, boat trip*
la location	*rent, hire charge*
une nocturne	*evening trip*
A voir!	*Must be seen!*

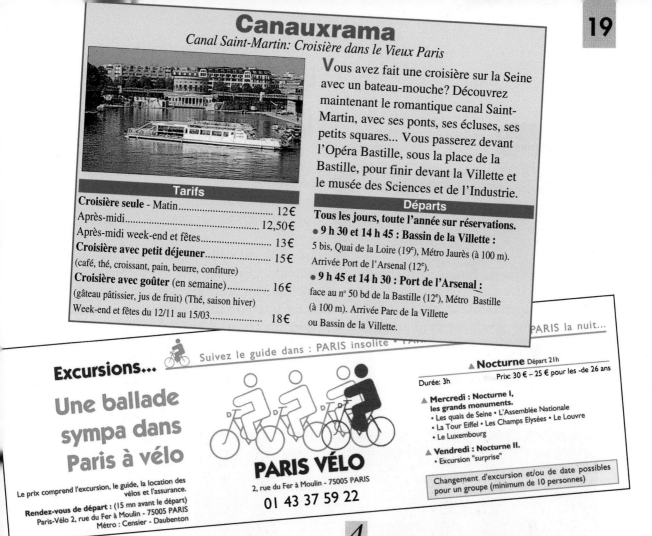

Canauxrama
Canal Saint-Martin: Croisière dans le Vieux Paris

Vous avez fait une croisière sur la Seine avec un bateau-mouche? Découvrez maintenant le romantique canal Saint-Martin, avec ses ponts, ses écluses, ses petits squares... Vous passerez devant l'Opéra Bastille, sous la place de la Bastille, pour finir devant la Villette et le musée des Sciences et de l'Industrie.

Tarifs

Croisière seule - Matin	12€
Après-midi	12,50€
Après-midi week-end et fêtes	13€
Croisière avec petit déjeuner	15€
(café, thé, croissant, pain, beurre, confiture)	
Croisière avec goûter (en semaine)	16€
(gâteau pâtissier, jus de fruit) (Thé, saison hiver)	
Week-end et fêtes du 12/11 au 15/03	18€

Départs

Tous les jours, toute l'année sur réservations.

● **9 h 30 et 14 h 45 : Bassin de la Villette :**
5 bis, Quai de la Loire (19ᵉ), Métro Jaurès (à 100 m).
Arrivée Port de l'Arsenal (12ᵉ).

● **9 h 45 et 14 h 30 : Port de l'Arsenal :**
face au nº 50 bd de la Bastille (12ᵉ), Métro Bastille (à 100 m). Arrivée Parc de la Villette ou Bassin de la Villette.

Suivez le guide dans : PARIS insolite • PARIS la nuit...

Excursions...
Une ballade sympa dans Paris à vélo

Le prix comprend l'excursion, le guide, la location des vélos et l'assurance.

Rendez-vous de départ : (15 mn avant le départ)
Paris-Vélo 2, rue du Fer à Moulin - 75005 PARIS
Métro : Censier - Daubenton

PARIS VÉLO
2, rue du Fer à Moulin - 75005 PARIS
01 43 37 59 22

▲ **Nocturne** Départ 21h
Durée: 3h   Prix: 30 € – 25 € pour les -de 26 ans

▲ **Mercredi : Nocturne I, les grands monuments.**
• Les quais de Seine • L'Assemblée Nationale
• La Tour Eiffel • Les Champs Elysées • Le Louvre
• Le Luxembourg

▲ **Vendredi : Nocturne II.**
• Excursion "surprise"

Changement d'excursion et/ou de date possibles pour un groupe (minimum de 10 personnes)

2 Canal Saint-Martin You decide to go on a canal cruise with a French friend: read the leaflet and answer your friend's questions.
1 Quels sont les lieux et les heures de départ?
2 C'est moins cher le matin ou l'après-midi?
3 Qu'est-ce qu'on vous donne pendant la croisière petit déjeuner?
4 Est-ce qu'il faut réserver?
5 Qu'est-ce qu'on voit pendant la croisière?

3 Les Buttes-Chaumont Read the description. Which is the correct summary?
1 A favourite spot for tourists who love its boating lakes, waterfalls, etc.
2 Greatly enjoyed by Parisians for its boating lakes, waterfalls, etc, but virtually unknown to tourists.

4 A vélo If you fancy cycling around Paris, try *Paris vélo*! Look at the brochure and then choose one option in each sentence:
1 L'heure du rendez-vous: 21 h 15/20 h 45
2 Tarif, si vous avez plus de 26 ans: 30 €/25 €
3 La visite est/n'est pas guidée.
4 L'assurance est/ n'est pas comprise dans le prix.

5 Imagine you're going to Paris for a weekend. Look back through the documents in this unit and make notes on what you'll do. Then answer your Parisian friend who telephones to ask about your plans:
– Quand est-ce que tu arrives?
– Où est-ce que tu vas dormir?
– Qu'est-ce que tu vas faire samedi?
– Et dimanche?
– On peut manger ensemble, par exemple, samedi soir? Dans quel restaurant?

L'art et la culture

Jack Lang, former socialist Minister of Culture once wrote, 'Culture is a battle for the right to be free.' In a world where everything seems to become evermore standardized and uniform, the French feel very strongly about cultural freedom.

Government policies in France place great importance on the role of culture in society. Funds are given to the arts and, although conservation of national cultural heritage is important, much encouragement is given to the development of new talent and initiatives as well as teaching the young about their cultural legacy.

There are cultural festivals galore in France – *Heures Mediévales, Semaines Musicales, Festivals de la Mer, Journées Baroques, la Fête de la Musique, la Fête du Cinéma.* Some are world-famous like the film festival at Cannes and the theatrical events at Avignon. Others, like the *festival d'été* in the village of Vaour in south-west France, attract considerably smaller but equally enthusiastic audiences.

The organiser of the *festival d'été* in Vaour

Infos

Preserving ancient monuments — like the magnificent Rodez Cathedral in Aveyron — needs the skill of the craftsmen of *Les Compagnons du Devoir*, a craft guild which has existed since medieval times. Apprenticed to a *Maître*, each *Compagnon* is trained in the carving of wood and stone, the glazing of stained glass windows and other crafts until he or she achieves the high standard required.

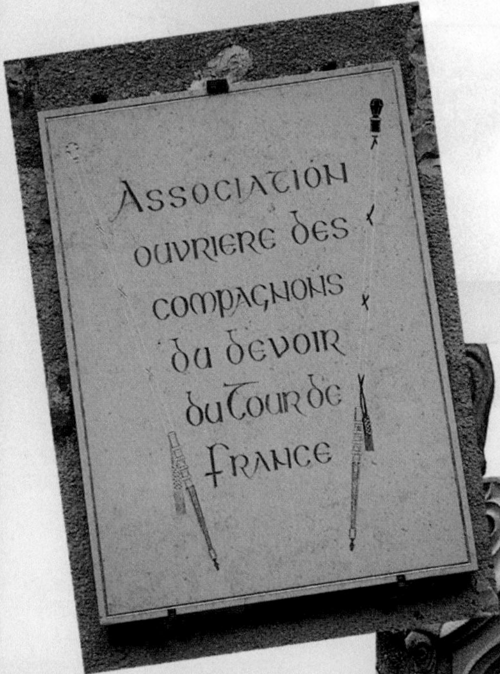

ASSOCIATION
OUVRIERE DES
COMPAGNONS
DU DEVOIR
DU TOUR DE
FRANCE

20

LES FRANCOPHONES

On y parle français

*I*l y a environ 220 millions de francophones dans le monde, c'est-à-dire de personnes qui ont le français comme langue maternelle ou seconde langue. Le français arrive en neuvième position au palmarès des langues les plus parlées après le chinois, l'anglais, le hindi, l'espagnol, le russe, l'arabe, le portugais et le japonais.

1 Your knowledge of French will also be useful outside France! Do this test to see how much you already know about French-speaking places. The answers can be found in the map and captions on the right.

1 Le français est langue officielle en France et dans plus de trente autres pays. Vrai ou faux?

2 Donnez le nom de trois pays européens (en dehors de la France) où l'on parle français.

3 Vous allez en Inde. Où est-ce que votre français vous est utile?

4 Le français est langue officielle dans une partie des Etats-Unis. Vrai ou faux?

5 Donnez le nom de trois pays africains où vous pouvez utiliser votre français.

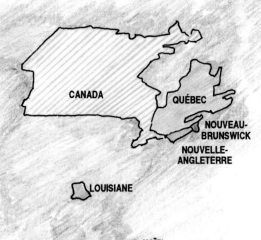

CANADA
QUÉBEC
NOUVEAU-BRUNSWICK
NOUVELLE-ANGLETERRE
LOUISIANE
HAÏTI
GUADELOUPE
MARTINIQUE
DOMINIQUE
SAINTE-LUCIE
GRENADE
TRINITÉ et TOBAGO
GUYANE
POLYNÉSIE FRANÇAISE

Mot à mot

apprendre	*to learn*
une communauté francophone	*French-speaking community*
un(e) francophone	*French-speaker*
une langue étrangère	*foreign language*
une langue maternelle	*mother tongue*
une langue officielle	*official language (for administrative, legal and educational use)*
le palmarès	*list of winners*
sans statut particulier	*without particular status*

Le Québec Le français est la langue maternelle de plus de cinq millions de personnes. Les Québécois sont très attachés au français.

Le Nouveau-Brunswick Le plus important des domaines francophones aux Etats-Unis. Le français y est langue officielle, au même titre que l'anglais, depuis 1982.

Le Maroc, la Tunisie, l'Algérie La langue officielle est l'arabe mais le français est utilisé dans l'administration, le commerce, les relations extérieures.

La Côte d'Ivoire, le Sénégal, le Cameroun Trois des nombreux pays africains où le français est langue officielle.

Le Laos, le Viêt-nam, le Cambodge Pour des raisons historiques, le français est présent en Asie, mais sans statut particulier. Il y a également une petite communauté francophone en Inde, à Pondichéry.

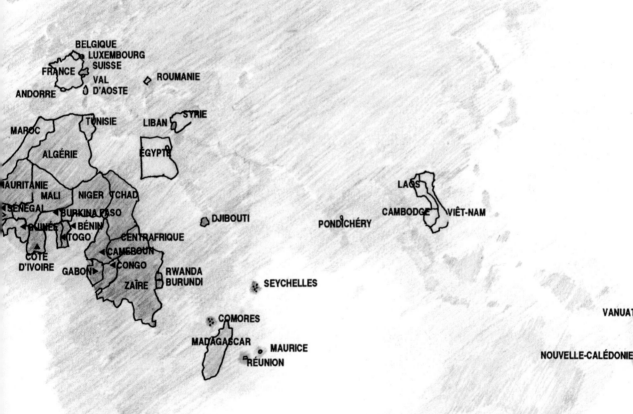

BELGIQUE
LUXEMBOURG
SUISSE
FRANCE
VAL
ANDORRE D'AOSTE
ROUMANIE

MAROC TUNISIE LIBAN SYRIE
ALGÉRIE ÉGYPTE
MAURITANIE
MALI NIGER TCHAD LAOS
SÉNÉGAL BURKINA FASO CAMBODGE VIÊT-NAM
GUINÉE BÉNIN PONDICHÉRY
TOGO DJIBOUTI
CENTRAFRIQUE
CÔTE CAMEROUN
D'IVOIRE GABON CONGO
ZAÏRE RWANDA
BURUNDI
SEYCHELLES
VANUATU
COMORES
MADAGASCAR MAURICE NOUVELLE-CALÉDONIE
RÉUNION

Pays / Régions où le français est:

Langue maternelle majoritaire

Langue administrative

Langue officielle (seule ou avec d'autres)

Présent, sans statut particulier

Europe francophone

1 Have a go at answering these questions about French-speaking Europe. Then read the information opposite. You will find the answers there.

1 Quel pays fait deux kilomètres carrés?
2 Dans quel pays parle-t-on quatre langues?
3 Où trouve-t-on des francophones en Italie?
4 Quel est le statut du président de la République française à Andorre?
5 Combien de langues parle-t-on en Belgique?
6 Est-ce que le français est utilisé pour la vie de tous les jours au Luxembourg?

2 After reading the brochures, try and fill in the gaps in the sentences below, from memory!

1 Il y a ...... millions d'habitants en Belgique.
2 ...... est connu pour ses casinos.
3 Le Val d'Aoste est une région du ...... de l'Italie.
4 La langue officielle d'Andorre est le ....
5 Au Luxembourg, on parle luxembourgeois, français et ....
6 Monaco est enclavé dans un ...... français.

3 ((•)) Listen to the interview with Christel Verhoye, who is Belgian, about her country.

1ère partie
1 Comment décrit-elle le temps en Belgique?
2 Quelles sont les quatre expressions qu'elle utilise pour décrire « le Belge »?
malicieux ☐   silencieux ☐
intelligent ☐   introverti ☐
il parle peu ☐   il rit peu ☐
une espèce de sévérité ☐
une espèce de réserve ☐
3 Comment est la cuisine belge, par rapport à la cuisine française?
moins chère ☐   moins épicée ☐
moins grasse ☐   moins riche ☐
4 Cochez les ingrédients du plat national belge, le waterzouille.
☐ beurre, eau, poule, légumes (carottes, navets, pommes de terre)
☐ eau, poule, légumes (carottes, navets, pommes de terre)
☐ beurre, poule, légumes (carottes, navets, pommes de terre)

2ème partie
5 Ecoutez les différences entre le français de Belgique et le français de France. Trouvez la bonne définition pour chaque expression.
l'avant-midi
a le matin   b le petit déjeuner
Quelle drache!
a c'est un problème
b il pleut beaucoup
attendre famille
a attendre un bébé
b aimer sa famille

Mot à mot

autonome	*autonomous*
bilingue	*bilingual*
enceinte	*pregnant*
enclavé(e)	*enclosed, hemmed in*
une espèce de	*a kind of, a type of*
un évêque	*bishop*
le flamand	*Flemish*
le navet	*turnip*
le pot-au-feu	*stew*
la poule	*chicken, boiling fowl*

LE LUXEMBOURG ⬆

Le français est langue officielle mais il est utilisé surtout par les administrations. La majorité des habitants utilise le luxembourgeois dans la vie de tous les jours. L'allemand est la troisième langue du pays de ce duché.

ANDORRE

C'est une principauté d'environ 50 000 habitants, située dans les Pyrénées, sur 465 km², entre la France et l'Espagne. Depuis 1607, les deux co-princes sont l'évêque d'Urgel et le chef d'Etat français. La langue officielle est le catalan, mais on y parle aussi l'espagnol et le français.

MONACO ⬆

Le français est la langue officielle de cette toute petite principauté de deux km², enclavée dans le département français des Alpes-Maritimes. C'est un grand centre pour le tourisme de luxe et les casinos.

LA BELGIQUE

Dans ce royaume de dix millions d'habitants, on parle le wallon (le français de Belgique), le flamand (le néerlandais de Belgique), et aussi l'allemand à l'Est. La capitale, Bruxelles, est bilingue wallon/flamand. Le français de Belgique diffère un peu du français de France par son vocabulaire. ⬇

LE VAL D'AOSTE

C'est une région autonome dans le nord-ouest de l'Italie, au cœur des Alpes. Le français est langue officielle avec l'italien depuis 1948 et est donc enseigné dans les écoles, mais la majorité de la population parle un dialecte franco-provençal.

LA SUISSE

La Confédération helvétique a plus de six millions d'habitants et trois langues officielles, plus le romanche. 18% de la population ont le français comme langue maternelle, 65% l'allemand, 10% l'italien (1% parle le romanche). ⬇

La France dans le monde

*L*a France a des territoires un peu partout dans le monde. Il y a des départements d'outre-mer (D.O.M.), qui font partie de la France au même titre que les 95 départements métropolitains: la Guadeloupe, la Martinique, la Guyane, la Réunion, Saint-Pierre-et-Miquelon. Il y a aussi des territoires d'outre-mer (T.O.M.), qui ont une relation favorisée avec la France: par exemple la Nouvelle-Calédonie, la Polynésie française.

A NE PAS MANQUER

● **Martinique**: le domaine de La Pagerie où naquit Joséphine de Beauharnais, le musée du Rhum, l'aquascope (bateau à fond de verre).
● **Guadeloupe**: le Parc national avec le premier sentier de grande randonnée (GR) des Antilles et la Maison des volcans, au pied de la Soufrière, les chutes du Carbet, l'aquarium de Gosier.
● **La Désirade**: les bourgs du Souffleur et de Baie-Mahault.
● **Les Saintes**: le fort Napoléon à Terre-de-Haut.
● **Marie-Galante**: l'impressionnante grotte du Trou du Diable et son lac souterrain, le château Murat à Grand-Bourg, devenu aujourd'hui un écomusée (sur les arts et traditions populaires).
● **Saint-Barthélemy**: le pittoresque village de pêcheurs de Corossol, la vue depuis le morne du Vilet.
● **Saint-Martin**: l'ascension du pic du Paradis (424 m), les maisons coloniales de Marigot, la vue depuis le vieux fort Saint-Louis à Philipsburg.

*C*es destinations soleil figurent en bonne place au palmarès d'hiver. En effet, pour associer chaleur et dépaysement à un coût encore assez raisonnable, de nombreux Français traversent chaque année l'Atlantique.
Pour un premier contact, ils optent presque toujours pour la Martinique ou la Guadeloupe. Mais, lors d'un deuxième séjour, ils s'offrent très volontiers quelques autres îles de l'archipel guadeloupéen comme La Désirade, Marie-Galante, les Saintes, Saint-Berthélemy ou Saint-Martin.
Il est assurément bien difficile de faire un choix entre la Martinique et la Guadeloupe. Pour séduire le vacancier, toutes deux rivalisent d'activités nautiques, du surf à la plongée sous-marine, de la voile à la pêche au gros, en passant par la promenade en bateau à fond de verre pour aller à la rencontre des fonds sous-marins. Mais, aujourd'hui, cela ne suffit plus. Outre les visites de musées et de distilleries, ces îles s'ouvrent de plus en plus au tourisme vert et sportif: randonnées pédestres, VTT, sorties équestres et même rafting.

CARTE D'IDENTITÉ
● **Martinique**: chef-lieu, Fort-de-France; superficie, 1 102 km²; population, 330 000 habitants.
● **Guadeloupe**: chef-lieu, Basse-Terre; superficie, 1 779 km²; population, 340 000 habitants.
Les autres îles ont une superficie qui s'étend de 19 km² (les Saintes) à 157 km² (Marie-Galante).
● **Décalage horaire**: moins cinq heures en hiver; moins six heures en été.

1
Read the description of the French West Indies. Then read these summaries to each paragraph and choose the correct endings.
1 C'est une destination d'hiver très populaire parce que...
  a il fait chaud et les prix sont bas.
  b les Français aiment traverser l'Atlantique.
2 Pour un premier séjour, les touristes...
  a vont d'île en île.
  b visitent seulement la Martinique ou la Guadeloupe.
3 Il est difficile de choisir entre la Martinique et la Guadeloupe, parce qu'elles offrent...
  a les mêmes loisirs. b des loisirs différents.

2
Find in the description the French for these leisure activities:
hiking horse-riding fishing
scuba-diving mountain bike boat trip

Le meilleur moment pour partir

Climat tropical, rafraîchi par les vents alizés: de 22 à 30° C tout au long de l'année. La période la plus agréable s'étend de fin janvier à fin avril; temps sec et ensoleillé avec de courtes ondées, eau à 24° C environ. De mai à décembre, risque de fortes pluies, en particulier sur les hauteurs, mais les tarifs aériens et hôteliers sont plus intéressants. Tarifs les plus bas: janvier et première semaine de février.

3
Read the information on the best time to go, *Le meilleur moment pour partir*, and choose the most appropriate month in each case.
1 Vous voulez être sûr(e) d'avoir du beau temps: a mars b juillet
2 Pour avoir les meilleurs prix: a décembre b janvier
3 Vous ne détestez pas la pluie et vous voulez nager dans une eau chaude: a avril b juin
4 Vous voulez éviter la saison des pluies: a novembre b janvier

Mot à mot

les activités nautiques (*f*)	*water sports/activities*
un bateau à fond de verre	*glass-bottomed boat*
la chaleur	*warmth*
un chef-lieu	*main town*
le créole	*Creole*
un cyclone	*cyclone, hurricane*
le dépaysement	*change of scene*
la France métropolitaine	*metropolitan France, the country without its overseas territories*
une grotte	*cave*
un lac souterrain	*underground lake*
un mélange	*mixture*
d'outre-mer	*overseas*
le patois	*patois, dialect*
un piment	*pepper, capsicum*
le riz	*rice*
un sentier de grande randonnée	*long-distance footpath*
la superficie	*area*
les tarifs aériens (*m*)	*airline prices*
un volcan	*volcano*

4

Read the information about what shouldn't be missed, *A ne pas manquer*. Which island should you visit to find the following?

1 une grotte avec un lac souterrain
2 l'escalade d'une montagne
3 le lieu de naissance de la première femme de Napoléon
4 un bateau à fond de verre
5 une promenade au pied des volcans

5

We interviewed two young people from Réunion, Fabrice Sam-Lock and Piarama Hoarau. Listen to each section several times and note the following:

1ère partie: L'île
– trois information sur le temps à la Réunion
– quatre informations sur la géographie de l'île

2ème partie: Les habitants
– cinq nationalités à la Réunion
– les origines de Fabrice et de Pierama

3ème partie: La cuisine
– la base de la cuisine réunionnaise
– si le poisson est une spécialité de l'île ou non

4ème partie: Département français
– deux similarités avec la France
– une idée fausse sur les habitants de la Réunion

5ème partie: La langue
– si le français de La Réunion est le même que le français de France
– la langue qu'ils parlent entre eux

6

You're trying to convince a French friend to go with you to Guadeloupe. Read the documents again and answer their questions:
« C'est où exactement, la Guadeloupe? »
Tell them the location.
« Pourquoi veux-tu y aller en janvier? »
Describe the weather and the hotel prices
« Qu'est-ce qu'il y a à faire? »
List some of the water sports and the sights not to be missed.

Dans l'océan Indien, à 9 180 km de la France, la Réunion est un département français depuis 1946.
La population (près de 685 000) est cosmopolite: Français, Européens, Indiens, Chinois.
Il y a environ 120 000 Réunionnais qui vivent en France métropolitaine.

Les couleurs de la France

Immigration to France began in earnest in the last half of the nineteenth century. Between 1850 and 1880, Belgians, Spaniards and Italians travelled to France to work on farms or building sites. A large number of Poles arrived between the two world wars to work the land and dig coal. Many Algerians left for France during the Algerian War of Independence. The industrial growth of the 1960s and 1970s saw the arrival in France of many more people from North Africa. (These are the parents of *Les Beurs*, the second generation of North Africans born in France.) To them may be added immigrants from a variety of ethnic groups – people from French-speaking Africa and South-East Asia.

The Merah family lives in France. Abdelrhamane Merah left his home in southern Algeria in 1953 and went to France in search of work. He is still there, married with four grown-up children, and settled in Strasbourg.

Family get-togethers can happen regularly since three of the Merahs' children live in Strasbourg (their eldest daughter is married and lives in Metz). Karima, the youngest daughter, is a student living at home with her parents, like many students in France. Their second daughter is a social worker and has her own flat. Farid, the Merahs' only son, also has his own flat and runs a business designing clothes.

Infos

Perhaps the best-known ethnic dish in France is *couscous*. Originally from North Africa, the name *couscous* actually applies to the grain which is served with a delicious stew made from a variety of meats and vegetables and flavoured with herbs and spices. A hot chilli sauce called *harissa* is usually handed round with it.

ANSWERS

In some cases the answers given below are examples, and other answers may be possible.

BIENVENUE!
Bonjour, messieurs-dames!
1 (p 10) 1 h 2 f 3 a 4 b 5 g
6 c 7 e 8 d
2 (p 10) a Messieurs-dames! b Allô
c Salut! d Enchantée, madame
e Bonne nuit f Bonne journée
De A à Z
1 (p 11) 1 M. Lagresle 2 Mme
Bruyneel 3 Mme Jay 4 Mme
Ducreux 5 M. Jasserand 6 Mme
Baudelot
Un café, s'il vous plaît!
1 (p 12) 1 Gare Montparnasse
2 un café, un thé, une bière, un coca,
un jus de fruit, un vin rouge
3 gare Montparnasse, le TGV pour
Bordeaux, le bar, un vin rouge
2 (p 13) une bière, un café, un thé, un
jus d'orange, un sandwich, un croque-
monsieur, une pizza, une quiche
Un, deux, trois…
1 (p 13) 2, 5, 2, 1, 5
2 (p 13) une pizza: 3 euros; la quiche:
3,05 euros; le croque-monsieur: 2
euros; le sandwich: 2,20 euros; un thé:
1,20 euros; un café: 1 euro; un jus
d'orange: 2 euros; une bière: 2,15
euros.

UNITÉ 1 PRÉSENTATIONS
Je m'appelle Corinne
1 (p 15) 4, 13, 16, 50, 33, 63, 56, 66
2 (p 15) 1 d 2 c 3 a 4 e 5 b
3 *Vous y êtes?* (p 15)
1 J'ai trente-deux ans.
2 Je suis professeur.
3 Je m'appelle Georges Lépine.
4 Et vous?
5 Comment vous appelez-vous?/Vous
vous appelez comment?
6 Quel âge avez-vous?/Vous avez quel
âge?
7 Quelle est votre profession?/Quel est
votre métier?/Qu'est-ce que vous
faites comme métier?
8 Je suis journaliste.
4 *Allez-y!* (p 15)
« Je m'appelle Mireille Ritz. J'ai trente-
quatre ans. Je suis architecte. » « Je
m'appelle Jean-Pierre Duclos. J'ai vingt-
deux ans. Je suis étudiant. » « Je
m'appelle Emile Depardieu. J'ai
quarante-deux ans. Je suis garagiste. »
« Je m'appelle Corinne Picard. J'ai
cinquante-six ans. Je suis secrétaire. »
J'habite en France
1 (p 16) Boulogne; Paris; Rome;
Edimbourg; Londres; Berlin
2 *Vous y êtes?* (p 16)
1 J'habite en France. 2 J'habite au pays
de Galles. 3 J'habite aux Antilles.
4 Je suis de Londres. 5 Je suis
d'Orléans. 6 Où habitez-vous?
3 (p 17) J'habite aux Etats-Unis,
j'habite New York. J'habite en France,
à Paris. J'habite en Angleterre, à
Londres. J'habite en Australie, j'habite
à Sydney. J'habite en Allemagne, à
Berlin.
Je suis français – Je suis française
1 (p 18) 1 M 2 F 3 F 4 M 5 F
6 M 7 F 8 M
2 (p 19) 1 Je suis anglaise. 2 Je suis
irlandais. 3 Je suis né à Berlin. 4 Je
suis professeur. 5 J'ai quarante-deux
ans. 6 Vous êtes de quelle nationalité?
3 (p 19) 1 Je suis née à Paris. Je suis
française et j'habite en France. 2 Je suis
né à Rome. Je suis italien et j'habite en
Italie. 3 Je suis née à Francfort. Je suis
allemande et j'habite en Allemagne.
4 Je suis né à Chicago. Je suis américain
et j'habite aux Etats-Unis. 5 Je suis née
à Londres. Je suis anglaise et j'habite en
Angleterre. 6 Je suis né à Dublin. Je
suis irlandais et j'habite en Irlande.
4 (p 19) américain, Etats-Unis;
italienne, Italie; suédoise, Suède;
iranien, Iran
5 *Allez-y!* (p 19)
« Je m'appelle Ieoh Ming Pei. » « Je
suis architecte. » « Je suis américain. »
« Non, je suis né en Chine, à Canton. »
« Comment vous appelez-vous? »
« Quelle est votre profession? » « Vous
êtes de quelle nationalité? » « Vous
êtes né aux Etats-Unis? »
Ça va?
1 (p 20) 1 d 2 a 3 c 4 e 5 b
2 (p 20) – Ça va? – Très bien, merci.
– Ça va? – Ça va. – Ça va? – Oh,
comme ci comme ça. – Ça va? – Pas
très bien. – Ça va? – Non! Ça ne va
pas!
Phonétique
Liaisons
1 (p 21) Les touristes, les_étudiants.
Six Français, six_Allemands. Vous
vous_appelez comment? Je suis né
aux_Antilles. J'habite en_Ecosse.
Ça va? Ça va, merci.
2 (p 21) Vous vous appelez Carmen?
Vous avez dix-huit ans?
Ça va, en France.   Vous êtes
irlandaise?

UNITÉ 2 FAMILLE
Je suis célibataire
1 (p 25) Chantal est française. Elle est
née en France. Elle est célibataire. Gilles
Ciment, c'est son ami.
2 *Vous y êtes?* (p 25) 1 Mon amie
s'appelle Lucinda. 2 Il est divorcé. Il vit
avec quelqu'un. 3 Je m'appelle Paul. Je
suis célibataire. 4 Ma femme s'appelle
Kitty. Elle est écossaise. 5 Mon mari
est anglais, il est de York. 6 Son ami

est français. Il est né à Paris. 7 Il est
allemand. Il est marié. 8 Vous êtes
marié(e)?
3 *Allez-y!* (p 25) 1 Je m'appelle
Amalia Rodrigo. Je suis espagnole, je
suis de Madrid. J'habite à Londres et
je suis professeur. Je suis mariée. Mon
mari est anglais, il s'appelle Bob
Waddle. 2 Je m'appelle Jonathan
Kossoff. Je suis britannique, je suis de
Birmingham et j'habite (à) Edimbourg.
Je suis journaliste. Je suis divorcé.
J'habite avec Rachel Addams, elle est
australienne. 3 Je m'appelle Lucy
Huntgate. Je suis écossaise. Je suis née
à Glasgow. J'habite (à) Glasgow. Je
suis secrétaire et je suis veuve.
1 Voici Amalia Rodrigo. Elle est
espagnole, elle est de Madrid. Elle
habite (à) Londres. Elle est professeur.
Elle est mariée. Son mari est anglais. Il
s'appelle Bob Waddle. 2 Voici
Jonathan Kossoff. Il est britannique. Il
est de Birmingham. Il habite (à)
Edimbourg. Il est journaliste. Il est
divorcé. Il vit avec Rachel Addams. Elle
est australienne. 3 Voici Lucy
Huntgate. Elle est écossaise. Elle est née
à Glasgow. Elle habite (à) Glasgow.
Elle est secrétaire. Elle est veuve.
J'ai quatre enfants
1 (p 27) Jean-Michel: une fille, Zoë, 5
ans; Catherine: deux filles, Valérie et
Dominique, 30, 32
2 (p 27) Hubert: 22 ans, étudiant en
gestion; Bertrand: 19 ans, au lycée;
Julien: 17 ans, au lycée; Thibaut: 15
ans, au collège; Benoît: 12 ans, au
collège; Xavérine: 8 ans, à l'école
primaire
3 *Allez-y!* (p 27) 1 Je suis marié(e).
2 Oui, j'ai trois enfants. 3 Deux filles
et un garçon. 4 Ils s'appellent
Françoise, Isabelle et Patrick. 5 Elle a
quinze ans. Isabelle a treize ans et
Patrick a neuf ans.
Je vous présente ma famille
1 (p 28) 1 Ils s'appellent Mohamed et
Aïcha. 2 Ils ont 60 et 58 ans. 3 Ils sont
nés en Algérie. 4 Ils habitent en France.
2 (p 28) grand-mère, grand-père,
oncle, tante, père, mère, frères, sœurs,
cousins, cousines
3 (p 29) 1 vrai 2 faux 3 faux |
4 vrai 5 vrai
4 *Vous y êtes?* (p 29) 1 grand-père
2 tante 3 frère; mon 4 ma; neveu
5 grand-mère
Tu t'appelles comment?
1 (p 31) 1 b 2 a 3 d 4 c
2 (p 31)
Angélique: 1 2 brothers 2 no sisters
3 Sébastien, Benjamin: 4 parents (Aline,
Jean-Marc) 5 no pets
Guillaume: 1 1 brother 2 no sisters
3 Jérôme 4 no 5 a dog and a ferret

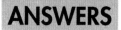

3 *Vous y êtes?* (p 31)
a Tu t'appelles comment?
b Tu as quel âge?
c Tu as des frères et des sœurs?
d Comment s'appellent tes parents?
e Tu habites où?
4 *Allez-y!* (p 31)
1 Tu es née à Paris?
2 Vous avez des enfants?
3 Vous habitez en France?
4 Quel âge as-tu?
5 Comment s'appelle votre sœur?
6 Vos enfants, quel âge ont-ils?
7 Comment s'appellent tes parents?
8 C'est (bien) votre chien?

Comptez jusqu'à cent!

1 (p 32) 74 soixante-quatorze, 75 soixante-quinze, 76 soixante-seize, 77 soixante-dix-sept, 84 quatre-vingt-quatre, 86 quatre-vingt-six, 88 quatre-vingt-huit, 89 quatre-vingt-neuf, 95 quatre-vingt-quinze, 97 quatre-vingt-dix-sept, 98 quatre-vingt-dix-huit, 99 quatre-vingt-dix-neuf
2 *Vous y êtes?* (p 32) 23 vingt-trois, 24 vingt-quatre, 25 vingt-cinq, 41 quarante et un, 61 soixante et un, 81 quatre-vingt-un, 44 quarante-quatre, 54 cinquante-quatre, 64 soixante-quatre, 59 cinquante-neuf, 79 soixante-dix-neuf, 99 quatre-vingt-dix-neuf, 33 trente-trois, 44 quarante-quatre, 55 cinquante-cinq, 66 soixante-six, 77 soixante-dix-sept
3 (p 32) 1 c   2 a   3 b   4 d
4 (p 32) 1 01 21 16 43 11   2 01 12 24 36 48   3 05 13 13 81 29   4 02 84 50 08 44
5 (p 33) Office du tourisme, Caen: zéro deux, trente-et-un, quatre-vingt-six, vingt-sept, soixante-cinq;
Jardin des Plantes, Paris: zéro un, quarante, soixante-dix-neuf, trente, zéro zéro;
Palais des Congrès, Paris: zéro un, quarante, soixante-huit, zéro zéro, zéro cinq;
Agence Chèque-Théâtre, Paris: zéro un, quarante-deux, quarante-six, soixante-douze, quarante;
Parc Floral de Paris: zéro un, quarante-trois, quarante-trois, quatre-vingt-douze, quatre-vingt-quinze.

Phonétique
Tu ou vous?
1 (p 33) like *tu*: du, une, Etats-Unis
like *vous*: Toulouse, douze, le Louvre

UNITÉ 3 PROFESSIONS
Je travaille dans une banque
1 (p 37) 1 b   2 a   3 f   4 e   5 c   6 d
2 (p 37) 1 dans, comme, chez, à   2 dans, comme, chez, à
3 *Vous y êtes?* (p 37)
1 Je travaille à Lyon... 2 ...mais j'habite (à) Grenoble. 3 Je travaille comme comptable. 4 Et vous? 5 Où travaillez-vous?/Vous travaillez où?

6 Ma femme travaille dans une école.
7 Mon père est professeur. 8 Oui, ça me plaît beaucoup.
4 (p 37) Chantal works in Paris as a teacher of French as a foreign language. Two factual errors: she works in Paris, not in London and she works mainly with English-speaking students, not Japanese.

Je travaille de neuf heures à midi
1 (p 39) 1 a   2 e   3 b   4 c   5 d   6 g   7 h   8 f
2 (p 39) a Il est une heure. b Il est trois heures et quart. c Il est sept heures et demie. d Il est neuf heures moins le quart. e Il est dix heures. f Il est onze heures moins vingt. g Il est midi/minuit. h Il est minuit dix/midi dix.
3 (p 39) 1 A Tokyo, il est neuf heures du soir. 2 A Madrid, il est une heure de l'après-midi. 3 A Delhi, il est cinq heures de l'après-midi. 4 A Rio de Janeiro, il est trois heures du matin. 5 A San Francisco, il est huit heures du matin. 6 A Paris il est une heure de l'après-midi.
4 (p 39) 1 FM   2 FG   3 VD   4 FG   5 VD   6 VD   7 FM   8 FM
5 (p 39) Françoise: à   Frank: de, à   Virginie: de, à, jusqu'à

Du lundi au vendredi
1 (p 40) Differences this week: She's playing tennis on Tuesday afternoon; on Thursday she's visiting Corinne. She's a hotel receptionist.
2 (p 41) lundi; jeudi; samedi; mois; dimanche; à la; trois; au; au
3 (p 41) 1 10 years old 2 Monday, Tuesday, Thursday, Friday, and Wednesday morning 3 8.30 a.m. to 11.30 a.m. and 1.30 p.m. to 4.30 p.m.

24 heures de la vie d'une femme
2 (p 42) Elle a quarante-deux ans. Elle vit avec ses enfants. Ils s'appellent Adoum et Stéphane. Adoum a quinze ans et Stéphane a neuf ans. Elle habite Saint-Germain-des-Prés, à Paris. Elle est chef de cabine sur UTA et bénévole à Médecins du monde.
3 (p 43) 1 mon fils aîné   2 tous les trois   3 deux fois par semaine   4 quatre ou cinq fois par mois   5 en fin de matinée   6 après le dîner   7 avec des copains   8 vers 23 h
4 (p 43) 1 UTA   2 long-haul flights   3 Africa, Singapore, San Francisco   4 her husband

UNITÉ 4   VILLE ET CAMPAGNE
J'habite à Anvin
1 (p 47) 1 a   2 f   3 b   4 e   5 c   6 d
2 (p 47) a à Dijon, au centre-ville b au bord de la mer c dans une maison, en banlieue d en Ecosse, à Glasgow e à la

campagne f dans un village de 150 habitants
3 *Allez-y!* (p 47) « Je m'appelle Daniel Lambert. » « J'habite (à) Manchester, dans un appartement en banlieue. » « Je travaille au centre-ville. » « Comment vous appelez-vous? » « Je m'appelle Lucie Cramet. » « Et vous habitez où? » « J'habite dans une maison, dans un village. » « Vous travaillez où? » « Je travaille à Londres, en banlieue. » « Comment vous appelez-vous? » « Je m'appelle Mme Granger, et voici mon mari. » « Et vous habitez où? » « Nous habitons dans un appartement au bord de la mer. » « Vous travaillez où? » « Nous travaillons à Vannes, une petite ville. »

Anvin, c'est dans le nord de la France
1 (p 49) Virginie: neuf, trente, une; Fatira: sud; Anne-Marie: village, cinquante, département
2 (p 49) Chantilly: 40 km de Paris, 10 h 30 – 12 h 45, 14 h – 17 h
Saint-Germain-en-Laye: 13 km de Paris, 9 h – 17 h 15
Rambouillet: 50 km de Paris, 10 h – 12 h, 14 h – 18 h
Fontainebleau: 60 km de Paris, 9 h 30 – 12 h 30, 14 h – 17 h
3 *Allez-y!* (p 49) « Rue Pierre Loti, s'il vous plaît. » « C'est dans le nord de Vannes. » « C'est à dix minutes du lycée Lesage, près du centre commercial de Kercado. »

Verrières, c'est très petit
1 (p 51) 1 c   2 a   3 d   4 b
2 *Vous y êtes?* (p 51) 1 J'aime beaucoup Paris. 2 Vous n'aimez pas (du tout) l'architecture moderne? 3 Nous détestons habiter au centre-ville. 4 Tu aimes (bien) la France? 5 Mes enfants adorent les vacances au bord de la mer. 6 Mon mari n'aime pas beaucoup les week-ends à la maison, c'est trop calme.
3 *Allez-y!* (p 51) « J'habite en banlieue, dans le nord de Londres. » « J'habite dans un appartement. » « C'est agréable et c'est très animé, mais il y a trop de bruit » « Non, je n'aime pas du tout. » « J'habite dans un village à la campagne, à dix kilomètres à l'ouest de Montpellier. » « J'ai une maison. » « C'est très calme et très beau. » « J'aime beaucoup. » « J'habite à Lyon, au centre-ville. » « J'ai un appartement. » « C'est beau. C'est très animé et il y a beaucoup de monde. » « J'adore. »

Le 17e arrondissement
1 (p 52) La cathédrale Notre-Dame – dans le 4e; le Louvre – dans le 1er; les Champs-Elysées – dans le 8e; l'Opéra –

dans le 9e; le Sacré-Cœur – dans le 18^e
2 (p 52) 1 8e huitième   2 7^e
septième   3 36e trente-sixième
3 (p 52) 1 c   2 b   3 a
4 (p 53) 1 Oui, elle aime son quartier.
2 Le 17e se situe dans le nord-ouest de
Paris. 3 Il n'y a pas de monuments
connus. 4 C'est un parc. 5 Il y a un
17e très chic et très bourgeois et il y a
un 17e populaire. 6 Des Maghrébins,
des Africains, des Espagnols, des
Portugais, des Français d'origine
antillaise.
Phonétique
Maison ou appartement
1 (p 53) like *maison:* habitons,
Montbrison   like *appartement:*
campagne, étudiant, ambiance

UNITÉ ÉTAPE 1
Quiz **(p 56)** 1 faux   2 Lyon – Rhône-
Alpes; Marseille – Provence-Alpes-Côte
d'Azur; Rennes – Bretagne; Strasbourg
– Alsace 3 vrai 4 c 5 b 6 b 7 a
8 a 9 c 10 b 11 faux 12 vrai
13 vrai 14 jamais 15 1 Belgique
2 Guadeloupe 3 Canada 4 Sénégal
16 b 17 faux 18 a 19 a 20 c
Mots croisés **(p 57)**
Horizontalement
2 français 6 semaine 8 beau 10
êtes 11 lundi 12 On 13 es 15 en
16 jardin 18 tu 20 appelle 23 ai
24 heure 26 sœur 27 Il
Verticalement
1 trente 3 âge 4 italien 5 maison
7 né 9 quart 14 grands 16 joli
17 du 19 ouest 21 la 22 Quel
25 ou
Document **(p 57)** Words on the van:
bureau, l'entreprise; sign behind van:
banque; signs above the café: brasserie,
bienvenu, bistrot, auto-école
Contrôle langue
1 (p 58) 1 e   2 b   3 h   4 c   5 i
6 d 7 f 8 g 9 a 10 j
2 (p 58) 1 te   2 Tu   3 tes   4 ton
5 ta 6 vous 7 Vous 8 vos
9 votre 10 votre
3 (p 58) au; en; à la; dans le; aux; dans
un; à; en; dans une; au
4 (p 58) a Je n'aime pas du tout la
ville. Ça ne me plaît pas. Il y a
beaucoup de bruit. Il y a trop de
monde. Je préfère la campagne. b Je
déteste la campagne. Il n'y a pas de
magasins. Il n'y a pas de restaurants.
C'est trop calme. Je préfère habiter en
ville!
5 (p 58) 1 Robert   2 Nathalie
3 Nathalie 4 Nathalie 5 Robert
6 Robert or Nathalie 7 Nathalie
8 Robert 9 Robert 10 Robert
6 (p 59) 1 faux   2 vrai   3 faux
4 vrai 5 vrai
7 (p 59) *Femme 1*   habitent, préfère

Femme 2   aimes
Femme 1   aime, adore, aime,
            détestons
Femme 2   aimez, préférez
Femme 1   préfère
Contrôle audio
8 (p 59) 1 false   2 true   3 true
4 false 5 true
9 (p 59) des Anglais, des Japonais, des
Chinois, des Américains, des
Canadiens, des Australiens, des Néo-
Zélandais
Contrôle parole
10 (p 59) « Je m'appelle Catherine
Bommert. » « J'ai trente-deux ans. »
« Oui, je suis mariée. » « J'ai deux
enfants. » « Je suis française. »
« J'habite à Bordeaux. » « C'est le 05
56 62 13 93. » « Je suis professeur
d'espagnol. » « Je travaille dans un
lycée. » « Oui, ça me plaît. »

UNITÉ 5 LES COURSES
Je voudrais un baba au rhum
1 (p 61) 1 c, d   2 b, g   3 e, g
2 *Vous y êtes?* (p 61)
Un pain aux olives, s'il vous plaît.
Une glace à la pistache, s'il vous plaît.
Une tarte aux pommes, s'il vous plaît.
Un gâteau à l'orange, s'il vous plaît.
Un éclair au café, s'il vous plaît.
Une brioche au beurre, s'il vous plaît.
3 *Allez-y!* (p 61) « Quatre tartes aux
pommes, s'il vous plaît. » « Alors je
prends quatre tartes aux fraises. »
« C'est combien, un pain de
campagne? » « J'en voudrais un. Je
vous dois combien? » « Voilà. Merci.
Au revoir, madame. »
revoir. »
4 (p 61) L'éclair au chocolat, le
millefeuille, la tarte à la crème
**J'ai acheté du pain, de la viande,
des fruits**
1 (p 63) des bananes; des biscuits; des
cacahuètes; de la chair à saucisse; des
clémentines; des fruits; du lait; des
légumes; du pain; du papier; du
poisson; de la viande
2 (p 63) Lait, yaourts, œufs, légumes,
vin rouge. The list is correct and
complete.
3 (p 63) 1 They don't buy milk,
vegetables or red wine. 2 Additional
items: cheese.
4 *Vous y êtes?* (p 63) 1 Je voudrais un
morceau de gruyère. 2 J'ai acheté un
pain de campagne. 3 Vous avez de la
glace au café? 4 Je vais prendre un
baba au rhum. 5 C'est combien le
croissant au beurre? 6 Je n'ai plus de
tartes aux fraises. 7 J'adore le fromage
aux noix. 8 Vous aimez le steak au
poivre?
**Qu'est-ce que c'est, le cake aux
olives?**

1 (p 65) a farine: 250 g b levure: un
sachet c œufs: quatre d huile: un
verre/15 cl e vin blanc sec: un verre/15
cl f olives vertes: 200 g g bacon: 120 g
h jambon blanc: 80 g i gruyère râpé:
150 g
2 (p 65) 1 farine, 150 g, un sachet,
œufs, litre 2 250 g, de sucre, un verre,
levure, œufs, 50 g, sel, 100 g, 50 g
3 de farine, de sucre, un demi-litre, de
beurre, trois œufs, une livre
3 (p 65) Une douzaine d'œufs, un litre
de lait, un kilo de pommes, un paquet
de sucre, une bouteille d'huile, une
boîte de tomates, cinq cents grammes
de gruyère/brie/camembert… et quatre
yaourts (aux fraises).
Marché ou supermarché?
1 (p 67) 1 la boulangerie, la boucherie,
une librairie, un marchand de légumes
2 le thé, le café, le fromage, le lait, le
beurre, les œufs 3 de neuf heures à
treize heures et de seize heures à
dix-neuf heures. 4 des produits
d'entretien: la lessive, le liquide
vaisselle, et des boîtes pour son chien
et ses chats.
a, c, e, f
2 *Allez-y!* (p 67) « Je fais mes courses
le samedi matin. » « Je vais au
supermarché près de chez moi parce
que c'est plus rapide. »
« Normalement, j'achète les fruits et les
légumes au marché. » « Le pain, je
l'achète au supermarché. Et puis, le
pain est meilleur en France! »
Phonétique
Du chèvre au marché
1 (p 67) like *chèvre:* père, c'est, je
voudrais, elle, fraises
like *marché:* épicerie, acheté, thé

UNITÉ 6 TOUTES DIRECTIONS
Il y a une pharmacie près d'ici?
1 (p 71) baker's [3], metro station [1],
bank [4], post office [2],
supermarket [5]
3 *Vous y êtes?* (p 71) 1 tout droit
2 Il y a une banque près d'ici?
Où est le cinéma?;   le/la plus proche;
à gauche;   à droite;   Prenez la
première rue à gauche.
4 *Allez-y!* (p 71) 1 Vous sortez d'ici,
vous prenez la rue Gary. Vous tournez
à droite dans la rue de Saint-Etienne.
Vous continuez tout droit, toujours
tout droit jusqu'à l'avenue des Sources.
Les courts de tennis sont sur votre
gauche. 2 Vous sortez d'ici, vous
prenez la rue Gary, vous tournez à
gauche dans la rue de Saint-Etienne,
puis à gauche dans l'avenue du Pont.
La piscine est sur votre droite. 3 Vous
sortez d'ici, vous prenez la rue Gary.
Vous tournez à gauche dans la rue de
Saint-Etienne. Vous continuez tout

droit jusqu'à la rue de Roanne. Vous prenez la deuxième rue à gauche, et le camping est sur votre gauche.

Pour aller à Gare du Nord, s'il vous plaît?

1 (p 72) 1 **a** Direction Grande Arche de la Défense (ligne 1) **b** Direction Porte de Clignancourt (ligne 4) **c** Direction Porte d'Orléans (ligne 4) **2** Direction Châtelet (ligne 11), change at République to Direction Place d'Italie (ligne 5) **3** Direction Porte de la chapelle (ligne 12), change at Montparnasse Bienvenue, Direction Porte de Clignancourt (ligne 4), change at Gare de l'Est, Direction La Courneuve (ligne 7)

2 (p 72) 1 Gare de Lyon **2** her office **3** b, a, c **4** Père Lachaise, Nation **5** 20-25 minutes

3 Vous y êtes? (p 73) 1 Pour aller au Champ de Mars, s'il vous plaît? 2 Je prends Direction Nation. 3 (Vous) changez à St-Michel. 4 (Vous) continuez jusqu'à Gare du Nord.

4 Allez-y! (p 73) Pour aller à la Gare du Nord, d'abord vous prenez la direction Château de Vincennes ou Direction Villejuif. Vous changez à Châtelet et prenez Direction Porte de Clignancourt jusqu'à Gare du Nord.

Au feu rouge

1 (p 74) 1 a **2** a **3** b

2 Allez-y! (p74) « Je traverse la Loire et je prends la rue Nationale... » « Je continue tout droit jusqu'au carrefour de l'Hôtel de Ville. » « Aux feux, je tourne à droite, dans la rue des Remparts. » « Je passe devant le musée, et vos bureaux sont sur la gauche à 100 mètres du musée. »

3 (p 75) f, a, e, b, c, g, d

4 (p 75) 1 Vous arrivez à Montbrison de Saint-Etienne. Vous tournez à gauche sur le boulevard. Vous prenez la première rue à gauche et l'hôtel est sur votre droite. 2 Vous prenez la sortie Montbrison et vous continuez tout droit jusqu'au boulevard. Tournez à gauche sur le boulevard, et puis prenez la deuxième rue à gauche. L'hôtel est sur votre droite. 3 Vous sortez de Notre-Dame et tournez à gauche. Continuez tout droit au carrefour et l'hôtel est sur votre droite.

Le code des panneaux (p 76)

1 b **2** b **3** a **4** b **5** b **6** a **7** b

Phonétique

Le code des mots

1 (p 77) like *code*: port, bonne, bord, like *mot*: eau, gâteau, gros, autre, photo

UNITÉ 7 À TOUTE VITESSE

Un aller-retour, s'il vous plaît

1 (p 80) Paris – voie 18; Vannes – 12 h 05; Dijon – 18 h 30; St-Etienne – quai 10; Londres – 8 h 30

2 (p 81) 1, 2, 6, 8 are correct. 3 I'd like one second class return from Paris to Nice. 4 Can I have a second class single to Calais? 5 Which is the right platform for Paris? 7 What time is the next train to Avignon?

1 g **2** a **3** d **4** h **5** b **6** e **7** c **8** f

3 Vous y êtes? (p 81) 1 Un aller simple pour Toulouse, s'il vous plaît. 2 Un aller-retour pour Marseille, s'il vous plaît. 3 Un aller simple en première (classe) pour Londres. 4 Je voudrais un aller-retour pour Tours en seconde. 5 C'est quel quai pour Paris? 6 Le train pour Strasbourg est à quelle heure?

4 Allez-y! (p 81) « C'est combien l'aller-retour Bordeaux-Toulouse en seconde? » « Je voudrais deux aller-retour s'il vous plaît. » « A quelle heure est le prochain train pour Toulouse? » « C'est quel quai? » « Je vous remercie monsieur. »

Horaires et prix réduits

1 (p 82) single ticket; destination: Bourg-St-Maurice; direct journey; 26 January; full price; two adults

2 (p 82) 1 until 15 November 2 on Mondays 3 except Saturdays and Sundays 4 25 December and 1 January 5 1st class

3 (p 82) 1 11.20 **2** 14.28 **3** 12.21 ou 13.14

4 (p 82) 1 Quimper **2** Auray **3** Vannes

5 (p 83) 1 faux **2** vrai **3** vrai **4** vrai **5** faux

Je voudrais arriver avant dix heures

1 (p 85) renseignements; pour; dois être; peux pas; arrive; réserver; allers simples; peux avoir; non-fumeurs; Voilà

2 Vous y êtes? (p 85) 1 Je dois arriver avant midi. 2 Je ne peux pas voyager demain. 3 Ça fait combien, s'il vous plaît? 4 Je voudrais quatre aller-retour pour Nice. 5 Je veux prendre le train de neuf heures. 6 Vous ne devez pas voyager le dimanche.

3 Allez-y! (p 85) « Bonjour. Je voudrais des renseignements sur un vol pour Londres, pour lundi. » « Je dois être à Londres avant 17 h. » « Je ne peux pas voyager avant midi. » « C'est pour deux personnes et un enfant de moins de deux ans.» « Non, aller simple. » « Je suis végétarien(ne). Je peux avoir un repas végétarien dans l'avion? »

J'y vais en voiture

1 (p 87) 1 d **2** c **3** b **4** a

2 (p 87) 1 6 h 11 **2** 9 h 20 **3** 11 h 52

3 Vous y êtes? (p 87) 1 Je pars à sept heures et demie. Je prends le train à huit heures dix. 2 Je pars avant ma femme. J'y vais à pied et je mets trente minutes. 3 Je pars entre sept heures et sept heures quinze. J'y vais en voiture ou à vélo. 4 J'arrive au bureau vers neuf heures quinze. Je travaille à Paris et j'y vais en bus.

4 Allez-y! (p 87) « Je pars vers sept heures. » « Non, le bureau est près de chez moi, mais je dois prendre trois bus. » « Je ne peux pas, ma femme/mon mari prend la voiture pour aller au travail. » « Je mets environ une heure et 15 minutes. J'arrive au bureau entre huit heures et huit heures et demie. »

36 15 – Code SNCF

1 (p 88) [1] Il faut réserver votre billet à l'avance. [2] Vous pouvez réserver par Minitel. [3] Tapez votre numéro de réservation et retirez votre billet. [4] Compostez votre billet avant de monter dans le train.

2 (p 88) 1 Sélectionnez votre place 2 Effleurez la zone de votre choix 3 Indiquez la gare de départ et de destination 4 Introduisez votre carte et tapez votre code secret 5 Choisissez votre train 6 Prenez votre billet et votre reçu

3 (p 89) Paris, 69, 16, 8 h, 10 h, midi

Phonétique

Liaisons (2)

1 (p 89) Liaisons on tape: Je vais_au travail en voiture; Vous devez_arriver avant midi.

UNITÉ 8 HÔTELS ET CAMPINGS

Vous avez une chambre?

1 (p 93) 1 une nuit, une personne, douche 2 une nuit, deux personnes, salle de bains 3 trois nuits, deux personnes, salle de bains 4 une nuit, une personne, douche 5 une nuit, deux personnes, salle de bains

2 (p 93) 1, 2, 3, 8, 13, 4, 7, 6, 9, 12, 11, 10, 5

3 Vous y êtes? (p 93) 1 Une chambre pour deux personnes. 2 Une chambre pour trois personnes pour trois nuits. 3 Une chambre à deux lits. 4 Vous avez une chambre? 5 Le petit déjeuner est compris? 6 C'est combien? 7 Vous avez un emplacement pour deux nuits? 8 Vous avez une chambre avec douche?

4 Allez-y! (p 93) 1 « Je voudrais une chambre. » « Pour deux personnes. » « Pour quatre nuits. C'est combien? » « Je vous remercie. Au revoir. » 2 « Bonjour. Vous avez de la place pour une caravane et une petite tente? » « Pour une semaine. » « Pour cinq personnes, trois adultes et deux enfants. » « Nous avons un chien. Ça va? »

Nous avons du retard

1 (p 94) 1 b   2 d   3 e   4 a   5 c

2 (p 95) réservé; désolé; panne; retard; vingt; dîner; vous

3 *Vous y êtes?* (p 95) 1 Je suis désolé(e). 2 Je suis vraiment désolé(e). 3 Ma voiture est en panne. 4 L'avion a du retard. 5 J'aurai une heure de retard. 6 Une chambre pour une nuit. 7 C'est encore possible de dîner? 8 J'arriverai à vingt-deux heures.

4 *Allez-y!* (p 95) « Bonsoir. J'ai réservé une chambre. » « Je m'appelle Monsieur Martin. Je suis désolé, mais j'aurai deux heures de retard. » « Je vous remercie. Au revoir. »

La douche ne marche pas

1 (p 96) 1 b   2 d   3 c   4 a

2 (p 97) 1 ne   2 pas   3 de   4 marche   5 eau

3 (p 97) 1 b   2 a   3 d   4 c
Françoise asks if there is any heating. The receptionist replies that it's been switched on and it will be very warm in quarter of an hour.

4 *Allez-y!* (p 97) 1 Je pourrais avoir une serviette de toilette, s'il vous plaît? 2 La télévision ne marche pas. 3 Il n'y a pas de papier hygiénique dans la salle de bains. 4 La douche ne marche pas.

Châteaux et hôtels indépendants

1 (p 98) 1 Hôtel-Restaurant Gold de La Carte 2 Hôtel Groison 3 Château de Beaulieu

Phonétique

bruit; nuits; minuit; Louise; fruit; cuisine.

UNITÉ ÉTAPE 2

Quiz (p 102) 1 faux   2 b   3 le surgelé   4 vrai   5 Montbrison   6 a   7 c   8 a   9 a   10 b   11 c   12 c   13 faux   14 Carte Senior   15 une rivière, un pont, trois vélos, trois enfants/garçons, une maison, un restaurant, de l'eau, un homme, (un cygne)

Mots croisés (p 103)
Horizontalement
1 aller   4 métro   7 se   8 ai   9 midi   11 car   12 sa   14 vin   15 ascenseur   17 ma   20 chaude   21 rue   24 en   25 au   26 et   29 son   30 boucherie
Verticalement
1 as   2 le   3 raisin   4 mi   5 tarte   6 œufs   8 ai   10 dans   11 chambre   13 gauche   14 veux   16 sa   18 nuits   19 devant   22 un   23 gare   27 du   28 ai

Document (p 103)
(Possible answers)

L'hôtel s'appelle l'Hôtel du château. C'est un hôtel deux étoiles.
L'hôtel se trouve dans le nord-ouest de la France.
Il y a un restaurant gastronomique.
Il y a une salle pour séminaires.
Il y a 36 chambres.
Il y a un garage.
Il y a un parking privé...

Contrôle langue

1 (p 104) 1 b   2 a   3 c   4 c   5 d   6 c   7 b   8 a   9 b   10 d

2 (p 104) à la; de la; des; aux; à la; des; au; aux; du; de l'

3 (p 104) fais; vais; vas; prends; dois; met; peux; dois; as; va

4 (p 104) 1 c   2 d   3 a   4 e   5 j   6 b   7 f   8 h   9 g   10 i

5 (p 105) 1 Pour aller à la Banque de France? 2 Montez l'avenue de la Liberté. 3 Continuez tout droit jusqu'au rond-point. 4 Tournez à droite au rond-point. 5 Prenez la deuxième rue à gauche. 6 La Banque de France est dans la rue du château. 7 C'est en face du château. 8 C'est loin d'ici? 9 Non, c'est à cinq minutes. 10 Je vous remercie.

6 (p 105) voudrais; billet; simple; retour; aller; première; quel; part; arrive; combien

Contrôle audio

7 (p 105) apples; 2 grapefruit, 1 €; 1 lettuce, 1,50 €; 0,60 €; Total: 5 €.

8 (p 105) 1 c   2 a   3 d   4 b
Golden; roses; frisée; petite

Contrôle parole

9a (p 105) « Bonjour, monsieur. Vous avez une chambre, s'il vous plaît? » « Pour trois nuits. » « Pour deux personnes. » « Une chambre avec un grand lit. » « Je préfère la chambre avec douche et WC. » « Madame Ledru. »

9b (p 105) « Je suis dans la chambre soixante-quinze. » « Il n'y a pas de serviette dans la salle de bains. » « La douche ne marche pas. » « La télévision ne marche pas. » « Et je voudrais un autre oreiller, s'il vous plaît. »

UNITÉ 9 INTÉRIEURS

J'ai un trois-pièces

1 (p 106) 1 Non, il y a deux chambres. 2 true   3 true   4 Non, la cuisine est au premier étage.   5 Non, c'est un trois-pièces.   6 Non, elle habite au deuxième étage.

2 (p 107) 1 Yes   2 a bedroom

3 *Allez-y!* (p 107) 1 J'habite dans une maison. 2 C'est une maison de ville. 3 Elle donne sur la rue. 4 J'ai un jardin et une cour mais je n'ai pas de garage. 5 Il y a six pièces. 6 La cuisine est au rez-de-chaussée.

5 (p 107)
1 1 a   2 d
2 maison, appartement, étage, avec, ascenseur, entrée, séjour, chambre, salle de bains, toilettes, jardin, garage, cuisine équipée
3 C'est un appartement au centre-ville dans un beau parc. C'est un trois-pièces au deuxième étage avec un balcon, une entrée, une cuisine équipée, un séjour, une salle de bains et un WC. Il y a deux chambres, de multiples placards et une cave. Cet appartement est à 75 000 €

J'habitais en Seine-et-Marne

1 (p 108) She lived in a *maison de village* not a *maison de ville*. There were six rooms, not ten. There were two bedrooms, not six. It's quieter in Montbrison, not in Seine-et-Marne.

2 (p 108) 1 habitais   2 était   3 était   4 avait   5 avions

3 *Vous y êtes?* (p 109) 1 Avant, il y avait deux chambres. 2 Avant, c'était trop calme. 3 Avant, j'étais architecte. 4 Avant, on avait huit chats. 5 Avant, je travaillais dans un bureau. 6 Avant, nous habitions en Seine-et-Marne.

4 *Allez-y!* (p 109) 1, 10, 3, 6, 5, 2, 7, 4, 9, 8. Heureux–heureuse lines 9,10.

Moi, je fais la vaisselle

1 (p 111) 1 vrai   2 faux   3 vrai   4 faux   5 faux   6 vrai

2 (p 111) très souvent, qui fais; je fais; souvent, faire, De temps en temps, fait

3 *Vous y êtes?* (p 111) 1 Qui fait quoi chez vous? 2 Vous faites souvent la vaisselle? 3 Je fais la cuisine tous les jours. 4 C'est toujours mon mari qui fait le ménage. 5 Mes enfants font les courses et ma femme préfère faire le repassage… 6 …alors, c'est moi qui fais tout le ménage. 7 Je ne fais jamais les vitres. 8 De temps en temps, je fais les courses pour ma mère.

4 *Allez-y!* (p 111) « Je suis professeur de danse. » « Je ne suis pas mariée, mais je vis avec quelqu'un. » « Oui, j'ai deux enfants. » « Eh bien, je fais la cuisine, je fais la lessive, le repassage. Et je fais le ménage. » « Il est acteur et travaille le soir, alors de temps en temps, il fait le ménage, le matin. Et il fait les courses. » « Je suis retraité. » « Je suis veuf mais je vis avec mon fils. » « Mon fils a vingt-huit ans. » « Moi, je fais le ménage, je fais les courses et la lessive. » « Mon fils est au chômage et il fait la cuisine. » « Je suis infirmier de nuit. » « Oui, je suis marié. » « Oui, j'ai un bébé. » « Moi, je passe l'aspirateur et je fais les lits. » « Ma femme ne travaille pas et c'est elle qui fait le linge et le repassage. On fait les courses et la cuisine tous les deux. »

Styles de vie

1 (p 112) grosse, énorme, petit, belle, petite, grand

2 (p 112)
très belle affaire, grosse demeure Nointel, beau salon, grande cuisine moderne toute équipée, petite cuisine à l'étage, parc magnifique

3 (p 113) 55%, 40%, 5%; 75%, 25%; 50%

4 (p 113) 77%; 25%; 93%; 93%; 17%

5 *Allez-y!* (p 113) Avant, j'habitais dans un grand appartement avec un beau séjour avec télévision, chaîne hi-fi et magnétoscope. Il y avait quatre petites chambres, deux salles de bains et une cuisine moderne. J'avais aussi un petit jardin. C'était magnifique!

UNITÉ 10 LOISIRS
Je fais du théâtre

1 (p 117) 1 part à la campagne, jardine, bricole, fait des promenades 2 travaille, reste à la maison, écoute de la musique et lit 3 fait du sport, regarde la télé 4 va au théâtre, visite des musées, fait du sport

2 (p 117) de la; tous; au; par; du; aux; à la; du; des

3 *Vous y êtes?* (p 117) 1 Je jardine. 2 Je fais les courses. 3 Je reste à la maison. 4 Je regarde la télé tous les jours. 5 Je joue au tennis deux ou trois fois par semaine. 6 Je joue du piano. 7 Je ne vais jamais au cinéma. 8 Je vais souvent dans les musées.

4 *Allez-y!* (p 117) Maria: « Je regarde la télévision, j'écoute de la musique. » « Je fais les courses et je fais des promenades. » Bob: « Je fais du vélo. Je vais à la piscine. » « Je vais souvent au cinéma. » Christine: « Je vais au théâtre et dans les/aux musées. » « Je vais au restaurant avec des amis. » Amir: « Je jardine, je bricole. » « Je joue au football. »

Je ne sais pas nager

1 (p 119) monter à cheval [oui]; jouer d'un instrument de musique [oui]; chanter [non]; faire la cuisine [non]; nager [oui]

2 (p 119) René: la pêche à la truite; Chantal: le cinéma; Denis: la lecture, la télévision de temps en temps, la pêche; Nanou: la lecture, les objets d'art, aller dans les musées, la musique; Gilles: le cinéma, la bande dessinée

3 *Vous y êtes?* (p 119) 1 J'adore jouer au tennis, je joue tous les week-ends. 2 Je sais monter à cheval, mais je ne sais pas conduire. 3 Vous savez jouer aux échecs? 4 J'aime jouer aux échecs, mais j'y joue mal. 5 Je n'aime pas bricoler. 6 Je joue très bien du violon. 7 Je déteste faire la cuisine, je préfère aller au restaurant. 8 J'adore aller au

théâtre.

4 *Allez-y!* (p 119) Je m'appelle Irène, j'adore faire du sport. Je joue bien au tennis. Je sais monter à cheval, mais je ne sais pas nager. Je déteste aller au théâtre ou au cinéma.
Je m'appelle Naresh. Je déteste faire du sport, j'aime jouer aux échecs, mais j'y joue mal. J'adore chanter et aller à l'opéra. J'aime bricoler aussi.
Je m'appelle Erica. J'aime faire la cuisine et j'aime bricoler. Je sais monter à cheval, mais j'en fais seulement deux ou trois fois par an. J'adore aller au théâtre, mais je n'aime pas aller au cinéma.

Je t'invite à déjeuner

1 (p 121) 1 a cinema   b accepts
2 a restaurant   b turns it down
3 a Van Gogh exhibition   b accepts
4 a dinner at home   b turns it down

2 (p 121) 1, 5, 4, 2, 3, 6, 7, 9, 8, 10

3 (p 121) Answers if you want to be invited out again: 1, 4, 6, 7
Answers if you don't: 2, 3, 5, 8

4 *Vous y êtes?* (p 121) 1 J'aimerais aller au restaurant. 2 Voulez-vous/Veux-tu venir avec moi? 3 Si vous voulez/Si tu veux. 4 C'est dommage, mais je ne peux pas. 5 Je suis désolé(e), mais je ne peux pas. 6 On se retrouve à deux heures.

5 *Allez-y!* (p 121) 1 « J'aimerais bien, mais je ne peux pas. Je suis désolé(e).»
2 « D'accord, c'est à quelle heure? » « Alors, on se retrouve à six heures et quart devant le cinéma? »
3 « Tu veux venir au restaurant avec moi ce soir? » «Samedi soir, alors? » « A huit heures à 'La Bonne Table'. »
4 « Vous voulez venir boire un verre avec moi? » « A six heures et demie. » « D'accord. A tout à l'heure. »

Les loisirs des Français

1 (p 122) 1 au cours des douze derniers mois; au cours des cinq dernières années. 2 a video recorder. 3 un quotidien, un hebdomadaire, un livre 4 Vous avez des disques compacts? 5 Je fais une collection de disques compacts.

2 (p 122) 1 15-19   2 15-19   3 20-24
4 35-44   5 65+   6 65+

3 (p 122) 1 vrai   2 vrai   3 vrai
4 faux   5 faux   6 faux   7 faux
8 vrai

4 (p 123) 1 a le poste de radio FM, le baladeur, la chaîne hi-fi, le disque, la cassette, le disque compact b le jazz, le rock, la musique classique, l'opéra c 'la baisse des prix' d 'au moins un jour sur deux' e 'deux tiers des ménages'
2 The number of French people who listen to records or cassettes at least every other day.
3 Listen to records or cassettes.

Phonétique
Je t'invite demain

1 (p 123) Same sound as *demain*: dessin, important, américain, cousin, vin,

UNITÉ 11 BON APPÉTIT!
Mon plat préféré, c'est le steack-frites

1 (p 127) 1 c   2 b   3 d   4 a

2 *Vous y êtes?* (p 127) 1 Quel est votre dessert préféré? 2 Je ne suis pas très sucré. 3 Je n'aime pas tellement le poulet, je préfère le bœuf. 4 Mon plat préféré, c'est le steack-frites. 5 Je déteste tout ce qui est à base de fromage. 6 J'adore le poisson parce que je suis né(e) au bord de la mer.

4 *Quiz* (p 127) 1 less money   2 less time   3 more frozen and tinned food 4 only in an emergency   5 prefer to

Un jambon beurre, s'il vous plaît!

1 (p 129) Brasserie n⁰ 1: a ham sandwich, salad instead of chips at no extra charge   Brasserie n⁰ 2: a table outside on the terrace, a cheese omelette, a very polite waiter

2 *Vous y êtes?* (p 129) 1 Je peux manger à la terrasse? 2 Qu'est-ce que vous avez comme sandwiches? 3 Je vais prendre un jambon-beurre. 4 Vous n'avez pas d'omelettes? 5 Il n'y a plus de frites. 6 Je vais prendre un café-crème, s'il vous plaît. 7 Il n'y a pas de pain. 8 Vous n'avez que de la glace à la vanille?

3 (p 129) 1 b   2 b   3 a

Pour moi, un menu du jour!

1 (p 130) 1 Virginie   2 Alan has the kir, Jean-Paul the Suze nature.

2 (p 130) 1 b   2 a   3 e   4 c
5 d   6 f

3 (p 130) 1 vrai   2 faux   3 vrai

4 (p 130) 1 tarte aux pommes, vacherin, soufflé glacé aux amandes, glaces, fruits 2 Virginie: une tarte aux pommes; Alan: un fruit; Jean-Paul: un vacherin 3 Yes   4 the bill

5 *Allez-y!* (p 131) Possible answers:
« Non, merci. » « Oui, je prendrai un menu du jour. » « Oui, c'est bien. » « Je peux avoir le coq au vin à la place de l'escalope, s'il vous plaît? » « Une demi-bouteille de vin blanc. » « Oui, merci. » « Pas de fromage, merci mais je prendrai un dessert. » « Une tarte aux pommes, s'il vous plaît. » « Oui, et l'addition en même temps. »

6 *Quiz* (p 131) 1 faux   2 faux
3 faux   4 faux   5 vrai   6 vrai

S'il vous plaît!

1 (p 132) 1 b   2 a   3 a   4 a   5 c   6 a

2 *Allez-y!* (p 133) « Je voudrais un kir, s'il vous plaît. » « Je voudrais le menu à 18 €, mais est-ce que je peux avoir une salade de tomates à la place de la

ANSWERS

quiche au jambon? » « Qu'est-ce que c'est, une blanquette? Est-ce qu'il y a de la viande dedans? » « C'est bien, je prendrai une blanquette. » « Oui, merci. Je peux avoir encore de l'eau, s'il vous plaît? » « Il y a une erreur dans l'addition. »

Phonétique
1 (p 133) Words with a *ye* sound: spécialité, tradition, monsieur, mayonnaise

UNITÉ 12 FORME ET SANTÉ
J'ai mal à la tête
1 (p 137) 1 c 2 d 3 b 4 f 5 e 6 a

2 (p 137) Colette Thomas: le mercredi 16 mars, à quatorze heures trente
Pierre Jullien: le vendredi 11 mars, à neuf heures et demie

3 *Vous y êtes?* (p 137) 1 J'ai mal à la tête. 2 Elle a mal au dos. 3 Il a mal aux pieds. 4 J'ai de la fièvre. 5 Est-ce que je peux voir un docteur? 6 Est-ce que je peux prendre rendez-vous avec le dentiste? 7 Je ne me sens pas bien. 8 Ça fait mal.

4 *Allez-y!* (p 137) « Je voudrais prendre rendez-vous... » « J'ai mal à la tête et j'ai mal au cœur. » « Cet après-midi à quatorze heures trente? D'accord. » «Claude Dunant. D.U.N.A.N.T. »

Quelque chose pour la toux
1 (p 138) 1 tête; mal; suis; de la; grippe 2 rhume 3 fait; laryngite 4 bronchite; fumer
2 (p 139) 1 f 2 d 3 e 4 b 5 a 6 g 7 c
1 l'aspirine, les antibiotiques, le paracétamol 2 attention à ..., gare aux ... 3 une narine, le sinus, les oreilles 4 le mouchoir en tissu 5 l'automédication
3 *Vous y êtes?* (p 139) 1 Je voudrais des comprimés. 2 deux fois par jour 3 J'ai la grippe. 4 J'ai un rhume. 5 J'ai de la fièvre. 6 Restez au lit. 7 Arrêtez de fumer. 8 Je voudrais quelque chose pour le mal de ventre.

Ça va mieux?
1 (p 140) The doctor made the following statements: 1, 3, 4, 6
2 (p 140) 1 int. 1 2 int. 3 3 int. 2 4 int. 1 5 int. 3 6 int. 2 7 int. 2 8 int. 3
3 *Vous y êtes?* (p 141) 1 Je ne fume pas. 2 Je ne bois que de l'eau. 3 Je mange plus de fruits et de légumes. 4 Je mange moins de sucre. 5 Je me sens beaucoup mieux. 6 Je suis attentif/ve à ma santé.
4 (p 141) malade; de plus en plus; mieux; fumer; plus de; davantage de; moins de
5 (p 141) 1 daily; per year 2 3 litres; a lot better than the national average;

30% 3 male: fallen; female: risen

Que faire?
1 (p 142) 1 Ear, nose and throat complaints 2 1-2 teaspoons, two or three times a day 3 5 days 4 une cuiller à café 5 orange 6 one soup spoon, four times a day 7 an ingredient in the medicine may give a positive result in anti-drug testing 8 shake it
2 (p 143) 1 true 2 false: it is a remedy for flu 3 true 4 false: but the tablets should be dissolved in a little water and given to the baby on a spoon or in a bottle 5 false: take the medicine 15 minutes before or one hour after a meal a once a week b two or three times at six-hour intervals c morning and evening for one to three days

UNITÉ ÉTAPE 3
Quiz (p 146) 1 faux 2 a 3 le sous-sol 4 c 5 l'équitation 6 c 7 vrai 8 a 9 c 10 vrai 11 les surgelés 12 b 13 c 14 faux 15 l'ordonnance
Mots cachés (p 147) a séjour, chambre, cuisine b oreille, tête, pied c grippe, bronchite, rhume d tennis, équitation, gymnastique d fromage, jambon, glace
Document (p 147) 1 18 euros 2 monthly 3 fête des Mères; trucs et astuces; pigeonneaux farcis; au banc d'essai 4 le rosé d'Anjou; le Côtes du Rhône Village; le Pessac-Léognan; fête des Pères; tomates farcies; je n'ai jamais rien lu d'aussi bon; elle n'a jamais rien mangé d'aussi délicieux/bon
Contrôle langue (p 148)
1 1 d 2 h 3 a 4 g 5 c 6 i 7 j 8 f 9 e 10 b
2 mal – bien; plus – moins; froid – chaud; jeune – vieux; sucré – salé; toujours – jamais; saignant – bien cuit; malade – en bonne santé; adorer – détester; grand – petit
3 aspirateur; vaisselle; courses; cuisine; jardine; bricole; lessive; repassage; vitres; ménage
4 1 en 2 y 3 en 4 y 5 en
5 étais; avais; habitait; avait; était
6 avez; vais; comme; vous; plat; désolé; avons; boisson; bouteille; eau
Contrôle audio (p 149)
7 dimanche; préférées; promenade; allez; famille; restaurant; loisirs
8 Saturday a.m.: ironing, cleaning the house, shopping; Saturday p.m.: sport; Sunday a.m.: cooking; Sunday p.m.: outings
9 2, 4, 5, 8
Contrôle parole (p 149)
10 « Oui, bonne idée. » « Non, je ne peux pas ce soir. Je regrette. »

« D'accord, à quelle heure? » « D'accord, on se retrouve où? » « Au Bistrot Cézanne, c'est parfait. A jeudi alors. »
11 « Je ne me sens pas bien... Je suis très fatigué(e)... J'ai mal à la tête... J'ai mal au dos... Et j'ai de la fièvre. »

UNITÉ 13 AU TRAVAIL
Le plus beau métier
1 (p 151) 1 plus 2 le plus 3 moins 4 aussi 5 le plus 6 le moins
2 (p 151) Direction générale: Mme Bernet; Fabrication: M. Parc; Service du Personnel: Mme Loy; Conception: M. Massot; Publicité: M. Rio; Service des ventes: Mme Simon
3 (p 151)
• 54%; 46%
• enfants; retraités; femmes; chômeurs
• 3.300.000; 12%
• 20%; 60
4 *Vous y êtes?* (p 151) 1 Je travaille dans la publicité. 2 C'est le travail le plus intéressant. 3 Vous êtes responsable de quoi? 4 Je suis chef du personnel.

Qu'est-ce que tu vas faire?
1 (p 153) 1 d 2 b 3 a 4 c 5 nothing suitable
2 *Vous y êtes?* (p 153) 1 Qu'est-ce que tu fais dimanche? 2 Tu vas faire quel métier? 3 Tu auras quel diplôme après tes études? 4 J'aurai un BTS de tourisme. 5 Mes études vont durer trois ans. 6 Je vais faire un stage.

Vive la retraite!
1 (p 155) Je suis d'Hesdin. J'habite le sud de l'Espagne maintenant. J'étais restaurateur-hôtelier. Je vis avec ma femme. C'est un pays très agréable.
2 (p 155) 1 me 2 nous 3 m' 4 se 5 te 6 se
1 7.00 2 13.00 3 11.00 4 9.30 5 6.30 6 5.00
3 *Vous y êtes?* (p 155) 1 Ma femme était journaliste. 2 Elle travaillait à domicile. 3 Nous sommes à la retraite depuis 1991. 4 J'habite ici depuis trois ans. 5 Je me réveille à six heures trente, je me lève à sept heures, et je me prépare en dix minutes. 6 Vous vous ennuyez à la maison?
4 *Allez-y!* (p 155) Je suis à la retraite depuis deux ans. J'étais professeur. Maintenant je m'occupe à la maison et je voyage beaucoup. Je ne m'ennuie pas. Je me lève tard et je me repose l'après-midi.

Je peux laisser un message?
1 (p 156) 1 c 2 d 3 a 4 b
2 *Vous y êtes?* (p 156) 1 Vous pourriez me passer Mme Belon? 2 Simon Durell à l'appareil. 3 Je rappellerai plus tard. 4 Je peux laisser un message? 5 Elle pourrait me rappeler?

3 *Allez-y!* (p 156)
« Bonjour, je pourrais parler à Madame Simon, s'il vous plaît? » « Je peux la rappeler plus tard? » « Est-ce qu'elle pourrait me rappeler? » « Oui, c'est… au … Merci, madame. Au revoir. »

4 (p 156) Alain Sicret: non; Estelle: oui (mercredi 10 – 12); Gérard Lautner: oui (lundi 15h)

5 (p 156) a M. Sicret   b M. Lautner
c Estelle

6 *Vous y êtes?* (p 157) 1 Etes-vous libre lundi prochain? 2 Je suis libre de quinze à seize heures. 3 On peut se réunir au mois d'avril? 4 Je serai pris(e) toute la journée du lundi dix-huit mars.

Phonétique
1 (p 157) Pronounced with dropped 'e': A la semaine prochaine; Tu me passes mon livre?; Mon petit restaurant; Je vous le passe

UNITÉ 14 PLAIRE ET SÉDUIRE
Vous me faites un paquet-cadeau?
1 (p 160) a JP b V   c V   d V   e JP
f JP   g V
a 1   b 2   c 6   d 7   e 5   f 3   g 4

2 (p 161) à manger: de la pâtisserie, un dessert, des chocolats
à boire: une bonne bouteille, un bon vin, un bon alcool
à regarder: des fleurs, un petit cadeau pour la maison
Not mentioned in Culturoscope: un bon vin, un bon alcool

3 *Vous y êtes?* (p 161) 1 Je cherche un cadeau pour un(e) ami(e). 2 C'est en vitrine. 3 C'est pour offrir. 4 Je peux regarder les tableaux? 5 Je vais prendre celles-ci. 6 Je prendrai celui-ci. 7 Je prendrai ceux-là. 8 Je prendrai celle-là.

4 *Allez-y!* (p 161) « Je cherche un cadeau pour un(e) ami(e). » « Je ne sais pas. Des bonbons, ou une boîte de chocolats. » « Je vais prendre ceux-ci. » « Vous me faites un paquet-cadeau? » « Merci, au revoir, madame. »

Je fais du 38
1 (p 163) 1 un pantalon noir, taille 46, 63 euros 2 une chemise verte, taille 40, 49 euros 50 3 des chaussures en marron, pointure 44, 129 euros 50 4 un pull en soie rose, taille 40, 90 euros 70

2 (p 163) 1 false 2 true 3 false
4 false 5 true
a light blue and white; dark blue and white; dark green and white b 48 €
c 40 €

3 *Vous y êtes?* (p 163) 1 Je cherche une chemise en coton. 2 Je voudrais une veste en cuir. 3 Bleu, blanc et rouge. 4 Je le prends/Je vais le prendre. 5 Elles sont trop petites. 6 C'est trop court. 7 Je fais du trente-huit. 8 Ça ne

me va pas.

Un grand brun aux yeux bleus
1 (p 164) 1 1m 90/1m 80; aux cheveux grisonnants/blonds; avec des yeux bleus/clairs; il porte des lunettes; il est très aimable, très intéressant, il a le sens de l'humour 2 Height and precise colour of eyes and hair 3 middle photo

2 (p 164) 1 très belle, brune, les cheveux longs, les yeux verts, sportive, très marrante 2 très petite, brune, les cheveux très courts, les yeux bleus, l'air excentrique, elle porte des vêtements bizarres 3 grande, mince, les cheveux longs, les yeux bleus, très belle, très calme, très douce
Description 3 fits her best.

3 *Vous y êtes?* (p 165) 1 Il est grand et mince. 2 Elle est petite et grosse. 3 J'ai les cheveux gris et les yeux marron. 4 Elle est sympa. 5 Il est très intelligent. 6 Je porte des lunettes. 7 Il a les cheveux courts et frisés. 8 Il est très drôle.

4 *Allez-y!* (p 165) « Devant le café-bar, c'est ça? » « Je suis très grand(e) et mince, et j'ai les cheveux blonds. » « Je porterai un jean et une chemise bleue. » « Et je porte des lunettes. » « Mais non, la Gare du Nord! »

Merci mille fois
1 (p 166) 1 a She thanks her host the next day by phone. b She sends them a small, personalised card. 2 She prefers to thank her host on the spot because she likes to see their reaction. 3 The first person does as the book.

2 (p 166) 1 Merci d'avoir organisé… 2 cette excellente soirée 3 cette très agréable soirée 4 tout était parfait 5 sympathique(s) 6 marrant(s) 7 A bientôt 8 Je vous embrasse.

3 (p 166) Odile, Bernard: 1; Audrey, Jean-Marc: 2; Louise: 3; Dominique: 4; Louise, Paul: 5

4 (p 166) Chers Philippe et Marie-Christine, Merci encore d'avoir organisé cette très agréable soirée. La cuisine était excellente. J'ai eu beaucoup de plaisir à rencontrer vos amis et vos enfants, que j'ai trouvés très marrants. A bientôt,

Phonétique
1 (p 167) like *fleur*: peur, veuf, beurre
like *bleu*: peu, je veux, six œufs

UNITÉ 15 PAR TOUS LES TEMPS
Quel temps fait-il?
1 (p 171) 1 Robert: en été il fait beau et chaud, il y a du soleil, aussi des orages, il pleut assez souvent Nadine: en hiver et au printemps il neige, il fait très froid mais il y a souvent du soleil. L'été, il pleut assez souvent et il y a des orages Fadila: il fait beau en été et en hiver, en été il fait très, très chaud, il ne

pleut pas souvent, mais il y a du vent Yannick: il pleut, il y a du soleil, c'est souvent humide, il ne fait pas vraiment froid en hiver, il ne fait pas vraiment chaud en été 2 Bretagne: Yannick; Côte d'Azur: Fadila; Alsace: Robert; Rhône-Alpes: Nadine

2 (p 171) Radio forecast is for map b (23 september)   Comments 2, 4 apply to the recording

3 *Vous y êtes?* (p 171) 1 Quel temps fait-il? 2 Il fait beau et chaud. 3 Il ne neigera pas/Il ne va pas neiger. 4 Il y a trop de vent. 5 Il pleuvra dans la matinée. 6 Il n'y a pas de nuages.

Je joue dans un club
1 (p 172) 1 g   2 e   3 d   4 h   5 c
6 i   7 b   8 j   9 a   10 f

2 (p 173) 1 le football et le tennis
2 le vélo 3 la natation 4 le tennis
5 la gymnastique et l'aérobic

3 (p 173) 1 b   2 b

4 *Vous y êtes?* (p 173) 1 Je m'intéresse au cyclisme. 2 Je joue au tennis même quand il pleut. 3 Quand j'étais jeune… 4 … je faisais du ski en hiver. 5 Il y a dix ans, je jouais régulièrement au football.

5 *Allez-y!* (p 173) « Non… je ne suis plus très sportif/sportive. » « Oui, il y a quinze ans, je faisais de la gymnastique tous les jours. » « Je jouais au tennis dans un club. » « Non, je jouais même quand il pleuvait et qu'il faisait froid. » « Maintenant, je préfère regarder le tennis à la télé. »

Sports d'hiver
1 (p 174) Méribel: pistes, équipements sportifs, équipements loisirs; Les Menuires: enneigement, équipements sportifs, équipements loisirs They decide to go to Méribel

Phonétique
2 (p 175) auto**mo**bile; nat**ation**; **de**main; **beau**; **So**phie

UNITÉ 16 VOYAGES
Je suis parti à la montagne
1 (p 179) 1 England, Italy, Spain, Corsica, Senegal, Guinea, Kenya, Tanzania 2 flowers and animals 3 She rested 4 Tanzania
5 elephants, lions, gnus, giraffes

2 (p 179) Angleterre; avais; Italie; suis; Sénégal; Kenya; semaine; ai; avait; magnifique

3 (p 179) 4, 2, 6, 3, 1, 5

4 (p 179) a 3   b 5   c 2   d 1   e 6
f 4

5 *Vous y êtes?* (p 179) 1 C'était nul. 2 C'était super. 3 Je ne suis pas parti(e) en vacances. 4 On a mal dormi. 5 C'était très agréable. 6 J'ai visité l'Espagne et l'Italie. 7 Il y avait de belles plages.

Je pense partir dans les Alpes

1 (p 181) 1 a yes b in France 2 a yes
b abroad (Chicago) 3 a yes b abroad
(Spain) 4 a no 5 a yes b abroad
(India) 6 a yes b in France
2 *Vous y êtes?* (p 181) 1 Elle part
demain. 2 Je vais me reposer. 3 Il
espère aller 3 semaines en Inde. 4 On
ne part pas cette année./Nous ne
partons pas cette année. 5 On ira en
Australie en décembre./Nous irons en
Australie en décembre. 6 Il pensent
visiter la Martinique.
3 *Allez-y!* (p 181) « Je pense aller aux
Antilles, à la Martinique, avec des
amis. » « J'espère rester trois
semaines. » « Oui, je vais loger dans
un hôtel avec piscine et courts de
tennis. »

Ma voiture ne démarre pas
1 (p 182) 1 b 2 a 3 b 4 a 5 b
2 (p 182) 6 is not said
3 *Quiz* (p 183) 1 a 2 b 3 b 4 c
5 a
4 *Vous y êtes?* (p 183) 1 Est-ce que
vous faites des réparations? 2 Ma
batterie est à plat. 3 J'ai une crevaison.
4 Ma voiture ne démarre pas. 5 Ça va
être long? 6 La roue est dans le coffre.
7 Vous êtes bien gentil. 8 J'ai une
Citroën blanche.
5 *Allez-y!* (p 183) « La voiture ne
démarre pas. » « Oui, je pense que la
batterie est à plat. » « Voilà. Ça va être
long? » « D'accord. A tout à l'heure. »

Phonétique
1 (p 183) – Tu as passé de bonnes
vacances? ↗ – Non! ↘ La plage
était sale, ↗ l'eau était froide, ↗
et l'hôtel était nul! ↘ – Quels pays
avez-vous visité? ↘ – La France,
↗ l'Italie, ↗ l'Espagne ↗ et la
Suisse. ↘

UNITÉ ÉTAPE 4
Quiz (p 186) 1 faux 2 c 3 a
4 vrai 5 un domicile 6 a 7 la soie
8 a 9 faux 10 c 11 a 12 c
13 le manteau 14 vrai 15 b
Mots cachés (p 187) a rouge, blanc,
vert b chemise, jupe, manteau
c acteur, médecin d volant, moteur,
roue e neige, pluie, brouillard
Document Nous, vous, îles = Nous,
vous, ils
Contrôle langue (p 188)
1 1 b 2 a 3 c 4 a 5 b 6 c 7 c
8 b 9 b 10 a
2 Avant je travaillais dans un
restaurant à mi-temps. J'étais
responsable de la gestion. Mais depuis
deux ans mon mari est au chômage.
Alors j'ai changé de travail.
Maintenant je travaille à plein temps
dans un hôpital.
3 1 b 2 e 3 d 4 c 5 a
4 étais; prenait; allait; jouaient;

pleuvait; allais; faisait; jouais; allait;
amusait
5 sont allés; ai travaillé; partirai;
choisira; fera; pourra; ira; irai; iront;
passer
6 parler; réunion; laisser; pouvez;
rappeler
Contrôle audio (p 189)
7 1 a 2 b 3 a 4 b 5 a 6 b
8 Combien; Français; Environ;
vacances; partent; vingt; l'étranger;
deux; part
Contrôle parole (p 189)
9 Aujourd'hui il fait beau. Il y a du
soleil et il fait chaud. Ving-cinq degrés.
Demain il pleuvra et il y aura du vent.
10 « C'est combien cette veste? » « Je
peux l'essayer? » « 42. » « En vert, s'il
vous plaît. » « Non, elle est trop
grande. »

UNITÉ 17 LANGUES ET TRAVAIL
Les jobs d'été
1 (p 190) – Person to help with
removals: driving licence preferred
– Grape, fruit and vegetable pickers:
must be at least 16, no training
necessary – Leader in a holiday camp:
must be dynamic, feel capable of
supervising a group of children and
have plenty of ideas for activities, must
sign up for a BAFA. – Waiters: no
training needed. – Workers in leisure
parks: must be at least 18, good
appearance and fluent English, a
second foreign language is preferred –
Manager in a supermarket or shop:
must be at least 18, students in
management studies often recruited
– Petrol pump attendant, motorway toll
collector, car park cashier – Office
worker in bank, insurance company: 18
and over, must speak at least one
foreign language and pass a test
– leisure park worker, office workers
2 (p 190) 1 Nicolas: parcs de loisirs
2 Nathalie: garages 3 Alexandre:
animateurs de centres de vacances
4 Marina: emplois de bureau
3 (p 191) 1 a 2 c 3 a, c, d 4 a
5 b 6 b
4 (p 191) fraises; vacances; cueillir;
l'argent; nuit; s'acheter; l'heure; kilo;
travaille; quarante-cinq
Les stages en entreprises
1 (p 192) 1 true 2 true 3 false: 18
4 false: du lundi au vendredi
5 true 6 false: cinq semaines 7 false:
6 à 8 jeunes par an 8 true
2 (p 192) 1 les horaires de travail
2 rémunération 3 ils sont payés le
double 4 nous accueillons six jeunes
par an 5 sans rémunération
4 (p 193) Caroline: stage chef de
publicité; David: stage traduction:
Thierry: stage aide-réceptionniste;

Valérie: stage études statistiques
5 (p 193) 1 b 2 b 3 a 4 b 5 b
6 a 7 b
Le télétravail
1 (p 194) 1 a, b, c, f 2 a, b, d, f
3 a, c, d, g, h 4 a, b 5 a, c
2 (p 195) 1 Elle est comptable. 2 Oui,
son travail lui plaît beaucoup. 3 Elle a
deux enfants. 4 Elle habite à la
campagne. 5 Elle en avait marre de
passer deux heures par jour pour se
rendre à son travail. 6 Elle y va une
fois par semaine. 7 Elle travaille chez
elle.
3 (p 195) « Je travaille pour une
grande entreprise, comme
traducteur/traductrice. J'habite à 50 km
du bureau et je vais dans mon
entreprise une fois par mois. » « Oui,
le reste du temps je travaille chez moi,
avec un ordinateur, un fax et un
téléphone. » « C'est mon employeur
qui paie les factures de
télécommunications. J'organise mon
temps comme je le veux et je suis
heureux/heureuse. »

UNITÉ 18 VACANCES
Le tourisme vert
1 (p 198) 1 a, c 2 a, b, d 3 a, b, c, f
2 (p 198) 1 true 2 false 3 false
4 true 5 false 6 true
3 (p 198) 1 g 2 f 3 b 4 a 5 d 6 c
7 h 8 e
4 (p 198) 1 true 2 true 3 false
4 true 5 true 6 true
5 (p 198) 1 Tu n'as pas besoin de
permis. 2 Tu peux apprendre en une
heure. 3 Ces bateaux accueillent de 2 à
12 personnes. 4 Il y a des bateaux sur
la Garonne.
Les gîtes de France
1 (p 200) 1 Linda: les gîtes d'étape;
François: le camping à la ferme;
Leila: les chambres d'hôtes;
2 (p 201) 1 Les Gîtes de France
2 Des épis en guise d'étoiles
3 Aménager une chambre d'hôtes
3 (p 201) 1 You need to enjoy talking
to people, meeting people of all
nationalities from all backgrounds
2 No 3 12 000 4 a washbasin in each
room, one bathroom and toilet for six
people
4 (p 201) 1 b 2 a 3 c 4 b
5 (p 201) 1 a 2 a 3 a 4 b
Au bord de la mer
1 (p 203) un bateau; une traversée;
une liaison quotidienne; une réserve
ornithologique; une île; un phare;
location de vélos
2 (p 203) 1 yes 2 1 hour 3 yes
4 no 5 yes 6 it's the nesting period
3 (p 203) Philippe: Houat et Hœdic;
Jeanne: Belle-Ile-en-Mer Halim: Iles
d'Hyères; Françoise: Iles de Lérins;

Nicolas: Ouessant;   André: Chausey

UNITÉ 19 CULTURE: SÉJOUR À PARIS
Où dormir? Où manger?
1 (p 207) Available in the hostel:
1   2   4   6
2 (p 207) Correct statements:
4   5   6
3 (p 207) t.l.j. – tous les jours; Ouv. –
ouvert; mat. – matin; 7j/7 – sept jours
sur sept; jsq – jusqu'à/jusqu'au
1 Alsace, Café du Bougnat 2 Alsace,
Kilim 3 Kilim 4 Berkeley
5 Berkeley 6 Dragons Elysées
Les marchés mode d'emploi
1 (p 208) cheap vegetables: Marché
d'Aligre; stamps: Marché aux timbres
et pin's; cheap antiques: Puces de
Montreuil/Marché d'Aligre; cheap
leather: Carreau du Temple; exotic
spices: Puces de Montreuil
2 (p 209) 1 Marché aux fleurs et aux
oiseaux 2 Marché d'Aligre 3 Marché
d'Aligre 4 Puces de Montreuil
5 Marché d'Aligre
3 (209) 1 Il vend du bœuf, du veau, de
l'agneau et du porc. 2 6 h – 13 h, 16 h
– 19 h 30 3 Oui 4 17 ans 5 Oui
4 (p 209) Customer says: 1   2   4   6
5 (p 209) 1 Elle habite sur la place du
marché. 2 Elle y va tous les jours.
3 Elle achète de tout, de la viande, du
fromage, des fleurs, des légumes, des
fruits
À travers Paris
1 (p 210) 1 a   2 b   3 a
2 (p 210) 1 A 9 h 30 et 14 h 45 du
Bassin de la Villette; à 9 h 45 et 14 h
30 du Port de l'Arsenal 2 C'est moins
cher le matin 3 café, thé, croissant,
pain, beurre, confiture 4 oui 5 l'Opéra
Bastille, la Villette, le musée des
Sciences et de l'Industrie
3 (p 211) 2 is correct
4 (p 211) 1 20 h 45   2 30 €   3 guidée
4 est

UNITÉ 20 LES FRANCOPHONES
On y parle français
1 (p 214) 1 vrai 2 la Belgique, la
Suisse, le Luxembourg, Andorre,
Monaco, le Val d'Aoste 3 Pondichéry
4 vrai 5 le Sénégal, la Côte d'Ivoire, le
Cameroun
Europe francophone
1 (p 216) 1 Monaco 2 la Suisse
3 au Val d'Aoste 4 co-prince 5 le
wallon, le flamand, l'allemand
6 Non – surtout par les
administrations.
2 (p 216) 1 dix   2 Monaco 3 nord-
ouest 4 catalan 5 allemand
6 département
3 (p 216) 1 C'est un pays pluvieux.
2 silencieux, introverti, il parle peu, une
espèce de réserve. 3 moins grasse

4 eau, poule, légumes (carottes, navets,
pommes de terre) 5 a, b, a
La France dans le monde
1 (p 218) 1 a   2 b   3 a
2 (p 218) hiking: randonnées
pédestres; horse-riding: sorties
équestres; fishing: la pêche; scuba-
diving: la plongée sous-marine;
mountain bike: VTT; boat trip: la
promenade en bateau
3 (p 218) 1 a   2 b   3 b   4 b
4 (p 219) 1 Marie-Galante   2 Saint-
Martin 3 Martinique 4 Martinique
5 Guadeloupe
5 (p 219) *L'île*: **a** il fait chaud, il fait
beau, il y a des cyclônes **b** elle est
montagneuse, il y a des plages et des
forêts, c'est une île volcanique
Les habitants: **a** Africains, Indiens,
Chinois, Anglais, Français **b** Fabrice:
d'origine chinoise et créole; Piarama:
d'origine indienne *La cuisine:* **a** le riz
b c'est plutôt le poulet *Département
français:* **a** l'administration française et
l'éducation **b** qu'ils sont complétement
différents *La langue:* **a** il n'y a pas de
très grandes différences **b** le Créole
6 (p 219) « C'est aux Antilles. »
« C'est le meilleur moment pour partir;
il fait un temps sec et ensoleillé. L'eau
est à 24 degrés. Les tarifs hôteliers sont
les plus bas en janvier. » « On peut
faire des randonnées pédestres, du vélo
tout terrain, des sorties équestres et
même du rafting. On peut visiter la
Maison des volcans, les chutes du
Carbet et l'aquarium. »

LANGUAGE SUMMARY

ARTICLES

There are three kinds of article in French, as set out in **1–3** below.

1 LE, LA, L', LES
The word for 'the' depends on the gender of the noun:

masculine	**le**	**le** père, **le** jardin
feminine	**la**	**la** mère, **la** maison
word starting with a vowel,	**l'**	**l'**ami (*m*), **l'**eau (*f*)
and most words starting with 'h'		**l'**hôtel (*m*)
plurals	**les**	**les** enfants, **les** filles, **les** livres

Two things to remember:
  i **le** and **les** combine with **de** and **à**: **de + le = du**   **à + le = au**   **de + les = des**   **à + les = aux**
  ii **le, la, les** are used in cases where 'the' is not needed in English:
  • before nouns used in a general sense: J'aime **le** sport. **La** cuisine française est excellente.
  • before days of the week, to express regularity: **le** lundi (*on Mondays*)
  • before names of countries, provinces or continents: **la** France, **la** Dordogne, **l'**Australie
  • in prices per unit: 15 euros **le** kilo, 8 euros **la** boîte

2 UN, UNE, DES, DE, D'
Un and **une** are used for 'one' and for 'a', **des** and **de** (**d'** before a vowel), for 'some' and 'any':

with a masculine noun	**un**	**un** jardin (*a garden*)
with a feminine noun	**une**	**une** maison (*a house*)
in the plural	**des**	**des** maisons (*houses*)
after a negation	**de, d'**	Je n'ai pas **de** frères/**d'**enfants. (*I don't have any brothers/children.*)

Note that no article is used when stating someone's profession: Je suis journaliste. (*I am a journalist.*)

3 DU, DE LA, DE L', DE, D'
These indicate an indeterminate quantity (as in English, 'Would you like **some** coffee? There isn't **any** tea.'):

masculine	**du**	Je voudrais **du** café.
feminine word	**de la**	Je voudrais **de la** bière.
starting with a vowel	**de l'**	Je voudrais **de l'**eau.
after a negative	**de, d'**	Je ne veux pas **de** café.

NOUNS

4 MASCULINE AND FEMININE
In French, all nouns are masculine or feminine. The gender is indicated in dictionaries by (*m*) after a masculine noun and (*f*) after a feminine noun, or, as in *Mot à mot*, by *un* or *le* for masculine, *une* or *la* for feminine.

Most words for people have a masculine and a feminine form, usually following one of these patterns:
  • most nouns add -**e** for the feminine form: un ami, une amie; un étudiant, une étudiante
  • masculine forms in -**er** change to -**ère**:   un boulanger, une boulangère
  • endings in -**en**, -**an**, -**on**, -**et**, -**at** double the
    last letter before adding -**e**:   un Italien, une Italienne
  • words ending in -**eur** change to -**euse** or to -**rice**:   un vendeur, une vendeuse; un acteur, une actrice
  • endings in -**f** change to -**ve**:   un veuf, une veuve
  • endings in -**x** change to -**se**:   un époux, une épouse
  • a few nouns use the same form for both: un dentiste, une dentiste; un enfant, une enfant

5 PLURAL OF NOUNS
When a noun refers to more than one person or thing, it takes a plural form. Most nouns add -**s** in the plural: la table – les tables. In spoken French, the -**s** is usually not pronounced. The plural form is often indicated by the article **les**, **des** or a number.

If the noun ends in -**s**, -**x** or -**z** it does not change in the plural: le fils – les fils   le prix – les prix   le nez – les nez

A number of nouns take an -**x** in the plural:
  • most nouns ending in -**al**: le journal – les journaux
  • nouns ending in -**ail**, -**eau** or -**eu**: le travail – les travaux   un château – des châteaux un cheveu – des cheveux
  • a few nouns ending in -**ou**: un chou – des choux

ADJECTIVES

6 ADJECTIVE ENDINGS

Adjectives 'agree' with the noun or pronoun they refer to, i.e. the adjective changes to match its gender (masculine or feminine) and its number (singular or plural). The masculine singular form, e.g. **petit**, is the one given first in a dictionary. (In the *Glossary*, the feminine form is given directly afterwards). In most cases, add:

-e	in the feminine	une **petite** maison
-es	in the feminine plural	deux **petites** maisons
-s	in the masculine plural	deux **petits** chiens
or -x	for adjectives ending in -eau	les **beaux** chiens

The effect of adding an -**e** is to have a final consonant sounded, not silent: in **petit** the 't' is not spoken (except in a liaison, e.g. petit enfant); in **petite** the 't' at the end is pronounced.

Adjectives which already end in -**e** in the masculine do not change: un jeune homme, une jeune femme

Many adjectives make the feminine form in other ways, for example:
beau/belle, bon/bonne, gros/grosse, heureux/heureuse, long/longue, blanc/blanche, cher/chère, vieux/vieille

Beau becomes **bel**, and **vieux** becomes **vieil**, when used before a masculine noun beginning with a vowel or silent 'h': un **bel** appartement.

7 POSITION

Generally speaking, adjectives come after the noun: un journal intéressant   une voiture italienne
However, a few very common adjectives come before the noun:

beau	bon	court	gentil	grand	gros	haut	jeune	joli
long	mauvais	nouveau	petit	vieux	premier	deuxième	troisième	

Some adjectives can be placed before the noun to give a particular emphasis:
Merci pour l'excellent repas (*Thank you for the lovely meal*)

8 DEMONSTRATIVE ADJECTIVES (THIS, THAT)

Words for 'this' or 'that' vary depending on whether they refer to a masculine or feminine noun, singular or plural:

masculine noun	**ce**	**ce** jardin
masculine noun starting with a vowel or 'h'	**cet**	**cet** hôtel
feminine noun	**cette**	**cette** maison
plural noun	**ces**	**ces** enfants

To differentiate between 'this' and 'that', add after the noun -**ci** for 'this' and -**là** for 'that':
ce pantalon-ci, cette jupe-là, ces pommes-ci, ces tomates-là

POSSESSION

9 POSSESSIVE ADJECTIVES (MY, YOUR)

In French, possessive adjectives agree with the thing possessed, in gender (masculine or feminine) and number (singular or plural):

	my		*your (tu)*		*his/her*	
masculine	**mon**	mon père	**ton**	ton jardin	**son**	son père
masc. and fem. before vowel or 'h'	**mon**	mon amie	**ton**	ton école	**son**	son hôtel
feminine	**ma**	ma maison	**ta**	ta voiture	**sa**	sa mère
plural	**mes**	mes amies	**tes**	tes livres	**ses**	ses lunettes

	our		*your (vous)*		*their*	
singular	**notre**	notre père	**votre**	votre maison	**leur**	leur hôtel
plural	**nos**	nos enfants	**vos**	vos cousines	**leurs**	leurs amis

Remember that it is the noun that determines the gender. Take care with 'his' and 'her': son frère means 'his brother' or 'her brother', according to context.

10 THE USE OF DE

To talk about possessions and relationships, use **de** to link the two elements. Note how different the French construction is from the English one: les enfants de mon frère (*my brother's children*) la voiture de Paul (*Paul's car*)

Remember to use **du** instead of **de** + **le** and **des** instead of **de** + **les**:
le livre du professeur (*the teacher's book*) l'école des enfants (*the children's school*)

11 POSSESSIVE PRONOUNS (MINE, HIS)

Sa voiture est plus petite que la mienne. (*His/Her car is smaller than mine.*)

Words for 'mine', 'yours', etc. vary according to the gender and number of the noun.

mine	yours (tu)	his/hers	ours	yours (vous)	theirs
le mien	le tien	le sien	le nôtre	le vôtre	le leur
la mienne	la tienne	la sienne	la nôtre	la vôtre	la leur
les miens	les tiens	les siens	les nôtres	les vôtres	les leurs
les miennes	les tiennes	les siennes	les nôtres	les vôtres	les leurs

12 À MOI

Another way of expressing possession is **à** + an emphatic pronoun (see **14**): Ce livre est à moi. (*This book is mine.*)

PRONOUNS

Pronouns are words which replace nouns when they do not need to be repeated. 'He' and 'him' are pronouns.

13 SUBJECT PRONOUNS

Subject pronouns are pronouns like 'I', 'you', which usually come before the verb. The French subject pronouns are:

je .... *I* .... Je parle français.

tu .... *you* .... to a child, relative or close friend .... Tu as quel âge?

il .... *he* or *it* .... for a masculine noun .... (un garçon) Il a 4 ans. (le jardin) Il est petit.

elle .... *she* or *it* .... for a feminine noun .... (une fille) Elle a 6 ans. (la maison) Elle est petite.

nous ...... *we* .... Nous allons en France.

vous ...... *you* .... when talking to an adult, ... Vous allez bien, M. Dubois?
or to more than one person   Vous allez bien, les enfants?

ils .... *they* .... for a masculine noun used .... (les garçons) Ils y vont.
in the plural, or a group   (les livres) Ils sont chers.
including masculine nouns   (Pierre et Anne) Ils sont ici.

elles ...... *they* .... for a feminine noun used .... (les filles) Elles sont ici.
in the plural, or a group   (les tartes et les glaces)
of feminine nouns   Elles sont délicieuses.

on .... *we* .... often used in spoken French .... On part demain = Nous partons demain.
instead of **nous**   (*We leave tomorrow.*)

      they .... also used to make a general .... En France, on mange à midi.
statement   (*In France, people/they eat at 12.*)

      you, one .... On peut gagner 45 euros.
      (*You/one can earn 45 euros*)

14 EMPHATIC PRONOUNS: MOI, TOI, LUI, ELLE, NOUS, VOUS, EUX, ELLES

These pronouns are used:
- for emphasis (in English you tend to emphasise with the voice): Moi, je vais en ville et toi, tu restes ici.
- on their own or with **pas:**   Qui veut du café? Moi./Pas moi.
- after **c'est:**   Qui est-ce? C'est moi.
- after prepositions: chez eux (*at their house*)   avec/sans elle (*with/without her*)
- in comparisons: Jean est plus grand que moi.
- with -**même** meaning '-self' or 'selves':   moi-même, lui-même, nous-mêmes

The pronoun **soi** refers to **on** or **tout le monde:**   On peut travailler chez soi. (*One can work at (one's) home.*)

15 EN

En is often translated as 'some', 'any', 'of it' or 'of them'. It is used:
- to avoid repeating a noun introduced by **du, de la, des:**
  Il y a **du café**. Vous **en** voulez? (*There is coffee. Do you want some?*)
  Tu fais beaucoup **de sport**? Oui, j'**en** fais tous les jours.
- to avoid repeating a noun when stating quantities:
  Vous voulez des croissants? Oui, j'**en** veux un, s'il vous plaît.   Vous avez des oranges? J'**en** veux un kilo.
- to avoid repeating a noun after expressions ending in **de**, such as:
  avoir besoin de (*to need*), avoir envie de (*to feel like*), avoir peur de (*to be frightened of*)
  Vous avez besoin **de la voiture**? Non, je n'**en** ai pas besoin.
  (Note: when the noun is a person, use an emphatic pronoun: Elle a besoin de nous. (*She needs us.*))

Note the word order in: Il y en a (*There is/are some.*) Il n'y en a pas. (*There isn't/aren't any.*)

16 Y

Y often means 'there'. It is used to avoid repeating a noun introduced by **à, sur, dans, chez**:
Vous allez **à la gare?**   Oui, j'**y** vais dans dix minutes.
    (*Are you going to the station?*   *Yes, I'm going there in 10 minutes.*)
Vous allez **chez Marc?**   Oui, nous **y** allons à 8 heures.

17 LE, LA, LES – DIRECT OBJECT PRONOUNS

In the sentences 'I see my father' and 'I see the car', 'I' is the subject, and 'father' and 'car' are direct objects. You can replace 'my father' by 'him', and 'the car' by 'it'; the words 'him' and 'it' are 'direct object pronouns'. In French, use the pronouns below, before the verb:

le or **l'**	*him*	Je vois mon père. Je **le** vois.	*it*	Je vois le taxi. Je **le** vois.
la or **l'**	*her*	Je vois ma mère. Je **la** vois.	*it*	Je vois la voiture. Je **la** vois.
les	*them*	Je vois mes parents. Je **les** vois.	*them*	Je vois les voitures. Je **les** vois.

18 LUI, LEUR – INDIRECT OBJECT PRONOUNS

Je **lui** parle. (*I speak to him/her.*) Je **leur** parle. (*I speak to them.*)

Lui and **leur** are indirect object pronouns and are often used with verbs where the sense is of acting 'to' or 'for' someone. For example, verbs like **donner à, écrire à, envoyer à, téléphoner à**.

lui	*to him*	Je donne le livre **à mon ami**.	Je **lui** donne le livre.
lui	*to her*	Je téléphone **à mon amie**.	Je **lui** téléphone.
leur	*to them*	Je donne le livre **à mes amis**.	Je **leur** donne le livre.

19 ME, TE, NOUS, VOUS

Me, te, nous, vous can be used as direct or indirect pronouns:
Elle pourrait me rappeler?   (*Could she call me back?*)
Qu'est-ce que vous me conseillez?   (*What do you recommend (to me)?*)
Je t'invite à déjeuner. Je te téléphone demain.   (*I invite you to lunch. I'll phone (to) you tomorrow.*)
Je vous remercie. Je vous fais un paquet-cadeau. (*I thank you. I'll wrap it for you.*)

Here is the complete list of direct and indirect object pronouns:

direct:	**me**	**m'**	**te**	**t'**	**le**	**l'**	**la**	**l'**	**nous**	**vous**	**les**
indirect:	**me**	**m'**	**te**	**t'**	**lui**		**lui**		**nous**	**vous**	**leur**

20 ORDER OF PRONOUNS

In a sentence, object pronouns come before the main verb (or after the main verb and before an infinitive). When using a direct and an indirect pronoun together, they come in this order:

subject, e.g. je, elle, Pascal, vous	**le, la, les** **me, te, nous, vous**	**lui, leur** **le, la, les**	verb

Je **vous le** donne (*I give it to you*)
Je vais **vous les** chercher. (*I'll get them for you.*)   Vous pouvez **me la** montrer? (*Can you show it to me?*)

21 DEMONSTRATIVE PRONOUNS (THIS, THIS ONE)

'This', on its own, is usually **cela** or the contraction **ça**:   Cela /Ça me plaît. (*I like this/it.*)

Ce or **C'** is used with **être** (see **37**):   C'est bien. Ce n'est pas bien. (*It's fine. It's not fine.*)

For 'this one', 'that one' you need to use the appropriate form of **celui-ci/celui-là** depending on whether you are referring to a masculine or feminine noun, a singular or a plural:

	this one	*that one*	*these ones*	*those ones*
masculine	celui-ci	celui-là	ceux-ci	ceux-là
feminine	celle-ci	celle-là	celles-ci	celles-là

22 QUI AND QUE

Qui – 'who', 'which' or 'that' – comes just before the verb and refers to the subject of the verb:
    les amis **qui** viennent (*the friends who are coming*)   la voiture **qui** arrive (*the car which is arriving*)

Que – 'whom', 'which' or 'that' – refers to the object of the verb:
    un homme **que** je ne connais pas (*a man (whom) I don't know*)   la voiture **que** je vois (*the car that I can see*)

Ce qui, ce que are usually the equivalent of 'what':
    J'aime ce qui est sucré. (*I like what is sweet, i.e. I like sweet things.*)
    Je ne sais pas ce que Virginie veut comme dessert. (*I don't know what Virginie wants for pudding.*)

PREPOSITIONS

23 PREPOSITIONS WITH NAMES OF TOWNS AND COUNTRIES

• Towns

With the name of a town, use **à**, for 'to', 'in' or 'at':

Je suis à Paris. (*I am in Paris.*)   Je vais à Paris. (*I'm going to Paris.*)   Changez à Arras. (*Change at Arras.*)

• Countries, continents, départements:

en	when the name of the country etc. is feminine, ...	en France, en Australie, en Normandie
	or when the name starts with a vowel	en Israël, en Iran
au	with masculine names of countries, ...	au Canada, au Japon, au Kenya
	or when a town name starts with **Le**	au Mans, au Havre
aux	when the name is in the plural	aux Etats-Unis, aux Pays-Bas
dans	with names of mountain ranges, ...	dans les Alpes, dans les Pyrénées
	and with most départements	dans le Lot, dans les Landes

24 OTHER USES OF À AND EN

à – to, at, in. Note how **à** changes when followed by **le** and **les**:

au	with a masculine noun	J'habite au centre-ville. Je suis au bureau.
à la	with a feminine noun	J'habite à la campagne. Je suis à la maison.
à l'	with a word starting with a vowel	Je vais à l'école.
	and most words starting with 'h'	Je suis à l'hôtel.
aux	in the plural	Je vais aux toilettes.

à (in the above forms) appears in expressions such as: une tarte **aux** pommes, jouer **au** tennis, avoir mal **à la** tête

à/en - to describe means of transport:

à pied, à vélo, à moto,

en voiture, en bus, en car, en avion (*also* par avion), en train (*also* par le train)

25 DE

• 'from': Je viens de Paris. (*I come from Paris.*)

Remember to use **des** with a plural and **du** with a masculine noun: Je viens des Etats-Unis/du Sénégal.

• after expressions of quantity: beaucoup de touristes, une bouteille de vin

Remember to use **d'** before a vowel: un kilo d'oranges

• 'of': le nord de la France, à l'est de Paris, les enfants de mon frère (see **14**).

ADVERBS

26 ADVERBS

Adverbs are words like 'slowly' or 'well', used to describe a verb or an adjective. In French, they often end in -**ment**. This ending is usually added to the feminine form of the adjective:

lente (*slow*) – lentement (*slowly*)   Il conduit **lentement**.

malheureuse (*unhappy*) – malheureusement (*unfortunately*)   **Malheureusement**, je n'en ai plus.

Not all adverbs end in -**ment**. Here is a list of the most common ones: beaucoup (*a lot*)   bien (*well*)   loin (*far*)   longtemps (*long*)   mal (*badly*)   peu (*not much*)   tard (*late*)   tôt (*early*)   vite (*quickly*)

Adverbs are invariable, i.e. they do not change to match gender or number: Les enfants chantent bien.

COMPARISONS

27 MORE ..., LESS ...

To make a comparison you can use:

plus	more	Elle est plus grande. (*She is taller.*)
		C'est plus intéressant. (*It's more interesting.*)
moins	less	C'est moins bon. (*It's less good/not as good.*)
aussi	as	C'est aussi bon. (*It is as good.*)
de plus en plus	more and more	Il est de plus en plus grand. (*He's getting bigger and bigger.*)
de moins en moins	less and less	Il travaille de moins en moins. (*He works less and less.*)

Note that you cannot use **plus** with:

bon: use **meilleur**   Ce vin est bon mais l'autre est meilleur.

bien: use **mieux**   Je vais bien, je me sens mieux.

If you use **plus**, **moins**, **de plus en plus**, **de moins en moins** with a noun, you need to link them with **de** or **d'**:
Il y a plus de choix. (*There is more choice.*)
Je bois moins d'alcool. (*I drink less alcohol.*)
On voit de plus en plus de maladies. (*There are/ One sees more and more illnesses.*)

28 MORE ... THAN, LESS ... THAN
When comparing one person or thing with another, add **que** (for 'than') to **plus**, **moins**, **aussi**:
Le métier de professeur est plus difficile que le métier d'acteur. (*Teaching is more difficult than acting.*)
L'enseignement, c'est moins prestigieux que la scène. (*Teaching is less prestigious than acting.*)
L'allemand est aussi difficile que le français. (*German is as difficult as French.*)

For 'better than', use **meilleur que** (adjective) and **mieux que** (adverb):
Celui-ci est meilleur que celui-là. (*This one is better than that one.*)
Il joue mieux au tennis que son frère. (*He plays tennis better than his brother.*)

When **plus** and **moins** are used with a number, they need to be linked by **de**:
Plus de deux jours. (*More than two days.*)
J'ai moins de 10 euros sur moi. (*I have less than 10 euros on me.*)

29 THE MOST ...
To say that someone or something is 'the biggest', 'the most...' or 'the least...' add **le**, **la**, **les** before **plus** or **moins**:
C'est la plus belle plage. (*It is the nicest beach.*)   C'est l'hôtel le moins cher. (*It is the cheapest hotel.*)
Il s'occupe des maladies les plus courantes. (*He deals with the most common illnesses.*)

QUESTIONS

30 DIFFERENT WAYS OF ASKING
In French, there are three ways of asking the same question. For example, to ask someone 'Do you have children?' you could:
  i use the normal word order for a statement and lift your intonation: Vous avez des enfants?
  ii add **est-ce que** before the statement: Est-ce que vous avez des enfants?
  iii start your question with the verb before the subject pronoun: Avez-vous des enfants?

The first option is the easiest to use and is very common in speech. **Est-ce que** is also used frequently.

The third option, normally called inversion, is used less often and can sound quite formal. It is still common with short verbs and pronouns. Note the -t- added between two vowels: A-t-il des enfants? (*Does he have children?*)

The equivalent of 'don't you?/aren't you/will you?' at the end of a statement is **non?**: Tu pars en vacances, non? In more informal speech you'll hear **hein?** instead, and a more formal speaker might use **n'est-ce pas?**.

31 USING A QUESTION WORD
The most common question words are:
    quand (*when*)   depuis quand (*since when/how long*)   où (*where*)   d'où (*where from*)   comment (*how*)
    combien (*how much/many*)   pendant combien de temps (*for how long*)   pourquoi (*why*)

When using a question word, you have various options:
• Put the question word last:
  Vous vous appelez comment?   Vous travaillez où?   Votre mari travaille où?
• Add **est-ce que** just after the question word:
  Comment est-ce que vous vous appelez?   Où est-ce que vous travaillez?   Où est-ce que votre mari travaille?
• Invert verb and subject:
  Comment vous appelez-vous?   Où travaillez-vous?   Où travaille votre mari?
• Put the noun at the end of the question, and use an extra pronoun at the start:
  Il travaille où, votre mari?   C'est combien, cette chemise?

32 WHAT? WHO? WHICH?

What?	**Que...?**	Que faites-vous? (*What are you doing?*)
	Qu'est-ce que...?	Qu'est-ce que vous désirez? (*What do you want?*)
	Quoi?	C'est quoi, le clafoutis? (*What is clafoutis?*)
Who? Whom?	**Qui?**	Qui a appelé? (*Who called?*)
		Qui appelez-vous? (*Whom are you calling?*)
Which + noun?	**Quel...? Quelle...?**	C'est quel train pour Paris? C'est quelle adresse?
	Quels...? Quelles...?	Quels billets avez-vous? Quelles chambres voulez-vous?

VERBS

THE PRESENT

33 AVOIR

The present of the verb **avoir** (*to have*) goes as follows:

j'ai	nous avons
tu as	vous avez
il/elle/on a	ils/elles ont

You'll find other forms of avoir in the verb table, **56**.

34 EXPRESSIONS WITH AVOIR

• stating someone's age:	Il a quatre ans. (*He is four.*) Quel âge as-tu? (*How old are you?*)
• feeling hot or cold	J'ai chaud. J'ai froid. (*I'm hot. I'm cold.*)
• feeling pain	J'ai mal au dos. (*I have backache.*) Elle a mal à la tête. (*She has a headache.*)
• being late (also être en retard, *to be late.*)	J'ai cinq minutes de retard. (*I'm five minutes late.*)
• to be frightened of	Il a peur des chiens. (*He's scared of dogs.*)
• to hate	J'ai horreur de l'eau. (*I hate water.*)

Note in particular the ones which use **avoir** although 'to be' is used in the English equivalents.

35 IL Y A

Il y a is used for 'there is' and 'there are':
Il y a une banque près d'ici? (*Is there a bank nearby?*)
Il y a des cinémas? (*Are there any cinemas?*)

Il n'y a pas de/d' means 'there isn't any...'or 'there aren't any':
Il n'y a pas de sucre. (*There isn't any sugar.*)

36 ÊTRE

The present of the verb **être** (*to be*) is:

je suis	nous sommes
tu es	vous êtes
il/elle/on est	ils/elles sont

37 C'EST, CE N'EST PAS

C'est means 'it is': C'est intéressant. C'est un bon dictionnaire.
It also means 'he is' or 'she is': C'est mon frère. C'est ma sœur.

Ce sont is the plural – 'they are': Ce sont mes parents.

In the negative, it is one of the few cases where it is possible to use **un, une, des** after **pas** (see **2**):
Ce n'est pas un stylo, c'est un crayon. Ce ne sont pas des euros, ce sont des dollars.

38 REGULAR -ER VERBS

The infinitive is the neutral form of a verb (in English, 'to do', 'to speak', etc). In French, most verbs can be grouped according to the ending of the infinitive. A large number of them have an infinitive ending in -er: **habiter, aimer, adorer, détester**, etc. In the present tense, they have these endings added to the stem (= the infinitive minus the -**er**):

je	-**e**	nous	-**ons**
tu	-**es**	vous	-**ez**
il/elle/on	-**e**	ils/elles	-**ent**

For example: **parler** (*to speak*)

je parl**e**	nous parl**ons**
tu parl**es**	vous parl**ez**
il/elle/on parl**e**	ils/elles parl**ent**

Note that:
• the endings -**es** and -**ent** are not pronounced (although the 't' can be pronounced in a liaison).
• some verbs double the last letter ('l' or 't') of the stem, while others change the 'e' of the stem to 'è', in all except the **nous** and **vous** forms:
appeler – j'appelle, nous appelons
acheter – j'achète, vous achetez

39 Introduction to verbs ending in -RE and -IR
Verbs ending in **-re** and most verbs in **-ir** have the following endings added to the stem (infinitive less the **-re** or **-ir**):

je	-s	nous	-ons
tu	-s	vous	-ez
il/elle/on	-t *	ils/elles	-ent

* (or no added ending if
the stem ends in 'd' or 't')

For example: **descendre** (*to go down*)

je descend**s**	nous descend**ons**
tu descend**s**	vous descend**ez**
il/elle/on descend	ils/elles descend**ent**

Not all verbs in **-ir** follow the above pattern:
- a few verbs have **-ss** before a plural ending: choisir – nous choisissons   finir – vous finissez
- **ouvrir**, **offrir**, **souffrir**, **découvrir** follow the pattern for **-er** verbs: j'ouvre, elle offre
- a few verbs lose the last letter of their stem in the singular:
  partir – je pars   sortir – je sors   sentir – je sens   dormir – je dors

40 Introduction to irregular verbs
Many verbs are irregular, i.e. do not fall neatly into any of the groups of verbs. The most common ones (apart from avoir and être) are **aller**, **faire**, **prendre**, **venir**, which in the present tense go like this:

aller (*to go*)	je vais, tu vas, il/elle/on va, nous allons, vous allez, ils/elles vont
faire (*to do*)	je fais, tu fais, il/elle/on fait, nous faisons, vous faites, ils/elles font
prendre (*to take*)	je prends, tu prends, il/elle/on prend, nous prenons, vous prenez, ils/elles prennent
venir (*to come*)	je viens, tu viens, il/elle/on vient, nous venons, vous venez, ils/elles viennent

See **56**, where other irregular verbs are listed.

41 Pouvoir, devoir, savoir, vouloir
Make sure you know these very useful verbs.
In the present tense, they are as follows (other forms are given in **56**):

pouvoir (*to be able to*)	je peux, tu peux, il/elle/on peut, nous pouvons, vous pouvez, ils/elles peuvent
devoir (*must, to have to*)	je dois, tu dois, il/elle/on doit, nous devons, vous devez, ils/elles doivent
savoir (*to know*)	je sais, tu sais, il/elle/on sait, nous savons, vous savez, ils/elles savent
vouloir (*to want*)	je veux, tu veux, il/elle/on veut, nous voulons, vous voulez, ils/elles veulent

Notes:
- You'll need to know also:
  Je voudrais... (*I'd like to ...*), Je pourrais...? (*Could I ...?*) and Pourriez-vous...? (*Could you ...?*).
  These are conditional forms of **vouloir** and **pouvoir**.
- Use **pouvoir** to ask for permission to do something:
  Je peux ouvrir la fenêtre? (*May I open the window?*)
  and to say that something is possible:
  Je peux faire la cuisine ce soir. (*I can cook tonight – i.e. It is possible for me to cook.*)
- Use **savoir** to say you know how to do something:
  Je sais faire la cuisine. (*I can cook – i.e. I know how to cook.*)
  and to express knowledge about time, place, etc:
  Savez-vous où est la gare? (*Do you know where the station is?*)
- But use **connaître** (see **56**) to say you know a person, place, a film, etc:
  Vous connaissez M. Dupont? (*Do you know Mr. Dupont?*)

42 Uses of the present tense
The present tense is used to describe a current or usual situation, and to say what's happening now. Depending on the context, **je travaille** can mean 'I work' or 'I'm working'.

It is also used to refer to the future (see **52**).

You need to use a present tense in French for the following:
- talking about an action which started in the past and is still going on:
  J'habite ici depuis quatre ans. (*I have lived here for four years, or I've been living here for four years.*)
- saying something has just happened. Use the present of **venir** + **de** + the infinitive of the verb:
  Il vient de téléphoner. (*He has just phoned.*) Ils viennent de partir. (*They have just left.*)

THE INFINITIVE

43 PARTICULAR USES OF THE INFINITIVE

Dictionaries and glossaries list verbs in their infinitive form – usually ending in -**er**, -**re** or -**ir**.
The infinitive is often used for giving certain kinds of instructions, e.g. recipes, medical instructions, or signs:
   Ajouter 200 gr de farine. (*Add 200 g flour*). Prendre trois fois par jour. (*Take three times a day.*)
   Ne pas marcher sur la pelouse. (*Do not walk on the grass.*)

It is also used when a verb follows an auxiliary verb such as aimer, espérer, vouloir:
   Je voudrais aller au cinéma. J'espère visiter la Chine. Je veux partir avant midi.

44 POUR + INFINITIVE

To express the idea of 'in order to' you need to use **pour** + the infinitive, even when in English 'in order' is left out:
   Pour avoir une réduction,... (*(In order) to get a reduction, ...*)
Remember also: Pour aller à la gare, s'il vous plaît? (*How do I get to the station?*)

45 IL FAUT/IL NE FAUT PAS + INFINITIVE

Il faut means:
* 'we must', 'one must', 'it is necessary to':
   Il faut partir tout de suite. (*We must/You must leave at once.*)
* 'you need':
   Il faut 250 grammes de farine. (*You need 250 g flour.*)
   Il faut une heure. (*You need/it takes an hour.*)

THE IMPERATIVE

46 THE IMPERATIVE

To give instructions or suggest that someone does something, you can use the imperative, i.e. the **tu/nous/vous**
forms of a verb but leaving out **tu**, **nous** or **vous**. For example:
* To an adult or a group of people: Entrez! (*Come in!*) Allez-y! (*Go on!*) Restez au lit. (*Stay in bed.*)
* To a child, relative or friend, you'd say: Entre! (*Come in!*), Viens! (*Come here!*), Vas-y! (*Go on!*)
   (Note that the 's' is dropped from the tu form of -**er** verbs and aller, except in the phrase **vas-y**!)
* to a group that includes yourself: Allons-y! (*Let's go!*)

You can use the imperative with object pronouns:
   Ouvrez-le. (*Open it.*)   Donnez-le-moi! (*Give it to me!*)

REFERRING TO THE PAST

47 PASSÉ COMPOSÉ

The *passé composé* is the verb form that you'll need most often when referring to the past. It normally consists of the
present of **avoir** (see 33) followed by a past participle (words like 'eaten' and 'done' are past participles).
   J'ai visité l'Allemagne. (*I visited Germany, or I have visited Germany.*)   Vous avez choisi? (*Have you chosen?*)

The past participle of an -**er** verb ends in -**é**: mangé, parlé, habité. For other verbs, it ends in:

-u	bu (*from boire*), vu (*from voir*)
-i	fini (finir), choisi (choisir)
-ert	ouvert (ouvrir); offert (offrir)

Other past participles do not follow any particular pattern:
   avoir – eu, être – été, écrire – écrit, faire – fait, prendre – pris (see 56)

48 PASSÉ COMPOSÉ WITH ÊTRE

A few verbs build their *passé composé* with **être**. They are verbs expressing movement (**aller**, **arriver**…) or a
change of state (**devenir**, **mourir**…) and **rester** ('to stay'). Learn these forms by heart:

aller	je suis allé (*I went*)	descendre	je suis descendu (*I went down*)
venir	je suis venu (*I came*)	monter	je suis monté (*I went up*)
arriver	je suis arrivé (*I arrived*)	tomber	je suis tombé (*I fell over*)
entrer	je suis entré (*I came in*)	rester	je suis resté (*I stayed*)
rentrer	je suis rentré (*I came back*)	devenir	je suis devenu (*I became*)
partir	je suis parti (*I went away*)	naître	je suis né (*I was born*)
sortir	je suis sorti (*I went out*)	mourir	il est mort (*he died/he is dead*)

The past participle agrees, like an adjective, with the subject:
   je suis allée, elle est sortie, ils sont arrivés, elles sont venues

49 IMPARFAIT

The *imparfait* (also called the imperfect tense) is formed by taking the *nous* form of the present, removing the **-ons** ending and replacing it with the following endings:

je	-**ais**	nous	-**ions**
tu	-**ais**	vous	-**iez**
il/elle/on	-**ait**	ils/elles	-**aient**

For example:

infinitive	'nous' form	stem	imparfait
prendre	nous prenons	pren-	je prenais
faire	nous faisons	fais-	je faisais

The only exception to this rule is **être**: j'étais, tu étais, il était, nous étions, vous étiez, ils étaient

The *imparfait* is used to:
- express what used to be or to happen: Je travaillais dans un bureau. (*I used to work in an office.*)
- describe how things or persons were in the past: C'était petit. (*It was small.*)
- describe interrupted actions: Je lisais quand il a téléphoné. (*I was reading when he phoned.*)

50 USE OF PASSÉ COMPOSÉ/IMPARFAIT

When you refer to the past, you'll most often talk about things that you or someone else did (e.g. Last Saturday, I went into town...). To express this in French you need to use the *passé composé* (see **47**, **48**):

Samedi, je suis allé en ville, j'ai vu un film et j'ai acheté des chaussures.

To add descriptive detail to that, or to say what you used to do, you need to use the *imparfait* (see **49**):

Le film était excellent, c'était un vieux film qui s'appelait *Quai des brumes*.
Quand j'étais étudiant, j'allais voir tous les films des années 30.

Two expressions using the *imparfait* that come up frequently in spoken French are: **c'était** (*it was*) and **il y avait** (*there was/were*):

C'était très bien. (*It was very nice.*) Il y avait beaucoup de monde. (*There were a lot of people.*)

REFERRING TO THE FUTURE

51 THE FUTURE

To say you'll do something or that something will happen, you can use the future tense:

Il neigera. (*It will snow.*)   J'aurai un BTS. (*I'll have a BTS.*)

For regular verbs, it is formed by adding the following endings (very close to the present of *avoir*) to the infinitive, ending in **-r** (for **-re** verbs, drop the **-e** from the infinitive):

je	-**ai**	nous	-**ons**
tu	-**as**	vous	-**ez**
il/elle/on	-**a**	ils/elles	-**ont**

For example: **travailler** (*to work*)

je travaillerai	nous travaillerons
tu travailleras	vous travaillerez
il/elle/on travaillera	ils/elles travailleront

Some very useful verbs have an irregular stem in the future:

aller – j'irai   avoir – j'aurai   être – je serai   faire – je ferai   venir – je viendrai

For others, see **56**.

52 OTHER WAYS TO REFER TO THE FUTURE

It is quite common in French to use the present tense when referring to the future:

Qu'est-ce que tu fais demain? (*What are you doing tomorrow?*)

You can also use *aller* followed by an infinitive to say what you are going to do:

Je vais travailler avec mon père. (*I am going to work with my father.*)
Nous allons partir en France. (*We are going to go to France.*)

REFLEXIVE VERBS

53 REFLEXIVE VERBS

Some verbs have an extra word between the subject pronoun and the verb:

Je **m'**appelle Jeanne. (*I'm called Jeanne.*)   Vous **vous** occupez de quoi? (*What do you do? / look after?*)

These are reflexive pronouns, included in verbs which reflect onto the subject in some way.

For example: **s'appeler** (*to be called*)

je **m'**appelle	nous **nous** appelons
tu **t'**appelles	vous **vous** appelez
il/elle/on **s'**appelle	ils/elles **s'**appellent

Some common reflexive verbs:

se trouver (*to be situated*)   se passer (*to happen*)   s'ennuyer (*to be bored*)   se promener (*to go for a walk*)

Plus many of the routine daily activities:

se réveiller (*to wake up*)   se lever (*to get up*)   se laver (*to wash*)   s'habiller (*to get dressed*)

The reflexive pronouns **nous**, **vous** and **se** are also used in the meaning of 'each other':

Nous nous téléphonons tous les soirs. (*We phone each other every night.*)

On se retrouve au café. (*We'll meet (each other) at the café.*)

54 REFLEXIVE VERBS: PASSÉ COMPOSÉ, IMPERATIVE

Reflexive verbs form the *passé composé* with **être**: Je me suis promené(e). (*I went for a walk.*)

In the imperative, the reflexive pronoun comes after the verb: Asseyez-vous. Levez-vous. (*Sit down. Get up.*)
But not in the negative: Ne vous asseyez pas! (*Don't sit down!*)

Speaking to a child, **te** changes to **toi**: Lève-toi! (*Get up!*)

NEGATIVES

55 COMMON NEGATIONS AND THEIR USE

The most common negative forms are:

ne... pas	not	Il n'y a pas de glace. (*There isn't any ice cream.*)
ne... plus	not any more	Il n'y a plus de jambon. (*There's no ham left.*)
ne... rien	nothing	Il ne fait rien. (*He's not doing anything.*)
ne... jamais	never	Je ne fais jamais la cuisine. (*I never cook.*)
ne... personne	noone	Je ne connais personne. (*I don't know anyone.*)
ne... aucun	none	Il n'y a aucun problème. (*There's no problem.*)
ne... que	only	Il n'y a que du thé. (*There's only tea.*)
ni... ni	neither... nor	Je ne travaille ni le dimanche ni le lundi.
		(*I don't work on Sundays nor on Mondays.*)

In most cases, **ne** is used in front of the verb and the second part of the negation (**pas**, **plus**, etc.) after.

In casual speech, people tend to drop the **ne**:

J'aime pas le fromage.

Also, no **ne** is needed when the negation accompanies a single word or a phrase without a verb:

Pas moi! (*Not me!*)   Pas le lundi! (*Not on Mondays!*)

When the negation refers to an infinitive, both parts come before the infinitive:

Je préfère ne pas y aller. (*I'd prefer not to go there.*)

Remember that **ne** comes before an object pronoun or reflexive pronoun:

Je ne le connais pas. Je ne m'ennuie jamais.

56 VERB TABLES

	present	future	imparfait	passé composé
avoir (*to have*)				
j'	ai	aurai	avais	ai eu
tu	as	auras	avais	as eu
il/elle/on	a	aura	avait	a eu
nous	avons	aurons	avions	avons eu
vous	avez	aurez	aviez	avez eu
ils/elles	ont	auront	avaient	ont eu

	present	future	imparfait	passé composé
être (*to be*)				
je (j')	suis	serai	étais	ai été
tu	es	seras	étais	as été
il/elle/on	est	sera	était	a été
nous	sommes	serons	étions	avons été
vous	êtes	serez	étiez	avez été
ils/elles	sont	seront	étaient	ont été

verbs in -er

	present	future	imparfait	passé composé
habiter (*to live*)				
j'	habite	habiterai	habitais	ai habité
tu	habites	habiteras	habitais	as habité
il/elle/on	habite	habitera	habitait	a habité
nous	habitons	habiterons	habitions	avons habité
vous	habitez	habiterez	habitiez	avez habité
ils/elles	habitent	habiteront	habitaient	ont habité

verbs in -re

	present	future	imparfait	passé composé
vendre (*to sell*)				
je (j')	vends	vendrai	vendais	ai vendu
tu	vends	vendras	vendais	as vendu
il/elle/on	vend	vendra	vendait	a vendu
nous	vendons	vendrons	vendions	avons vendu
vous	vendez	vendrez	vendiez	avez vendu
ils/elles	vendent	vendront	vendaient	ont vendu

verbs in -ir

	present	future	imparfait	passé composé
choisir (*to choose*)				
je (j')	choisis	choisirai	choisissais	ai choisi
tu	choisis	choisiras	choisissais	as choisi
il/elle/on	choisit	choisira	choisissait	a choisi
nous	choisissons	choisirons	choisissions	avons choisi
vous	choisissez	choisirez	choisissiez	avez choisi
ils/elles	choisissent	choisiront	choisissaient	ont choisi

reflexive verbs

	present	future	imparfait	passé composé
se lever (*to get up*)				
je me	lève	lèverai	levais	suis levé(e)
tu te	lèves	lèveras	levais	es levé(e)
il/elle/on se	lève	lèvera	levait	est levé(e)
nous nous	levons	lèverons	levions	sommes levé(e)s
vous vous	levez	lèverez	leviez	êtes levé(e)(s)
ils/elles se	lèvent	lèveront	levaient	sont levé(e)s

(me, te *and* se *become* m', t' *and* s' *before a vowel.*)

	present	future	imparfait	passé composé
aller (*to go*)				
je	vais	irai	allais	suis allé(e)
tu	vas	iras	allais	es allé(e)
il/elle/on	va	ira	allait	est allé(e)
nous	allons	irons	allions	sommes allé(e)s
vous	allez	irez	alliez	êtes allé(e)(s)
ils/elles	vont	iront	allaient	sont allé(e)s

	present	future	imparfait	passé composé
boire (*to drink*)				
je (j')	bois	boirai	buvais	ai bu
tu	bois	boiras	buvais	as bu
il/elle/on	boit	boira	buvait	a bu
nous	buvons	boirons	buvions	avons bu
vous	buvez	boirez	buviez	avez bu
ils/elles	boivent	boiront	buvaient	ont bu

	present	future	imparfait	passé composé
connaître (*to know*)				
je (j')	connais	connaîtrai	connaissais	ai connu
tu	connais	connaîtras	connaissais	as connu
il/elle/on	connaît	connaîtra	connaissait	a connu
nous	connaissons	connaîtrons	connaissions	avons connu
vous	connaissez	connaîtrez	connaissiez	avez connu
ils/elles	connaissent	connaîtront	connaissaient	ont connu

	present	future	imparfait	passé composé
devoir (*to have to, must*)				
je (j')	dois	devrai	devais	ai dû
tu	dois	devras	devais	as dû
il/elle/on	doit	devra	devait	a dû
nous	devons	devrons	devions	avons dû
vous	devez	devrez	deviez	avez dû
ils/elles	doivent	devront	devaient	ont dû

	present	future	imparfait	passé composé
dire (*to say*)				
je (j')	dis	dirai	disais	ai dit
tu	dis	diras	disais	as dit
il/elle/on	dit	dira	disait	a dit
nous	disons	dirons	disions	avons dit
vous	dites	direz	disiez	avez dit
ils/elles	disent	diront	disaient	ont dit

	present	future	imparfait	passé composé
écrire (*to write*)				
j'	écris	écrirai	écrivais	ai écrit
tu	écris	écriras	écrivais	as écrit
il/elle/on	écrit	écrira	écrivait	a écrit
nous	écrivons	écrirons	écrivions	avons écrit
vous	écrivez	écrirez	écriviez	avez écrit
ils/elles	écrivent	écriront	écrivaient	ont écrit

	present	future	imparfait	passé composé
faire (*to do*)				
je (j')	fais	ferai	faisais	ai fait
tu	fais	feras	faisais	as fait
il/elle/on	fait	fera	faisait	a fait
nous	faisons	ferons	faisions	avons fait
vous	faites	ferez	faisiez	avez fait
ils/elles	font	feront	faisaient	ont fait
lire (*to read*)				
je (j')	lis	lirai	lisais	ai lu
tu	lis	liras	lisais	as lu
il/elle/on	lit	lira	lisait	a lu
nous	lisons	lirons	lisions	avons lu
vous	lisez	lirez	lisiez	avez lu
ils/elles	lisent	liront	lisaient	ont lu
mettre (*to put*)				
je (j')	mets	mettrai	mettais	ai mis
tu	mets	mettras	mettais	as mis
il/elle/on	met	mettra	mettait	a mis
nous	mettons	mettrons	mettions	avons mis
vous	mettez	mettrez	mettiez	avez mis
ils/elles	mettent	mettront	mettaient	ont mis
ouvrir (*to open*)				
j'	ouvre	ouvrirai	ouvrais	ai ouvert
tu	ouvres	ouvriras	ouvrais	as ouvert
il/elle/on	ouvre	ouvrira	ouvrait	a ouvert
nous	ouvrons	ouvrirons	ouvrions	avons ouvert
vous	ouvrez	ouvrirez	ouvriez	avez ouvert
ils/elles	ouvrent	ouvriront	ouvraient	ont ouvert
partir (*to leave*)				
je	pars	partirai	partais	suis parti(e)
tu	pars	partiras	partais	es parti(e)
il/elle/on	part	partira	partait	est parti(e)
nous	partons	partirons	partions	sommes parti(e)s
vous	partez	partirez	partiez	êtes parti(e)(s)
ils/elles	partent	partiront	partaient	sont parti(e)s
pouvoir (*to be able to*)				
je (j')	peux	pourrai	pouvais	ai pu
tu	peux	pourras	pouvais	as pu
il/elle/on	peut	pourra	pouvait	a pu
nous	pouvons	pourrons	pouvions	avons pu
vous	pouvez	pourrez	pouviez	avez pu
ils/elles	peuvent	pourront	pouvaient	ont pu
falloir (*to be necessary*)				
il	faut	faudra	fallait	a fallu
pleuvoir (*to rain*)				
il	pleut	pleuvra	pleuvait	a plu

	present	future	imparfait	passé composé
prendre (*to take*)				
je (j')	prends	prendrai	prenais	ai pris
tu	prends	prendras	prenais	as pris
il/elle/on	prend	prendra	prenait	a pris
nous	prenons	prendrons	prenions	avons pris
vous	prenez	prendrez	preniez	avez pris
ils/elles	prennent	prendront	prenaient	ont pris
savoir (*to know*)				
je (j')	sais	saurai	savais	ai su
tu	sais	sauras	savais	as su
il/elle/on	sait	saura	savait	a su
nous	savons	saurons	savions	avons su
vous	savez	saurez	saviez	avez su
ils/elles	savent	sauront	savaient	ont su
suivre (*to follow*)				
je (j')	suis	suivrai	suivais	ai suivi
tu	suis	suivras	suivais	as suivi
il/elle/on	suit	suivra	suivait	a suivi
nous	suivons	suivrons	suivions	avons suivi
vous	suivez	suivrez	suiviez	avez suivi
ils/elles	suivent	suivront	suivaient	ont suivi
venir (*to come*)				
je	viens	viendrai	venais	suis venu(e)
tu	viens	viendras	venais	es venu(e)
il/elle/on	vient	viendra	venait	est venu(e)
nous	venons	viendrons	venions	sommes venu(e)s
vous	venez	viendrez	veniez	êtes venu(e)(s)
ils/elles	viennent	viendront	venaient	sont venu(e)s
vivre (*to live*)				
je (j')	vis	vivrai	vivais	ai vécu
tu	vis	vivras	vivais	as vécu
il/elle/on	vit	vivra	vivait	a vécu
nous	vivons	vivrons	vivions	avons vécu
vous	vivez	vivrez	viviez	avez vécu
ils/elles	vivent	vivront	vivaient	ont vécu
voir (*to see*)				
je (j')	vois	verrai	voyais	ai vu
tu	vois	verras	voyais	as vu
il/elle/on	voit	verrai	voyait	a vu
nous	voyons	verrons	voyions	avons vu
vous	voyez	verrez	voyiez	avez vu
ils/elles	voient	verront	voyaient	ont vu
vouloir (*to want*)				
je (j')	veux	voudrai	voulais	ai voulu
tu	veux	voudras	voulais	as voulu
il/elle/on	veut	voudra	voulait	a voulu
nous	voulons	voudrons	voulions	avons voulu
vous	voulez	voudrez	vouliez	avez voulu
ils/elles	veulent	voudront	voulaient	ont voulu

REFERENCE LISTS

R1 NUMBERS

0	zéro	60	soixante
1	un, une	70	soixante-dix
2	deux	71	soixante et onze
3	trois	72	soixante-douze
4	quatre	73	soixante-treize
5	cinq	74	soixante-quatorze
6	six	75	soixante-quinze
7	sept	76	soixante-seize
8	huit	77	soixante-dix-sept
9	neuf	78	soixante-dix-huit
10	dix	79	soixante-dix-neuf
11	onze	80	quatre-vingts
12	douze	81	quatre-vingt-un
13	treize	82	quatre-vingt-deux
14	quatorze	90	quatre-vingt-dix
15	quinze	91	quatre-vingt-onze
16	seize	100	cent
17	dix-sept	101	cent un
18	dix-huit	200	deux cents
19	dix-neuf	201	deux cent un
20	vingt	1 000	mille
21	vingt et un	2 000	deux mille
22	vingt-deux	2 001	deux mille un
30	trente	100 000	cent mille
40	quarante	1 000 000	un million
50	cinquante		

Note that commas are used for decimals: for 2,5 read *deux virgule cinq*. For thousands, a space or a full stop is used: 10 000 or 10.000.

Agreement: *mille* never takes an 's'.
Vingt in quatre-vingts and *cent* take an 's' if they are not followed by another number: *trois cents* but *trois cent dix*; *quatre-vingts* but *quatre-vingt-un*.

First, second, third

1$^{er/re}$	or	1er	premier (ère)	*1st*
2^{e}		2ème	deuxième	*2nd*
2$^{nd(e)}$			second(e)	*2nd*
3^{e}		3ème	troisième	*3rd*
4^{e}		4ème	quatrième	*4th*
5^{e}		5ème	cinquième	*5th*
6^{e}		6ème	sixième	*6th*
7^{e}		7ème	septième	*7th*
8^{e}		8ème	huitième	*8th*
9^{e}		9ème	neuvième	*9th*
10^{e}		10ème	dixième	*10th*
11^{e}		11ème	onzième	*11th*
19^{e}		19ème	dix-neuvième	*19th*
20^{e}		20ème	vingtième	*20th*
21^{e}		21ème	vingt et unième	*21st*

R2 EXPRESSIONS OF QUANTITY

une dizaine	*about ten*
une douzaine	*a dozen*
une centaine	*about a hundred*
200 grammes (de)	*200 g (of)*
une livre	*500 g*
une demi-livre	*250 g*
un kilo	*a kilo*
un litre	*a litre*
un mètre	*a metre*
un centimètre	*a centimetre*
assez (de)	*enough*
beaucoup (de)	*a lot (of)*
un (petit) peu (de)	*a (little) bit (of)*
trop (de)	*too much/many (of)*

R3 EXPRESSIONS OF TIME

For days and months, see pages 40 and 82

lundi	*on Monday*	**le** lundi	*on Mondays*
le premier/1er janvier			*on January 1st*
le deux/2 janvier			*on January 2nd*
du 1er au 10 janvier			*from 1st to 10th of January*
à partir du 1er janvier			*from January 1st*
jusqu'au 10 janvier			*until January 10th*
en 1996			*in 1996*
en janvier			*in January*
Quelle est la date?			*What is the date?*
A quelle date?			*On which date?*

2.00 Il est deux heures.
2.30 Il est deux heures et demie.
2.45 Il est trois heures moins le quart.
12.15 (midday) Il est midi et quart.
12.05 (midnight) Il est minuit cinq.
13.10 Il est treize heures dix.

Quelle heure est-il?	*What time is it?*
A quelle heure?	*At what time?*
Vers deux heures.	*At about 2 o'clock.*
De 8 h à 10 h.	*From 8 till 10.*
avant, après	*before, after*
tout de suite	*straight away*
bientôt, maintenant	*soon, now*
quelquefois	*sometimes*
de temps en temps	*from time to time*
souvent	*often*
toujours	*always*
(ne) jamais	*never*
une fois par semaine	*once a week*
tous les jours	*every day*
toutes les semaines	*every week*
aujourd'hui	*today*
hier	*yesterday*
demain	*tomorrow*
il y a deux jours	*two days ago*
la semaine dernière	*last week*
pendant une semaine	*for/during a week*
depuis quatre ans	*for four years (see **42**)*

R4 EXPRESSIONS OF LOCATION

dans	*in*
devant	*in front of*
derrière	*behind*
entre	*between*
sous	*under*
sur	*on*
dessous	*underneath*
dessus	*on the top*
à côté (de)	*next (to)*
en face (de)	*opposite*
loin (de), près (de)	*far (from), near (to)*
le nord, le sud, l'ouest, l'est	*north, south, west, east*

Allez tout droit.	*Go straight on.*
Tournez à gauche/droite.	*Turn left/right.*
au bout de la rue	*at the end of the street*
au coin de la rue	*at the corner of the street*
au carrefour	*at the crossroads*
aux feux	*at the traffic lights*
au rond-point	*at the roundabout*
au milieu/centre de	*in the middle/centre of*

R5 COUNTRIES AND NATIONALITIES

The words for nationalities are written with a capital letter for a noun: Beaucoup de **J**aponais viennent au musée.
but lower case for an adjective: Il est **g**allois.

Feminine names of countries:
   use **en** for in, to (Je vais en Australie. Il habite en Espagne.)

l'Allemagne	un Allemand, une Allemande	*German*
l'Angleterre	un Anglais, une Anglaise	*English*
l'Australie	un Australien, une Australienne	*Australian*
la Belgique	un Belge, une Belge	*Belgian*
la Chine	un Chinois, une Chinoise	*Chinese*
l'Ecosse	un Ecossais, une Ecossaise	*Scottish*
l'Espagne	un Espagnol, une Espagnole	*Spanish*
la Grande-Bretagne	un Britannique, une Britannique	*British*
la Grèce	un Grec, une Grecque	*Greek*
l'Inde	un Indien, une Indienne	*Indian*
l'Irlande	un Irlandais, une Irlandaise	*Irish*
l'Italie	un Italien, une Italienne	*Italian*
la Russie	un Russe, une Russe	*Russian*
la Suède	un Suédois, une Suédoise	*Swedish*
la Suisse	un Suisse, une Suissesse	*Swiss*

Masculine names of countries, starting with a vowel:
   use **en** for in, to (Je vais en Israël. Il habite en Irak.)

l'Iran	un Iranien, une Iranienne	*Iranian*
l'Israël	un Israélien, une Israélienne	*Israeli*

Masculine names of countries:
   use **au** for in, to (Je vais au Japon. Il habite au Canada.)

le Canada	un Canadien, une Canadienne	*Canadian*
le Danemark	un Danois, une Danoise	*Danish*
le Japon	un Japonais, une Japonaise	*Japanese*
le Maroc	un Marocain, une Marocaine	*Moroccan*
le pays de Galles	un Gallois, une Galloise	*Welsh*

Plural names of countries:
   use **aux** for in, to (Je vais aux Etats-Unis. Il est aux Antilles.)

les Antilles	un Antillais, une Antillaise	*West Indian*
les Etats-Unis	un Américain, une Américaine	*American*
les Pays-Bas	un Néerlandais, une Néerlandaise	*Dutch*

R6 JOBS

Only exist in a masculine form:

un agent	*agent, representative*
un gendarme	*policeman/woman*
un ingénieur	*engineer*
un maçon	*bricklayer*
un médecin	*doctor*
un militaire	*soldier*
un professeur	*teacher*

Same form for masculine or feminine:

un(e) architecte	*architect*
un(e) comptable	*accountant*
un(e) dentiste	*dentist*
un(e) garagiste	*garage owner/manager*
un(e) graphiste	*graphic designer*
un(e) journaliste	*journalist*
un(e) photographe	*photographer*
un(e) secrétaire	*secretary*

Different forms for masculine and feminine:

-er/ère	un boucher/une bouchère	*butcher*
	un boulanger/une boulangère	*baker*
	un infirmier/une infirmière	*nurse*
	un pâtissier/une pâtissière	*baker (cakes)*
-eur/euse	un coiffeur/une coiffeuse	*hairdresser*
	un vendeur/une vendeuse	*sales assistant*
-eur/rice	un acteur/une actrice	*actor*
	un facteur/une factrice	*postman/woman*
-ien/ienne	un électricien/une électricienne	*electrician*
	un informaticien/une informaticienne *computer programmer*	
	un mécanicien/une mécanicienne *mechanic*	

R7 COLOURS

blanc/blanche	*white*
bleu(e)	*blue*
brun(e)	*brown (mainly for hair or skin)*
gris(e)	*grey*
jaune	*yellow*
marron	*brown (not used for hair or skin; no -s in the plural)*
noir(e)	*black*
orange	*orange (no -s in the plural)*
rose	*pink*
rouge	*red*
roux/rousse	*red/auburn (hair)*
vert(e)	*green*
violet(te)	*purple*

The forms given are for masculine and feminine. Add an -s in the plural, in most cases.

Map of France

The cassettes/CDs accompanying this book, and the BBC TV series *The French Experience* were recorded and filmed in various towns and villages throughout France. Many of the locations featured are shown here, along with the 95 *départements* of metropolitan France.

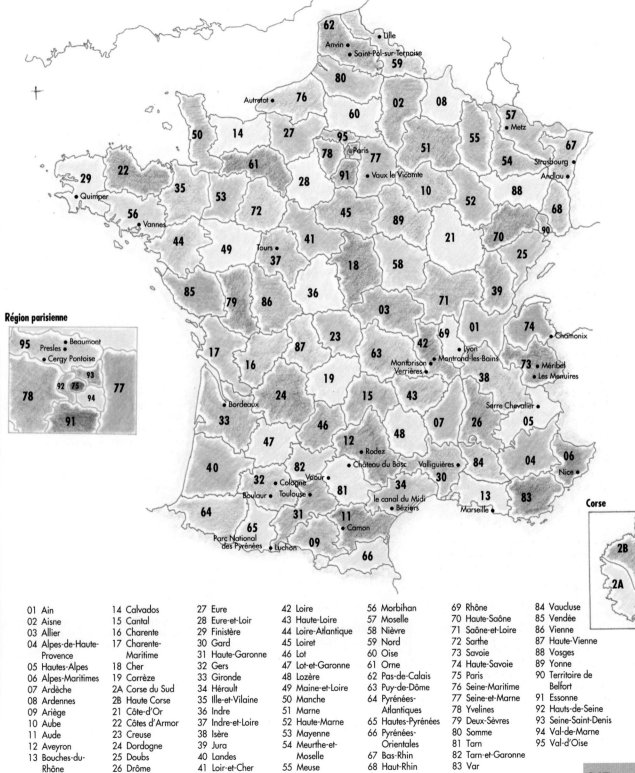

Région parisienne

Corse

01 Ain	14 Calvados	27 Eure	42 Loire	56 Morbihan	69 Rhône	84 Vaucluse
02 Aisne	15 Cantal	28 Eure-et-Loir	43 Haute-Loire	57 Moselle	70 Haute-Saône	85 Vendée
03 Allier	16 Charente	29 Finistère	44 Loire-Atlantique	58 Nièvre	71 Saône-et-Loire	86 Vienne
04 Alpes-de-Haute-Provence	17 Charente-Maritime	30 Gard	45 Loiret	59 Nord	72 Sarthe	87 Haute-Vienne
05 Hautes-Alpes	18 Cher	31 Haute-Garonne	46 Lot	60 Oise	73 Savoie	88 Vosges
06 Alpes-Maritimes	19 Corrèze	32 Gers	47 Lot-et-Garonne	61 Orne	74 Haute-Savoie	89 Yonne
07 Ardèche	2A Corse du Sud	33 Gironde	48 Lozère	62 Pas-de-Calais	75 Paris	90 Territoire de Belfort
08 Ardennes	2B Haute Corse	34 Hérault	49 Maine-et-Loire	63 Puy-de-Dôme	76 Seine-Maritime	91 Essonne
09 Ariège	21 Côte-d'Or	35 Ille-et-Vilaine	50 Manche	64 Pyrénées-Atlantiques	77 Seine-et-Marne	92 Hauts-de-Seine
10 Aube	22 Côtes d'Armor	36 Indre	51 Marne	65 Hautes-Pyrénées	78 Yvelines	93 Seine-Saint-Denis
11 Aude	23 Creuse	37 Indre-et-Loire	52 Haute-Marne	66 Pyrénées-Orientales	79 Deux-Sèvres	94 Val-de-Marne
12 Aveyron	24 Dordogne	38 Isère	53 Mayenne	67 Bas-Rhin	80 Somme	95 Val-d'Oise
13 Bouches-du-Rhône	25 Doubs	39 Jura	54 Meurthe-et-Moselle	68 Haut-Rhin	81 Tarn	
	26 Drôme	40 Landes	55 Meuse		82 Tarn-et-Garonne	
		41 Loir-et-Cher			83 Var	

SCRIPTS

BIENVENUE!
Bonjour, messieurs-dames!
(p 10)

J.P. Bonjour.
V. Bonjour, bonjour.
J.P. Ah Virginie, voici Françoise, ma femme.
V. Bonjour.
F. Bonjour.
V. Virginie Ducreux.
F. Enchantée.
V. Enchantée moi aussi.
Co. Salut, Clara.
Cl. Ça va?
Co. Oui, et toi?
Cl. Ça va.
A. Salut.
Co. Salut, Alex. Bonjour, maman.
Cl. Bonjour, ma Coco.

1 (p 10)
1 *W.* Bonsoir, monsieur-dame!
M. Bonsoir, madame
W. Bonsoir, madame.
2 *M.* Mademoiselle Lartigue?
W. Oui.
M. Je suis Monsieur Poirier. Enchanté, mademoiselle.
W. Enchantée, Monsieur Poirier.
3 *W.* Bonjour, Monsieur Robin. Comment allez-vous?
M. Ah ..! Bonjour, Madame Busson! Ça va, et vous?
4 *M.* Allô? Allô? Oui, ah... Bonjour! Ici, Monsieur Duteil.
5 *M.* Salut, Jojo! Ça va?
M. Salut, Etienne! Oui oui, ça va et toi?
6 *W.* Ok, alors ben, salut! A bientôt!
W. Oui, allez, ciao!
7 *M.* Bonjour, madame.
W. Bonjour, monsieur.
8 *M.* Bon, eh bien, bonne nuit!
W. Oui, bonne nuit, Pierre, dors bien!

De A à Z
1 & 2 (p 11)
M. L. L.A.G.R.E.S.L.E.
Mme B. B.R.U.Y.N. deux E.L.
Mme J. J.A.Y.
Mme D. D.U.C.R.E.U.X.
M. J. J.A. deux S. comme Suzanne E.R.A.N.D.
Mme B. B.A.U.D.E.L.O.T.

3 (p 11)
Mme D Madame Dubourg. D.U.B.O.U.R.G
Mlle K Mademoiselle Sonya Kharioz. K.H.A.R.I.O.Z.
M. W Monsieur Williams. W.I. deux L.I.A.M.S.
Dr H Docteur Julien Hoque. H.O.Q.U.E.

Un café, s'il vous plaît!
(p 12)
T. Taxi!
T. La gare d'Austerlitz, s'il vous plaît. Non, gare Saint-Lazare... non,

Montparnasse... Oui, gare Montparnasse, s'il vous plaît!
T. Pardon, monsieur, le TGV pour Bordeaux, s'il vous plaît?
E. 1 Voie dix.
T. Le bar, s'il vous plaît?
E. 2 C'est là-bas, monsieur.
T. Un café, s'il vous plaît. Non, un thé... euh non, une bière... Un coca? Non, non, non: un jus de fruit... Euh, non...
B. Monsieur – Bordeaux!
T. Oui, bonne idée! Un vin rouge, s'il vous plaît!

2 (p 13)
G. Bonjour, messieurs-dames, vous désirez?
M. Une bière, s'il vous plaît.
W. 1 Un café, s'il vous plaît.
W. 2 Pour moi, un thé, s'il vous plaît. Et un jus d'orange pour le petit.
G. Alors, un thé, un café, une bière, et un jus d'orange.
S. Messieurs-dames, bonjour. Vous désirez?
M. Alors un sandwich, un croque-monsieur. Annie, une pizza...?
W. Pour moi, une quiche.
S. Alors, un sandwich, un croque-monsieur et une quiche. Très bien...
S. Voilà, messieurs-dames, bon appétit!
W. Merci, madame.

Un deux trois (p 13)
un, deux, trois; quatre, cinq, six, sept, huit; neuf, dix, onze, douze; treize, quatorze, quinze; seize, dix-sept, dix-huit; dix-neuf et vingt

2 (p 13)
C.1 Une pizza, c'est combien, s'il vous plaît?
S. Trois euros, monsieur.
C.2 Et la quiche, c'est combien, madame, s'il vous plaît?
S. Trois euros zéro cinq.
C.1 C'est combien le croque-monsieur... et le sandwich?
S. Le croque-monsieur, deux euros, et le sandwich deux euros vingt.
C.2 Mademoiselle, s'il vous plaît, c'est combien?
S. Alors, un thé, un euro vingt, un café, un euro, un jus d'orange, deux euros, et une bière, deux euros quinze. Ça fait six euros 35, s'il vous plaît.

UNITÉ 1 PRÉSENTATIONS
Je m'appelle Corinne
1 (p 15)
quatre; treize; seize; cinquante; trente-trois; soixante-trois; cinquante-six; soixante-six

2 (p 15)
V. Alors, vous vous appelez comment?
J.-P. Jean-Paul Jasserand.
V. Jean-Paul Jasserand. Vous faites quoi exactement?

J.-P. Je suis journaliste au journal Le Progrès, qui est un quotidien départemental.
F. Comment vous appelez-vous?
Mme L. Mme Lebœuf.
F. Et quelle est votre profession?
Mme L. Je suis agent des postes.
Int. Comment vous appelez-vous?
A. Je m'appelle Antoine Bernard.
Int. Et quel est votre métier?
A. Je suis architecte.
Int. Vous vous appelez comment?
A.-M. Je m'appelle Anne-Marie Lépine, j'ai trente-deux ans. Je suis mariée.
Int. Et vous travaillez?
A.-M. Je suis secrétaire d'un directeur de division dans un laboratoire pharmaceutique.
Int. Vous vous appelez comment?
F. Frank Martin.
Int. Et qu'est-ce que vous faites exactement?
F. Je suis professeur de tennis.

J'habite en France
1 (p 16)
J'habite à Boulogne.
J'habite Paris.
Moi, j'habite à Rome.
J'habite à Edimbourg.
J'habite Londres.
J'habite à Berlin.

Je suis français – Je suis française
(p 18)
H. Z. Je m'appelle Hassan Zouazou. Donc mon prénom, c'est Hassan. H.A. deux S.A.N. Mon nom de famille, c'est Zouazou. Z.O.U.A.Z.O.U.
Int. C'est un nom d'origine ...?
H. Donc, moi-même, je suis, je suis marocain. Mais le nom n'a rien de marocain, ni d'arabe, ni d'oriental.
P. S. Je suis né en Afrique du nord, à Alger plus exactement.

1 (p 18)
H. Je suis français.
F. Je suis française.
F. Je suis américaine.
H. Je suis américain.
F. Je suis australienne.
H. Je suis italien.
F. Je suis allemande.
H. Je suis japonais.

4 (p 19)
Int. Vous êtes français?
H. Non, je suis américain.
Int. Vous êtes américain? Des Etats-Unis?
H. Voilà.
Int. Vous êtes né aux Etats-Unis?
H. Je suis né aux Etats-Unis.
Int. Vous êtes française?
F. Non, je suis italienne.
Int. Vous êtes née en Italie?
F. Oui.
Int. Très bien. Merci.

Int. Vous êtes française?

F. Non, je suis suédoise.

Int. Suédoise.

F. Oui.

Int. Vous êtes née en Suède?

F. Oui.

Int. Et vous? Vous êtes français?

H. Non.

Int. Vous êtes de quelle nationalité?

H. Je suis iranien.

Int. Vous êtes né en Iran.

H. Oui.

Int. Merci.

6 *Et vous?* **(p 19)**

C. Je m'appelle Corinne Baudelot. J'ai trente-trois ans. J'habite à Presles dans la banlieue nord, à environ trente-cinq kilomètres de Paris. Je suis française et je suis née à Paris, dans le douzième arrondissement.

Ça va? (p 20)

F. Ça va?

H. Très bien, merci.

H. Ça va?

H. Ça va.

F. Ça va?

H. Oh, comme ci comme ça!

F. Ça va?

H. Pas très bien!

F. Ça va?

H. Non! Ça ne va pas!

UNITÉ 2 FAMILLE
Je suis célibataire
1 (p 25)

Co. Vous vous appelez comment?

Ch. Chantal Decourt.

Co. Vous êtes de quelle nationalité?

Ch. Je suis française.

Co. Et vous êtes née où?

Ch. Je suis née près de Paris, dans une petite ville qui s'appelle Aubervilliers et ma mère était d'origine italienne.

Co. Est-ce que vous êtes mariée?

Ch. Non, je ne suis pas mariée.

Co. Mais vous vivez avec quelqu'un?

Ch. Oui, je vis avec quelqu'un.

Co. Il s'appelle comment?

Ch. Euh, il s'appelle Gilles.

Co. Gilles, c'est son prénom?

Ch. Oui.

Co. Et son nom de famille?

Ch. Gilles Ciment, C.I.M.E.N.T.

4 *Et vous?* **(p 25)**

Co. Je m'appelle Corinne Baudelot. J'ai trente-trois ans. J'habite à Presles dans la banlieue nord, à environ trente-cinq kilomètres de Paris. Je suis française et je suis née à Paris dans le douzième arrondissement. Je ne suis pas mariée mais je vis avec quelqu'un, qui s'appelle Antoine. Il est architecte.

J'ai quatre enfants
1 (p 27)

T. Alors, Jean-Michel, tu es marié?

J.-M. Oui oui, je suis marié.

T. Tu as des enfants?

J.-M. J'ai une fille.

T. Et elle s'appelle comment?

J.-M. Zoë.

T. Et elle a quel âge?

J.-M. Elle a cinq ans.

T. Et toi, Catherine?

Ca. Oui, moi aussi je suis mariée.

T. Tu as des enfants?

Ca. Oui, j'ai deux filles.

T. Et elles s'appellent comment?

Ca. Elles s'appellent Valérie et Dominique.

T. Elles ont quel âge?

Ca. Elles ont trente et trente-deux ans.

2 (p 27)

Int. Comment vous appelez-vous?

C. J. Je m'appelle Christine Jay. Christine est mon prénom. Jay est mon nom de famille.

Int. Vous êtes mariée?

C. J. Je suis mariée depuis vingt-trois ans.

Int. Vous avez des enfants?

C. J. J'ai six enfants, cinq garçons et une petite fille.

Int. Quels sont leurs prénoms?

C. J. Leurs prénoms sont donc pour les garçons Hubert, qui a vingt-deux ans, Bertrand qui a dix-neuf ans, Julien dix-sept ans, Thibaut quinze ans, Benoît douze ans, et la petite fille s'appelle Xavérine et a huit ans.

Int. Que fait Hubert?

C. J. Hubert est étudiant en gestion à Lyon. Bertrand est au lycée à Montbrison, Julien également. Thibaut est aussi au collège, Benoît aussi. Et Xavérine est à l'école primaire.

3 (p 27)

Int. Vous êtes mariée?

F. Oui, je suis mariée.

Int. Vous avez des enfants?

F. Oui, j'ai trois enfants.

Int. Des garçons, des filles?

F. Deux filles et un garçon.

Int. Ils s'appellent comment?

F. Françoise, Isabelle et Patrick.

Int. Françoise a quel âge?

F. Elle a quinze ans.

Int. Et Isabelle et Patrick?

F. Isabelle a treize ans et Patrick neuf.

Je vous présente ma famille (p 28)

Int. Comment vous appelez-vous?

Fa. Je m'appelle Fatira Berchouche.

Int. Fatira, c'est votre prénom, c'est ça?

Fa. Oui, c'est ça, oui.

Int. Vous avez quel âge?

Fa. J'ai vingt-cinq ans.

Int. Vingt-cinq ans. Vous êtes née en soixante-huit, c'est ça?

Fa. Oui, c'est ça, le dix août mille neuf cent soixante-huit.

Int. Vous êtes née où?

Fa. Je suis née à Nîmes, dans le département du Gard.

Int. Vous êtes de quelle nationalité?

Fa. Je suis de nationalité française, et d'origine algérienne.

1 (p 28)

Int. Comment s'appellent vos parents?

Fa. Mon père s'appelle Mohamed, et ma mère s'appelle Aïcha.

Int. Ils ont quel âge?

Fa. Mon père a soixante ans, et ma mère a cinquante-huit ans.

Int. Ils sont nés en Algérie.

Fa. Oui, tous les deux sont nés en Algérie, oui, dans un petit village qui s'appelle Gouraya, qui est situé à l'ouest d'Alger, à une centaine de kilomètres.

Int. Et ils vivent où, en France ou en Algérie?

Fa. Non non, ils vivent actuellement en France.

2 (p 28)

Int. Vous avez de la famille en Algérie?

Fa. Oui, j'ai de la famille. J'ai mes grand-mères, et mon grand-père maternel.

Int. Et vous avez des oncles et des tantes en Algérie?

Fa. Oui, j'ai de nombreux oncles et tantes. Mon père a sept frères et sœurs, et ma mère a quatorze frères et sœurs.

Int. Sept frères et sœurs et quatorze frères et sœurs! C'est une famille nombreuse!

Fa. Oui, très nombreuse.

Int. Et en France, vous avez des oncles et tantes en France aussi?

Fa. Oui, j'ai deux oncles en France, mon oncle Ali qui habite à Arras dans le Pas-de-Calais, et puis mon oncle Zougari qui habite complètement à l'opposé, à Marseille.

Int. Marseille et Arras, oui, en effet. Et vous avez aussi des cousins et cousines en France, alors?

Fa. Oui, oui, oui, j'ai trois cousins et une cousine en France.

3 (p 29)

Int. Vous avez des frères et sœurs?

Fa. Oui, j'ai quatre frères, dont un demi-frère, et deux sœurs plus jeunes que moi.

Int. Vos frères s'appellent comment?

Fa. Mon frère, mon demi-frère s'appelle Mohamed, ensuite vient mon frère Kader, puis mon frère Cherif, et enfin mon frère Amid...

Int. Vos frères sont mariés?

Fa. Oui, j'ai deux frères qui sont mariés, mon frère Mohamed, qui a deux enfants, un petit garçon qui s'appelle Alexis, et une petite fille qui s'appelle Belinda. Et puis mon frère Hamid, qui a un petit garçon qui s'appelle Florent.

Int. Et vos sœurs, comment

s'appellent-elles?

Fa. J'ai ma sœur Malika, et ma sœur Radia.

Int. Elles ont quel âge?

Fa. Ma sœur Malika, vingt-trois ans, et ma sœur Radia, vingt ans.

Int. Elles sont mariées?

Fa. Non non, elles ne sont pas mariées, elles sont célibataires.

Tu t'appelles comment?
2 (p 31)
F. Comment tu t'appelles?

A. Angélique.

F. Angélique, c'est joli comme prénom, ça. Et tu as quel âge?

A. Dix ans.

F. Tu as des frères et sœurs?

A. Oui, j'en ai deux.

F. Deux? Des frères ou des sœurs?

A. Euh... deux frères.

F. Deux frères. Et comment s'appellent-ils?

A. Sébastien et Benjamin.

F. Et tes parents, comment s'appellent-ils?

A. Aline et Jean-Marc.

F. Bonjour.

G. Bonjour.

F. Comment t'appelles-tu?

G. Guillaume Dufossé.

F. Guillaume Dufossé. Oui, et tu as quel âge Guillaume?

G. Dix ans.

F. Tu as des frères et des sœurs?

G. J'ai un frère.

F. Et comment s'appelle-t-il?

G. Jérôme.

F. Et est-ce que tu as des animaux domestiques?

G. Ben... oui, j'ai un chien et un furet.

Comptez jusqu'à cent!
3 (p 32)
Allô météo: 01 36 65 02 02

Office de tourisme de Paris: 01 49 52 53 54

SOS médecins: 01 47 07 77 77

SNCF renseignements: 01 45 82 50 50

4 (p 32)
1. zéro un, vingt et un, seize, quarante-trois, onze.

2. zéro un, douze, vingt-quatre, trente-six, quarante-huit.

3. zéro cinq, treize, treize, quatre-vingt-un, vingt-neuf.

4. zéro deux, quatre-vingt-quatre, cinquante, zéro huit, quarante-quatre.

UNITÉ 3 PROFESSIONS
Je travaille dans une banque (p 36)
J.-P. Quelle est votre profession?

F.-X. J. Je travaille dans une banque, je m'occupe de financements d'entreprises.

Co. Denis, quelle est votre profession?

D. M. Moi, je suis retraité. J'ai été militaire et j'ai porté l'uniforme

pendant 38 ans. Maintenant, je suis retraité.

Co. Qu'est-ce que vous faites dans la vie?

G. C. Je travaille à la Bibliothèque Nationale de France.

Co. Ça vous plaît comme travail?

G. Beaucoup. Beaucoup. Ça me plaît beaucoup, c'est très original et intéressant.

1 (p 37)
1. Je suis professeur. Je travaille dans un lycée.

2. Je travaille dans une usine, comme secrétaire.

3. Je ne travaille pas, je suis retraité.

4. Je suis vendeuse dans un grand magasin.

5. Je suis au chômage.

6. Je suis infirmière et je travaille dans un hôpital.

4 (p 37)
Co. Vous travaillez où?

Ch. D. Je travaille dans une école de langues à Paris.

Co. Et qu'est-ce que vous faites, dans cette école?

Ch. Je suis professeur.

Co. Professeur de quoi?

Ch. Je suis professeur de français langue étrangère.

Co. C'est-à-dire ...?

Ch. J'enseigne le français aux étrangers.

Co. Vous avez des étudiants de quelle nationalité?

Ch. J'ai des étudiants de plusieurs nationalités. Des Américains, des Japonais, des Anglais, des Ecossais, des Italiens et des Espagnols, mais je travaille surtout avec les Anglo-saxons.

Co. Ça vous plaît comme travail?

Ch. Oui, j'aime beaucoup mon travail.

Je travaille de neuf heures à midi
1 (p 39)
Numéro 1 *V. 1* Quelle heure est-il à New York?

V. 2 Il est une heure.

V. 1 Une heure du matin ou une heure de l'après-midi?

V. 2 Du matin! Il est une heure du matin!

V. 1 Ah, bon!

Numéro 2 *V. 1* Quelle heure est-il au Japon?

V. 2 Il est dix heures.

V. 1 Dix heures du matin ou dix heures du soir?

V. 2 Du soir! Il est dix heures du soir.

Numéro 3 *V. 1* Il est quelle heure?

V. 2 Euh... il est trois heures et quart.

V. 1 Trois heures et quart. Ah bon, ça va!

Numéro 4 *V. 1* Il est quelle heure?

V. 2 Il est sept heures et demie.

V. 1 Sept heures et demie! Zut!

Numéro 5 *V. 1* Quelle heure est-il, s'il te plaît?

V. 2 Il est neuf heures moins le quart.

V. 1 Neuf heures moins le quart! Oh, là, là!

Numéro 6. *V. 1* Quelle heure il est en Australie? Il est midi ou il est minuit?

V. 2 Non, il n'est pas minuit! Il est midi!

V. 1 Midi! Alors, ça va.

Numéro 7 *V. 1* Pardon, monsieur. Quelle heure est-il, s'il vous plaît?

V. 2 Il est minuit dix.

V. 1 Minuit dix... Merci.

Numéro 8 *V. 1* Quelle heure est-il, s'il vous plaît?

V. 2 Il est onze heures moins vingt.

V. 1 Onze heures moins vingt! Merci.

4 & 5 (p 39)
Int. Vous vous appelez comment?

FG Je m'appelle Françoise Guillaumont.

Int. Vous travaillez?

FG Je travaille.

Int. Qu'est-ce que vous faites exactement?

FG Je suis infirmière.

Int. Quels sont vos horaires?

FG Je travaille la nuit. Je commence le soir à vingt et une heures jusqu'au lendemain matin à sept heures.

V. D. Je travaille à Montbrison. Je travaille dans un club de tennis, où je suis hôtesse d'accueil. Je travaille l'après-midi de deux heures moins le quart à cinq heures moins le quart, et parfois jusqu'à sept heures et demie... Le matin, j'ai un autre travail, mais à la maison. J'ai un élevage de chats, donc je m'occupe de mes chats.

J.-P. Vous vous appelez comment?

F. M. Frank Martin.

J.-P. Et qu'est-ce que vous faites exactement?

F. Je suis professeur de tennis.

J.-P. Ça vous plaît?

F. Oui, beaucoup.

J.-P. Et quels sont vos horaires?

F. Mes horaires sont un peu spéciaux, je travaille surtout après l'école, c'est-à-dire de dix-sept heures à vingt-deux heures, en général.

Du lundi au vendredi
1 (p 40)
A.-M. Je suis réceptionniste dans un hôtel. Je ne travaille pas le lundi et le jeudi, mais je travaille le samedi. Et puis, une fois par mois, je travaille le dimanche aussi. Je suis assez sportive, et je vais à la piscine trois fois par semaine: le lundi, le jeudi et le dimanche. Le lundi, je fais mes courses, c'est-à-dire que je vais au supermarché. J'aime faire la cuisine, ça me plaît beaucoup, et je ne vais jamais au restaurant.

3 (p 41)

Co. Comment tu t'appelles?

T. F. Je m'appelle Thomas.

Co. Thomas comment?

T. Février.

Co. Tu as quel âge?

T. J'ai dix ans.

Co. Tu as école quels jours de la semaine?

T. Le lundi, le mardi, le mercredi, le jeudi et le vendredi... Par contre il y a quelques jours où j'ai pas classe le mercredi.

Co. Le matin, l'école commence à quelle heure?

T. Elle commence à huit heures et demie.

Co. Et tu as classe jusqu'à...

T. Onze heures et demie, le matin.

Co. Tu reprends l'après-midi à quelle heure?

T. Une heure et demie.

Co. Une heure et demie. Et là, tu restes à l'école jusqu'à quelle heure l'après-midi?

T. L'après-midi, je reste jusqu'à quatre heures et demie.

UNITÉ 4 VILLE ET CAMPAGNE
J'habite à Anvin
1 (p 47)

F. Alors je suis née à Dijon, et mes parents habitent toujours Dijon, au centre-ville. Mon frère et sa femme habitent un petit village près de Dijon, et c'est un village d'environ cent cinquante habitants. Ma grand-mère est retraitée maintenant et elle a une maison en Bretagne, sur le Golfe du Morbihan, au bord de la mer. Ma sœur préfère la campagne. Mon mari et moi, on habite près de Paris, dans une petite maison en banlieue. Anne-Marie et Sylvie, mes deux filles, sont avec une famille écossaise à Glasgow, pour apprendre l'anglais.

3 (p 47)

Int. Pardon, monsieur, vous avez une petite minute pour répondre à quelques questions?

DL Oui, je veux bien.

Int. Comment vous appelez-vous?

DL Je m'appelle Daniel Lambert.

Int. Et où habitez-vous?

DL J'habite à Manchester, dans un appartement en banlieue.

Int. Vous travaillez où?

DL Je travaille au centre-ville, à Manchester.

Int. Merci, monsieur.

4 (p 47)

Co. J'habite à Presles dans la banlieue nord à environ trente-cinq kilomètres de Paris. Je travaille dans une association qui s'appelle Peuple et Culture. Les bureaux de mon association se trouvent à Paris, dans le onzième arrondissement.

Anvin, c'est dans le nord de la France
(p 48)

F. Et vous habitez où?

M. D. J'habite à Saint-Pol-sur-Ternoise.

F. Ça, c'est où ça?

M. C'est une petite ville près d'Arras dans le Pas-de-Calais.

F. Où habitez-vous

D. P. A Anvin

F. Où est Anvin?

D. Anvin, c'est entre Saint-Pol et Hesdin, dans le département du Pas-de-Calais.

F. Dans le nord de la France, alors.

D. Dans le nord de la France.

Ch. D. Je suis née dans une commune qui s'appelle Aubervilliers, tout près de Paris.

Co. C'est où, Aubervilliers?

Ch. C'est dans le nord de Paris, enfin, c'est dans la banlieue nord de Paris.

1 (p 49)

V. D. J'habite un petit hameau, qui s'appelle Nuzin, qui se situe à neuf kilomètres de Montbrison. Montbrison est une ville moyenne, qui est à trente minutes de Saint-Etienne, à une heure de Lyon.

Fa. B. J'habite à Valliguières, dans le sud de la France.

A.-M. L. Je viens de Normandie.

F. Mm. Hm.

A.-M. D'un très petit village qui s'appelle Rônai. C'est à cinquante kilomètres de Caen, dans le département... Le département est le Calvados.

2 (p 49)

F. Madame, monsieur, merci d'avoir téléphoné au service informations de l'office de tourisme à Paris. Voici les plus beaux châteaux dans les environs de Paris.

• Le château de Versailles. Situé au sud-ouest de Paris, à quinze kilomètres du centre. Le château est ouvert de neuf heures à dix-sept heures, tous les jours sauf le lundi et les jours fériés.

• A Chantilly, le château est ouvert de dix heures trente à douze heures quarante-cinq et de quatorze heures à dix-sept heures. Fermé le mardi. Chantilly est situé à quarante kilomètres de Paris, direction nord.

• Saint-Germain-en-Laye se trouve à treize kilomètres de Paris. Son château est fermé le mardi, mais du mercredi jusqu'au lundi, il est ouvert de neuf heures à dix-sept heures quinze.

• Rambouillet est ouvert tous les jours sauf le mardi. Heures d'ouverture: de dix heures à midi, et de quatorze heures à dix-huit heures. Rambouillet se trouve à cinquante km de Paris.

• Fontainebleau est situé au sud-est de Paris, à soixante kilomètres. Le château est ouvert de neuf heures trente à douze heures trente et de quatorze heures à dix-sept heures, sauf le mardi.

Verrières, c'est très petit
1 (p 51)

1. Le Mont-Saint-Michel, en Normandie? C'est très joli, très intéressant, mais c'est trop animé, il y a trop de monde. Je n'aime pas du tout.

2. Les plages des Landes? Mais c'est très calme, très reposant. Il n'y a pas trop de monde. J'aime bien.

3. Le quartier de la Défense à l'ouest de Paris. Oh, c'est très moderne, l'architecture est très intéressante. J'aime beaucoup.

4. La ville de Montpellier, dans le sud de la France. C'est très joli, très agréable. Pas trop grand. Il y a beaucoup de restaurants, beaucoup d'étudiants. C'est animé. Ah oui, j'adore Montpellier.

4 (p 51)

Co. Antoine et moi, on habite dans une maison, à Presles, dans la rue principale. C'est la campagne, quoi. C'est une jolie ville. Il y a beaucoup d'arbres et de jardins, et c'est en général assez calme. En tout cas, comparé à Paris, c'est très calme. A Presles il y a deux boulangeries, donc il y a des commerces déjà. C'est important. Il y a deux boulangeries, deux boucheries, une pharmacie et une épicerie. Il y a quatre garages. C'est énorme pour une ville de trois mille cinq cents habitants.

Le 17ᵉ arrondissement (p 52)

C. B. J'habite à Paris, dans le dixième arrondissement.

Co. Et le dixième arrondissement, ça te plaît?

C. Ça me plaît.

Co. C'est comment, le dixième arrondissement?

C. C'est agréable. C'est un quartier qui est vivant et c'est relativement calme les week-ends.

Co. Vous habitez à Paris. Dans quel quartier?

G. Dans le dix-septième arrondissement, qui est au nord-ouest de Paris.

Co. Et c'est un quartier que vous aimez bien?

G. C'est un quartier que j'aime bien parce qu'il est un petit peu un village, comme un village dans Paris. [...]

Co. Donc c'est sympa?

G. Oui.

Co. C'est un quartier sympa.

G. Sympa avec une bonne ambiance. Et pas anonyme comme souvent à Paris.

1 (p 52)

H. Si vous êtes à Paris pour un seul jour, essayez de voir six monuments essentiels. La tour Eiffel, pour commencer. C'est dans le septième arrondissement. La cathédrale Notre-Dame, sur l'Ile de la cité, dans le quatrième arrondissement. Ensuite, le musée du Louvre dans le premier arrondissement. Après le Louvre, allez voir les Champs Elysées et l'Arc de Triomphe dans le huitième arrondissement. Ensuite vous avez l'Opéra dans le neuvième, et pour terminer votre journée allez vous promener dans les petites rues d'un quartier très artistique, Montmartre avec le Sacré Cœur, dans le dix-huitième.

3 & 4 (pp 52 & 53)

Co. C'est un quartier agréable, le dix-septième?
Ch. Oui, c'est un quartier très agréable.
Co. Qu'est-ce qui vous plaît dans votre quartier?
Ch. Ce qui me plaît, c'est que c'est un quartier encore populaire et un vrai quartier de Paris, sans trop de boutiques à la mode et de boîtes de nuit branchées.
Co. Le dix-septième ça se situe où dans Paris?
Ch. Ça se situe dans le nord-ouest de Paris.
Co. Il y a des monuments connus dans le dix-septième?
Ch. Il n'y a pas de monuments connus. Il y a seulement un parc qui est très joli, qui s'appelle le parc Monceau.
Co. Ah oui. Il y a beaucoup d'habitants d'origine étrangère dans le dix-septième?
Ch. Oui, dans une partie du dix-septième, parce que le dix-septième est un arrondissement qui est coupé en deux. Il y a un dix-septième très chic et très bourgeois et un dix-septième beaucoup plus populaire où il y a beaucoup de personnes d'origine étrangère.
Co. Qui viennent de quels pays?
Ch. Il y a des Maghrébins, il y a beaucoup d'Africains, d'Afrique noire, il y a beaucoup d'Espagnols et beaucoup de Portugais, en particulier près de chez moi. Il y a également des Français d'origine antillaise.

UNITÉ ÉTAPE 1
Contrôle audio
8 & 9 (p 59)

F. Madame Delcusse, est-ce que vous pouvez me donner vos horaires d'ouverture, s'il vous plaît?

Mme D. Alors, le musée d'Azincourt est ouvert chaque jour. L'été, enfin, c'est-à-dire à partir de Pâques, de neuf heures à dix-huit heures sans interruption. Et après le mois d'octobre, c'est-à-dire après l'anniversaire de la bataille, nous ouvrons à partir de dix heures et demie, onze heures le matin, jusqu'à dix-sept ou dix-huit heures. Ça dépend.
F. Et tous les jours de la semaine?
Mme D. Tous les jours de la semaine...
F. Eh bien, et sinon pendant l'été ou le restant de l'année, quelles sont les proportions de nationalités que vous avez ici?
Mme D. Alors, les Anglais bien sûr, en plus grand nombre. Et l'été, nous avons des Japonais, des Chinois, mais la meilleure clientèle est d'abord les Anglais, les Américains, les Canadiens, les Australiens, et les Néo-Zélandais.

Contrôle parole
10 (p 59)

V. 1 Bonjour, madame.
V. 2 Bonjour, monsieur.
V. 1 Alors, vous vous appelez comment?
V. 2 Je m'appelle Catherine Bommert.
V. 1 Quel âge avez-vous?
V. 2 J'ai 32 ans.
V. 1 Vous êtes mariée?
V. 2 Oui, je suis mariée.
V. 1 Et vous avez des enfants?
V. 2 J'ai deux enfants.
V. 1 Vous êtes de quelle nationalité?
V. 2 Je suis française.
V. 1 Vous habitez où?
V. 2 J'habite à Bordeaux.
V. 1 Quel est votre numéro de téléphone?
V. 2 C'est le zéro cinq, cinquante-six, soixante-deux, treize, quatre-vingt-treize.
V. 1 Quel est votre métier?
V. 2 Je suis professeur d'espagnol.
V. 1 Vous travaillez où?
V. 2 Je travaille dans un lycée.
V. 1 Ça vous plaît?
V. 2 Oui, ça me plaît.

UNITÉ 5 LES COURSES
Je voudrais un baba au rhum
(p 60)

B. Bonjour, madame, qu'est-ce que je vous sers?
Fa. Oui, bonjour, madame, je voudrais des pâtisseries, s'il vous plaît.
B. Oui. Qu'est-ce que vous désirez?
Fa. Vous avez des babas au rhum?
B. Oui.
Fa. J'en voudrais trois, s'il vous plaît.

B. Trois? Alors, trois babas au rhum. Et avec ceci?
Fa. Vous avez des tartes aux fraises?
B. Non, pas en ce moment, pas de fraises.
Fa. Qu'est-ce que vous avez comme tartes?
B. Il y a des tartes à la crème, des tartes crème-fruits, crème-fruits-chocolat, à la pomme ou alors, des tartes normandes.
Fa. Et la tarte là-bas, qu'est-ce que c'est?
B. C'est une tarte paysanne. C'est une tarte avec une crème pâtissière.
Fa. C'est combien, s'il vous plaît?
B. Cinq euros pour huit personnes.
Fa. D'accord, je vais prendre ça, s'il vous plaît.
B. D'accord. Et avec ceci?
Fa. Vous avez des éclairs au chocolat?
B. Oui. Vous en désirez combien?
Fa. Trois, s'il vous plaît.
B. Trois? Oui. Avec ceci?
Fa. Et au café?
B. Café, vanille, ...
Fa. Oui. Deux au café, s'il vous plaît.
B. Deux au café. Bien sûr. Voilà. Avec ceci?
Fa. C'est tout, merci. C'est combien, s'il vous plaît?
B. Ça fait douze euros cinquante, s'il vous plaît.
Fa. D'accord. Voilà.
B. Merci. Voilà. Merci, madame.
Fa. Merci.
B. Au revoir et bonne journée.

1 (p 61)

1. C. Bonjour, monsieur.
V. Bonjour, vous désirez?
C. Trois tartes aux framboises et trois tartes aux kiwis.
V. Alors, trois tartes aux framboises et trois aux kiwis... Voilà. Ce sera tout?
C. Oui, oui, c'est tout. Je vous dois combien, s'il vous plaît?
V. Alors, neuf euros, s'il vous plaît.
C. Neuf euros. Voilà. Merci, monsieur.
V. Mais, c'est moi qui vous remercie. Au revoir.
2. C. Bonjour, madame.
V. Bonjour, madame. Qu'est-ce que je vous sers?
C. Alors, vous avez des éclairs au café?
V. Ah non, je suis désolée, madame. Mais nous avons des éclairs au chocolat, si vous voulez.
C Je n'aime pas le chocolat. Alors, je vais prendre quatre religieuses au café.
V. Très bien.
C. Et une baguette, s'il vous plaît.

V. Très bien, madame.

3.*V.* Bonjour, monsieur.

C. Bonjour, madame. Vous avez des babas au rhum, s'il vous plaît?

V. Oui, bien sûr. Combien vous en voulez?

C. Euh… Trois, s'il vous plaît. Oui, trois. Et un pain de campagne.

V. Ah, désolée. On n'a plus de pain de campagne.

C. Tant pis. Alors, deux baguettes, s'il vous plaît.

4 (p 61)

F. Monsieur Vetilingun, vous êtes pâtissier?

M V. Oui.

F. Pouvez-vous me dire, quelle est la pâtisserie préférée des Français?

M V. La pâtisserie préférée des Français, c'est l'éclair au chocolat.

F. Ah oui! Et après l'éclair?

M V. Le mille-feuille.

F. D'accord. Et… hmm… Et la tarte préférée?

M V. La tarte à la crème.

F. Pas la tarte aux fruits alors?

M V. Non. La tarte à la crème.

F. Merci beaucoup.

J'ai acheté du pain, de la viande, des fruits

1 (p 63)

Fa. Pardon, madame. Qu'est-ce que vous avez acheté aujourd'hui au supermarché?

C. 1 Du pain, de la viande.

Fa. Qu'est-ce que vous avez acheté comme viande?

C. 1 De la chair à saucisses, dans l'intention de faire un chou farci.

Fa. Mm! C'est bon ça!

C. 1 … une boîte de tomates entières, un litre d'huile, du lait…

Fa. Longue conservation?

C. 1 Longue conservation.

Fa. Et puis?

C. 1 Du paper pour WC.

Fa. Oui, du papier de toilette, d'accord, très bien, et puis votre journal aussi?

C. 1 … et le journal.

Fa. Bien. Et je peux vous demander combien vous avez dépensé?

C. 1 26 euros 37 centimes.

Fa. Très bien, merci, madame.

Fa. Qu'est-ce que vous avez acheté aujourd'hui?

C. 2 Alors, des fruits.

Fa. Qu'est-ce que vous avez acheté comme fruits?

C. 2 Des bananes, des clémentines… et puis des légumes.

Fa. Et aussi? Oui, des carottes, je vois là, oui?

C. 2 Un petit peu d'apéritif…

Fa. Vous avez acheté du poisson aussi.

C. 2 Ah oui! J'ai acheté du poisson aussi peut-être, oui, oui, oui.

Fa. Du poisson surgelé?

C. 2 Oui. Du poisson surgelé. Ah! des biscuits, des cacahuètes pour l'apéritif.

Fa. Et vous avez dépensé combien?

C. 2 Alors, soixante-quatre euros dix-huit centimes.

2 (p 63)

Co. Bon, on va aller à l'épicerie. Alors, il faut … qu'est-ce qu'il faut? Il faut du lait?

A. Oui.

Co. Pour le petit déjeuner.

A. Des yaourts.

Co. Des yaourts. Des œufs?

A. Hmm.

Co. Et peut-être…

A. Quelques légumes.

Co. Les légumes, on les prendra peut-être au marché, non?

A. Ah oui.

Co. Dimanche. On va voir. Des légumes, s'ils sont beaux. Et puis du vin, du vin rouge pour le dîner ce soir.

A. D'accord.

Co. Je crois que c'est tout.

A. On y va?

Co. On y va.

3 (p 63)

Co. Bonjour.

E. Bonjour, madame.

Co. Donc, je voudrais, je voudrais des œufs.

E. Oui, combien?

Co. Six œufs.

E. Six œufs. Voilà. Et puis?

Co. Ensuite il me faut des yaourts.

E. Oui, écoutez, choisissez. Et ensuite?

Co. Du fromage.

E. Oui, qu'est-ce que vous voulez en fromage? Il y a du Brie, du chèvre, du Reblochon, du Roquefort, du Cantal, du Gruyère, un morceau de Chaumes,…

Co. Euh…

E. Un petit pavé d'affinois, c'est bon ça.

Co. J'en prends un pour goûter.

E. Voilà. Et vous voulez autre chose?

Co. Euh… Un morceau de Munster.

E. Pour goûter, ça vous changera un petit peu. Comme ça?

Co. Un petit peu plus, peut-être.

E. Alors voilà.

E. Alors, six œufs, les yogourts au café, le pavé d'affinois, le morceau de Munster et les yogourts nature par quatre. Voilà.

Qu'est-ce que c'est, le cake aux olives?

1 (p 65)

Co. Pour faire le cake, qu'est-ce qu'il faut?

N. M. Il faut donc deux cent cinquante grammes de farine, un sachet de levure.

Co. Alors, deux cent cinquante grammes de farine, un sachet de levure.

N. Quatre beaux œufs. Quinze centilitres d'huile.

Co. Ça fait quoi ça?

N. Ça fait la valeur d'un verre moyen.

Co. Donc, un verre moyen d'huile.

N. La même quantité de vin blanc sec.

N. Deux cents grammes d'olives vertes coupées en petits morceaux et bien sûr dénoyautées. Cent vingt grammes de bacon et quatre-vingts grammes de jambon blanc, les deux étant coupés en petits morceaux.

Co. Comme les olives.

N. Voilà. Cent cinquante grammes de gruyère râpé.

Co. Oui.

N. Et c'est fini pour les ingrédients.

2 (p 65)

1. Far Breton: une demi-livre de farine, cent cinquante grammes de sucre, 1 sachet de sucre vanillé, quatre gros œufs, un litre de lait et quelques pruneaux si vous voulez.

2. Kugelhopf: deux cent cinquante grammes de farine, cent vingt-cinq grammes de sucre, un verre de lait, quinze grammes de levure, deux œufs, cinquante grammes de sucre en poudre, un peu de sel, cent grammes de raisins secs, cinquante grammes d'amandes effilées

3. Clafoutis: cent cinquante grammes de farine, cent cinquante grammes de sucre, un demi-litre de lait, quinze grammes de beurre, trois œufs, une livre de cerises ou autres fruits

Marché ou supermarché? (p 66)

Int. Où faites-vous vos courses, normalement?

H. D'habitude, je fais mes courses au supermarché.

Int. Et pourquoi ce choix?

H. Parce qu'on y trouve un plus grand choix d'articles dans tous les domaines.

Int. Oui.

H. … et que les prix sont relativement modérés.

Int. Tu vas faire tes courses à Montmorency?

F. Alors, je vais chercher mon pain à Montmorency, mes fruits et mes légumes à Montmorency, et le reste je vais au supermarché.

Int. Pourquoi tu n'achètes pas tes fruits au supermarché?

F. Parce que je trouve qu'ils sont moins bons. Ceux de Montmorency sont meilleurs.

2 (p 67)

Co. Chantal, vous faites vos courses dans le quartier?

Ch. Oui, tous les jours. Je vais à la boulangerie. En face de la boulangerie il y a la boucherie et à côté de la boucherie il y a une librairie où j'achète mon journal. Et une rue plus loin il y a un marchand de légumes.

Co. Et tous les autres produits courants comme le thé, le café, le fromage, le lait, où est-ce que vous les achetez?

Ch. Il y a un marché tous les jours.

Co. Tous les jours?

Ch. Oui, et là, c'est là que j'achète le beurre, les œufs, le lait et d'autres produits courants. Il est au bout de ma rue, c'est pratique pour moi.

Co. Et il se tient de quelle heure à quelle heure, le marché?

Ch. Oui, il … il y a le marché de neuf heures jusqu'à treize heures et ensuite en fin d'après-midi, de seize heures à dix-neuf heures.

Co. Vous n'allez jamais faire vos courses dans un supermarché?

Ch. Si. Lorsque je vais au supermarché, c'est pour acheter des produits d'entretien.

Co. La lessive, le liquide vaisselle…

Ch. Oui ou autrement des boîtes pour mon chien et mes chats.

Co. Pourquoi est-ce que vous préférez le marché et que vous n'aimez pas le supermarché?

Ch. Je préfère le marché, parce qu'il y a des produits de meilleure qualité et parce que c'est dans la rue, c'est en plein air, il y a moins de concentration de personnes et c'est plus agréable. C'est assez typique aussi.

UNITÉ 6 TOUTES DIRECTIONS
Il y a une pharmacie près d'ici?
1 (p 71)

1 *Int.* Pardon, monsieur, où est la station de métro la plus proche, s'il vous plaît?

H. Prenez la première rue à gauche.

Int. Ah, merci.

2 *Int.* Pardon, monsieur, est-ce qu'il y a une poste près d'ici?

H. Continuez tout droit. Il y a une poste au bout de la rue.

Int. Merci, monsieur.

3 *Int.* Pardon, monsieur, où est la boulangerie Pavy, s'il vous plaît?

H. La boulangerie Pavy? Vous montez la rue, là, et c'est la troisième à gauche.

Int. La troisième à gauche. Merci.

4 *Int.* Excusez-moi, monsieur. Je cherche une banque. Est-ce qu'il y a une banque près d'ici?

H. Une banque, alors, voyons, euh… Oui, il y a une banque dans la rue de Clocheville. C'est la deuxième rue à droite.

5 *Int.* Pardon, monsieur, où est le supermarché le plus proche, s'il vous plaît?

H. Alors il y a un supermarché Shopi

dans la rue des Capucines.

Int. C'est où, la rue des Capucines?

H. Prenez la troisième rue à droite.

Int. Merci, monsieur.

H. De rien, mademoiselle.

2 (p 71)

F. Pour la pêche, vous avez la Loire bien sûr. Quand vous sortez d'ici, vous allez à gauche. Vous passez devant le château. Ensuite, vous tournez à droite, puis à gauche dans l'avenue du Pont. Traversez le pont, puis prenez à droite. Vous avez un très bon endroit pour la pêche, là, sur votre droite.

F. Vous pouvez passer l'après-midi au mini-golf. Alors vous sortez d'ici, vous prenez la rue Gary. Vous tournez à droite dans la rue de Saint-Etienne. Vous continuez tout droit, toujours tout droit jusqu'à l'avenue des Sources. Le mini-golf est sur votre gauche, à côté des courts de tennis.

F. Le soir, vous pouvez aller au casino. Il y a aussi un dancing là-bas. Alors pour y aller, c'est simple, quand vous sortez d'ici, vous prenez la rue Gary. Ensuite, vous tournez à gauche dans la rue de Saint-Etienne. Vous continuez tout droit jusqu'à la rue de Lyon. Et le casino est là, à gauche, au coin de la rue.

Pour aller à Gare du Nord, s'il vous plaît?
2 (p 72)

Co. Demain, je vais à Lyon par le train, je prends le train à la Gare de Lyon. Comment aller le plus simplement possible de mon bureau à la Gare de Lyon? Alors, Minitel. Trente-six seize. Voilà. Code du service, Situ, S.I.T.U. Départ… on part de la rue Saint-Maur dans le onzième arrondissement. Arrivée maintenant: Gare de Lyon, L.Y.O.N. Oui. Ah donc, à St-Maur, à la station St-Maur, prenez le métro ligne trois direction Galliéni, jusqu'à Père Lachaise. Puis on change. Prenez le métro ligne deux, direction Nation, jusqu'à Nation. Puis encore un changement? Prenez le métro ligne un, direction la Défense, jusqu'à Gare de Lyon. Vous mettrez vingt, vingt-cinq minutes. Oh, c'est très long, ça. Je suis sûre qu'il y a un moyen plus rapide.

Au feu rouge (p 74)

Co. Denis, on est garé devant le château. Comment on va à l'Hôtel le Pré aux Loups?

D. M. C'est très simple. Vous repartez en longeant le mur du château, vous allez ensuite jusqu'à la gare. Vous prenez à droite en direction de Beaumont…

Co. Oui.

D. Au premier feu rouge, vous tournez à gauche…

Co. A gauche.

D. Vous arrivez à un stop devant le cinéma…

Co. Oui.

D. Vous retournez à gauche…

Co. Oui.

D. Et vous êtes… vous avez le Pré aux Loups sur votre droite.

1 (p 74)

Int. Pardon, madame, l'hôtel Gil de France, s'il vous plaît?

F. Donc, vous prenez à droite, après en haut de la rue à gauche et l'hôtel est juste en face, de l'autre côté du boulevard.

Int. A gauche, après à droite, non?

F. Non, c'est l'inverse, à droite, après à gauche et c'est juste en face.

Int. D'accord, à droite, à gauche et en face.

F. Voilà, c'est ça.

Int. Voilà. Merci beaucoup.

F. De rien. Au revoir.

Int. Au revoir, merci.

3 (p 75)

J.-P. Allô, Virginie. Pour venir à la maison. Je vais t'expliquer. C'est simple. Tu arrives dans la ville de Montbrison, en venant de St-Etienne. Tu trouves un feu rouge et tu es sur le boulevard. Tu tournes à droite quand tu arrives au feu rouge. Tu suis les panneaux qui indiquent la ville de Boen, B.O.E.N. Tu arrives un peu plus loin à un rond-point. Tu prends une route à droite. C'est la rue Guy IV. A la suite de cette rue Guy IV, sur l'ancienne route de Champdieu et ensuite tu vas prendre sur ta gauche, la rue de Maupas, où j'habite. Alors, ça s'écrit M.A.U.P.A.S. Tu reconnais cette rue parce qu'au départ il y a un petit panneau qui indique Les Iris, un petit panneau de couleur verte et c'est le nom d'un centre de convalescence. Au numéro dix, tu t'arrêtes, tu es chez moi.

UNITÉ 7 A TOUTE VITESSE
Un aller-retour, s'il vous plaît (p 80)

E. Bonjour, madame.

Fa. Bonjour.

E. Vous désirez?

Fa. Je voudrais un aller-retour pour Paris.

E. En première ou seconde classe?

Fa. Seconde classe.

E. Alors, ça va vous faire huit euros vingt-trois centimes.

Fa. Huit euros vingt-trois centimes.

E. Merci, madame.

Fa. Merci. A quelle heure est le prochain train pour Paris, s'il vous plaît?

E. A midi, en principe.

Fa. En principe?

E. Oui, parce qu'il y a depuis ce matin, vingt ou trente minutes de retard. Il y a un incident à la Gare du Nord.

Co. Un accident à la Gare du Nord?

E. Un incident.

Co. Un incident! Donc vingt ou trente minutes de retard. Et c'est sur quel quai?

E. Sur le quai numéro deux.

Co. Merci beaucoup.

E. A votre service.

1 (p 80)

F. Le train pour Dijon est à quelle heure?

H. A dix-huit heures trente, madame.

F. Le train de seize heures huit pour Paris, c'est quelle voie?

H. Voie dix-huit, madame.

F. Le train pour Londres part à quelle heure?

H. A huit heures trente.

F. Le train de onze heures pour St-Etienne, c'est quel quai?

H. C'est quai dix, madame.

F. Le train de Vannes arrive a quelle heure, s'il vous plaît?

H. Il arrive a douze heures cinq.

2 (p 81)

1 *H.* Pour acheter des billets, s'il vous plaît?

E. Vous allez là-bas, au guichet ou bien il y a des machines ici.

H. Ah bien, je vous remercie madame.

E. Je vous en prie.

2 *H.* Pardon, c'est combien le billet pour Paris, s'il vous plaît?

E. Un aller simple ou un aller-retour?

H. Un aller simple.

E. Cinquante euros trente.

3 *H.* Je voudrais un aller-retour Paris-Nice, s'il vous plaît.

E. En première ou seconde?

H. En seconde, s'il vous plaît.

4 *F.* Je peux avoir un aller simple en seconde pour Calais, s'il vous plaît?

E. Oui, bien sûr, trente-quatre euros, s'il vous plaît.

5 *H.* C'est quel quai pour Paris?

E. Quai numéro trois.

6 *F.* Il y a des trains pour Menton à quelle heure, s'il vous plaît?

E. Il y a trois trains, un à douze heures trente quatre, un à seize heures vingt-huit et un à vingt et une heures seize.

7 *H.* Pardon, monsieur, le prochain train pour Avignon est à quelle heure?

E. A dix-huit heures trente. Et il arrive à Avignon à vingt-trois heures quarante-cinq.

8 *F.* C'est bien le train pour Bruxelles, s'il vous plaît?

E. Oui, oui, c'est bien ça madame.

Je voudrais arriver avant dix heures (p 84)

F. Bonjour, monsieur.

E. 1 Bonjour, madame.

F. Je voudrais des renseignements pour aller à Paris, s'il vous plaît. Je voudrais aller demain, et je voudrais arriver à Paris avant dix heures s'il vous plaît.

E. 1 D'accord. Alors donc demain, pour être à Paris pour dix heures, vous avez au départ d'Hesdin, un train à six heures vingt-six.

F. Six heures vingt-six... oui...

E. 1 Direct jusqu'à la gare d'Arras. Arras, arrivée sept heures trente-neuf.

F. Ah, alors je dois changer.

E. 1 Alors là, vous changez à Arras. Voilà, donc l'arrivée à sept heures trente-neuf, à Arras vous prenez un TGV direct pour Paris. Donc, départ d'Arras huit heures zéro huit. Donc, huit heures zéro huit et Paris huit heures cinquante-sept.

F. J'arrive à huit heures cinquante-sept. C'est la première possibilité.

F. Bonjour, monsieur.

E. 2 Bonjour, madame.

F. Je voudrais un aller-retour pour Paris, s'il vous plaît.

E. 2 Oui, c'est pour quel jour?

F. Je voudrais partir sur le train de six heures vingt-six demain matin, s'il vous plaît.

E. 2 D'accord. Alors vous voyagez en première, deuxième?

F. Deuxième, s'il vous plaît.

E. Oui. Voilà. Fumeurs? Non-fumeurs?

F. Non-fumeurs.

E. 2 Voilà, donc c'est bon, hein? Hesdin-Arras, jeudi 9, Arras-Paris, donc, ça vous fera à Paris à huit heures cinquante-sept et vous avez une place réservée en salle non-fumeurs, côté fenêtre.

F. Côté fenêtre. D'accord.

E. 2 Alors, le retour, je peux vous proposer dix-sept heures cinq.

F. Oui, c'est parfait.

E. C'est bon? Ça vous fera à Hesdin à dix-neuf heures trente-sept.

F. D'accord.

J'y vais en voiture (p 86)

1 (p 87)

Co. Elle est où, ton école?

C. Mon école se situe dans le Bois de Vincennes, près de l'Hippodrome.

Co. Tu y vas comment, alors?

C. Je prends le métro et le RER, et c'est rapide.

Int. Et donc vous allez tous les jours à Paris pour votre travail?

E. Oui, je vais tous les jours à Paris pour mon travail, mais c'est pas si pénible que ça.

Int. Vous prenez le train puis le métro?

E. Le train puis le métro et c'est tout.

Int. Vous partez le matin à quelle heure?

E. Je pars à cinq heures, je prends le train à cinq heures, cinq heures et demie six heures moins le quart, oui ...

F. Et vous habitez à combien de kilomètres d'ici?

Mme L. A quarante-cinq kilomètres de Le Parcq à Rang du Fliers.

F. Oui. Et vous mettez combien de temps pour venir au travail?

Mme L. Je mets trente-cinq minutes en voiture, en roulant bien!

F. Bien oui!

Co. Elle est où, ton école?

T. Ben, elle est à Bêtement. Je n'ai pas à y aller en bicyclette, j'y vais à pied.

Co. Tu y vas à pied. Oui. Il te faut combien de temps?

T. Euh, environ cinq minutes, à peu près.

Co. Cinq minutes.

2 (p 87)

1 Alors, pour être à Paris-Gare du Nord à sept heures, vous avez plusieurs trains au départ de Persan-Beaumont: il y en a un qui part à cinq heures cinquante-trois et qui arrive à six heures quarante-deux, un autre à cinq heures cinquante-sept, arrive à six heures cinquante-cinq, et le dernier est à six heures onze et il arrive juste à sept heures. Ensuite, les trains arrivent après sept heures c'est donc trop tard....

2 Eh bien, pour être à Paris-Gare du Nord à dix heures, alors voyons, il y a un train à huit heures trente-cinq, qui arrive Paris-Gare du Nord neuf heures dix-sept. C'est trop tôt... Les suivants: neuf heures cinq arrivée neuf heures quarante-sept, neuf heures vingt arrivée neuf heures cinquante et une... neuf heures vingt-trois ... ah, il arrive après dix heures à dix heures neuf. Donc, c'est trop tard pour vous celui-là...

3 Persan-Beaumont-Montsoult, ce n'est pas difficile, il y a un train par heure à cinquante-deux: donc dix heures cinquante-deux, onze heures cinquante-deux, douze heures cinquante-deux, treize heures cinquante-deux... Et il met quatorze minutes, donc vous arrivez à Montsoult à onze heures zéro six, douze heures zéro six, treize heures zéro six, quatorze heures zéro six, etc.

36 15 - Code SNCF

1 (p 88)

E. Allô, renseignements SNCF, je vous écoute.

V. Je voudrais aller à Bordeaux en TGV, qu'est-ce qu'il faut faire?

E. Eh bien, il faut réserver votre billet à l'avance.

V. Je peux réserver par téléphone?

E. Oui, bien sûr, ou vous pouvez réserver par Minitel.

V. Et pour avoir le ticket?

E. Eh bien, allez dans une gare, soit au guichet soit à la billetterie automatique.

V. La billetterie automatique?

E. C'est simple. Tapez votre numéro de réservation et retirez votre billet.

V. C'est tout?

E. Oui, oui, et n'oubliez pas... Compostez votre billet avant de monter dans le train.

V. Ah oui, d'accord. Merci.

E. A votre service. Au revoir.

3 (p 89)

Co. S.N.C.F. .... 'Voyages grandes lignes'.... C'est ça. 'Horaires'. Alors, 'Localité de départ', c'est Paris. 'D'arrivée' c'est Lyon. 'Département' soixante-neuf. 'Départ' le seize onze, le seize novembre. 'Vers'... oh, je mettrai huit heures. On verra. Alors, Paris–Lyon le mardi seize novembre, il y a un train à sept heures trente qui arrive à neuf heures quarante et un train à huit heures qui arrive à dix heures deux. Donc, sept heures trente, arrivée neuf heures quarante; huit heures arrivée dix heures deux. Et après, rien jusqu'à dix heures: le prochain est à dix heures, arrivée douze heures... Alors, je prendrai celui de dix heures et j'arriverai à midi. Voilà. 'Connexion – Fin'. C'est fini.

UNITÉ 8 HÔTELS ET CAMPINGS
Vous avez une chambre? (p 92)

R. Bonsoir, monsieur.

H. Bonsoir, monsieur. Vous avez de la place pour la caravane?

R. Oui, pas de problème, vous avez des emplacements là-bas ou de l'autre côté, là, derrière les tentes, vous voyez?

H. D'accord.

R. C'est pour combien de temps?

H. Une nuit seulement.

R. Très bien.

1 (p 93)

1 Vous avez une chambre avec douche pour une personne, s'il vous plaît? C'est pour une nuit.

2 Je voudrais réserver une chambre, s'il vous plaît. Pour deux personnes, avec salle de bains, et pour demain seulement.

3 Bonsoir, monsieur. Est-ce que vous avez une chambre avec salle de bains pour deux personnes pour le trois, quatre et cinq mai, s'il vous plaît?

4 Oui, c'est cela. Une chambre avec douche pour une seule nuit, et pour une seule personne.

5 Bonjour, madame. Avez-vous une chambre pour ce soir? Oui, c'est pour Monsieur et Madame Dufresne et on voudrait une chambre avec salle de bains si possible.

2 (p 93)

C. Bonjour, monsieur.

R. Bonjour, madame.

C. Vous avez une chambre, s'il vous plaît?

R. C'est pour combien de personnes?

C. Pour deux personnes, s'il vous plaît.

R. Et pour combien de nuits?

C. Pour trois nuits.

R. Donc... pour deux personnes, pour trois nuits... Avec salle de bains?

C. Oui, si c'est possible. C'est combien?

R. Soixante-quinze euros, madame.

C. Le petit déjeuner est compris?

R. Ah, non. Le petit déjeuner est en plus, sept euros par personne.

C. D'accord.

Nous avons du retard
1 (p 94)

1 *F.* Allô, l'Hôtel du Nord? Madame Schmidt à l'appareil. J'aurai du retard à cause de la grève des trains.

2 *H.* Bonsoir. C'est Monsieur Laval. Malheureusement nous ne pouvons pas arriver avant onze heures ce soir. Notre train a du retard.

3 *F.* Non, non, non, on va arriver après le dîner. Il y a énormément de circulation sur la route.

4 *F.* Je suis désolée, madame, mais notre voiture est en panne. Nous ne pouvons pas arriver ce soir.

5 *H.* Allô. L'Hôtel du Centre? Je suis à l'aéroport. L'avion a eu trois heures de retard. Nous allons arriver après minuit.

La douche ne marche pas
1 (p 96)

R. Allô. Réception.

F. 1 Allô. Ici la chambre vingt-trois. Il n'y a pas de serviette de toilette dans la salle de bains.

R. Ah, je suis désolé. On vous en apporte tout de suite.

F. 1 Je vous remercie.

R. Allô. Réception.

H. Allô. La télévision ne marche pas dans ma chambre.

R. Ah, je suis désolé. Vous êtes dans quelle chambre?

H. Chambre soixante-cinq.

R. Chambre soixante-cinq. D'accord.

R. Allô. Réception.

F. 2 Allô. Ici la chambre quatorze... Allô?

R. Oui, je vous écoute.

F. 2 Il n'y a pas de papier hygiénique dans la salle de bains.

R. Oh, je suis vraiment désolé. On vous en apporte tout de suite.

F. 2 Je vous remercie.

R. Allô. Réception.

F. 3 Allô. Voilà. Il y a un problème dans la salle de bains. La douche ne marche pas.

R. La douche ne marche pas? Vous êtes dans quelle chambre?

F. 3 La chambre dix-neuf.

R. Chambre dix-neuf. D'accord. On va voir ça tout de suite.

3 (p 97)

F. Pardon, monsieur. Il ne fait pas très chaud dans la chambre. Est-ce qu'il y a du chauffage?

R. Oui, ne vous inquiétez pas. Il est en route. D'ici un quart d'heure il va faire très, très bon.

F. D'accord. Je vous remercie.

R. Il n'y a pas de problème.

UNITÉ ÉTAPE 2
Contrôle audio
(p 105)

Fa. Bonjour, madame.

V. Bonjour, madam.

Fa. Je voudrais des pommes, s'il vous plaît.

V. Oui.

Fa. Qu'est-ce que vous avez comme pommes?

V. Nous avons de la Golden, de la Granny.

Fa. Je vais prendre un kilo de Golden, s'il vous plaît.

V. Oui. Et avec ça?

Fa. Vous avez des pamplemousses, s'il vous plaît?

V. Oui, madame. Des roses ou des blancs?

Fa. Des roses, s'il vous plaît.

V. Je vous en mets combien?

Fa. Je vais en prendre deux.

V. Oui, madame. Voilà. C'est cinquante centimes pièce.

Fa. Entendu.

V. Et avec ceci?

Fa. Qu'est-ce que vous avez comme salade?

V. Bien, nous avons de la laitue, de la scarole ou de la frisée.

Fa. Je vais prendre une frisée, s'il vous plaît.

V. Oui, madame. Ça fait un euro cinquante, s'il vous plaît.

Fa. Oui, et puis aussi une botte de persil, s'il vous plaît.

V. Oui, madame.

Fa. Une petite.

V. Oui, c'est soixante centimes, madame. Et avec ceci, madame?

Fa. C'est tout.

V. Je vous remercie, madame. Vous pouvez passer à la caisse?

Fa. D'accord, merci.

V. Nous avons les pommes, un euro quatre-vingt-dix, nous avons également les pamplemousses, donc, deux fois cinquante centimes, nous

avons aussi la frisée, un euro cinquante, et nous avons aussi le persil, soixante centimes. Cinq euros, s'il vous plaît, madame.
Fa. D'accord. Voilà.
V. Au revoir, madame. Bonne journée.

Contrôle parole
(p 105)
R. Bonjour.
Mme L. Bonjour, monsieur. Vous avez une chambre, s'il vous plaît?
R. Pour combien de nuits?
Mme L. Pour trois nuits.
R. Et pour combien de personnes?
Mme L. Pour deux personnes.
R. Pour deux personnes. Vous voulez une chambre avec un grand lit ou une chambre à deux lits?
Mme L. Une chambre avec un grand lit.
R. Nous avons une chambre avec bain et WC au troisième étage ou une chambre avec douche et WC au deuxième étage. Qu'est-ce que vous préférez?
Mme L. Je préfère la chambre avec douche et WC.
R. C'est à quel nom, s'il vous plaît?
Mme L. Madame Ledru.
R. Allô, réception?
Mme L. Je suis dans la chambre soixante-quinze.
R. La chambre soixante-quinze. Oui, madame?
Mme L. Il n'y a pas de serviette dans la salle de bains.
R. Pas de serviette dans la salle de bains. Je suis désolé.
Mme L. La douche ne marche pas.
R. La douche ne marche pas. Je suis désolé.
Mme L. La télévision ne marche pas.
R. La télévision ne marche pas. Ah, je suis désolé.
Mme L. Et je voudrais un autre oreiller, s'il vous plaît.
R. Un autre oreiller. Pas de problème. On va s'occuper de ça tout de suite, madame.

UNITÉ 9 INTERIEURS
J'ai un trois-pièces
Dialogue and 1 (p 106)
J.-L. O. Dans mon appartement, il y a trois pièces plus cuisine. Donc, deux chambres, salon-salle à manger, et une terrasse.
M. D. Au rez-de-chaussée, nous avons un sous-sol avec garage. Au premier étage, la cuisine, avec le salon, la salle à manger, et à l'étage quatre chambres, une salle de bains.
Ch. D. Oui, j'habite dans un appartement.
Co. Il est grand, petit?

Ch. C'est un trois-pièces, et assez grand pour un appartement parisien.
Co. Il est au rez de chaussée, ou...?
Ch. Non, il est au deuxième étage.
2 (p 107)
Co. C'est une petite maison de ville, qui donne sur la rue. Et on a une cour et un jardin. Donc, on entre : il y a la cuisine. On monte cinq marches et il y a la salle à manger. On monte une dizaine de marches et il y a le salon-séjour. Encore quelques marches et on trouve une chambre et la salle de bains, et encore une série de marches et on arrive dans notre chambre et coin-lecture, notre petit coin bibliothèque sous les toits.
5 (p 107)
P.S. Donc, alors, à Presles, donc en centre-ville, j'ai une maison de plain-pied à vous proposer qui est constituée d'une entrée, d'une cuisine, d'un séjour qui communique avec cette cuisine – c'est très pratique – de deux chambres et d'un WC. A l'extérieur de cette maison d'un même niveau, on trouve un jardinet, un petit terrain avec pelouse, oui, oui, très agréable, très vert, avec une dépendance pour abriter donc ustensiles de jardin et autres petits entretiens. Cette maison donc de plain-pied est à 70 000 euros.
Sinon, j'aurais un appartement peut-être? Aussi en centre-ville, dans une résidence avec un très beau parc, donc, un appartement de trois pièces au deuxième étage. Alors, bon, il est composé d'une entrée, avec une cuisine, toute équipée, un séjour, une salle de bains, un WC, deux chambres assez spacieuses, équipées de placards. En dépendances, nous avons donc une cave et cet appartement en plein centre de l'Isle-Adam est à 75 000 euros. C'est un appartement qui est idéal pour un couple, pour un premier achat ou une retraite.

J'habitais en Seine-et-Marne
Dialogue and 1 (p 108)
V. Où étais-tu auparavant?
G. Dans la région parisienne.
V. A quel endroit exactement?
G. En Seine-et-Marne.
V. Et tu avais une maison?
G. Oui.
V. C'était comment?
G. C'était une maison de village simple.
V. Avec combien de pièces?
G. Il y avait six pièces. Il y avait deux chambres, un salon, une salle à manger, une cuisine et une salle de bains.
V. C'était plus agréable là-bas ou ici?
G. Ici c'est plus agréable.
V. Pourquoi?

G. C'est plus calme et j'aime mieux la campagne.
2 (p 108)
Int. Depuis combien de temps habitez-vous cet appartement?
H. Eh bien, ça va faire environ un an, à peu près.
Int. Et avant, vous habitiez où?
H. J'habitais dans un autre appartement à Montbrison, mais j'ai changé parce qu'il était vraiment petit.
Int. Et avant, quand vous habitiez chez vos parents, c'était où?
H. C'était à Veauchette.
Int. Dans une maison?
H. Oui.
Int. Elle était comment, la maison de vos parents?
H. Alors c'était une villa avec le sous-sol.
Int. Il y avait un jardin?
H. Oui, il y avait ... on avait trois mille mètres de terrain, où il y avait des animaux. Nous avions des moutons, des lapins, des poules... et des chiens, voilà.
Moi, je fais la vaisselle (p 110)
A. Je passe l'aspirateur, je fais la vaisselle, je lave les carreaux, pas souvent, je dépoussière les meubles.
Co. Et moi, je fais la lessive, un petit peu de repassage, mais souvent Antoine aussi repasse une chemise ou un pantalon. Et puis surtout je fais la cuisine.
Co. Et chez vous, qui fait quoi? Par exemple, les courses?
A.-M. L. Mon mari fait les courses et puis, il fait la cuisine.
Co. Et le reste du travail à la maison, c'est vous?
A.-M. C'est moi.
Co. Et donc, à la maison, puisque vous, vous restez à la maison, j'imagine que vous faites presque toutes les tâches ménagères?
N. R. Oui.
Co. Est-ce qu'il y a des choses que votre mari fait dans la maison?
N. Oui, oui, oui. Il passe l'aspirateur.
1 (p 111)
J.-P. Bonjour, madame.
F. Bonjour, monsieur.
J.-P. Dans votre maison, est-ce qu'il y a des tâches ménagères que vous n'aimez pas du tout faire? Par exemple, la vaisselle?
F. J'aime bien la vaisselle.
J.-P. Vous aimez bien la vaisselle?
F. Ah oui. Plus j'en ai, plus je suis contente. Ha ha ha!
J.-P. Et le linge?
F. Le linge... le laver mieux que le repasser. Je n'aime pas le repasser.
J.-P. Vous n'aimez pas le repassage!
F. Ah non, c'est trop pénible.

J.-P. Est-ce que vous aimez passer l'aspirateur?

F. Ouf! De temps en temps. Pas trop souvent.

J.-P. Et nettoyer les vitres?

F. Je les fais faire à mon mari.

J.-P. C'est votre mari qui nettoie les vitres?

F. Ah oui, c'est lui. Oui.

J.-P. C'est lui qui fait les lits aussi?

F. Ah non! Jamais!

J.-P. Alors, qui fait la vaisselle?

F. Moi.

J.-P. Qui fait la cuisine?

F. Moi!

J.-P. Qui fait le repassage? C'est vous aussi?

F. C'est moi aussi!

J.-P. Qui fait les courses sur le marché?

F. C'est moi.

J.-P. Qui achète le vin?

F. Tous les deux, tous les deux.

2 (p 111)

Co. Gilles et Chantal, chez vous, à la maison, qui fait quoi?

Ch. Ça dépend des semaines, mais très souvent, c'est moi qui fais le marché et qui fais toutes les courses.

G. Eh bien, moi, comme j'ai la voiture, je fais les courses lourdes, les choses lourdes à porter. Et puis je fais une partie du ménage aussi.

Co. Et la cuisine, alors?

Ch. C'est souvent moi qui la fais, parce que Gilles rentre tard le soir. De temps en temps, c'est Gilles qui la fait. Les jours de fête.

Styles de vie

1 (p 112)

N. Le château de Nointel est un château du dix-septième siècle. C'était en fait une grosse demeure. Donc, il n'est pas énorme.

Co. Il y a combien de chambres?

N. Il y a à peu près dix ou douze chambres. Avec leur salle de bains et quelquefois un petit salon ou une lingerie.

N. Au rez-de-chaussée, il y a la cuisine principale, une belle salle à manger, des salons, la bibliothèque.

Co. Et au premier étage?

N. Au premier étage, comme au second étage, c'est le domaine des chambres, salles de bains, lingerie...

D. On y trouve également une petite cuisine.

N. Le château est une résidence secondaire du propriétaire. Parfois il est vide, complètement, pendant même plusieurs mois. Et puis la famille arrive et le château peut être plein.

Co. Donc au maximum, il peut y avoir combien de personnes?

N. Il peut y avoir une bonne cinquantaine de personnes.

Co. Oui, donc c'est très grand, quand même.

N. C'est beaucoup plus grand qu'une maison normale.

3 (p113)

J.-P. Combien de Français sont propriétaires de leur logement?

P. On estime que 55% des ménages français sont propriétaires de leur logement.

J.-P. Et donc 45% de locataires.

P. Alors, pour être plus précis, 40% sont locataires et 5% logés à titre gratuit.

J.-P. Le Français moyen habite-t-il à la ville ou à la campagne?

P. Eh bien, 75% des Français habitent à la ville et 25% en zones rurales.

J.-P. Est-ce qu'ils préfèrent une maison individuelle ou un appartement?

P. Eh bien, le rêve de chaque Français est la maison individuelle. ... en 90, on estime que 50% des ménages vivent en maisons individuelles.

4 (p 113)

J.-P. Quel pourcentage des ménages ont une voiture?

P. L. Eh bien, on estime en 91 que 77% environ des ménages ont une voiture.

J.-P. Sont-ils nombreux à avoir deux voitures ou plus?

P. Le nombre de ménages ayant deux voitures ou plus est d'environ vingt-cinq pour cent.

J.-P. C'est important!

P. C'est relativement important, mais ça s'est développé avec le travail des femmes qui exigeait souvent une seconde voiture dans le ménage.

J.-P. Ah oui. Tout le monde a la télévision?

P. Presque tout le monde a la télévision. On estime que le nombre de ménages titulaires de la télévision est d'environ 93%.

J.-P. Et le téléphone?

P. Le téléphone s'est beaucoup développé en France ces dernières années. On estime qu'il est d'environ 93% également.

J.-P. Et avec la télévision il y a souvent le magnétoscope. Combien de magnétoscopes en France?

P. Eh bien, 17% des ménages ont un magnétoscope. C'est un chiffre qui est en augmentation rapide.

UNITÉ 10 LOISIRS
Je fais du théâtre

1 (p117)

Int. Qu'est-ce que vous faites le week-end, en général?

V. 1 Eh bien, en général, on part à la campagne. On a une maison de campagne. Alors là-bas, on jardine, on

bricole, on fait des promenades, on voit des amis... On se repose, quoi.

Int. En général, qu'est-ce que vous faites le week-end?

V. 2 Le week-end? Euh... Quelquefois je travaille... ou alors je reste à la maison... j'écoute de la musique... je lis... je dîne avec des amis...

Int. Et vous, qu'est-ce que vous faites le week-end?

V. 3 Je fais du sport – surtout du football, et je joue au rugby et au volley.

Int. Tous les week-ends?

V. 3 Tous les week-ends, oui. Et puis autrement, je regarde la télé.

Int. Qu'est-ce que vous faites le week-end?

V. 4 Ben... ça dépend, mais si c'est un week-end idéal, je vais au théâtre... je vais dans un musée pour voir une exposition... et puis je fais du sport: je joue au tennis ou je vais à la piscine. Voilà.

2 (p 117)

Mme R. Je fais de la gymnastique tous les mercredis, et je joue au tennis trois fois par semaine. Le week-end, je fais du vélo... ou je joue aux cartes avec mes amis. De temps en temps, je reste à la maison, et je joue du piano ou je fais des mots croisés.

Je ne sais pas nager

1 (p 119)

Co. Tu fais du cheval?

M. F. Oui.

Co. Et tu montes à cheval régulièrement?

M. Ah oui, deux fois par semaine, le mercredi après-midi et le dimanche matin.

Co. Est-ce que tu sais jouer d'un instrument de musique?

M. Un petit peu de flûte.

Co. Oui. [...] Est-ce que tu sais chanter?

M. Non.

Co. Faire la cuisine?

M. Non.

Co. Nager?

M. Oui.

Co. Nager, ça tu sais faire.

M. Oui.

2 (p 119)

R. Je vais à la pêche, j'adore la pêche à la truite. Nous avons sur Montbrison des rivières très belles et puis... ça passe le temps, quoi.

Ch. B. Alors, mes passions, en fait la première chose, c'est le cinéma. Quand j'étais un petit peu plus jeune, il y a quelques années [...] j'allais au cinéma cinq ou six fois par semaine.

Co. Nanou et Denis, en dehors du jardinage et de la cuisine, quelles sont vos distractions ou vos passions?

D. M. La lecture.

Co. Oui?

D. La télévision de temps en temps et moi, j'ai une passion aussi, c'est la pêche.

N. M. Moi, j'ai beaucoup de passions. Je suis bibliothécaire, alors j'ai la passion de la lecture, j'ai la passion des objets d'art. J'aime beaucoup aller dans les musées, j'ai la passion de la musique...

Co. Quelles sont vos passions?

G. C. Essentiellement le cinéma, et j'aime aussi beaucoup la bande dessinée.

Co. La bande dessinée comme Tintin, Astérix,...

G. Voilà.

Je t'invite à déjeuner
(p 120)

A. Françoise, tu vas au marché jeudi, là, à Hesdin?

F. Ah, mais bien sûr, comme d'habitude.

A. Je t'invite à déjeuner après.

F. Ah mais ça, c'est sympa!

A. Midi et demi! A la Brasserie du Globe. Tu sais, celle qui est sur la place d'Armes.

F. Oui, d'accord.

A. Midi et demi. Je t'invite, hein? C'est mon tour.

F. D'accord. Alors la prochaine fois ça sera moi!

A. OK. Je dois filer maintenant. Alors, à demain.

F. A midi et demi. Au revoir

A. OK! Salut!

1 (p 121)

F. Qu'est-ce que tu fais vendredi soir, Philippe?

H. Euh... je ne sais pas... Et toi?

F. 1 J'aimerais bien aller au cinéma. Je voudrais voir le dernier film d'Alan Parker. Tu veux venir avec moi?

H. 1 D'accord. Si tu veux. C'est à quelle heure?

F. 1 Euh... Le film est à 7 heures et quart au Studio 1.

H. 1 Alors, on se retrouve à 7 heures devant le cinéma.

F. 1 D'accord. A vendredi.

H. 1 Salut.

H. 2 Bonjour, Catherine, vous allez bien?

F. 2 Ça va, merci. Et vous?

H. 2 Ça va très bien merci. Dites-moi, je voudrais vous inviter au restaurant. Est-ce que vous êtes libre mardi soir?

F. 2 Mardi soir? Euh, non, je suis désolée. Je ne peux pas.

H. 2 Jeudi soir, alors?

F. 2 Euh... non... c'est dommage, mais je ne peux pas jeudi soir.

H. 2 La semaine prochaine?

F. 2 La semaine prochaine? Non, ce n'est pas possible.

H. 2 Bon, ben, tant pis.

F. 3 Salut.

H. 3 Salut. Ça va?

F. 3 Oui. Et toi?

H. 3 Qu'est-ce que tu fais?

F. 3 Je vais voir l'exposition Van Gogh. Tu veux venir avec moi?

H. 3 Ah... Ben... Oui. D'accord.

F. 3 Bon, ben, on y va.

H. 4 Allô?

H. 5 Allô? C'est Monsieur Denis?

H. 4 Oui... Ah, bonjour Monsieur Laval. Vous allez bien?

H. 5 Très bien, merci. Voilà... Est-ce que vous pouvez venir dîner à la maison, samedi soir?

H. 4 Samedi soir? Ah, c'est dommage, mais nous ne pouvons pas.

H. 5 La semaine prochaine alors?

H. 4 Je suis vraiment désolé, mais nous partons en vacances. Alors, ce n'est pas possible.

H. 5 Ah, je comprends. Eh bien, une autre fois, peut-être?

UNITÉ 11 BON APPETIT!
Mon plat préféré, c'est le steack-frites (p 126)

J.-P. Quel est votre plat préféré?

F. 1 Alors, moi, j'aime la cuisine française traditionnelle: les viandes grillées, les légumes, les choses très simples.

J.-P. Pas de sauces?

F. 1 Non, pas tellement de sauces. Plutôt les grillades, les choses comme ça.

J.-P. Et en dessert?

F. 1 Et en dessert, les choses très sucrées, le chocolat.

Co. Quel est votre plat préféré?

A.-M. L. Eh bien, mon plat préféré, typiquement français, le steack-frites.

J.-P. Quel est votre plat préféré?

H. Les tripes à la mode de Caen.

J.-P. Pour quelle raison?

H. Parce que je suis normand d'origine.

J.-P. Et en dessert?

F. 2 En dessert? J'aime plutôt ce qui est à base de fruits.... ou des charlottes à la framboise, avec de la chantilly. Je ne suis pas très chocolat!

J.-P. Et en dessert, qu'est-ce que vous préférez?

F. 3 La tarte Tatin. Euh, et avec du caramel. Voilà.

J.-P. Vous aimez beaucoup le caramel?

F. 3 Oui, j'aime ce qui est sucré.

J.-P. Sucré. Vous avez d'autres préférences?

F. 3 Les salades de fruits, tout ce qui est tarte. Très simple.

1 (p 127)

Co. Quel est ton plat préféré?

C. B. J'aime beaucoup le couscous.

C'est un plat qui est composé de semoule de blé, de légumes...

Co. Quels légumes?

C. Des courgettes, des tomates, des carottes, des pois chiche. Et il y a de la viande aussi, des... du poulet, du mouton, et des merguez.

Ch. D. Moi, j'aime beaucoup le steack au poivre, et voilà. Je l'aime beaucoup avec un gratin dauphinois.

Co. C'est-à-dire un gratin de pommes de terre ...?

Ch. Un gratin de pommes de terre, avec de la crème fraîche et du fromage fondu dessus.

J.-P. Quel est votre plat préféré?

F. Euh... mon plat préféré? La râpée!

J.-P. La râpée? Qu'est-ce que c'est?

F. Ce sont des pommes de terre auxquelles on ajoute des œufs, du sel, du poivre et... que l'on fait frire dans une poêle... voilà, avec un peu d'huile.

Co. Denis, quel est votre plat préféré?

D. Ah, mon plat préféré... J'aime beaucoup manger mais mon plat préféré, je crois que c'est le tian de fayots.

Co. Le tian de fayots.

D. C'est un peu comme le cassoulet, mais c'est provençal. C'est de la viande de mouton ou bien de bœuf, cuit avec des haricots, avec des ... un assaisonnement provençal.

N. Qui est un bouquet de sauge.

Un jambon-beurre, s'il vous plaît! (p 128)

S. Bonjour, madame.

V. Bonjour, madame.

S. Qu'est-ce que je vous sers?

V. Qu'est-ce que vous avez comme sandwiches?

S. Euh... jambon, saucisson, pâté, gruyère, fromages variés, ou alors des sandwiches au poulet ou au thon.

V. Bon, écoutez, je pense que je vais prendre jambon, tout simplement.

S. Jambon-beurre?

V. Jambon-beurre, oui.

S. Jambon-beurre-cornichons?

V. Ah oui. Avec un café-crème.

S. Un grand ou un petit?

V. Un grand.

S. Un grand crème, très bien.

1 (p 129)

1 *G.* M'sieur-dame...

W. On peut manger à la terrasse?

G. Non, en salle uniquement et c'est le même prix. Qu'est-ce que vous mangez?

M. Bon ben, en salle, alors. Un jambon-beurre pour moi, s'il vous plaît.

W. Qu'est-ce que vous avez comme omelette?

G. Omelette nature, rien d'autre.

W. Ah, vous n'avez pas d'omelettes au fromage?

G. Non.

M. Au jambon?

G. Non.

W. Bon, alors je vais prendre une omelette nature avec une salade au lieu des frites.

G. Une omelette, d'accord, et puis une salade, si vous insistez.

2 *G.* Messieurs-dames, bonjour. C'est pour manger?

W. Oui, oui. A la terrasse, c'est possible?

G. Bien sûr, la table de gauche est libre, là-bas.

W. Bien, alors, je peux avoir une omelette au fromage, s'il vous plaît.

G. D'accord.

W. Je peux l'avoir avec une salade plutôt que des frites?

G. Euh... Les omelettes sont normalement servies avec des frites. Pour une salade, il y a un supplément.

W. Ah bon? Donnez-moi quand même une salade.

G. Très bien, madame. Et pour monsieur?

M. Un jambon-beurre, s'il vous plaît.

G. Ah, je suis vraiment désolé, monsieur, mais il n'y a plus de sandwiches. Je peux vous suggérer notre croque-monsieur maison? Il est vraiment excellent!

M. Bien, va pour un croque-monsieur!

G. Entendu, omelette et croque-monsieur. Très bien, je vous apporte ça tout de suite.

4 *Allez-y!* (p 129)

G. Bonjour, c'est pour manger?

W. Oui, oui, c'est pour manger.

G. En salle ou en terrasse?

W. En terrasse, si c'est possible.

G. Entendu, suivez-moi. Voilà. Qu'est-ce que vous allez prendre comme boisson?

W. Je voudrais de l'eau minérale, s'il vous plaît – Evian.

G. Très bien. Et que désirez-vous manger?

W. Alors, je vais prendre une salade niçoise, s'il vous plaît.

G. D'accord. Un dessert peut-être?

W. Euh, non, merci.

G. Bien, je reviens tout de suite avec du pain.

Pour moi, un menu du jour!

1 (p 130)

S. Bonjour, messieurs-dames. Désirez-vous un apéritif?

V. Non, moi je conduis, donc j'en prendrai pas.

J.-P. Et toi, Alan?

A. Un kir, s'il vous plaît.

S. Un kir.

J.-P. Et puis pour moi ça sera une Suze nature.

S. Suze nature. Très bien.

2 (p 130)

S. Alors, quel menu?

V. Alors, moi, je prendrai un menu du jour.

S. Oui. Alors, en entrée... alors, tout vous convient? Quiche jambon, pommes de terre, escalope, fromage et dessert? D'accord. Et pour vous, Monsieur?

mais est-ce qu'il y aurait la possibilité de remplacer l'escalope de dinde par du coq au vin?

S. Sans problème.

J.-P. Ah merci bien, madame.

S. Ça va?

J.-P. Tout à fait.

S. Et vous, monsieur.

A. La même chose pour moi, un menu du jour, mais si je peux avoir le coq au vin à la place de l'escalope de dinde...?

S. Sans problème. Donc, trois quiches, trois pommes de terre au four, deux coqs au vin, et une escalope. Parfait. Et comme boisson?

J.-P. Ah ben, on va prendre du rouge, oui. Une demi-bouteille, s'il vous plaît.

S. Oui, une demie. D'accord.

3 (p130)

S. Vous avez terminé, messieurs-dames?

Tous Oui.

S. Alors, fromage. Vous désirez fromage blanc ou fromage sec? Fromage sec, c'est le plateau.

V. Moi, je prendrai un fromage blanc.

A. Et moi aussi.

J.-P. Et moi un plateau.

S. Un plateau. Fromage blanc avec de la crème?

V. Oui.

S. Très bien.

4 (p 130)

S. Alors, dessert. Aujourd'hui, nous avons tarte aux pommes, vacherin, soufflé glacé aux amandes, ou glaces tout simplement.

V. Ben, moi je prendrai une tarte aux pommes.

S. Tarte aux pommes.

J.-P. Et toi, Alan, qu'est-ce que tu vas prendre?

A. Vous avez des fruits?

S. Fruits? Oui.

A. Un fruit, s'il vous plaît.

S. Un fruit. Parfait.

J.-P. Un vacherin.

S. Un vacherin. Parfait. Et peut-être, cafés?

J.-P. Et pourriez-vous apporter les cafés et l'addition en même temps.

S. Pas de problème.

UNITÉ 12 FORME ET SANTÉ
J'ai mal à la tête (p 136)

F. Allô, bonjour, madame. Je voudrais prendre un rendez-vous avec le docteur Persyn, s'il vous plaît.... Le jeudi? Ah non, c'est urgent. C'est pas possible avant?...Ah, c'est possible ce soir! Oui à quelle heure est-ce que je peux venir?...18 h 30? D'accord. C'est entendu. Alors, je viens à 18 h 30. C'est Mlle Bruyneel....J'ai mal au menton. Je dois avoir une infection, et je voudrais voir le docteur tout de suite....Merci. Au revoir, madame.

1 (p 137)

Numéro 1: *V. 1* Qu'est-ce qui ne va pas?

V. 2 C'est mon fils. Il a très mal au ventre.

Numéro 2. *V. 3* Ça ne va pas? Qu'est-ce que vous avez?

V. 4 J'ai mal aux dents.

Numéro 3. *V. 5* Tu es malade? Qu'est-ce qui ne va pas?

V. 6 J'ai mal à la tête. Je crois que j'ai de la fièvre.

Numéro 4. *V. 7* Vous avez mal où?

V. 8 J'ai mal à la gorge.

Numéro 5. *V. 9* Tu es fatiguée?

V. 10 Pff! Oui... et j'ai mal aux pieds!

Numéro 6. *V. 11* Ça ne va pas?

V. 12 J'ai mal aux oreilles!

2 (p 137)

V. 1 Allô? Je voudrais prendre rendez-vous avec le dentiste.

R. Quel jour? Vous avez une préférence?

V. 1 C'est possible, mercredi après-midi?

R. A quatorze heures trente? Ça vous va?

V. 1 Très bien.

R. C'est à quel nom?

V. 1 Thomas. Colette Thomas.

R. Très bien, Madame Thomas. Vous avez donc un rendez-vous pour le mercredi seize mars, à quatorze heures trente.

V. 1 D'accord. Merci.

V. 2 J'ai très mal aux dents. Est-ce que je peux voir le dentiste, aujourd'hui?

R. Je suis désolée. Ce n'est pas possible aujourd'hui. Mais... demain matin? Ça vous va?

V. 2 Demain matin.... à quelle heure?

R. A neuf heures et demie.

V. 2 D'accord.

R. Donc c'est le vendredi 11 mars, à 9 heures et demie. C'est à quel nom?

V. 2 Pierre Jullien. Jullien: J.U. deux L.I.E.N.

R. D'accord, Monsieur Jullien. C'est noté. A demain matin.

V. 2 Au revoir. Merci.

Quelque chose pour la toux
(p 138)

P. Bonjour, madame.

F. Oui, bonjour, madame.

P. Qu'est-ce qu'il vous faut?

F. Je voudrais quelque chose pour la toux, s'il vous plaît.

P. Pour la toux. Vous voulez en pastilles? En suppositoires?

F. Vous avez du sirop?

P. En sirop. Avec sucre ou sans sucre?

F. Sans sucre de préférence.

P. Eh bien, voilà. Voilà un sirop. La posologie est de trois cuillers à soupe par jour.

F. D'accord.

P. Voilà. C'est tout ce qu'il vous fallait?

F. Oui, c'est tout. Et là, j'ai deux brosses à dents et une tisane, s'il vous plaît.

P. D'accord, je fais le compte de tout ça.

1 (p 138)

1 *V. 1* J'ai mal à la tête. J'ai mal au dos. Je suis très fatiguée et j'ai de la fièvre.

V. 2 Vous avez la grippe. Restez au lit.

2 *V. 3* Mon nez coule. J'ai besoin d'une boîte de Kleenex par jour.

V. 4 Vous avez un rhume. Restez bien au chaud.

3 *V. 5* Ça fait mal quand je parle.

V. 6 Vous avez une laryngite.

4 *V. 7* Je tousse beaucoup, et ça me fait mal.

V. 8 Vous avez une bronchite. Arrêtez de fumer!

Ça va mieux?
1 (p 140)

J.-P. Quelles sont les origines de ce stress?

Dr. La vie courante. Dans un foyer, le père travaille, la mère travaille, ou le père est au chômage, il y a toujours des problèmes, ça va de plus en plus vite, il faut être de plus en plus performant et les gens globalement sont stressés dans leur métier, dans leur vie courante, à tout âge, et nous, on en subit quotidiennement les conséquences.

2 (p 140)

V. Et vous fumez?

A.-M. Non, pas du tout.

V. Vous n'avez jamais fumé?

A.-M. Oh j'ai dû fumer peut-être à l'âge de 16–18 ans, comme ça pour essayer, pour voir.

V. A table, vous buvez du vin à chaque repas?

A.-M. Non, non non, j'apprécie pas beaucoup le vin, donc c'est vrai que je me contente de l'eau.

J.-P. Vous pensez à votre santé?

H. Bien sûr. C'est mon capital. Disons, en vivant déjà en campagne, en essayant de préserver bon des moments avec ma famille pour aller marcher, pour faire du ski, et puis voilà, hein, c'est....

J.-P. Vous avez un régime? Une hygiène de vie? Vous évitez certains excès?

H. Tout à fait. L'alcool déjà, et puis bon, ben, éviter autant que possible d'aller au restaurant.

J.-P. Vous n'allez pas souvent au restaurant?

H. Ben, je vais au restaurant dans la semaine suffisamment pour mon travail, et j'essaie le week-end, bon, de vivre en famille.

J.-P. Est-ce que vous avez une hygiène de vie dans le choix de votre nourriture?

F. Tout à fait, tout à fait. Par exemple, à la maison nous buvons très peu de vin mais nous ne buvons que du bon vin. Nous n'achetons plus jamais de vin ordinaire.

J.-P. Et dans la nourriture?

F. Et dans la nourriture, je fais assez attention de faire toujours des légumes, de faire manger des fruits aux enfants, de faire prendre des laitages. Oui, je fais très attention à l'hygiène alimentaire.

J.-P. Vous évitez ce qui est gras?

F. Oui, tout à fait.

UNITÉ ÉTAPE 3
Contrôle audio
7 (p 149)

F. Le dimanche, quelles sont vos occupations préférées?

C. T. Le repos, un peu de comptabilité malgré tout, et puis un peu de promenade.

F. Un peu de promenade. Vous allez au restaurant?

C. Un peu dans la famille, un peu au restaurant. Il faut diversifier les loisirs, oui.

8 & 9 (p 149)

F. Le samedi et le dimanche, quelles sont vos activités préférées?

Mme B. Alors, le samedi matin, comme toute ménagère, c'est consacré aux tâches qui sont un petit peu disons écartées la semaine.... Le samedi après-midi, c'est le sport, le dimanche matin, quelque peu la cuisine et l'après-midi les balades.

F. Alors, vous me dites le samedi matin, vous faites les tâches que vous n'avez pas le temps de faire dans la semaine. Par exemple?

Mme. B Par exemple, bon ben, le repassage, laver la maison, faire les courses....

F. Toutes les tâches ménagères!

Mme B. Oui, voilà, parce que quand on travaille toute une semaine, on n'a pas le temps de tout faire.

Contrôle parole
10 (p 149)

V1 Vous voulez aller prendre un verre avec moi?

V2 Oui, bonne idée.

V1 Ce soir, ça vous va?

V2 Non, je ne peux pas ce soir. Je regrette.

V1 Jeudi soir, alors?

V2 D'accord, à quelle heure?

V1 A dix-neuf heures?

V2 D'accord. On se retrouve où?

V1 Au Bistrot Cézanne?

V2 Au Bistrot Cézanne, c'est parfait. A jeudi alors.

11 (p 149)

Dr. Alors, comment allez-vous? Qu'est ce que vous avez?

V. Je ne me sens pas bien....Je suis très fatigué(e)...J'ai mal à la tête...J'ai mal au dos...Et j'ai de la fièvre.

Dr. Vous avez probablement la grippe. Il faut aller au lit tout de suite.

UNITÉ 13 AU TRAVAIL
Le plus beau métier (p 150)

Co. Et est-ce que tu travailles?

V. B. Oui, je travaille chez moi. Je fais du secrétariat à domicile.

Co. Donc, en fait, tu t'organises comme tu veux?

V. Voilà, je m'organise comme je veux. C'est pas toujours facile. Il faut faire garder les enfants. Quand ils sont malades je ne peux pas travailler.

P. S. Actuellement, je travaille dans la publicité. Je m'occupe de communications professionnelles, c'est-à-dire entreprises dans des secteurs comme l'industrie, comme les services…

H. Je suis acteur et professeur de français.

Int. Et qu'est-ce que vous préférez?

H. Le métier de professeur est plus difficile que le métier d'acteur, et bon, en plus, l'enseignement, c'est moins prestigieux que la scène! Alors, le métier d'acteur, je crois.

J.-P. A ton avis, quel est le plus beau métier?

H. Instituteur.

J.-P. C'est celui que tu fais?

H. Oui. Le plus beau parce qu'il y a rien de plus beau, je pense, que de s'occuper d'enfants.

J.-P. A votre avis, quel est le plus beau métier?

F. Le plus beau métier? Ça serait pour moi médecin!

J.-P. Pourquoi?

F. Ben, parce qu'on aide les autres.

2 (p 151)

F. Bienvenue à Bernet-Soficom. Je me présente. Je suis Madame Plévert. Je suis à la direction commerciale de Bernet-Soficom. Je suis responsable de tout ce qui est ventes de nos produits, donc des services de ventes, de marketing et de la publicité. A la direction générale de notre entreprise, il y a la propriétaire, Madame Bernet. La responsable des ventes s'appelle Madame Simon. Elle est responsable de la diffusion de nos produits. Monsieur Rio s'occupe plus particulièrement de la publicité. L'autre branche principale de l'entreprise, c'est-à-dire la branche fabrication, est placée sous la direction de Monsieur Parc. François Parc est assisté de Madame Loy, qui est chef du personnel, et de Monsieur Massot, qui travaille dans la conception de nos produits. Nous avons soixante-quinze ouvriers dans nos usines de Levallois-Perret...

3 (p 151)

J.-P. Combien de personnes sont actives en France?

M. L. Eh bien, la proportion de personnes de 14 ans et plus qui ont un travail est de l'ordre de 54% en France... elle est de l'ordre de 46% pour les femmes.

J.-P. Qui sont les 'inactifs' – entre guillemets 'inactifs'?

M. L. Eh bien, ce sont les enfants qui poursuivent leur scolarité, les retraités, les femmes au foyer, les chômeurs – en général ce sont ces catégories-là.

J.-P. Et combien y a-t-il de chômeurs?

M. L. On compte aujourd'hui environ 3 300 000 chômeurs en France, qui représentent un taux de chômage d'environ 12%.

J.-P. Combien y a-t-il de retraités?

M. L. Bien le nombre de retraités exact est difficile à déterminer, mais on peut dire qu'il y a 20% de la population française qui a plus de 60 ans.

J.-P. Un Français sur cinq a plus de 60 ans!

M. L. Absolument.

Qu'est-ce que tu vas faire?

(p 152)

F. Bonjour, Peggy.

P. Bonjour.

F. Tu es au lycée?

P. Oui.

F. Tu es dans quelle classe?

P. En première L 1.

F. Et qu'est-ce que tu voudrais faire dans l'avenir?

P. J'aimerais bien travailler dans le tourisme.

F. Et qu'est-ce que tu voudrais faire plus tard?

A. En fait, je n'ai pas encore bien choisi. Je voudrais soit poursuivre des études dans les langues, c'est-à-dire pour être prof d'anglais, ou bien des études de photographie, c'est-à-dire pour être photographe. Ou alors, pilote d'essai.

F. Trois carrières tout à fait différentes, alors?

A. Voilà.

1 (p 153)

Numéro 1 H. Alors, qu'est-ce que vous recherchez?

F. J'aimerais beaucoup voyager. J'ai une formation de tourisme, un BTS de tourisme international pour être exacte.

H. Vous avez de l'expérience?

F. J'ai fait un stage de deux mois chez un voyagiste.

Numéro 2 H. Vous êtes infirmier, c'est cela?

H. Oui, j'ai 3 ans d'expérience en hôpital.

H. Vous voulez un emploi à plein temps?

H. Non, pas vraiment, j'aimerais un mi-temps parce que je m'occupe aussi de mes deux enfants.

Numéro 3 F. Vous recherchez un emploi de secrétariat?

F. Oui, c'est ça. J'ai deux ans d'expérience dans le secrétariat.

F. Vous parlez anglais?

F. Non.

F. Vous avez une formation de ventes et marketing? Un BTS?

F. Non, je n'ai pas fait d'études après le bac.

Numéro 4 H. Moi, ce que j'aimerais faire, c'est travailler dans un petit restaurant. J'ai déjà fait la cuisine et servi aux tables pendant les vacances.

F. Vous avez quel âge?

H. 28 ans.

Numéro 5 H. Qu'est ce que vous recherchez précisément?

F. Eh bien, j'aimerais bien trouver un stage dans l'électronique, vu que j'ai un BTS en électronique.

H. Et vous avez déjà travaillé?

F. Non. C'est pour cela que j'ai l'intention de faire un stage.

Vive la retraite! (p 154)

V. M. Soleillant, depuis quand êtes-vous en retraite?

M.S. Eh bien, il va y avoir quatorze ans le premier mai prochain.

V. Quatorze ans, et qu'est-ce que vous faisiez comme métier?

M. S. Eh bien, j'étais percepteur.

V. Et qu'est-ce que vous faites maintenant que vous êtes en retraite?

M. S. Eh bien maintenant, ce sont plutôt des activités qui se font sur place, je m'occupe, j'aime la vidéo, j'aime filmer, faire du montage. Et puis, ma foi, beaucoup de repos, des voyages aussi.

V. Donc vous n'avez pas le temps de vous ennuyer?

M. S. Non, je n'ai pas le temps de m'ennuyer. D'ailleurs, je dois dire aussi que je passe pas mal de temps à me reposer, j'aime me lever assez tard.

1 (p 155)

F. Comment vous appelez-vous?

G. P. Persyn, Gabriel.

F. Et vous êtes de la région?

G. Je suis du Pas-de-Calais. Je suis d'Hesdin.

F. Et vous habitez toujours la région?

G. Non, j'habite le sud de l'Espagne maintenant.

F. Ah vous êtes en retraite en Espagne?

G. Voilà. Oui.

F. Et vous parlez l'espagnol?

G. Mal.

F. Et qu'est-ce que vous faisiez avant de prendre votre retraite?

G. J'étais restaurateur-hôtelier dans la ville d'Hesdin.

F. Dans le Pas-de-Calais.

G. Dans le Pas-de-Calais.

F. Et maintenant, quelles sont vos activités?

G. Nada. Rien!

F. Vous vous reposez?

G. Euh, oui, enfin... un retraité travaille beaucoup quand même.

F. Et vous vivez seul en Espagne?

G. Ah non. Je vis avec ma femme.

F. Et elle aussi, elle aime bien l'Espagne?

G. Oui, c'est un pays très agréable.

2 (p 155)

M. Alors, tu t'organises comment avec Alex, le matin? Comment ça se passe en général?

W. Une matinée typique, tu veux dire? Eh bien, ça commence très tôt. Alex se réveille vers cinq heures, ...

M. Il a quel âge, maintenant?

W. Il a quatre mois demain. Donc, euh... Je ne me lève pas tout de suite, euh... Alex vient un peu avec moi au lit, on joue, on lit des histoires. En général, je me lève vers... six heures trente.

M. Tu te lèves tous les matins à six heures et demie?

W. Eh oui! Et vers sept heures, je me prépare. Je suis prête en dix minutes! Plus question de traîner dans la salle de bains comme avant! Et donc, vers neuf heures et demie, je sors avec Alex... On va faire des courses ou bien on se promène dans un parc, ça dépend un peu de temps, hein, bien sûr. Et puis, bon, après on rentre, vers onze heures, et je m'occupe un peu du ménage, du linge. Et puis, on mange. Ensuite, Alex fait une petite sieste...

M. Et toi?

W. Eh bien oui, quelquefois, après le repas, vers une heure, nous nous reposons tous les deux!

M. Et tu as le temps de voir des amis ou de sortir?

Je peux laisser un message? (p 156)

Numéro 1 *S.* Bernet-Soficom, j'écoute.

M. G. Oui, allô, je voudrais parler à la responsable des ventes, s'il vous plaît, Madame Simon, c'est cela?

S. Oui, c'est cela. C'est de la part de qui?

M. G. Monsieur Garcin.

S. Ne quittez pas, monsieur, je vous la passe.

Numéro 2 *Mme S.* Allô, oui?

M. G. Oui, bonjour. Je voudrais parler à Madame Simon, s'il vous plaît.

Mme S. C'est moi.

M. G. Bonjour, madame. Vincent Garcin à l'appareil. Je vous ai déjà contacté il y a quelque temps...

Numéro 3 *S.* Bernet-Soficom, je vous écoute.

M. G. Je pourrais parler à Madame Simon, s'il vous plaît?

S. Désolée, son poste est occupé. Vous patientez?

M. G. Euh non, je la rappellerai plus tard.

Numéro 4 *S.* Bernet-Soficom, bonjour!

M. G. Bonjour. Vous pourriez me passer Madame Simon, s'il vous plaît?

S. Ah désolée, Madame Simon est en réunion. Vous voulez lui laisser un message?

M. G. Oui, elle pourrait me rappeler, s'il vous plaît?

S. D'accord, je peux avoir vos coordonnées?

M. G. Oui, c'est Monsieur Garcin, de Garcin-Dubourg, au 43 23 23 24.

4 (p 156)

S. Bernet-Soficom, bonjour. Ici, le répondeur des service des ventes. Veuillez laisser votre message pour Madame Simon après le signal. Merci.

H. Alain Sicret pour Madame Simon. Etes-vous libre pour une réunion, lundi prochain, le 25, dans la matinée, par exemple à dix heures trente? Rappelez-moi pour confirmer.

F. Madame Simon, Estelle à l'appareil. Pouvez-vous me dire quand on peut se réunir pour discuter des nouveaux modèles? La semaine prochaine, je suis au bureau mardi après-midi, et mercredi de dix heures à midi. Rappelez-moi, d'accord? Merci.

H. Ici Gérard Lautner, de Lautner & Puybrun. J'ai besoin de vous voir la semaine prochaine pour préparer le voyage au Japon. Je suis libre toute la journée lundi prochain et mercredi après-midi. Rappelez-moi au 42 34 56 78. Merci.

UNITÉ 14 PLAIRE ET SÉDUIRE

Vous me faites un paquet-cadeau? (p 160)

Va. Bonjour, madame.

P. Bonjour.

Va. Alors, je voudrais acheter un cadeau pour un ami chez qui je vais dîner ce soir. Qu'est-ce que vous me conseillez?

P. Nous avons différentes choses. Nous avons donc des bonbons, des boîtes de bonbons comme celles-ci, qui sont des bonbons d'Auvergne. Et la boîte vous fait environ 14 euros 50.

Va. Oui. Je voudrais y mettre à peu près 15 euros, donc ça irait...

P. Donc c'est dans vos prix. J'ai également les chocolats maison.

Va. Ce sont des chocolats que vous faites vous-mêmes?

P. Nous-mêmes. C'est cela.

Va. Et ils font quel prix?

P. Alors là, il faut compter quarante-deux euros le kilo. Les cent grammes, quatre euros vingt.

Va. Bon, bien, écoutez, je crois que je vais prendre une boîte de bonbons aux fruits d'Auvergne.

P. Très bien. Donc... pour offrir?

Va. Vous me faites un petit paquet-cadeau?

P. Très bien.

Va. Donc, je vous dois combien?

P. Quatorze euros cinquante, madame, s'il vous plaît.

1 (p 160)

V. Bonsoir, monsieur.

J.-P. Bonjour, madame. Est-ce que je pourrais voir les petits tableaux qui représentent des boutiques?

V. Oui, bien sûr.

J.-P. J'ai vu ça en vitrine.

V. Oui.

J.-P. Ça serait possible de regarder?

V. Oui, je vais vous les chercher.

J.-P. Ah, merci bien, madame.

V. Je vais vous les montrer. Voilà, monsieur.

J.-P. Ah, 'charcuterie-comestibles'.

V. Voilà.

J.-P. Avec une chaîne de saucisses et tout ce qu'on trouve dans une charcuterie.

V. Voilà. Ensuite vous avez la pharmacie.

J.-P. Oui, c'est pas mal.

V. Ensuite, vous avez le bar.

J.-P. Vous les vendez tous au même prix?

V. Ils sont soldés moins 30%.

J.-P. Oh! Pas de problème, je vais prendre celui-ci, le bar 'Chez Pépé'.

V. Oui, vous prenez le bar, très bien. C'est pour offrir, monsieur?

J.-P. Pour offrir, s'il vous plaît.

V. On va faire un joli petit paquet. Voilà.

J.-P. Merci bien, madame.

V. C'est moi qui vous remercie.

2 (p 161)

J.-P. Quand vous êtes invité chez quelqu'un, est-ce que vous apportez toujours un cadeau?

H. 1 En général, oui.

J.-P. Qu'est-ce que vous apportez?

H. 1 Ça dépend chez qui on est invité. Chez certaines personnes, des fleurs. Chez d'autres, de la pâtisserie. Ça dépend.

H. 2 Mais ça dépend. Si c'est dans la famille, généralement non. Chez des amis, oui. On amène toujours un dessert ou quelque chose comme ça. Oh, c'est une tradition en France, hein?

H. 3 Toujours, toujours.

J.-P. Quoi, par exemple?

H. 3 En général ce sont des fleurs pour la maîtresse de maison, et une bonne bouteille pour le maître de maison... pour le mari. Un bon vin ou un bon alcool.

F. Toujours!

J.-P. Et quoi?

F. Généralement ce sont des fleurs, parce que c'est le plus simple. Si ce sont des gens que je connais bien, ce sera souvent un petit cadeau, qui pourra être placé dans la maison ou qui sera utile. Mais si je ne connais pas bien les gens, ça sera des fleurs. En période de Noël parfois ce sont des chocolats.

Je fais du 38 (p 162)

F. Bonjour, madame.

V. Bonjour, madame. Vous désirez?

F. J'ai vu un pull en vitrine...

V. Oui?

F. Qu'est-ce que vous avez comme couleurs?

V. Je vais vous montrer. Alors, vous avez le rouge, qui est toujours à la mode, qui se porte facilement avec le jean. Vous avez toujours le bleu marine, qui s'accorde avec pas mal de choses.

F. Non, je préfère une autre couleur...

V. Sinon, après, vous avez le gris.

F. Non, je crois que le rouge. Je prends normalement du trente-huit. Je peux essayer?

V. Trente-huit. Voilà... vous avez la cabine ...

Un peu plus tard:

F. Celui-là va bien.

V. Très bien.

F. Bon, c'est d'accord, je le prends.

V. Merci. Je vais vous l'emballer.
F. Oui, merci.

1 (p 163)
V. Monsieur, vous cherchez quelque chose?
C.1 Oui, je cherche un pantalon.
V. Vous faites quelle taille, monsieur?
C. 46.
V. Et quelle couleur?
C. Noir.
V. Voici un pantalon noir, taille 46. Vous voulez l'essayer?
C. Je ne sais pas. Il fait combien?
V. Soixante-trois euros, monsieur.
V. Madame?
C.2 Je cherche une chemise comme ça, mais en vert. Vous l'avez en vert?
V. En vert, voyons... Vous cherchez quelle taille?
C.2 Du quarante, s'il vous plaît.
V. Du quarante. Voilà, madame.
C.2 Et c'est combien?
V. Euh... quarante-neuf euros cinquante.
V. Monsieur?
C.3 Je peux essayer ces chaussures en marron?
V. Oui, bien sûr, monsieur. Vous faites quelle pointure?
C.3 Je fais du quarante-quatre.
V. Voilà, monsieur.
C.3 Elles coûtent combien?
V. Cent vingt-neuf euros cinquante.
C.3 Cent vingt-neuf euros cinquante!
C.4 Pardon, madame, ce pull en soie coûte combien?
V. Euh... quatre-vingt-dix euros soixante-dix centimes, madame.
C.4 Vous l'avez dans ma taille?
V. Vous faites quelle taille, madame?
C.4 Quarante, normalement.
V. Quarante... Et vous voulez quelle couleur? Rose ou blanc?
C.4 Rose...
V. Je suis désolée, madame, je ne l'ai plus en rose.

2 (p 163)
V. Bonjour, madame.
Fa. Bonjour, monsieur.
V. Vous désirez?
Fa. Je cherche une chemise pour un ami, euh... je peux voir la chemise rayée, bleu marine et blanc, là, s'il vous plaît?
V. Bien sûr je vais vous montrer, madame. Alors, j'ai différentes rayures, de différentes couleurs, voyez-vous, j'ai une bleue ciel, rayée blanche, la, une bleue foncée rayée blanche ici, et une verte foncée rayée blanche à nouveau.
Fa. Oui, je crois que je préfère la plus foncée.
V. La plus foncée en bleu?
Fa. Oui.
V. Je vais vous montrer aussi des unies.

Fa. Oui, vous pouvez me montrer une blanche, s'il vous plaît?
V. Oui, bien sûr.
Fa. La blanche, c'est pur coton?
V. C'est 53% polyester et 47% coton.
Fa. Et la rayée?
V. La rayée?
Fa. Celle-là.
V. En 100% coton.
Fa. Ah oui, et quel est le prix?
V. Alors, le prix. La rayée se trouve à quarante-huit euros.
Fa. Et la blanche?
V. Et la blanche à quarante euros.
Fa. Bon, je vais prendre la rayée, s'il vous plaît.
V. D'accord. Voulez-vous avancer à la caisse, madame, s'il vous plaît?
Fa. D'accord.

Un grand brun aux yeux bleus

1 (p 164)
F. Vous connaissez bien Thierry?
F.2 Oui, c'est un ami de longue date.
F. Vous pouvez me le décrire physiquement?
F.2 Alors, Thierry est blond, avec des yeux bleus, des lunettes, et c'est un grand garçon de... un mètre quatre-vingts. Il est médecin, médecin de campagne.
F. Très bien et vous connaissez Dji?
F.2 Oui nous connaisons Dji.
F. Et vous pourriez également me la décrire physiquement?
F.2 Alors, autant Thierry est grand, Dji est petite, un mètre cinquante-huit, sans doute. Elle est blonde, avec des cheveux longs, des yeux bleus qui sont d'un très joli bleu, et elle est mince.

2 (p 164)
Int. Vous connaissez Emmanuelle Béart? Vous pouvez me la décrire?
V.1 Emmanuelle Béart, l'actrice? Euh... Elle est très belle. Elle est brune, les cheveux longs. Euh... je crois qu'elle a les yeux verts. Voilà.
Int Et au point de vue caractère?
V.1 Je ne sais pas, mais elle a l'air sportive, et puis... très marrante, très drôle.
V.2 Alors, voyons. Elle est très petite, brune, les cheveux très courts. Elle a les yeux bleus. Elle a l'air assez excentrique. Elle aime porter des vêtements bizarres, de toutes les couleurs...
V.3 Emmanuelle Béart? Alors, elle est grande, mince... Elle a les cheveux longs, les yeux bleus. Elle est très belle, elle a l'air très calme et très douce. Je la trouve très belle.

Merci mille fois

1 (p 166)
J.-P. Lorsque vous êtes invitée chez quelqu'un, est-ce que vous remerciez

cette personne le lendemain?
F.1 Oui, par téléphone si je connais bien, sinon par une petite carte de visite.
J.-P. Qu'est-ce que vous dites au téléphone?
F.1 Je remercie pour la bonne soirée, et j'en profite pour bavarder un petit peu.
J.-P. Est-ce que vous remerciez le lendemain?
F.2 Non, je remercie sur le moment parce que je pense que ce qui est intéressant c'est de voir la réaction des gens. Donc, je ne remercie pas le lendemain, non, non.

UNITÉ 15 PAR TOUS LES TEMPS
Quel temps fait-il? (p 170)
J.-P. Comment trouvez-vous le climat de Montbrison?
F.1 Un peu dur, parce que...
J.-P. En hiver?
F.1 En hiver.
J.-P. Oui.
F.1 Froid, humide... à part aujourd'hui, où il fait très beau. D'habitude, il y a un soleil qui est souvent très voilé, et qui n'est pas très chaud.
J.-P. Quel temps fait-il aujourd'hui?
F.2 Il fait mauvais temps.
J.-P. La pluie, la neige...?
F.2 Eh bien, les deux, c'est de la neige fondue.
J.-P. Vous avez entendu le météo à la télé ou vous l'avez lue dans le journal?
F.2 Non. Mais je le vois maintenant. Ça me suffit.

1 (p 171)
P. Alors, Robert, quel temps fait-il dans votre région?
R. Bon, en général... on peut dire qu'en été, il fait beau et chaud et qu'il y a du soleil. Par contre, il y aussi des orages et il pleut assez souvent ... et de la grosse pluie.
P. Nadine, quel temps fait-il en général dans votre région?
N. Eh bien, en hiver et au printemps, il neige...je crois que c'est le caractère principal du climat de ma région. Les hivers sont longs, il fait très froid mais il y a souvent du soleil. L'été, il pleut assez souvent et nous avons aussi des orages très impressionnants.
P. Fadila, comment est le temps chez vous?
F. Ah... il fait beau chez nous, même en hiver! Alors quant à l'été, il fait très très chaud et il ne pleut pas souvent. Par contre, il y a du vent et ça, ce n'est pas agréable.
P. Yannick, il est comment le climat dans votre région?

Y. Euh... eh bien, il a très mauvaise réputation parce qu'on dit qu'il pleut toujours! Bon, il ne pleut pas toujours il y a du soleil ... mais bon, c'est vrai que c'est souvent humide. Il ne fait pas vraiment froid en hiver, mais il ne fait pas vraiment chaud en été non plus!

2 (171)
S. Et maintenant, les prévisions Météo-France pour la journée: temps généralement pluvieux sur l'ensemble du pays. Seul l'Ouest de la France verra un peu de soleil avec quelques éclaircies en milieu de journée. Par contre, le ciel restera couvert et même très nuageux sur la région parisienne, le Centre, le Massif Central et sur le Sud-Ouest où il pleuvra toute la journée. Des risques d'orages dans l'Est et en Corse, surtout en fin d'après-midi. Les températures... dans l'ensemble agréables pour la saison; elles seront cependant assez fraîches en début de matinée en Bretagne et dans le nord. Le mot d'ordre pour la journée donc: n'oubliez pas votre parapluie!

Je joue dans un club
(p 172)
J.-P. Est-ce que tu pratiques un sport?
F. Oui, le football.
J.-P. Souvent?
F. Oui, assez souvent encore. On essaie de jouer tous les dimanches après midi.
J.-P. Est-ce que tu t'intéresses à un sport comme spectateur?
F. Oui, je m'intéresse au sport automobile.
J.-P. Est-ce que vous pratiquez un sport?
F. Je pratiquais le tennis et la natation.
J.-P. Vous le faisiez de façon assidue?
F. Le tennis, oui. La natation, c'était surtout l'été...
J.-P. Tous les combien?
F. ... à la mer. Eh ben...
J.-P. Le tennis, tous les combien vous faisiez du tennis?
F. Deux fois par semaine, quand je pouvais.
J.-P. Régulièrement?
F. Régulièrement, oui.
J.-P. Vous faisiez du tennis même en hiver, même quand il pleuvait?
F. Ah oui, oui, en salle. En salle oui oui. L'été dehors et l'hiver en salle.

2 & 3 (p 173)
V. Nous sommes avec Jean-Charles Mornand qui tient un magasin de sports qui s'appelle?...
J.-C. M. Sprint Sport, à Montbrison.
V. Quel est le sport préféré des Français?
J.-C. Je pense que, à Montbrison, essentiellement le football est le plus joué et le plus connu des Montbrisonnais. Mais le tennis

également prend une part importante dans le... le sport actuel à Montbrison.
V. Et les autres sports, comme le vélo?
J.-C. Le... le vélo était très pratiqué il y a une vingtaine d'années en France, mais les Français, et notamment les jeunes gens en France, sont de plus en plus... euh... casaniers. Ils ne veulent pas sortir de chez eux quand il pleut, quand il fait froid, et ils font de moins en moins de vélo, car c'est un sport trop physique et également c'est un sport qui coûte trop cher.
V. Et le sport préféré des Françaises?
J.-C. Je pense que les filles en France qui ont de cinq ans à vingt ans adorent la natation. Mais je pense qu'après, à partir de vingt ans, il y a de plus en plus de Françaises qui jouent au tennis, car c'est un sport de plein air, et l'été elles peuvent bronzer facilement. Il y a également, je pense, beaucoup de Françaises qui depuis cinq, six ans, pratiquent beaucoup de gymnastique, voire d'aérobic en salle avec de la musique.

Sports d'hiver
1 (p 174)
H. Alors, les Menuires ou Méribel?
F. Bof... c'est pas évident... A Méribel, 120 km de pistes et deux pistes olympiques ... et il y a 400 canons à neige.
H. Oui, c'est vrai, donc même s'il ne neige pas, on pourra quand même faire du ski. Mais regarde aux Menuires: l'enneigement est totalement garanti.... C'est bien aussi.
F. Mais bon, il faut aussi penser à ce qu'on pourra faire s'il ne fait pas beau... et s'il pleut par exemple, hein?
H. Alors, attends... aux Menuires, qu'est-ce qu'il y a... patinoire, piscines...
F. Attends, attends... c'est une patinoire en plein air et les piscines ont des bassins découverts... Ah non, moi je veux une patinoire couverte et une piscine couverte!
H. Ah oui, t'as raison, moi aussi. Eh bien, faut aller à Méribel, la piscine et la patinoire sont couvertes.... donc s'il pleut, on pourra aller là.
F. Autre chose: si un jour, on n'a pas trop envie de faire du sport hein, qu'est-ce qu'on pourra faire?
H. Je sais pas moi, euh... A Méribel, c'est bien, il y a un planétarium.
F. Ah bon? Un planétarium? Super, j'adore ca. Et alors, aux Menuires... ben il y a des cinémas.
H. Les cinémas, bof.... on peut aller au cinéma à Paris, hein, pas besoin d'aller à la montagne pour aller au cinéma.
F. Oui, t'as raison.
H. Et puis le soir, alors, si on est pas

trop fatigué, qu'est-ce qu'on fera?
F. Aux Menuires, il y a deux discothèques.
H. Beurk... tu sais bien que je déteste ça. Par contre, regarde, à Méribel, il y a un casino.
F. Ah bon? Ah oui, ça c'est bien, ça, un casino. On n'est jamais allé au casino.
H. Oui, c'est vrai, et puis il y aura sans doute des restaurants sympa à Méribel.
F. Oui, il y en a même sur les pistes. Super!
H. Bon, alors, on se décide? On va à Méribel?
F. Oui, d'accord. A Méribel! Bon, je vais faire les réservations. Tu veux un hôtel ou un châlet?

UNITÉ 16 VOYAGES
Je suis parti à la montagne (p 178)
V. Alors, où avez-vous passé vos dernières vacances?
F. Alors, mes dernières vacances, toutes dernières, à la neige... pour les vacances de Noël, et juste avant, en Guadeloupe aux Antilles.

1 & 2 (p 179)
M. P. J'ai beaucoup voyagé. Beaucoup, beaucoup.
M.-T. Donc vous avez beaucoup voyagé, vous êtes allée dans quels pays?
M. Alors, euh... je vais commencer par le commencement, l'Angleterre, j'avais des amis à Epsom, Surrey, et puis après j'ai fait l'Italie, l'Espagne, les Baléares, la Corse et puis après je suis allée plus loin, je suis allée au Sénégal, en Guinée, et le plus grand des voyages, ça a été le Kenya, pendant quinze jours. C'est le rêve, hein! Les fleurs, les animaux, c'est vraiment quelque chose de merveilleux.
M.-T. Qu'est-ce que vous avez vu au Kenya?
M. Alors, je suis allée une semaine à Mombasa, pour vraiment, là, me reposer. Et puis je suis allée en Tanzanie, ça c'était quelque chose de magnifique.
M.-T. Qu'est-ce qu'il y avait comme bêtes?
M. Il y avait des éléphants, des lions, des gnous, j'ai vu toutes sortes de bêtes, des girafes. C'était vraiment très magnifique.

3 (p 179)
F. Salut, Jean-Pierre, tu as passé de bonnes vacances?
H. Non, pas vraiment. Non! C'était nul! Archi-nul!
F. Eh bien, qu'est-ce qui s'est passé?
H. D'abord, on a eu mauvais temps... vraiment très mauvais temps. L'eau était froide! Oh! Et de toute manière, la plage était sale!
F. Oh, mon pauvre! Et l'hôtel?

H. L'hôtel! Ne m'en parle pas! L'hôtel n'était pas confortable du tout! On a mal dormi! Et puis je n'ai pas aimé la région. Il n'y avait rien à faire. Rien d'intéressant!

F. Eh, bien, dis donc, mon pauvre!

Je pense partir dans les Alpes
1 (p 181)

Int. Qu'est-ce que vous allez faire cette année pendant les vacances?

F. 1 Euh... Nous, on va passer quinze jours chez mes parents à la campagne.

F. 2 J'espère aller à Chicago. J'ai de la famille là-bas.

H. 1 Ça fait deux ou trois ans qu'on n'a pas pris de vacances, mais cette année, on va partir. On ira faire du camping en Espagne. Je pense qu'il fera beau.

F. 3 Cette année, on ne part pas en vacances.

F. 4 Moi, je pense partir en Inde.

H. 2 Eh bien, j'espère passer quinze jours en Bretagne, chez des amis.

Ma voiture ne démarre pas
1 (p 182)

G. Bonjour, madame.

F. Bonjour, monsieur. Est-ce que vous faites des réparations, s'il vous plaît?

G. Oui. Quel genre de réparation?

F. J'ai une crevaison.

G. Oui. Pas de problème.

F. Et vous en avez pour combien de temps?

G. Vingt minutes.

F. Oui.

G. Oui.

F. Bon, je vais chercher la roue, alors.

G. Elle est... elle est démontée ou...?

F. Oui, elle est dans mon coffre.

G. Mais je vais vous la prendre.

F. D'accord. Merci.

G. Et puis... je m'en occupe.

F. Bon. Alors, je vais attendre.

G. D'accord.

F. Merci.

G. Entendu.

2 (p 182)

F. M. Théret, je suis désolée. J'ai un problème. Ma voiture ne démarre pas. Je crois que la batterie est complètement à plat.

M T. Bien. Voulez-vous qu'on essaie de pousser cette voiture avec le personnel?

F. Ecoutez, c'est gentil mais on a déjà essayé. Ça ne marche pas.

M T. Bon, alors, à ce moment-là je vais appeler mon garagiste. Quelle est la marque de votre voiture?

F. C'est une Renault 21.

M T. Très bien. Bon, on va l'appeler de suite. [Il téléphone:...] Allô. Allô, le garage Renault? Bonjour. C'est M. Théret, le Lion d'Or, St-Pol. Pourriez-vous venir en urgence pour dépanner une voiture qui ne démarre pas, qui est garée là au parking du Lion d'Or? Bien, parfait. Merci, monsieur. A tout de suite. Vous êtes bien gentil. Voilà.

F. Ça va être long?

M T. Non, madame. Le monsieur arrive de suite.

F. D'accord, c'est très gentil.

M T. A votre service, madame.

F. J'attends, alors.

M.T. Très bien.

UNITÉ ÉTAPE 4
Contrôle audio (p 189)

J.-P. Quels pays avez-vous visités?

H. Alors deux sortes de voyages, pour des raisons professionnelles comme je m'occupe des relations extérieures, j'ai emmené des groupes d'agriculteurs à travers les pays d'Europe. J'ai visité l'Angleterre, des fermes, des exploitations. J'ai visité la Belgique. J'ai visité la Hollande. J'ai visité L'Allemagne. Pour les loisirs je suis resté aussi dans le contexte européen. Nous avons pris des vacances une année en Espagne et nous avons fait il y a quelques années la route des Whiskies en Ecosse. Ce qui m'a laissé un souvenir remarquable.

J.-P. Vous connaissez des pays vraiment exotiques?

H. Non. Je ne suis pas allé loin en voyage.

J.-P. Quelles sont les vacances idéales pour vous?

H. Les vacances idéales, c'est d'être au repos et en famille.

J.-P. Combien de Français partent à l'étranger?

M. B. Environ... un Français sur deux part en vacances, et parmi ces gens qui partent en vacances, on peut estimer... qu'il y a environ vingt pour cent de gens qui partent à l'étranger.

J.-P. On peut conclure qu'un Français sur deux ne part pas en vacances.

M. B. Tout à fait.

J.-P. Il reste à la maison?

M B. Il ne prend pas de vacances, que ce soit en France même ou à l'étranger. Il ne se déplace pas.

Contrôle parole (p 189)
9 (p 189)

Aujourd'hui il fait beau. Il y a du soleil et il fait chaud. Vingt-cinq degrés. Demain il pleuvra et il y aura du vent.

10 (p 189)

Fa. C'est combien, cette veste?

V. Quatre-vingt-dix-neuf euros.

Fa. Je peux l'essayer?

V. Bien sûr. Vous faites quelle taille?

Fa. Quarante-deux.

V. Et vous préférez quelle couleur? Je l'ai en bleu, en vert, et j'ai votre taille en gris aussi.

Fa. En vert, s'il vous plaît.

V. Quarante-deux en vert. Voilà. Vous pouvez l'essayer ici.... Alors, ça va?

Fa. Non, elle est trop grande.

UNITÉ 17 LANGUES ET TRAVAIL
Les jobs d'été
3 & 4 (p 191)

Cy. Ben, oui, il y a quelques années, j'ai commencé à faire un travail saisonnier, c'est-à-dire, cueillir les fraises, que j'ai fait pendant un mois. Mais cette année je vais certainement faire... cueillir les choux.

F. Et qu'est-ce que tu fais en général avec l'argent que tu gagnes pendant les vacances?

Cy. Oh, ben, là, soit on le dépense avec des loisirs, c'est-à-dire, bon, sortir dans les boîtes de nuit, ou bien soit ça nous permet de passer le permis de conduire ou bien de faire d'autres choses, par exemple, s'acheter des vêtements et tout ça.

F. Et quand tu vas cueillir des choux, c'est payé comment?

Cy. Ben, je pense que c'est payé à l'heure.

F. Alors que pour les fraises, par exemple, c'est payé différemment?

Cy. Oh, ben là, oui, hein? Ben, oui, c'est payé au kilo.

F. Et alors, en une matinée, combien de kilos est-ce que tu peux cueillir?

Cy. Ah, ben, ça dépend, hein! Pour ceux qui travaillent assez vite, ils peuvent facilement gagner quarante-cinq euros pour, par exemple, une journée. Mais pour ceux qui travaillent moyennement, quoi, ils peuvent gagner trente à trente-cinq euros par jour, hein?

Les stages en entreprise
1, 2 & 3 (p 192)

F. Monsieur Hanocq, vous êtes P.D.G. d'une entreprise à Saint-Pol-sur-Ternoise. Est-ce que vous pouvez m'expliquer en quoi consiste cette entreprise?

M.H. Alors, cette entreprise vend et répare les machines agricoles et les matériels de motoculture de plaisance.

F. Et combien avez-vous d'employés?

M. H. Dix-huit personnes.

F. Bien. Et quels sont les horaires de travail de vos employés?

M. H. Alors, le... Nous travaillons du... lundi au vendredi, de huit heures à midi et de quatorze heures à dix-huit heures.

F. Et ils ont droit à combien de semaines de vacances?

M. H. Cinq semaines de congés payés par an.

F. Et au point de vue rémunération, est-ce qu'ils sont payés davantage?

M. H. Ils sont payés le double quand ils travaillent le... les jours de fête ou les dimanches.

F. Et est-ce que vous accueillez des stagiaires quelquefois?

M.H. Oui, nous accueillons environ six, six à huit jeunes par an.

F. Et êtes-vous obligé d'accepter les stagiaires?

M. H. Du tout. Nous ne sommes nullement obligés... C'est une volonté de ma part, en me disant qu'il faut aider les jeunes. Ce sera notre main-d'œuvre pour demain.

F. Et ils ne sont pas rémunérés par vous?

M. H. Ce sont des stages qui sont couverts par l'école, sans rémunération, néanmoins on leur donne toujours une gratitude en fin de stage.

5 (p 193)

D. Je suis en première année de Bac professionnel secrétariat-bureautique et....

F. C'est un cours de combien d'années?

D. Deux ans. Il s'effectue en deux années.

F. Et en quoi consistent les cours, en gros?

D. On a beaucoup de bureautique, travail sur ordinateurs, euh, on a de l'anglais, des maths, du français.

F. Et durant les deux années d'études, est-ce que vous effectuez des stages en entreprise?

D. Oui, on effectue quatre stages en entreprise.

F. Et la durée totale?

D. Seize semaines.

F. Seize semaines.

D. Oui.

F. Et où s'effectuent ces stages, en général?

D. Dans les entreprises. Moi, je l'ai effectué en pharmacie.

F. Et qu'est-ce que tu as fait pendant ce stage en pharmacie?

D. J'ai réceptionné les marchandises sur ordinateur. J'ai fait des factures et puis rangé les médicaments par...

F. Et est-ce que ça t'a plu?

D. Oui. J'y retourne d'ailleurs dans ma deuxième période.

F. Et comment est-ce que tu t'es sentie, euh, dans... pendant ce stage, au milieu des autres employés? Tu as été bien accueillie?

D. Oui, j'étais... j'ai été très bien accueillie, le tuteur était très gentil, m'a beaucoup aidée, m'a expliqué les choses, et c'était très bien.

UNITÉ 18 VACANCES
Le tourisme vert
1 & **2** (p 198)

P. Z. En France, depuis quelques années, les gens préfèrent se retourner vers la nature, vers le camping à la ferme, les gîtes que nous connaissons (que) depuis deux ou trois ans. La montagne revient aussi énormément à la mode.

F. Et alors, durant ces vacances de tourisme vert, que font les gens? Quelles sont leurs activités?

P. Pour les gens qui aiment vraiment le tourisme vert, ils recherchent essentiellement les visites de ... les châteaux comme la Loire, les visites de musées. Un peu de sport, un peu de ... de repos, mais essentiellement la visite. Ou alors de visiter effectivement les canaux, de faire les canaux en bateau.

F. Dans quelles régions particulièrement?

P. La Bourgogne, essentiellement, pour s'arrêter boire un petit coup à chaque écluse ... euh, le canal du Midi, l'Anjou ...

F. Mais alors, en dehors des visites de ... de châteaux ou de jolies maisons, est-ce qu'on ne s'ennuie pas un petit peu à la campagne?

P. Non, non, non, non. Plus du tout. Avant, peut-être, mais maintenant les ... les gens du cru se sont organisés, ils ont tout prévu pour accueillir le ... les voyageurs, les vacanciers. Ils nous peoposent sur place beaucoup d'activités. Tant des visites à cheval, des visites pédestres ou des chemins pédestres: en même temps, un peu de spéléo dans certaines régions. Le canoë-kayak, dès qu'il y a de l'eau, des grandes rivières, l'escalade, le golf. C'est très agréable, très, très près de la nature.

F. Très rural.

P. Très rural.

Les gîtes de France
4 (p 201)

F. Bonjour, madame.

Mme X Bonjour, madame.

F. Nous sommes bien à la Ferme des Tilleuls?

Mme X Oui. Entrez.

F. Merci.

Mme X Avez-vous fait bon voyage?

F. Très, très bon, merci beaucoup. Nous avons trouvé facilement.

Mme X C'est très bien. Vous avez suivi les flèches?

F. Oui, c'est bien indiqué, merci.

Mme X C'est très bien. Bon, je vais vous faire voir le gîte.

F. D'accord. Merci.

Mme X Alors, là-bas, vous avez le coin-cuisine, avec un petit ... un petit cellier. Vous avez le frigo, l'évier, là, une petite remise...

F. C'est bien, hein!

Mme X Ici vous avez le petit coin-salle à manger, vous avez une cheminée au feu de bois.

F. Hmm, agréable.

Mme X Vous avez un ... le canapé, la télévision. Vous avez un lit d'appoint ici, mais vous avez encore deux chambres à l'étage. Maintenant, je vais vous faire voir la salle de bains ... Ici, on vous mettra des bûches pour le feu de bois.

F. Ah, merci beaucoup.

Mme X Vous avez deux grands placards ici.

F. Oh, il y a de la place, hein? C'est bien.

Mme X Vous avez le petit coin-toilette ici. Et vous avez la salle d'eau à côté, avec la douche.

Mme X Voilà, vous n'avez qu'à vous installer.

F. D'accord. On va chercher les bagages dans la voiture, alors.

Mme X Voilà. Et après, si vous désirez d'autres renseignements, vous ... je vous ferai rentrer.

F. D'accord. Alors, à tout de suite.

5 (p 201)

Mme. X Voilà. Asseyez-vous. Alors voilà, je vais vous donner tous les renseignements que vous désirez sur notre région. Ça s'appelle le Ternois et c'est très verdoyant. Nous avons des bois autour de la... de la propriété. Donc, vous pourrez faire des promenades. Nous pouvons vous prêter des bicyclettes si vous désirez faire une... aussi un petit tour dans le...dans la région.

F. Ah, très bien, oui.

Mme X Nous habitons à deux kilomètres de Saint-Pol-sur-Ternoise, et c'est une petite ville où vous allez trouver un cinéma, des restaurants, un musée ...

F. Et au point de vue magasins, pour l'alimentation, c'est loin d'ici?

Mme X C'est à deux kilomètres d'ici. Vous avez trois grandes surfaces. Donc, on trouve à peu près tout ce qu'on veut.

F. Oui. Il y a des petites boutiques aussi, si on veut acheter du pain ou du lait?

Mme. X Oui, il y a des boulangeries. Mais le lait, maintenant, vous pouvez aussi, comme nous habitons dans un village, vous avez le lait frais, vous pouvez aller dans une ferme où on trait les vaches tous les jours, donc vous avez le lait frais. Ils font aussi du beurre, vous pouvez av... des œufs...

F. Du fromage aussi, peut-être, ou…?
Mme X Alors, du fromage, nous avons à trois … trois ou quatre kilomètres une abbaye de religieuses, à Belval, et vous pouvez acheter le fromage de Belval.
F. Des produits locaux
Mme X Oui.

UNITÉ 19 CULTURE : SÉJOUR À PARIS
Les marchés mode d'emploi
3 (p 209)
F. Bonjour, monsieur.
B. Bonjour, madame.
F. Je vois que vous êtes boucher.
B. Oui, c'est exact.
F. Oui. Qu'est-ce que vous vendez comme variétés de viande?
B. Du bœuf, du veau, de l'agneau et du porc.
F. Bien. Et vous êtes là tous les jours, sur le marché?
B. Tous les jours, sauf le lundi.
F. Et quels sont vos horaires de travail?
B. Six heures–treize heures, seize heures–dix-neuf heures trente.
F. Même le dimanche?
B. Le dimanche matin uniquement.
F. Uniquement le matin.
B. Six heures–treize heures trente.
F. Treize heures trente, bien. Et votre clientèle, d'où vient-elle?
B. Du secteur, cinq cent mètres aux alentours du marché.
F. Les gens ne viennent pas d'autres quartiers de Paris?
B. Si, d'autres quartiers, quelques uns, mais c'est pas la majorité.
F. Et ça fait longtemps que vous êtes ici?
B. Dix-sept ans.
F. Donc vous… ça vous plaît d'être ici?
B. Bien sûr.
F. Bon ben, je vous remercie beaucoup.
B. Je vous en prie. Au revoir, madame.
F. Au revoir, monsieur.

4 & **5** (p 209)
Fr. Bonjour, madame.
F. Bonjour.
Fr. Vous venez souvent ici?
F. Euh oui, j'habite ici.
Fr. Et vous venez au marché régulièrement?
F. Pratiquement tous les jours.
E J'achète pas tous les jours, mais comme j'habite ici, je passe régulièrement dans le marché.
Fr. Et qu'est-ce qui vous plaît dans ce marché?
F. Tout, je crois. J'aime bien les rapports avec les gens, comme dans un village un peu. On fait toujours des prix, on discute, on boit un café, …
Fr. Il y a une bonne ambiance.

F. C'est vraiment une bonne ambiance de vie dans une ville.
Fr. Et qu'est-ce que vous achetez en particulier ici?
F. Oh, de tout, de la viande, du fromage, des fleurs, des légumes, des fruits.
Fr. Comme aujourd'hui.
F. Voilà.
Fr. Merci.
F. Je vous en prie. Bonne journée.

À travers Paris
1 (p 210)
Fr. Bonjour, madame.
F. Bonjour, mademoiselle.
Fr. Vous venez souvent ici, au jardin du Luxembourg, le dimanche?
F. Le plus souvent possible, au Luxembourg ou dans un autre espace vert. Depuis que nous sommes à la retraite, tous les jours c'est dimanche pour nous, plus ou moins.
Fr. Et si vous n'allez pas dans les jardins, où allez-vous en général, le dimanche?
F. Eh bien, soit au théâtre, soit dans un café, s'il fait mauvais, où nous papotons nous prenons le thé. Ben, mon Dieu, rien d'exceptionnel; ou bien s'il fait vraiment mauvais, nous restons chez nous, nous lisons.
Fr. Et il vous arrive de sortir de Paris quelquefois, pour la fin de la semaine?
F. Eh bien, ces… ces derniers temps, depuis que je n'ai plus mon mari, pas très souvent, à la vérité.
Autrefois, je faisais tous les après… tous les dimanches après-midi.

UNITÉ 20 LES FRANCOPHONES
Europe francophone
3 (p 216) Part 1
C. V. Alors, je m'appelle Christel, mon nom de famille, c'est Verhoye, et j'ai eu trente ans le 3 février dernier.
Fl. Quelles sont, à ton avis, les principales différences entre ton pays, la Belgique, et la France?
C. Il y a beaucoup de différences. La Belgique, géographiquement, est déjà située plus au nord par rapport à la France. Donc la Belgique a la réputation d'un pays pluvieux, où on est souvent sous la pluie.
Fl. Et sinon, peut-être, dans les mentalités, les usages, entre les deux pays, est-ce que tu vois des différences?
C. Alors, là, je vais peut-être donner des différences dans les grandes lignes. Le Belge est peut-être plus silencieux, plus introverti, et parle peu, par rapport….
Fl. Oui, il est plus ré… Une espèce de réserve…?
C. Oui, c'est ça, une espèce de réserve.

Fl. A propos de la gastronomie, est-ce qu'il y a, quand même, des différences marquantes, en deux mots, entre la France et la Belgique?
C. Alors, je crois qu'en fait de gastronomie… la cuisine en Belgique est beaucoup moins grasse, beaucoup moins riche, qu'en France. C'est-à-dire, on utilisera beaucoup moins de beurre. D'ailleurs, on a un plat national qui s'appelle le "waterzouille"…
Fl. Le "waterzouille"? Qu'est-ce que ça voudrait dire en français?
C. Alors c'est une préparation qui se fait à base de poule, de légumes, de navets, de carottes, de pommes de terre, et c'est une spécialité bruxelloise.
Fl. Une sorte de pot-au-feu?
C. Oui, c'est ça. Donc, 'water', c'est de l'eau. C'est pas le beurre!
Part 2
C. Dans la pratique, il y a quand même quelques petites différences, des mots qui divergent…
Fl. Oui, est-ce que tu peux nous donner quelques exemples de mots… ?
C. Oui.
Fl. .. ou expressions… ?
C. Oui, mais les mots qui me viendront à la tête ici pour l'instant, c'est *avant-midi*, par exemple. Donc, en Belgique, on parle d'*avant-midi* et d'*après-midi*, alors qu'en France on parle de *matinée*…
Fl. Ah! Oui.
C. … et d'*après-midi*. Il y a aussi… hier, je me promenais avec une amie dans le jardin du Luxembourg, et je lui ai sorti une phrase: *Quelle drache!* parce qu'il pleuvait à verse, il pleuvait à torrents. Alors j'ai remarqué qu'elle n'avait pas très bien compris.
Fl. Oui. Et alors, ça voudrait dire quoi en français de France, *quelle drache*?
C. C'est une averse, tout simplement.
Fl. Ah, quelle averse, donc.
C. Oui, "quelle averse"; parce que donc il pleuvait très très fort, d'une manière très intense pour une période très, très courte.
Fl. Est-ce que tu as repéré d'autres différences entre les deux langues?
C. En Belgique, on dit d'une femme quand elle est enceinte, qu'elle *attend famille*.
Fl. Elle attend famille.
C. Oui. *Attendre famille* donc c'est très significatif, je trouve, du statut et des responsabilités de la femme qui est mise au centre de la création de la famille de cette manière-là.

La France dans le monde
5 (p 219) Part 1

D. Pierama et Fabrice, est-ce que vous pouvez nous décrire votre pays?

P. Euh, l'île de la Réunion est une petite île, qui est à côté de Madagascar. Le climat, euh... tropical, je dirais, il fait chaud. Il fait beau. On a des cyclones aussi, c'est-à-dire, au mois de décembre, janvier, février, on a pas mal de cyclones. Ensuite, l'île est montagneuse, vous avez des plages, vous avez des forêts, c'est super pour les balades.

F. Je voudrais ajouter que c'est, c'est une île volcanique, donc, on a un volcan, qui est toujours en activité.

Part 2

P. Vous avez des gens qui viennent... d'origine, je dirais, c'est l'Afrique, euh, l'Inde. Vous avez des Chinois aussi, vous avez des Africains, vous avez des Anglais, des Français. C'est un peu de tout.

D. Et vos familles respectives, de quelles origines?

F. Moi, personnellement, mon père, il est chinois, ma mère, elle est créole.

D. Oui. Et de votre côté?

P. De mon côté, c'est de l'Inde.

D. Votre père et votre mère?

P. Voilà. Indienne.

D. Oui.

Part 3

P. La cuisine de la Réunion est complètement différente, je dirais, par rapport à la métropole. La base, on mange surtout le riz, on dit 'le curry', c'est-à-dire... c'est une... c'est l'accompagnement, qui va avec le riz.

D. Moi, quand je pense à la Réunion, la première chose qui me vient à l'esprit, c'est le poisson.

P. Ah non, le poisson, je dirais qu'on mange le poisson assez rarement chez nous. C'est plutôt le poulet. On mange beaucoup de poulet, beaucoup de porc, bœuf, c'est plus de la viande que du poisson. Le poisson, c'est pas vraiment un repas typiquement créole.

Part 4

P. Je dirais que l'administration française, l'éducation, euh, tout ce qui concerne les procédures chez nous, c'est typiquement comme en France. Il y a des fois, c'est vrai, les gens ont tendance à dire que, on est loin, on doit être complètement différents, mais tout compte fait, c'est un département français, on est français.

D. La France y est totalement présente.

P. ... présente. Ça, c'est sûr.

Part 5

D. Maintenant, du point de vue du français que nous parlons ici et le français que vous parlez chez vous, à la Réunion. Est-ce qu'il y a des différences?

P. Il n'y a pas vraiment de différences, si on parle le français. Mais on parle plutôt entre nous le créole.

D. Essayez d'avoir une petite conversation en créole, pour voir si je peux vous comprendre.

P. Fabrice, qu'est-ce qu'on fait demain? ... tennis... va faire chaud.

GLOSSARY

Abbreviations used:

m - masculine;
f - feminine;
pl - plural;
abb. - abbreviation

A

a *(has) see* avoir
à *to; at; with*
l' abbaye *(f) abbey*
l' abeille *(f) bee*
l' abondance *(f) abundance*
abondant(e) *abundant*
l' abord *(m) approach, surroundings*
d' abord *(at) first;*
tout d'abord *first of all*
l' abri *(m) shelter;*
l' abri de jardin *garden shed*
l' abricot *(m) apricot*
abriter *to shelter*
absolument *absolutely*
abuser de *to abuse; to overuse*
l' académie *(f) university authority*
accéder à *to reach*
accepter *to accept*
l' accès *(m) access*
accessible *accessible*
l' accident *(m) accident*
accompagner *to accompany*
l' accord *(m) agreement;*
d'accord *OK; être d'accord to agree*
s' accorder *to agree (with each other); to match/go with (colours etc.)*
l' accueil *(m) welcome, reception;*
accueil autocaristes *coach-parties catered for; l'hôtesse d'accueil receptionist*
accueillir *to welcome, to receive*
l' acheminement *(m) forwarding*
acheter *to buy*
l' acteur/trice *(m/f) actor/actress*
actif/ve *active*
l' action *(f) action*
l' activité *(f) activity*
les actualités *(f) news (press/broadcast)*
actuel(le) *current, present*
actuellement *at present*
adapter *to adapt*
l' addition *(f) bill (café etc.)*
l' adieu *(m) (pl adieux) farewell*
admettre *to admit;*
admis(e) *admitted*
administratif/ve *administrative*
l' administration *(f) administration*
admirer *to admire*
adopter *to adopt; start to use*
adorer *to adore, to love*
l' adulte *(m/f) adult, grown-up*
aérer *to air;*
mal aéré(e) *stuffy*
aérien(ne) *aerial;*
la compagnie aérienne *airline company*
l' aérobic *(m) aerobics*
l' aéroport *(m) airport*
l' affaire *(f) affair; business; bargain*
l' affection *(f) affection; (medical) condition*
l' affichage *(m) bill-sticking; display*
s' affilier à *to join,*
afin de *in order to*
africain(e) *African*
l' Afrique *(f) Africa;*

l' Afrique du Nord *North Africa*
l' âge *(m) age; âgé(e) elderly*
l' agence *(f) agency*
l' agent *(m) policeman; l'agent des postes post-office worker*
agiter *to shake*
agréable *pleasant*
l' agrément *(m) charm; amenity*
agricole *agricultural, in agriculture (qualification etc.)*
l' agriculteur *(m) farmer*
l' agriculture *(f) agriculture, farming*
ah bon? *really?; oh, I see*
ai *(have) see* avoir
l' aide *(f) help; à l'aide de with the aid of; l'aide-réceptionniste receptionist's assistant*
aider *to help*
aigu/üe *pointed, sharp; acute*
ailleurs *elsewhere;*
d' ailleurs *besides, moreover*
aimable *kind, nice*
aimer *to like; to love;*
aimer bien *to like; j'aime bien (it); j'aimerais bien... I'd like (to)...*
aîné(e) *eldest, oldest*
ainsi *thus;*
ainsi que *just as/like, as well as*
l' air *(m) air;*
avoir l'air (de)... *to look, to appear... ; en plein air in the open air*
l' alcool *(m) alcohol; spirits*
les alentours *(m) surroundings;*
aux alentours de *around, about*
Alger *Algiers*
l' Algérie *(f) Algeria*
l' aliment *(m) food, item of food*
alimentaire *(to do with) food;*
les produits alimentaires *foodstuffs*
l' alimentation *(f) provisions, food;*
l' alimentation générale *grocer's shop*
allais *(went/used to go) see* aller
l' Allemagne *(f) Germany*
allemand(e) *German*
l' allemand *(m) German language*
aller *to go;*
aller bien *to be well; to be all right;*
allez-y *off you go; have a go;*
comment allez-vous? *how are you?;*
l'aller simple *(m) single ticket;*
l'aller-retour *(m) return ticket;*
on y va *let's go, off we go*
allergique *allergic*
allô *hello (on telephone)*
allumer *to light, switch on*
l' allumette *(f) match;*
alors *then; so; well, now*
les Alpes *(f) Alps*
alpin(e) *alpine;*
le ski alpin *downhill skiing*
l' Alsace *(f) Alsace*
l' altitude *(f) height, altitude;*
l' amande *(f) almond*
l' amateur *(m) de musique music-lover*
l' ambiance *(f) atmosphere*
l' amélioration *(f) improvement*
l' aménagement *(m) fitting out, arrangement; conversion*
aménager *to fit up*
américain(e) *American*
l' ami(e) *(m/f) friend; boyfriend / girlfriend*

l' amusement *(m) enjoyment, amusement*
s' amuser *to enjoy oneself*
l' an *(m) year;*
avoir...ans *to be...years old*
l' ananas *(m) pineapple*
anatomique *anatomical*
l' anchois *(m) anchovy*
ancien(ne) *former; ancient*
l' Andorre *(f) Andorra*
anglais(e) *English*
l' Anglais(e) *(m/f) Englishman / woman*
l' anglais *(m) English language*
l' Angleterre *(f) England*
anglophone *English-speaking*
l' animal *(m) (pl animaux) animal*
l' animateur/trice *(m/f) group leader*
animé(e) *lively, animated*
animer *to lead, run (an enterprise)*
l' Anjou *(m) a region*
l' année *(f) year; les dernières années recent years; last years*
annuel(le) *annual, yearly*
anonyme *anonymous*
antarctique *Antarctic*
l' antenne *(f) antenna; agency*
anti(-) *anti(-), against; les anti-douleurs pain-relieving drugs*
l' antibiotique *(m) antibiotic*
antidopage *anti-doping*
les Antilles *(f) French West Indies*
l' antiquité *(f) antique; antiquity*
août *August*
l' apéritif *(m) aperitif, pre-meal drink*
l' appareil *(m) appliance; telephone*
l' appartement *(m) flat, apartment*
l' appel *(m) call; phone-call*
appeler *to call; to telephone; je m'appelle... my name is...;*
s' appeler *to be called*
bon appétit *enjoy your meal*
applicable *applicable*
l' appoint *(m): le lit d'appoint spare bed*
apporter *to bring, take (something)*
apprécier *to appreciate*
apprendre *to learn*
l' apprenti(e) *(m/f) apprentice*
l' apprentissage *(m) apprenticeship*
appris(e) *(learned) see* apprendre
approuver *to approve (of)*
après *after; afterwards;*
d' après *according to*
l' après-midi *(m/f) (pl les après-midi) afternoon; in the afternoon*
l' aptitude *(f) aptitude; competence*
l' aquarium *(m) aquarium*
aquatique *aquatic, to do with water*
arabe *Arab*
l' arabe *(m) Arabic language*
l' arc *(m) arch*
l' arche *(f) arch; ark*
l' archipel *(m) archipelago*
l' architecte *(m) architect*
l' architecture *(f) architecture*
l'archivage *(m) record/archive-keeping; filing*
l' argent *(m) money; silver*
argenté(e) *silver*
l' armoire *(f) wardrobe; large cupboard*
l' aromatisation *flavouring*

arrêter   *to stop (something);*
s' arrêter   *to stop (oneself)*
l' arrivée (f)   *arrival*
   arriver   *to arrive; to happen*
l' arrondissement (m)   *Paris administrative district*
l' art (m)   *art*
   artificiel(le)   *artificial*
l' artisan (m)   *craftsman/woman*
l' artisanat (m)   *craft, craftwork*
   as (*have*) *see* avoir
l' ascenseur (m)   *lift*
l' Asie (f)   *Asia*
l' aspect (m)   *aspect, 'side'*
l' aspirateur (m)   *vacuum cleaner;*
   passer l'aspirateur   *to vacuum-clean*
s' asseoir   *to sit down*
   asseyez-vous (*sit*) *see* s'asseoir
   assez   *rather, fairly, quite, enough;*
   assez de   *enough (of); assez grand pour...   big enough to/for...;*
   en avoir assez de   *to have had enough of, to be tired of*
   assidu(e)   *regular*
l' assiette (f)   *plate, platter*
   assis(e) (*seated/sitting*) *see* asseoir
l' assistance (f)   *audience; assistance*
l' association (f)   *association, club*
l' assurance (f)   *assurance; insurance*
   assurer   *to assure; to see to*
   atlantique   *Atlantic*
l' atout (m)   *trump; advantage*
   attacher   *to attach, tie up;* attaché(e) à *attached to, fond of*
l' atteinte (f)   *reach*
   attendre   *to wait (for)*
   attentif/ve   *attentive*
   attentif/ve à   *careful about*
l' attention (f)   *attention, heed;*
   attention à...   *be careful of..., mind the...;* attention! *warning!*
l' attestation (f)   *certificate*
l' attraction (f)   *attraction*
   attribuer   *to allocate, to award*
l' attribution (f)   *attribution, allocation, awarding*
   au/à l'/à la/aux   *to the; at the; with*
l' aube (f)   *dawn*
l' auberge (f)   *inn;*
   l'auberge de jeunesse   *youth hostel*
   aucun(e)   *any*
l' augmentation (f)   *increase, growth*
   augmenter   *to increase*
   aujourd'hui   *today*
   auparavant   *before(hand)*
   auprès de   *next to; at/from; with/among*
   aurai (*will/shall have*) *see* avoir
l' aurore (f)   *dawn*
   aussi   *also, too; as;*
   aussi...que   *as...as*
   aussitôt   *immediately*
l' Australie (f)   *Australia*
   australien(ne)   *Australian*
   autant   *(by) so much;*
   autant il est grand, elle est petite   *she is as small/short as he is tall;*
   d'autant plus...que   *all the more...if*
   automatique   *automatic*
l' automédication (f)   *self-medication*
l' automne (m)   *autumn*
   automobile   *to do with cars;*
   le sport automobile   *motor sports*
l' automobile (f)   *motor car*

autonome   *independent*
l' autoroute (f)   *motorway;*
   l'autoroute à péage   *toll road*
   autour de   *around*
   autre   *other;*
   autre...que   *other...than;*
   un(e) autre   *another (extra); another (different)*
   autrefois   *at one time*
   autrement   *differently; otherwise*
l' Autriche (f)   *Austria*
   autrichien(ne)   *Austrian*
   aux (*to/at the*) *see* au
   avais/t (*had*) *see* avoir
l' avance (f)   *advance;*
   à l'avance   *in advance*
   avant   *before (of time)*
   avantageux/euse   *advantageous;*
   le prix avantageux   *good price*
   avec   *with;*
   avec ceci?   *anything else?*
l' avenir (m)   *future*
l' aventure (f)   *adventure; venture*
l' avenue (f)   *avenue*
   avez (*have*) *see* avoir
l' avion (m)   *aircraft, plane;*
   en avion   *by plane, by air*
l' avis (m)   *opinion; advice; notice;*
   à mon avis   *in my opinion*
l' avocat(e) (m/f)   *barrister*
   avoir   *to have;* il y a (*there is/are*)
   avril   *April*
l' azur (m): la Côte d'Azur   *French Mediterranean coast, Riviera*

B

le baba au rhum   *rum baba (cake)*
le baccalauréat (*abb.* bac)   *the school-leaving examination*
le bacon   *bacon*
le badge   *badge*
les bagages (m)   *luggage*
la baguette   *stick; 'stick' of bread*
le bain   *bath;* la salle de bains *bathroom;* le bain à bulles *jacuzzi*
la baisse   *lowering, decrease*
la balade   *walk, drive, outing*
se balader   *to walk/ride about*
le baladeur   *personal stereo*
le baldaquin: le lit à baldaquin   *fourposter bed*
   balisé(e)   *marked, waymarked*
la balise   *(marker) buoy; beacon*
la banane   *banana*
   bancaire: la carte bancaire   *banker's card*
la banlieue   *suburbs*
la banque   *bank*
le banquet   *banquet*
le banquier   *banker*
le bar   *bar (drinks)*
   bas(se)   *low*
la base   *base; basis;*
   à base de   *based on;* de base *basic*
le bassin   *river basin; dock; pool*
le bateau (*pl* bateaux)   *boat;*
   le bateau-mouche   *river-boat*
le bâtiment   *building*
la batterie   *battery*
   beau/bel/belle (*m pl* beaux)   *beautiful, lovely, fine*
   beaucoup (de)   *much, many, a lot (of);* merci beaucoup *thank you very much*

le beau-fils   *son-in-law; step-son*
le beau-frère   *brother-in-law*
le beau-père   *father-in-law; step-father*
le bébé   *baby*
le bec   *beak*
   bel (*beautiful*) *see* beau
   belge   *Belgian*
la Belgique   *Belgium*
   belle (*beautiful*) *see* beau
la belle-fille   *daughter-in-law; step-daughter*
la belle-mère   *mother-in-law; step-mother*
la belle-sœur   *sister-in-law*
   ben (*well*) *see* bien
   bénéficier de   *to benefit from, to obtain (reduction etc.)*
   bénévole   *voluntary, unpaid;*
   le/la bénévole   *voluntary worker*
le besoin   *need;*
   avoir besoin de   *to need*
   beurk!   *yuk!*
le beurre   *butter*
le biberon   *baby's bottle*
la bibliothèque   *library*
la bicyclette   *bicycle;*
   à bicyclette   *by/on a bicycle*
   bien (*or* ben)   *well; bien sûr of course;*
   très bien   *very well, fine; certainly*
   bientôt   *soon;*
   à bientôt!   *see you soon!*
   bienvenu(e): être le/la bienvenu(e)   *to be welcome*
   bienvenue!   *welcome!*
la bière   *beer*
les bijoux (m)   *jewellery*
la bijouterie   *jewellery; jeweller's shop*
   bilingue   *bilingual*
le billard   *billiards;*
   la salle de billard   *billiard room*
le billet   *ticket (train etc.)*
la billetterie   *ticket service*
   biologique   *biological; organic, natural*
le biscuit   *biscuit*
le bistrot   *bistro*
   blanc(he)   *white*
la blanquette   *blanquette*
le blé   *wheat*
   bleu(e)   *blue;*
   bleu marine   *navy blue*
   blond(e)   *fair-haired, blond(e)*
le blouson   *bomber-jacket*
le bœuf   *ox, bullock; beef*
   bof!   *so what!*
   boire   *to drink*
   bois (*drink*) *see* boire
le bois   *wood, forest;*
   en bois   *wooden*
la boisson   *drink*
la boîte   *box; tin;*
   la boîte de nuit   *night club*
   boivent (*drink*) *see* boire
   bon(ne)   *good*
le bonbon   *sweet (candy)*
le bonheur   *happiness*
   bonjour   *hello*
   bonsoir   *good evening*
le bord   *edge, side;*
   à bord de   *aboard;* le bord de la mer *seaside*
la bordure   *edge;*
   en bordure de   *alongside, beside*

botanique *botanical*
la bouche *mouth*
la boucherie *butcher's shop*
le boulanger *baker*
la boulangerie *baker's shop;*
  la boulangerie-pâtisserie *bread and cake shop*
la boule *ball;* les boules *bowls (game)*
le boulevard *boulevard*
bourgeois(e) *middle-class, respectable*
la Bourgogne *Burgundy*
bourrer *to stuff, to fill up*
bousculer *to jostle*
le bout *end*
la bouteille *bottle*
la boutique *(small) shop*
le bouton *button; spot (on skin)*
le bowling *bowling alley*
boycotter *to boycott*
le bras *arm*
la brasserie *brasserie, restaurant*
le Brésil *Brazil*
la Bretagne *Brittany*
breton(ne) *of/from Brittany*
bricoler *to do odd jobs, DIY*
le brie *Brie cheese*
la brioche *brioche (bread bun)*
la brise *breeze*
britannique *British*
la brocante *second-hand objects*
la brochure *brochure*
la broderie *embroidery*
la bronchite *bronchitis*
bronzer *to tan*
la brosse *brush;*
  la brosse à dents *toothbrush*
le brouillard *fog*
la bruine *drizzle, light shower*
le bruit *noise*
la brume *mist, fog*
brumeux/se *misty, foggy*
brun(e) *brown; dark (hair etc.)*
le/la brun(e) *dark-haired man/brunette*
Bruxelles *Brussels*
le BTS (Brevet de Technicien Supérieur) *a vocational training certificate*
la buanderie *laundry room*
la bûche *log*
le budget *budget*
la bulle *bubble*
le bureau (*pl* bureaux) *office*
la bureautique *office automation*
le bus *bus;* en bus *by bus*
buvez (*drink*) see boire

C

c' (*it*) see ce
ça *that, it;* ça va *fine; all right; OK;*
  ça va? *how are you?; is it all right?;*
  c'est ça *that's right*
la cabine *cabin; aircraft cockpit; cubicle;* la cabine téléphonique *telephone box*
la cacahuète *peanut*
le cadeau (*pl* cadeaux) *gift, present*
le cadre *frame*
les cadres *managerial staff, management level*
le café *coffee; café;*
  la cuiller à café *teaspoon;* le café-crème *white coffee, coffee with milk*

le caissier, la caissière *cashier*
le cake *cake (especially fruit cake)*
le calendrier *calendar*
calme *quiet, calm*
le calme *quiet(ness), calm;*
  au calme *peacefully situated*
calmer *to calm*
le Cambodge *Cambodia*
le camembert *Camembert cheese*
le Cameroun *Cameroon*
campagnard(e) *rustic, country*
la campagne *country(side);*
  à la campagne *in the country*
le camping *campsite*
le Canada *Canada*
le canal (*pl* canaux) *canal*
le canapé *settee, couch*
le canard *duck*
le canoë *canoe; canoeing;*
  le canoë-kayak *kayak*
le canon *cannon;*
  le canon à neige *snow cannon*
capable *capable*
la capacité *capacity*
la capitale *capital (city)*
le capot *bonnet (of car)*
car *for, since*
le car *coach, bus*
le caractère *character*
le caramel *caramel*
la caravane *caravan, trailer*
la carotte *carrot*
carré(e) *square;*
  le mètre carré *square metre*
le carreau (*pl* carreaux) *tile*
le carrefour *crossroads*
carrément *straight out; definitely*
la carrière *career*
la carte *map; card; menu*
le cas: en cas de *in the event of*
casanier/ère *stay-at-home*
la cascade *waterfall*
le casino *casino*
la casquette *cap*
la cassette *(audio-/video-)cassette*
les catacombes (*f*) *catacombs*
le catalan *Catalan language*
le catarrhe *catarrh*
la catégorie *category*
la cathédrale *cathedral*
la cause *cause;*
  à cause de *because of*
la caution *deposit*
la cave *cellar*
le CD *CD (compact disc);*
  le lecteur de CD *CD player*
ce/c' (*pronoun*) *it, that;*
  c'est *it is;* c'était *it was;* est-ce que...? *is it that...?, does/do...?*
ce/cet/cette/ces (adjective) *this, that;* ce/cet/cette/ces...-ci *this/ these... (here);* ce/cet/cette/ces...-là *that/those... (there)*
ceci *this;*
  avec ceci? *anything else?*
la ceinture *belt;*
  la ceinture de sécurité *safety belt*
cela *that;* c'est cela *that's it*
le céleri *celery*
célibataire *unmarried, single*
celle (*the/this one*) see celui
le cellier *store-room; cellar*
celui/celle/ceux/celles (qui) *the one/those (who/which);*

celui/celle/ceux/celles-ci *this one/these (here);* celui / celle / ceux / celles-là *that one/those (there)*
cent *hundred*
le centilitre *centilitre (10ml)*
le centime *centime (1/100 of a euro)*
le centre *centre, middle;*
  au centre-ville *in the town/city centre;*
  le centre commercial *shopping-centre*
cependant *however*
la cerise *cherry*
certain(e) *certain; sure*
certainement *certainly*
certes *certainly, admittedly*
le certificat *certificate*
ces (*these/those*) see ce/cet
cet (*this/that*) see ce/cet
cette (*this/that*) see ce/cet
ceux (*those*) see celui
chacun(e) *each (one)*
la chaîne *chain, electronic system;*
  la chaîne hi-fi *hi-fi system*
la chair *flesh;*
  la chair à saucisse *sausage-meat*
le chalet *chalet*
la chaleur *warmth, heat*
chaleureux/se *warm*
la chambre *bedroom, hotel room;*
  la chambre d'hôtes *bed-and-breakfast, guest-room*
le champ *field*
le champignon *mushroom*
la chance *(good) luck; chance;*
  bonne chance! *good luck!*
le change *exchange*
changer *to change*
chanter *to sing*
la chantilly *whipped cream*
chaque *each*
la charcuterie *cold meats; delicatessen*
la charge *load; responsibility;*
  la prise en charge *undertaking to pay for*
charger *to load;*
  chargé(e) de *in charge of*
la charlotte *charlotte (pudding)*
le charme *charm*
la charrette *cart*
le chat, la chatte *cat (male/female)*
le château (*pl* châteaux) *country house; castle*
chaud(e) *hot, warm;*
  il fait chaud *it is warm/hot (weather/atmosphere);* j'ai chaud *I feel/am hot/warm;* rester bien au chaud *keep/stay in the warm*
le chauffage *heating*
chauffer *to heat*
la chaussure *shoe*
le chef *chief, head (manager/leader), boss;* le chef de cabine *chief stewardess;* le chef d'état *head of state*
le chemin *path; way;*
  le chemin de fer *railway*
la cheminée *chimney; fireplace*
la chemise *shirt*
le chemisier *blouse, shirtwaist dress*
la chenillette *tracked vehicle*
le chèque *cheque*
cher(ère) *dear; expensive*
chercher *to look for;*
  aller chercher *to go and get*
le chercheur *researcher*

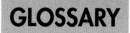

chérir *to cherish;*
chéri(e) *darling; cherished*
le cheval (*pl* chevaux) *horse;*
monter à cheval *to ride*
le cheveu (*pl* cheveux) *hair*
la chèvre *goat*
chez *at the home (etc.) of;*
chez les jeunes (etc.) *among young people (etc.);* chez X *at X's home/shop/company*
chic *smart*
chiche *mean, niggardly;*
le pois chiche *chick-pea*
le chien, la chienne *dog*
le chiffre *figure (number);*
le chiffre d'affaires *turnover*
la Chine *China*
le chinois *Chinese language*
le chocolat *chocolate*
choisir *to choose*
le choix (*pl* choix) *choice*
le chômage *unemployment;*
être au chômage *to be unemployed*
le chômeur *unemployed person*
la chorale *choral singing*
la chose *thing*
le chou (*pl* choux) *cabbage; chou pastry*
ci *this, here;*
comme ci, comme ça *so-so*
ciao *goodbye*
le ciel *sky; heaven*
la cigarette *cigarette*
le cinéma *cinema*
cinq *five*
cinquante *fifty*
le circuit *circuit, track*
circulaire *circular;*
le voyage circulaire *round trip*
la circulation *circulation; traffic*
circuler *to circulate; to go, to run (train etc.)*
citer *to quote, to name*
le citron *lemon*
le clafoutis *fruit (esp. cherries) in batter*
clair(e) *light, clear; light-coloured*
la clarinette *clarinet*
la classe (*abb.* CL) *class;*
en première/seconde classe *(in) first/second-class (ticket/travel)*
le classement *classification; grading system*
classer *to classify*
classique *classic, classical*
la clémentine *clementine (orange)*
le client, la cliente *client, customer*
le clignotant *indicator (car)*
clignoter *to blink; to flash*
le climat *climate*
climatique *climatic*
clos(e) *enclosed*
le club *club*
le coca *Coca-Cola*
le code *code*
le cœur *heart;*
avoir mal au cœur *to feel sick*
le coffre *boot (of car)*
le coin *corner;*
au coin de *at the corner of;*
le coin-lecture *reading area*
la collection *collection*
collectionner *to collect*
le collège *(lower) secondary school*

collègue (*m/f*) *colleague*
la colonie *children's holiday camp*
combien (de) *how much; how many*
le comédien, la comédienne *actor/tress*
le comité *committee, council*
la commande *order;*
sur commande *to order*
comme *like; as; how*
commencer *to begin, to start*
comment *how; what...like*
le commerçant *shopkeeper, tradesperson*
le commerce *trade, business; shop;*
le petit commerce *small shop/trader*
commercial(e) (*m pl* commerciaux) *commercial;* le centre commercial *shopping-centre*
le commercial (*pl* commerciaux) *salesman*
la commercialisation *marketing*
la commodité *convenience, comfort;*
proche des commodités *near facilities*
la communauté *community*
la commune *(rural/urban) district, parish; village/small town*
la communication *communication*
la compagnie (*abb.* cie) *company*
complémentaire *complementary*
complet/ète *complete, full*
complètement *completely*
comporter *to consist of*
le compostage *punching, stamping*
composter *to punch, stamp (ticket)*
le composteur *ticket-punching machine*
comprendre *to understand, include;*
compris(e) *included*
le comprimé *tablet (drugs etc.)*
comprimer *to compress*
compris(e) *(included/understood) see* comprendre
la comptabilité *accountancy, accounting*
comptable (*m/f*) *accountant*
le compte *count, account;*
faire le compte *add up;* prendre en compte *to take account of*
compter *to count;* la France compte 2 000... *France has 2,000 ...*
le comté *Comté cheese*
se concentrer *to concentrate*
la conception *conception; design*
concerner *to concern;*
en ce qui concerne... *as far as...is/are concerned*
concilier *to reconcile*
le concubinage *living together (unmarried)*
la condition *condition*
conduire *to lead; to drive (car etc.);* se conduire *to be driven*
la confédération *confederation*
la conférence *conference*
la confiserie *confectioner's shop, sweetshop; confectionery, sweets*
la conformité *conformity*
le confort *comfort*
confortable *comfortable*
confortablement *comfortably, in comfort*
le congé *leave, time off;*
le congé payé *paid leave*

le congélateur *freezer, deep-freeze*
congestif/ve *congestive*
le congrès *conference, congress*
conjuguer *to combine*
connaissez (*know*) see connaître
connaître *to know (someone), be familiar with;* connu(e) *well-known*
connu(e) (*known*) see connaître
consacrer *to consecrate; to devote*
le conseil *council; piece of advice*
conseiller *to advise*
le/la conseiller/ère *adviser; councillor*
la conséquence *result, consequence*
le conservatoire *music/drama school*
la conserve *canning;* en conserve *tinned, canned;* les conserves *tinned food*
considérable *considerable*
consister à *consist in;*
consister en *to consist of, to comprise*
la consommation *consumption; drink (in café etc.)*
constater *to notice, observe*
consulter *to consult*
le contact *contact;*
au contact de *by contact with;* le sens du contact *a liking for people*
contacter *to contact*
contenir *to contain*
content(e) *pleased, happy*
le contenu *contents*
contient (*contains*) see contenir
le continent *continent*
continental(e) *continental*
continuer *to continue, keep on*
contraire *opposite, contrary;*
au contraire *on the contrary*
contrairement à *contrary to, unlike*
le contrat *contract*
le contrôle *check; control*
convenir à *to suit, to be convenient (for)*
la convention *agreement*
la conversation *conversation*
convient (*suits*) see convenir
le coq *cock;*
le coq au vin *a chicken dish*
la coque *shell; hull*
le corbeau *crow*
le cordon *string, ribbon;*
le cordon bleu *blue ribbon (for cookery)*
le cormoran *cormorant*
le cornichon *gherkin*
le corps *body*
la correspondance *correspondence; connection, interchange stop/station (Métro etc.)*
correspondant(e) *corresponding*
cosmopolite *cosmopolitan*
costaud(e) *strong*
le costume *costume; suit;*
le costume-cravate *(suit with) collar-and-tie*
la cotation *quotation (money); valuation*
la côte *coast; hillside; rib;*
la Côte d'Azur *French Mediterranean coast*
la Côte d'Ivoire *Ivory Coast*
le côté *side;*
à côté *nearby, next;* à côté de *next to, beside;* de votre côté *on your side*
côtier/ère *coastal*

le coton   *cotton;*
   en coton   *(in/made of) cotton*
le cotre   *cutter (boat)*
la couche   *layer; nappy;*
   la couche sociale   *social class*
   coucher   *to put to bed; se coucher   to go to bed*
la couchette   *couchette*
la couette   *duvet*
   couler   *to flow;*
   son nez coule   *his/her nose is running*
la couleur   *colour*
le couloir   *corridor, passage*
le coup   *blow; event, action;*
   boire un petit coup   *to have a drink;* le coup de téléphone   *telephone call*
   couper   *to cut, chop*
le couple   *couple*
la cour   *yard, courtyard*
   courant(e)   *running; common;*
   l'eau courante   *running water*
la courgette   *courgette*
   courir   *to run*
le courrier   *mail*
le cours   *the course;*
   au cours de   *in the course of*
la course   *errand;*
   faire les courses   *to do the/go shopping*
   court(e)   *short*
le court   *(tennis) court*
le couscous   *couscous*
le cousin, la cousine   *male/female cousin*
   coûter   *to cost;*
   coûter cher   *to cost a lot*
la couture   *sewing, dressmaking*
le couvert   *place (at table);* mettre le couvert   *to lay the table*
la couverture   *blanket, rug; covering; (insurance) cover*
   couvrir   *to cover;*
   couvert(e)   *covered;* le temps couvert   *cloudy/dull weather*
le crabe   *crab*
   craquer   *to squeak, crackle; to 'crack' (person)*
la cravate   *tie;*
   le costume-cravate   *(suit with) collar-and-tie*
le créateur/trice   *creator; designer*
la créatrice   *creator; designer*
la création   *creation*
   créer   *to create;*
   créé(e)   *created, established*
la crème   *cream;* le café-crème   *white coffee;* la tarte à la crème   *custard tart*
la crémerie   *dairy*
le créole   *creole; Creole language*
   creux/se   *hollow;*
   en saison creuse   *out of season*
le critère   *criterion, standard*
   croire   *to believe*
   crois   *(believe or grow) see* croire;
   croître
   croiser   *to cross (legs etc.);*
   les mots croisés   *crosswords*
la croisière   *cruise*
la croissance   *growth, increase;*
   en croissance   *on the increase*
   croissant(e)   *growing, increasing*
le croissant   *crescent; croissant (roll)*
   croître   *to grow*
   croquant(e)   *crisp, crunchy*

le croque-monsieur *(pl croque-monsieur)   toasted (ham and cheese) sandwich*
le cru   *vineyard, vintage;*
   du cru   *local*
la cueillette   *picking, gathering*
   cueillir   *to pick, gather*
la cuiller *(abb. cuill.)   spoon;*
   spoonful; la cuiller à café *teaspoon(ful);* la cuiller à soupe *tablespoon(ful), soup spoon*
le cuir   *leather*
   cuire   *to cook;*
   bien cuit   *well-done (food)*
la cuisine   *kitchen; cooking;*
   faire la cuisine   *to do the cooking*
   cuisiner   *to cook*
le cuisinier, la cuisinière   *cook*
la cuisse   *thigh*
   cuit(e)   *(cooked) see* cuire
   culturel(le)   *cultural*
la cure   *cure, treatment*
le curriculum vitae *(pl unchanged) (abb. CV)   curriculum vitae, CV*
   cyclable:* la piste cyclable   *bicycle track;* cycle path
le cyclisme   *cycling*

D

la dame   *lady*
le dancing   *dance-hall*
   dans   *in; into*
la danse   *dancing*
   danser   *to dance*
la date   *date;*
   de longue date   *of long standing*
   dauphinois(e)   *of/from the Dauphiné region*
   davantage   *more*
   de   *of; from; some;*
   du/de l'/de la/des   *of the; from the; some, any*
le débit   *drinking establishment*
le début   *beginning*
le débutant, la débutante   *beginner*
   décembre   *December*
   décider   *to decide (something);*
   se décider   *to decide, to make one's mind up*
le décilitre   *decilitre (100ml)*
   déclarer   *to declare*
   décontracté(e)   *relaxed, casual*
   décoratif/ve   *decorative;*
   l'objet décoratif   *ornament*
la décoration   *decoration; décor*
   découvert(e)   *see* découvrir
la découverte   *discovery*
   découvrir   *to discover; to uncover;*
   découvert(e)   *discovered; uncovered*
   décrire   *to describe;*
   décrivez-vous!   *describe yourself!*
   décrocher   *to unhook; to pick up the receiver (telephone); to land (job etc.)*
   décroissant(e)   *decreasing;* en ordre décroissant   *in descending order*
   dedans   *inside, in it*
   défavorisé(e)   *disadvantaged, underprivileged*
la défense   *defence*
   se défouler   *to unwind, let off steam*
la dégustation   *sampling, tasting*
   dehors   *outside, out-of-doors;* en dehors de   *outside/beyond (something)*

   déjà   *already*
   déjeuner   *to have lunch*
le déjeuner   *lunch*
   delà   *beyond*
   délicat(e)   *delicate; tricky*
   demain   *tomorrow;*
   à demain!   *till/see you tomorrow!*
la demande   *request*
   demander   *to ask for*
   démarrer   *to start (car etc.)*
le déménagement   *moving house, removal*
   déménager   *to move house, to move out*
le déménageur   *removal man*
   demi-   *half-;*
   la demi-sœur   *half-sister; stepsister;* le demi-frère   *half-brother; stepbrother*
   dénoyauter   *to stone (fruit)*
la dent   *tooth*
le/la dentiste *(m/f)   dentist*
   dépanner   *to solve a problem*
le départ   *departure;*
   au départ de   *departing from;* le grand départ   *peak departure period*
   départemental(e) *(m pl départementaux)   departmental (administration);* la route départementale (D)   *secondary road*
le département   *departement (administrative area)*
   dépasser   *to exceed*
la dépendance   *outbuilding*
   dépendre (de)   *to depend (on);*
   ça dépend   *it depends*
   dépenser   *to spend*
le déplacement   *movement, transfer*
   déposer   *to put down*
   dépoussiérer   *to dust*
   depuis   *since;* je ne travaille pas depuis cinq ans   *I haven't worked for five years;* j'habite ici depuis deux ans   *I have been living here for two years*
le député   *member of parliament*
   dernier/ère   *last, final*
   se dérouler   *to take place*
   derrière   *behind*
   des   *(of the/some) see* de
   dès   *(right) from/at the (time);*
   dès que   *as soon as*
   descendre   *to go down;* descendre du train (etc.)   *get out of the train (etc.)*
la descente   *descent*
   désirer   *to want*
   désolé(e)   *sorry*
le dessert   *dessert*
   dessiner   *to draw, sketch;*
   la bande dessinée   *comic strip (book), strip cartoon*
   dessous   *bottom, underside;*
   au-dessous de   *below, underneath*
   dessus   *above, on top;*
   au-dessus de   *above;* le vêtement de dessus   *outer garment*
la destination   *destination*
la détente   *relaxation*
le détergent   *detergent*
   déterminer   *to determine;*
   à durée déterminée   *for a stated period*
   détester   *to detest, hate*
   DEUG (Diplôme d'études universitaires générales)   *a diploma taken after two years at university*
   deux   *two;* tous(tes) les deux   *both*

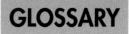

deuxième (*abb.* 2ème) *second (in order)*

devant *in front of;*
  devant le cinéma (etc.) *outside the cinema (etc.)*

développer *to develop (something);* se développer *to develop, to expand*

devenir *to become*

devient (*becomes*) see devenir

devoir *to have to, must; to owe*

dévorer *to devour;*
  la passion dévorante *consuming passion*

devra (*will have to/owe*) see devoir

le dialecte *dialect*

la différence *difference*
différent(e) *different*
différer *to differ*
difficile *difficult*

la diffusion *spread*

le dimanche *Sunday*

la dimension *measurement*

diminuer *to decrease, reduce*

la dinde *turkey*

dîner *to dine, to have dinner*

le dîner *(evening) dinner*

le diplôme *diploma, certificate*

dire *to say;*
  c'est-à-dire *that is to say, I mean;*
  vouloir dire *to mean, signify*

direct(e) *direct;*
  le train direct *through train*

le directeur, la directrice *manager, director*

la direction *direction; management, directors*

le dirigeant *manager, leader*

la discothèque *disco(theque)*

discuter *to discuss; to talk*

la disponibilité *availability*

disponible *available*

disposer de *to have (at one's disposal)*

la disposition *use, disposal;*
  des voitures à votre disposition *cars at your disposal/for your use*

le disque *disc, (gramophone) record;*
  le disque compact (CD) *compact disc (CD)*

la distance *distance;*
  à distance de *away from*

la diversité *diversity, variety*

diviser *to divide*

la division *division; department*

divorcé(e) *divorced*

dix *ten*

dix-huit *eighteen*

dix-neuf *nineteen*

dix-sept *seventeen*

la dizaine (de) *group of ten; ten or so*

le docteur *doctor*

le doctorat *doctorate, PhD degree*

la documentation *papers, written information*

dois/t/vent (*have/has to/owe(s)*) see devoir

les D.O.M. (Départements d'Outre-Mer) *French Overseas Départements*

le domaine *domain*

le domicile *residence, home;*
  à domicile *(at/from)home*

dominer *to dominate;*
  dominant(e) *dominating*

le dommage *harm, damage;*
  c'est dommage *it's a pity;* quel dommage! *what a shame!*

donc *so, therefore; well!*

donner *to give;*
  donner sur *to open on to*

dont *of which, of whom; from which, from whom*

dormir *to sleep, to be asleep*

le dos *back*

la dose *dose;*
  la dose-globule *capsule*

le dossier *file (documentation); back (of seat)*

double *double*

doubler *to double*

la douche *shower (bathroom)*

la douleur *pain;*
  les anti-douleurs *pain-relieving drugs*

douleureux/se *painful*

le doute *doubt;* sans doute *probably*

doux/ce *gentle; mild (weather)*

la douzaine *dozen*

douze *twelve*

le drap *(bed) sheet*

droit(e) *right (-hand); straight;*
  à droite *on/to the right*

le droit *right;*
  avoir droit à/de *to have the right to*

drôle *funny, amusing*

du (*of the/some*) see de

le duché *duchy*

dur(e) *hard*

durant *during*

la durée *duration, period*

durer *to last*

dynamique *dynamic; outgoing*

E

E *see* est (*east*)

l'eau (*f*) *water;*
  l'eau minérale *mineral water*

échapper (à) *to escape (from/something)*

les échecs (*m*) *chess*

l'éclair (*m*) *lightning-flash; éclair (cake)*

l'éclaircie (*f*) *sunny spell*

l'écluse *lock (canal/river)*

l'école (*f*) *school;*
  l'école maternelle *nursery school;*
  l'école primaire *primary school*

l'écomusée (*m*) *eco(logy)-museum*

l'économie (*f*) *economy; saving; economics*

économiser *to save, save on*

écossais(e) *Scots, Scottish*

l'Ecosse (*f*) *Scotland*

l'écoute (*f*) *listening to*

écouter *to listen to*

édifier *to build*

Edimbourg *Edinburgh*

éduquer *to educate, bring up*

effectivement *in effect; that's right*

effectuer *to carry out;*
  s'effectuer en *to take (time)*

efficace *effective*

effilé(e): les amandes effilées *flaked almonds*

l'effort (*m*) *effort*

égal(e) (*m pl* égaux) *equal*

également *likewise, also*

l'égalité (*f*) *equality*

l'égout (*m*) *sewer*

l'électricité (*f*) *electricity*

électrique *electric*

élégant(e) *elegant*

l'éléphant (*m*) *elephant*

l'élevage (*m*) *breeding*

élever *to breed, to bring up*

elle *she; her, herself;* à elle *hers*

elles *they (feminine); themselves;* à elles *theirs*

emballer *to wrap (up)*

l'embarquement (*m*) *embarkation*

embaucher *to take on (worker)*

l'embouteillage (*m*) *traffic jam*

l'emplacement (*m*) *site; place on campsite*

l'emploi (*m*) *job; usage;*
  Mode d'emploi *Directions for use*

l'employé(e) (*m/f*) *employee; clerk etc...*

l'employeur/euse (*m/f*) *employer*

en (preposition) *in;*
  en arrivant *(while) arriving, on arrival*

en (pronoun) *of it/them;*
  des pommes? oui, j'en ai trois *apples? yes, I have three (of them)*

encadrer *to train/supervise*

enceinte *pregnant*

l'enceinte (*f*) *precinct(s)*

enchanté(e) *how do you do?*

enclaver *to enclose, to surround*

encore *yet; still;*
  encore du... *some more (of)...;* encore un(e)... *one more..., another...*

endosser *to put on (garment)*

l'endroit (*m*) *place*

l'enfance (*f*) *childhood, children*

l'enfant (*m/f*) *child*

enfin *finally, in fact*

s'enfuir *to flee, to make off*

l'engagement (*m*) *commitment*

l'enneigement (*m*) *snow cover*

s'ennuyer *to be/get bored*

ennuyeux/euse *boring*

énorme *enormous, huge*

énormément *enormously*

l'enseignant/e (*m/f*) *teacher*

l'enseignement (*m*) *teaching*

enseigner *to teach*

ensemble *together*

l'ensemble (*m*) *whole; outfit, (woman's) suit*

ensoleillé(e) *sunny*

ensuite *then, next, after that*

entendre *to hear; to understand;*
  s'entendre *to get on well together; to be understood*

entier/ère *entire, whole*

entièrement *entirely*

entre *between, among*

l'entrée (*f*) *entrance; hall (of house); first course of meal*

l'entreprise (*f*) *firm, company*

entrer *to enter, to go/come in*

l'entretien (*m*) *maintenance;*
  le produit d'entretien *cleaning product*

enverra (*will send*) see envoyer

l'envie (*f*) *desire; envy;*
  avoir envie de *to want to*

environ *about, approximately*

l'environnement (*m*) *environment*

envoyer *to send*

épeler *to spell*

l'épi (*m*) *ear of corn*

épicé(e) *spiced, spicy*

l'épice spice
l'épicerie (f) grocer's shop
équestre (to do with) riding
équipé(e) equipped;
   la cuisine équipée fitted kitchen
l'équipe (f) team
l'équipement (m) equipment;
   les équipements equipment, tools,
   facilities
l'équitation (f) horse-riding
équivalent(e) equivalent, equal
l'erreur (f) mistake, error
es (are) see être
l'escalade (f) climbing
l'escalope (f) steak, fillet, escalope
l'espace (m) space
l'Espagne (f) Spain
espagnol(e) Spanish
l'espagnol (m) Spanish language
l'espèce (f) sort, kind
espérer to hope
l'esplanade (f) esplanade
l'esprit (m) mind
essayer to try; to try on
l'essence (f) petrol; essence
essentiel(le) essential
essentiellement essentially
essuyer to wipe;
   l'essuie-glace (pl les essuie-glace)
   windscreen wiper
est (is) see être
l'est (m) (abb. E) east
et and
et cetera (abb. etc.) etcetera, etc.
l'étage (m) storey, floor;
   à l'étage upstairs
étais/t (was) see être
étant see être
l'étape (f) stage (of
   journey/process)
l'état (m) state; condition;
   l'état grippal flu-like condition
les Etats-Unis (m) United States
été (been) see être
l'été (f) summer
étendre to spread/to stretch
   (something); s'étendre to extend.
êtes (are) see être
l'étoile (f) star
étranger/ère foreign;
   à l'étranger abroad
l'étranger/ère (m/f) foreigner
être to be; ce sera tout? will that be
   all?; étant being, having been; été
   been; j'ai été très content(e) I
   was/have been very pleased; j'étais
   soldat I was/used to be a soldier
l'étude (f) study, studying;
   les études studies
l'étudiant(e) (m/f) student
étudier to study
eu (had) see avoir
l'euro (m) euro
européen(ne) European;
   la route européenne (E) trans-Europe
   road
eux they (masculine), them,
   themselves; à eux theirs
éventuel(le) possible
éventuellement possibly, as necessary
l'évêque (m) bishop
l'évier (m) sink
éviter to avoid
l'évolution (f) evolution,

   development
exact(e) exact; correct
exactement exactly, precisely
l'examen (m) examination
excéder to exceed
excellent(e) excellent
l'exception (f) exception
exclusif/ve exclusive
l'exclusivité (f) exclusiveness;
   ... en exclusivité exclusive...
l'excursion (f) excursion
excuser to excuse;
   excusez-moi excuse me; sorry
l'exemple (m) example;
   par exemple for example
exiger to demand, require
l'existence (f) existence
exister to exist;
   il existe de... there is/are a/some...
exotique exotic
l'expérience (f) experience;
   experiment
expliquer to explain
l'exploitation (f) development,
   operation, holding (commercial etc.);
   l'exploitation (agricole) farm
l'exposition (f) exhibition;
   exposure
exprès on purpose
express express (train etc.),
   espresso (coffee)
extérieur(e) exterior; foreign;
   à l'extérieur outside; les relations
   extérieures foreign relations

F

F see franc
la fabrication manufacture
la face surface, aspect;
   en face (de) opposite, facing you
facile easy
facilement easily; readily
la façon way, method; de toute façon in
   any case, anyway
la facture bill, invoice
la faculté faculty, university
   faculty/school
faible weak
faiblir to weaken
la faim hunger;
   avoir faim to be hungry
faire to do; to make;
   ça fait it is, that comes to; ça se
   fait en trois ans it/that takes three
   years; ça va vous faire.../ça vous fait...
   that will be.../cost you...; faire du 38
   (etc.) to take a (size) 38 (etc.); faire
   venir (etc.) to have/make
   (someone/thing) come (etc.); il fait
   beau/mauvais (temps) it's fine/bad
   weather; il fait presque deux mètres
   he is nearly two metres tall; ils font quel
   prix? what price are they?; l'aspirine
   fait tomber la fièvre aspirin brings
   down the temperature; ne vous en faites
   pas! don't worry!; que faire? what
   is to be done?
faisais/iez (did/made) see faire
faisons/faites (do/make) see faire
le fait event; fact;
   en fait in (point of) fact; tout à fait
   quite, absolutely
falloir (to be necessary) see faut
familial(e) (to do with) family

familier/ère familiar
la famille family;
   le nom de famille surname
le fan fan, admirer
la fantaisie fancy, fantasy;
   la chemise fantaisie patterned shirt
fantastique fantastic, terrific
le far far (cake)
farcir to stuff
la farine flour
le farniente idle life do-nothing
fatigant(e) tiring
fatiguer to tire; fatigué(e) tired
faudra (will be necessary) see faut
la faune fauna, animal-life
faut (from falloir): il faut it is
   necessary; il fallait it was necessary,
   one had to; il faudra it will be
   necessary; il me faut cinq minutes (etc.)
   I need/it takes five minutes (etc.);
   qu'est-ce qu'il vous faut? what do you
   need?, what can I do for you?
la faute fault
le fauteuil armchair;
   le fauteuil roulant wheelchair
faux/sse false, untrue
favorable à in favour of
favori(te) favourite
favoriser to favour
le fax fax
le fayot bean
la fédération federation
la femme woman; wife
la fenêtre window
le fer iron
   férié(e): le jour férié public
   holiday
la ferme farm;
   la ferme auberge farm taking guests
fermer to close; fermé(e) closed
la fermeture closure, closing
le fermier, la fermière farmer
le ferry ferry
la fête public holiday; (religious)
   festival; child's 'name-day'
le feu (pl feux) fire; light (on vehicle
   etc.); la pomme de terre au feu
   baked/jacket potato; le feu rouge
   traffic lights, red light; les feux traffic
   lights
la feuille leaf; form (paper);
   la feuille de soins health-care form
février February
les fiançailles (f) engagement (to
   marry)
la fièvre fever; temperature (raised)
figurer to figure, to be featured;
   figurant featured
le fil thread, wire;
   au fil de with the flow of
filer to spin; to go, to be off
la filière network; area of work
la fille girl; daughter
le film film (cinema etc.)
le filon lode; line of approach
le fils son
   fin(e) refined, delicate, thin;
   la pluie fine fine rain
la fin end; bonne fin de journée! enjoy
   the rest of the day!
finalement finally, in the end
financer to finance
finir to finish, to end, to stop;
   c'est fini pour... that's it for..., that's

the end of...; fini(e)   *finished*
fixe   *fixed, predetermined*;
   à heure fixe   *at set times*; le prix fixe
   set price
le fjord   *fjord*
le flamand   *Flemish language*
le flambeau (*pl* flambeaux)   *torch*;
   aux flambeaux   *(by) torchlight*
flâner   *to stroll idly*
la flèche   *arrow*
la fleur   *flower*
fleuriste (*m/f*)   *florist*
floral(e) (*m pl* floraux)   *floral*
la flore   *flora, plant-life*
FM (fréquence modulée)   *FM
   (frequency modulation)*
la fois   *time (occasion)*;
   à la fois   *at the same time, at once*;
   deux fois   *twice*; la prochaine fois
   next time
foncé(e)   *dark (colour)*;
   vert (etc.) foncé   *dark green (etc.)*
la fonction   *function*;
   en fonction de   *analysed by*
fonctionnaire (*m/f*)   *public
   employee, civil servant*; le haut-
   fonctionnaire   *senior civil servant*
fonctionner   *to function, work
   (equipment etc.)*
fondre   *to melt*; fondu(e)   *melted*
la fondue   *(cheese) fondue*
font (*do/make*) *see* faire
le football (*abb.* foot)   *football*
la formation   *formation; training,
   qualifications*
la forme   *form, shape*
formidable   *marvellous!, great!*
la formule   *formula; system*
fort(e) (*adjective*)   *strong; loud*
fort (*adverb*)   *loudly; hard*
le fort   *fort*
fou (folle)   *mad*
la foule   *crowd*
le four   *oven*; le four à micro-ondes
   microwave oven
le foyer   *hearth; home*; la mère au foyer
   mother and housewife
frais (fraîche)   *fresh; cool*;
   la boisson fraîche   *cold drink*
les frais (*m*)   *costs, expense*
la fraise   *strawberry*
la framboise   *raspberry*
le franc (*abb.* F)   *franc*
français(e)   *French*
le Français, la Française
   Frenchman/woman
le français   *French language*
la France   *France*
Francfort   *Frankfurt*
francophone   *French-speaking*
francophone (*m/f*)   *French-speaker*
la Francophonie   *French-speaking
   world*
le frein   *brake*
fréquenter   *to frequent*
le frère   *brother*
le frigidaire   *refrigerator*
le frigo   *fridge*
frire   *to fry*; frit(e)   *fried*; les (pommes)
   frites   *(potato) chips*
frisé(e)   *curly, curled*
froid(e)   *cold*; il fait froid   *it's cold
   (weather/atmosphere)*; j'ai froid   *I
   feel/am cold*

le fromage   *cheese*; le fromage blanc   *soft
   white cheese*
la fromagerie   *cheese shop*
le fruit   *fruit*;
   les fruits de mer   *seafood; shellfish*
fumer   *to smoke*;
   Défense de fumer   *No smoking*
le fumeur   *smoker*;
   (non-)fumeurs   *(non-)smoking
   compartment*

G

gagner   *to earn; to win*
la galerie   *gallery; large store/shop*
gallois(e)   *Welsh*
le garage   *garage*
garagiste (*m/f*)   *garage owner*
garantir   *to guarantee*
le garçon   *boy; waiter*
la garde   *guard, care; duty period*;
   la mise en garde   *warning*
garder   *to keep; to look after*
le gardien, la gardienne   *guard;
   keeper*
gare à   *beware of, be careful of*
la gare   *station (railway etc.)*
garer   *to park*
la gastronomie   *gastronomy; cuisine*
gastronomique   *gastronomic;
   (offering) haute cuisine*; le guide
   gastronomique   *restaurant guide*
le gâteau (*pl* gâteaux)   *cake*
gauche   *left (-hand); awkward*;
   à gauche   *to the left*
le Gaulois, la Gauloise   *Gaul
   (person)*
le gaz   *gas*;
   le chauffage gaz   *gas central heating*
gêner   *to trouble, hinder*
général(e) (*m pl* généraux)
   general; en général   *generally*
le genre   *kind, sort*
les gens (*m*)   *people*
gentil(le)   *kind, nice*
géologique   *geological*
le gérant, la gérante   *manager(ess)*
la gestion   *management, administration*
la girafe   *giraffe*
le gîte   *shelter, home; self-catering
   accommodation*
glacé(e)   *iced; glazed*
la glace   *ice; ice cream; mirror;
   window-glass*
se glisser   *to slide/slip (oneself)*
le goéland   *(sea)gull*
le golf   *golf; golf-course*
le golfe   *gulf, bay*;
   le Golfe de Gascogne   *Bay of Biscay*
la gorge   *throat*
le goût   *taste*; à chacun son goût
   everyone to his own taste
goûter   *to taste*;
   goûter à   *to try a taste of*
la grâce   *grace; favour*;
   grâce à   *thanks to*
la graisse   *fat, grease*
le gramme   *gramme*
grand(e)   *big, large; tall; great,
   major*; les Grandes Ecoles   *elite
   universities*; les grandes personnes
   grown-ups
la grand-mère   *grandmother*
le grand-père   *grandfather*
la Grande-Bretagne   *Great Britain*

les grands-parents (*m/f*)   *grandparents*
la grange   *barn*
le graphisme   *design*
   graphiste (*m/f*)   *graphic designer*
gras(se)   *fatty*
le gratin   *cheese-topped dish*
gratuit(e)   *free (no charge)*
gratuitement   *free, without charge*
le grenier   *attic, loft*
la grève   *strike*;
   en grève   *on strike*
la grillade   *grill*
griller   *to grill*
grimper   *to climb*
la grippe   *influenza, flu*
gris(e)   *grey*;
   le temps gris   *grey/cloudy weather*
grisonnant(e): les cheveux
   grisonnants   *greying/grizzled hair*
groisillon   *of/from Groix (island
   off Brittany)*
gros(se)   *big; fat*;
   en gros   *in broad terms, roughly*
la grotte   *cave, grotto*
le groupe   *group*
le gruyère   *Gruyère cheese*
la Guadeloupe   *Guadeloupe*
le guichet   *ticket office*
le guide   *guide; guide-book*
le guignol   *puppet show*
la Guinée   *Guinea*
la guise: à sa guise   *as one likes*;
   en guise de   *by way of (a), as (a)*
la guitare   *guitar*
la Guyane   *French Guiana*
la gymnastique (*abb.* gym)
   gymnastics; keep fit activities

H

ha *see* hectare
habiller   *to dress (someone)*;
   s'habiller   *to get dressed*
l'habitant(e) (*m/f*)   *inhabitant*
habiter   *to live (dwell)*
l'habitude (*f*)   *habit*;
   comme d'habitude   *as usual*
habituel(le)   *usual, habitual*
habituellement   *usually; normally*
le hameau (*pl* hameaux)   *hamlet*
le hammam   *Turkish bath*
handicapé(e)   *handicapped*;
   la chambre handicapés   *room adapted
   for wheelchair*
le haricot   *bean*;
   le haricot vert   *French bean*
l'harmonie (*f*)   *harmony*
la hausse   *increase, rise*;
   en hausse   *up, on the increase*
haut(e)   *high*;
   en haut   *above; on top*; la haute-
   couture/cuisine   *haute (high-class)
   couture/cuisine*; le haut de   *top of*; le
   haut-fonctionnaire   *senior civil servant*
hebdomadaire (*abb.* hebdo)
   weekly
l'hebdomadaire (*abb.* hebdo) (*m*)
   weekly (paper etc.)
l'hébergement (*m*)   *lodging,
   accommodation*
l'hectare (*m*) (*abb.* ha)   *hectare
   (land measure)*
hein?   *eh?, hm?, isn't it?*
l'hélicoptère (*m*)   *helicopter*
helvétique   *Helvetic, Swiss*

l' heure (f) (abb. h)   hour; time (of day); à heure fixe   at set times; deux (etc.) heures   two (etc.) o'clock
heureusement   fortunately, happily
heureux/se   happy
le hibou (pl hiboux)   owl
hier   yesterday
le hindi   Hindi
l' histoire (f)   history; story; l'histoire naturelle   natural history
le hit-parade   hit parade; `top ten'
l' hiver (m)   winter
le hockey   hockey; le hockey sur glace   ice hockey
homéopathique   homoeopathic
l' homme (m)   man
homologuer   to give official approval to
l' hôpital (m)   hospital
l' horaire (m)   timetable; les horaires   working/opening hours
l' horreur (f)   horror; avoir horreur de   to hate
hors de   outside (something); le/les hors d'œuvre   starter course
l' hospitalité (f)   hospitality
l' hôte (1) (m)   host
l' hôte (2) (m/f)   guest; la chambre d'hôtes   guest-room; bed-and-breakfast
l' hôtel (m)   hotel; l'hôtel particulier   a private mansion
l' hôtelier/ère (m/f)   hotelier, guesthouse-owner
l' hôtellerie (f)   hotel management/business
l' hôtesse (f)   hostess; l'hôtesse d'accueil   receptionist; l'hôtesse de l'air   air hostess
l' huile (f)   oil
huit   eight
humain(e)   human
l' humeur (f)   mood, temper
humide   damp
l' humidité (f)   damp, humidity
l' humour (m)   humour; le sens de l'humour   sense of humour
huppé(e)   crested
l' hygiène (f)   hygiene; l'hygiène de vie   healthy way of life
l' hypermarché (m)   hypermarket

I

ici   here; d'ici une semaine   a week from now, in a week('s time); d'ici   from here; from now; ici Jacques   Jacques here/speaking (telephone)
idéal(e) (m pl idéaux)   ideal
l' idée (f)   idea; bonne idée!   good idea!
l' identité (f)   identity
il   he; it; il y a   see y
l' île (f)   island, isle; la presqu'île   peninsula
l' îlot (m)   islet
ils   they (masculine and general)
imaginer   to imagine
immédiat(e)   immediate, instant
immédiatement   immediately
l' immigration (f)   immigration
l' imperméable (m)   raincoat
impliquer   to imply, to involve
important(e)   important; considerable
importer   to matter;

il importe de   it is important to
impossible   impossible
inactif/ve   inactive, non-active
incroyable   unbelievable, incredible
l' Inde (f)   India
l' indemnité (f)   allowance
indépendant(e)   independent; detached (house)
l' indication (f)   indication; Indications   Instructions
indien(ne)   Indian
indiquer   to indicate, to point out
indispensable   essential
individuel(le)   individual
induire   to induce
l' industrie (f)   industry
inexistant(e)   non-existent
infectieux/se   infective, infectious
l' infection (f)   infection
inférieur(e)   lower, nether
l' infirmier/ère (m/f)   nurse
l' influence (f)   influence
l' information (f) (abb. info)   information; le journal (etc.) d'information   'serious' newspaper (etc.)
l' informatique (f)   computer science
informer   to inform
l' ingénieur (m)   engineer
l' ingrédient (m)   ingredient
l' initiation (f)   initiation; d'initiation   initial (first)
s' inquiéter   to worry; ne vous inquiétez pas   don't worry
s' inscrire à   to sign up for
insolite   unusual
l' inspecteur/trice (m/f)   inspector
l' installation (f)   installation, setting-up
installer   to install; s'installer   to set oneself up; to move in
l' institut (m)   institute
l' instrument (m)   instrument; l'instrument de musique   musical instrument
intelligent(e)   intelligent
l' intention (f)   intention; avoir l'intention de   to intend to
interdire   to forbid
intéressant(e)   interesting; advantageous
s' intéresser à   to be interested in
l' intérêt (m)   interest; avoir tout intérêt à   to have every interest in
l' intérieur (m)   interior, inside; à l'intérieur   inside
interne   internal; le magazine interne   in-house magazine
l' intervalle (m)   interval
introduire   to insert; to bring in
introverti(e)   introvert
investir   to invest (something)
l' investissement (m)   investment
l' invitation (f)   invitation
l' invité(e) (m/f)   guest
inviter   to invite; to treat
ira/irai (shall/will go)   see aller
l' Iran (m)   Iran
iranien(ne)   Iranian
irlandais(e)   Irish
l' Irlande (f)   Ireland

issu(e) de   born of, coming from
l' Italie (f)   Italy
italien(ne)   Italian
l' ivoire (m)   ivory; la Côte d'Ivoire   Ivory Coast

J

j' (I)   see je
jamais   ever; ne...jamais   never
la jambe   leg
le jambon   ham; le jambon blanc   cooked ham; le jambon-beurre   plain ham/butter sandwich
janvier   January
le Japon   Japan
japonais(e)   Japanese
le japonais   Japanese language
le jardin   garden
jardiner   to do some gardening
le jardinet   small garden
jaune   yellow
le jazz   jazz
je/j'   I
le jean   (pair of) jeans
le jeu (pl jeux)   game
le jeudi   Thursday
jeune   young; les jeunes   young people
la jeunesse   youth; young people
le job   (temporary) job
le jogging   jogging
le joker   joker (cards)
joli(e)   pretty; nice
jouer   to play
le jour   day; le Jour de l'An   New Year's Day
le journal (pl journaux)   newspaper
journalier(ère)   daily
journaliste (m/f)   journalist
la journée   day; bonne journée   have a good day!
juillet   July
juin   June
la jupe   skirt
le Jura   a mountain range
le jus   juice
jusqu'à   up to, as far as; until
juste   just (fair); correct; just (exactly)
justement   precisely, just so; just

K

le kayak   kayak
le Kenya   Kenya
le kilogramme (abb. kg/kilo)   kilogramme
le kilomètre (abb. km)   kilometre
kinésithérapeute (m/f)   physiotherapist
le kir   Kir (wine and blackcurrant drink)
le kiwi   kiwi fruit
le klaxon   horn (car etc.)
le kugelhof   kugelhof (cake)

L

l' (the; it/him/her)   see le
la (the; it/her)   see le
là   there; là-bas   over there, down there
le laboratoire   laboratory
le lac   lake
la laine   wool
laisser   to leave (something); to let, to allow
le lait   milk

lancer *to throw; to call out (a remark)*
la lande *moor*
la langue *tongue; language;* le français langue étrangère *French as a foreign language*
le Laos *Laos*
le lapin *rabbit*
large *wide, broad*
le large *open sea;* au large de *off (coast)*
largement *widely; greatly*
la laryngite *laryngitis*
le lavabo *washbasin*
laver *to wash;* la machine à laver *washing-machine;* le lave-linge *washing machine;* le lave-vaisselle *dishwasher (machine)*
le/la/l'/les *(definite article) the;* la (l') *the (feminine singular)*
le/la/l'/les *(object pronoun) it/him/her/them*
LEA (Langues Etrangères Appliquées) *denotes a university degree course in which at least two foreign languages are studied*
le lecteur *reader; electronic player;* le lecteur CD *CD player*
la lecture *reading*
légal(e) *(m pl légaux) legal*
légalement *legally*
léger/ère *light (weight); slight*
la législation *legislation*
le légume *vegetable*
le lendemain *next/following day, day after*
les *(the; it/them) see le*
la lessive *washing, laundry*
leur *(adjective) their*
leur *(pronoun) to them*
lever *to raise;* se lever *to get up, rise*
le lever du jour *daybreak ;* le lever du soleil *dawn*
la levure *baking powder; yeast*
la liaison *connection, link*
libéral(e) *(m pl libéraux) liberal;* les professions libérales *professions; professional persons/grades*
libérer: je peux me libérer de dix heures à... *I can be free from ten o'clock till...*
libraire *(m/f) bookseller*
la librairie *bookshop*
libre *free*
la licence *university degree*
le lieu *(pl lieux) place;* au lieu (de) *instead (of)*
la ligne *line;* la grande ligne *main line (railway)*
la limite *limit*
le linge *linen; laundry, washing*
la lingerie *laundry-room; (women's) underwear*
linguiste *(m/f) linguist*
le lion *lion*
lire *to read;* lu(e) *read (past participle)*
lisent/lisons *(read) see lire*
la liste *list*
le lit *bed*
la literie *bedding*
le litige *lawsuit; dispute*
le litre *litre (1000ml)*

la livre *pound; half-kilo*
le livre *book*
local(e) *(m pl locaux) local*
le local *or* les locaux *premises*
le locataire *tenant*
la location *booking; hiring, hire*
le logement *accommodation*
loger *to house, to accommodate;* se loger *to get accommodation*
le logeur, la logeuse *landlord/lady*
le logis *dwelling*
loin *far, far away*
le loisir *leisure;* les loisirs *spare time, leisure activities*
Londres *London*
long(ue) *long;* le long courrier *long-haul*
longer *to go along beside;* en longeant... *(going) alongside...*
longtemps *(for) a long time*
lors de *at the time of, during*
lorsque/qu' *when*
louer *to hire*
le loueur, la loueuse *hirer-out*
lourd(e) *heavy;* le temps lourd *close/sultry weather*
lu(e) *(read) see lire*
lui *him, himself; to him/her;* c'est à lui *it's his*
lumineux/se *light, bright*
le lundi *Monday*
la lune *moon*
les lunettes *glasses, spectacles*
le luxe *luxury*
le Luxembourg *Luxembourg*
le luxembourgeois *Letzeburgesch language*
le lycée *(upper) secondary school*

M

m *(abbreviation) see mètre*
M. *see monsieur*
m' *see me*
ma *(my) see mon*
la machine *machine*
madame *(abb. Mme) (pl mesdames) Mrs; madam*
mademoiselle *(abb. Mlle) (pl mesdemoiselles) miss*
le magasin *shop;* le grand magasin *department store*
le magazine *magazine*
le magistère *post-graduate vocational qualification*
le magnétoscope *video-recorder*
magnifique *magnificent*
mai *May*
le maillot *singlet, vest, jersey;* le maillot de bain *swimming costume*
la main *hand;* à la main *by hand*
la main-d'œuvre *workforce*
maintenant *now*
le maire *mayor*
mais *but*
le maïs *maize, sweetcorn*
la maison *house; à la maison at home;* la maison de campagne/de ville *house in the country/town house*
le maître *master*
la maîtrise *mastery; master's degree*
majoritaire *(of the) majority*
la majorité *majority*
mal *badly; pas mal de quite a lot of;* se sentir mal *to feel ill*

le mal *evil; trouble; pain;* avoir mal au cœur *to feel sick*
malade *ill*
la maladie *illness, disease*
malheureusement *unfortunately*
malheureux/se *unhappy; unfortunate*
malicieux/se *mischievous, impish*
manger *to eat*
la manifestation *manifestation; demonstration; symptom*
manquer *to lack; to be missing;* à ne pas manquer *not to be missed;* il manque... *...is missing*
la mansarde *attic*
le manteau *(pl manteaux) coat, overcoat*
manuel(le) *manual, done by hand*
le marchand, le marchande *shopkeeper; merchant;* le marchand de fruits et légumes *greengrocer*
marchander *to haggle, to bargain*
les marchandises *goods*
la marche *stair, step*
le marché *market;* le marché aux puces *flea-market*
marcher *to walk; to work (equipment)*
le mardi *Tuesday*
le mari *husband*
le mariage *marriage; wedding*
se marier *to marry*
la marine *navy;* bleu marine *navy blue*
maritime *maritime*
le marketing *marketing*
le Maroc *Morocco*
marocain(e) *Moroccan*
la marque *mark; brand, make*
marquer *to mark;* marqué(e) *marked, noticeable*
marrant(e) *funny, a great laugh*
marre: en avoir marre de *to be sick of*
le marron *chestnut*
mars *March*
la Martinique *Martinique*
le massage *massage*
le match *(pl matches) match (sport)*
matériel(le) *material*
maternel(le) *motherly, maternal;* la langue maternelle *native language*
les mathématiques *(f) (abb. math(s)) mathematics*
le matin *morning; in the morning*
la matinée *morning*
maussade *sullen, morose;* le temps maussade *gloomy/cloudy weather*
mauvais(e) *bad;* il fait mauvais temps *it's bad weather*
maximal(e) *(m pl maximaux) maximum*
maximum *maximum, at most*
la mayonnaise *mayonnaise*
Mayotte *Mayotte (in Comoro Islands)*
le mazout *fuel oil;* le chauffage au mazout *oil-fired heating*
me/m' *me/myself; (to) me/myself*
le mécanicien, la mécanicienne *mechanic*
le médecin *doctor;* le médecin conventionné *'National Health' doctor;* le médecin généraliste *general practitioner*
médical(e) *(m pl médicaux) medical*
le médicament *medicine, medication*
médiocre *mediocre*
la Méditerranée *Mediterranean Sea*

méditerranéen(ne) *Mediterranean*
meilleur(e) *better*;
le/la/les meilleur(e)(s) *the best*
même (*adjective*) *same*;
la même chose *same thing*; le/la
même...que *the same...as*
même (*adverb*) *even*; moi-même (etc.)
myself (etc.)
le ménage *household; housework*
ménagère: la tâche ménagère
household task
mensuel(le) *monthly*
mentionner *to mention*
le menton *chin*
le menu *menu; meal*
la mer *sea*;
le bord de la mer *seaside*
merci *thank you*
le mercredi *Wednesday*
la mère *mother*;
la mère au foyer *mother and
housewife*
la merguez *spicy sausage from North
Africa*
le mérite *merit*
la merveille *marvel, wonder*
mes (*my*) *see* mon
le message *message*
mesurer *to measure; weigh up*
le métal *metal*
la météo *weather forecast*
météorologique *meteorological*
le métier *job; career*
le mètre (abb. m) *metre*
le métro (Chemin de Fer Métropolitain)
Metro, Underground Railway, Tube
métropolitain(e) *metropolitan*
mettre *to put*; je veux y mettre 100F
I want to pay 100F; mettre (du temps)
to take (time); mettre le couvert *to set
the table*
le meuble *piece of furniture*;
les meubles *furniture*
meubler *to furnish*
mi- *half-, mid-*;
à mi-temps *part-time (job etc.)*; la mi-
temps *half-time (sport)*
la micro-onde *microwave*;
le four à micro-ondes *microwave
oven*
le microclimat *local climate,
microclimate*
midi *midday, noon*
le Midi *South of France*
le miel *honey*
mieux *better*;
j'aime mieux... *I prefer..., I
like...better*; le mieux *best*
mignon(ne) *sweet (child etc.)*
le milieu (pl milieux) *middle;
surroundings, background*
le militaire *soldier*
mille *thousand*
le millefeuille *vanilla slice*
le million *million*
mince *thin, slim*
minéral(e) (*m pl* minéraux) *mineral*
minimal(e) (*m pl* minimaux) *minimum*
minimum *minimum, at least*
le ministère *Ministry*
le ministre *(government) minister*
Minitel *a computerized telephone
directory/enquiry service*
minuit *midnight*

la minute *minute*
mis(e) (*put*) *see* mettre
la mission *assignment, job description,
duties*
le mistral *mistral (cold wind)*
mitoyen(ne) *semi-detached, terraced*;
non mitoyen *detached*
mixte *mixed*
Mlle *see* mademoiselle
Mme *see* madame
la mode *fashion; style*;
à la (mode) normande/de Normandie
(cooked etc.) Normandy-style; à la
mode *fashionable*
le mode *method*;
le mode d'emploi *directions for use*
modéré(e) *moderate*
moderne *modern*
moi *me/myself*; à moi *mine*; c'est moi
it's me, it is I; speaking (telephone
moins *less, not so; minus*; au moins
at least; ce n'en est pas moins... *it is
still..., for all that, it is...*; de moins en
moins *less and less*; le/la/les moins
the least; ...moins le quart *quarter
to...*; moins...que *less...than
(comparison)*
le mois *month*
la moitié *half*
le moment *moment; time*;
en ce moment *at the moment*
mon/ma/mes *my*
mondain(e) *sophisticated*
le monde *world; people*;
beaucoup de monde *a lot of people*
mondial(e) (*m pl* mondiaux) *(to
do with the) world*
le moniteur, la moniteur/trice *supervisor*
monsieur (abb. M.) (pl messieurs) *Mr;
sir*; monsieur-dame/messieurs-dames
ladies and gentlemen, everybody
le mont *mountain, hill*
montage: faire du montage *to edit (film)*
montagnard(e) *to do with mountains,
mountain*
le montagnard, la montagnarde
mountain-dweller
la montagne *mountain*
monter *to go up*; *to take/bring up
(with avoir in past)*; monter à cheval
to ride (a horse); monter dans *to get
into (train etc.)*
le monument *monument, 'sight'*
le morceau (pl morceaux) *piece, bit*
le mot *word*; un petit mot *short letter*;
les mots croisés *crossword*; mot à mot
word for word
le moteur *engine (car etc.)*
la moto *motorbike*
la motoculture *agricultural/gardening
machinery*
se moucher *to blow one's nose*
le mouchoir *handkerchief*
la mouette *(sea)gull*
le moulin *mill*
le mouton *sheep; mutton*
le mouvement *movement*
moyen(ne) *medium; medium-
sized; average, moderate*
la moyenne *average*;
en moyenne *on average*
moyennement *moderately, in an
average way*
le mozarella *mozzarella cheese*

le mur *wall*
la musculation *muscle-development*
le musée *museum*
musical(e) (*m pl* musicaux) *musical*
la musique *music*
mutuel(le) *mutual*
la mutuelle *insurance society; private
insurance*; la mutuelle complémentaire
complementary insurance

N

N *see* nord
n' *see* ne
nager *to swim*
naître (*to be born*) *see* né
la narine *nostril*
la natation *swimming*
national(e) (*m pl* nationaux) *national*;
la route nationale (N) *trunk road*
la nationalité *nationality*
nature *plain, without additions*
naturel(le) *natural*
le navet *turnip*
la navette *shuttle service*
navigable *navigable*
la navigation *sailing, navigation*
naviguer *to sail*
ne/n'...aucun(e) *not any, no, not a*
ne/n'...jamais *never*
ne/n'...nulle part *not...anywhere,
nowhere*
ne/n'...pas *not*
ne/n'...personne *nobody*
ne/n'...plus *no more, no longer*
ne/n'...que *only*
ne/n'...rien *nothing*
né(e) (*from* naître) *born*;
je suis/il est né(e) *I/he was born*
nécessaire *necessary*
le néerlandais *Dutch language*
négatif/ve *negative*
négociable *negotiable*
négocier *to negotiate*
la neige *snow*; la neige fondue
sleet
neiger *to snow*
neigeux/se *snowy*
net(te) *clean*; net (cost etc.)
le nettoyage *cleaning*
nettoyer *to clean*
neuf *nine*
neuf/ve *new*
neuvième *ninth*
le neveu (pl les neveux) *nephew*
le nez *nose*
niçois(e) *of/from Nice*
le nid *nest*
la nidification *nesting*
la nièce *niece*
le niveau (pl niveaux) *level*
nocturne *nocturnal*
le Noël *Christmas*
noir(e) *black; dark*;
travailler au noir *to work 'unofficially'*
le nom *name*;
le nom de famille *surname*
le nombre *number, quantity*;
un nombre de *a number of, many*
nombreux/se *numerous*;
la famille nombreuse *large family*
non *no*; non (pas) *not*
non- *non-, not*
le nord (abb. N) *north*
nord-africain(e) *North African*

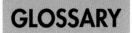
le nord-est/-ouest (*abb.* NE/NO)
  north-east/-west
normal(e) *normal, usual*
normalement *normally, usually*
le Normand, la Normande *Norman*
la Normandie *Normandy*
notre/nos *our;*
  le/la/les nôtre(s) *ours*
nourrir *to feed;* nourri(e) *fed*
le nourrisson *infant (unweaned)*
la nourriture *food*
nous *we; ourselves, (to) us/ourselves;*
  à nous *ours*
nous-mêmes *ourselves*
nouveau/nouvel/nouvelle (*m pl*
  nouveaux) *new*
le Nouveau-Brunswick *New Brunswick*
la nouveauté *novelty, new feature*
la Nouvelle-Calédonie *New Caledonia*
novembre *November*
le nuage *cloud*
nuageux/se *cloudy*
la nuit *night; at night*
nul(le) *no..., not any; nil; awful, dead*
  loss; (ne...) nulle part
  nowhere
nullement *in no way*
le numéro (*abb.* n/no) *number*
la nurserie *mother-and-baby facilities*

O

O *see* ouest
l' objet (*m*) *object*
l' obligation (*f*) *obligation*
obligatoire *obligatory*
l' occasion (*f*) *occasion; opportunity;*
  d'occasion *second-hand*
occasionnel(le) *occasional*
occuper *to occupy;*
  s'occuper (de) *to deal (with), to take*
  care (of), to see (to), to busy oneself
  (with); occupé *engaged, busy*
l' océan (*f*) *ocean*
octobre *October*
l' œuf (*m*) *egg;*
  l'œuf dur *hard-boiled egg*
l' œuvre (*f*) *work; task*
l' office (*m*) *office, bureau*
officiel(le) *official*
officiellement *officially;*
  officiellement non *categorically not*
offrir *to give (as a present); to offer*
l' oiseau (*m*) (*pl* oiseaux) *bird*
l' olive (*f*) *olive*
olympique: les Jeux Olympiques
  Olympic Games
l' omelette (*f*) *omelette*
on *one (person), people, they, we;*
  on l'appelle... *it is called...*
l' oncle (*m*) *uncle*
l' onde (*f*) *wave (sea/radio)*
ont (*have*) *see* avoir
onze *eleven*
l' opéra (*m*) *opera*
l' optimisme (*m*) *optimism*
l' optique (*f*) *optics;*
  la pièce d'optique *optical material*
l' or (*m*) *gold;*
  le livre d'or *visitors' book*
l' orage (*m*) *storm*
orageux/se *stormy*
l' orange (*f*) *orange*
l' ordinateur (*m*) *computer*
l' ordonnance (*f*) *order; prescription*

l' ordre (*m*) *order;* en ordre décroissant
  in descending order
l' oreille (*f*) *ear*
l' oreiller (*m*) *pillow*
organiser *to organise;*
  s'organiser *to organise oneself*
l' organisme (*m*) *organism; organisation*
l' orgue (*m*) *organ*
l' Orient (*m*) *Orient*
original(e) (*m pl* originaux) *novel,*
  unusual
l' origine (*f*) *origin*
  O.R.L. (Oreille/Respiration/Larynx)
  E.N.T.
ornithologique *ornithological, to*
  do with birds
ou *or*
où *where;*
  un jour où... *a day when...*
oublier *to forget*
l' ouest (*m*) (*abb.* O) *west*
oui *yes*
outre *beyond;*
  outre-mer *overseas*
ouvert(e) (*open*) *see* ouvrir
l' ouverture (*f*) *opening*
l' ouvrier/ère (*m/f*) *(manual) worker*
ouvrir *to open;*
  ouvert(e) (*abb.* ouv.) *open, opened;*
  s'ouvrir *to open (itself); to be opened*

P

pacifique *pacific*
la page *page (book etc.)*
le pain *bread; loaf;*
  le pain de campagne *farmhouse loaf*
le palace *luxury hotel*
le palais *palace*
le palier *landing (in house)*
le palmarès *list of winners*
le pamplemousse *grapefruit*
la panne *breakdown (machine);*
  en panne *broken down*
le panneau (*pl* panneaux) *panel; sign,*
  road-sign
le pantalon *(pair of) trousers*
le papier *paper;*
  le papier de toilette *toilet paper;* le
  papier hygiénique *toilet paper*
  Pâques *Easter*
le paquet *packet; parcel;*
  le paquet-cadeau *gift-wrapped parcel*
par *by; per;*
  par semaine/personne (etc.) *per*
  week/person (etc.)
le paracétamol *paracetamol*
le parapente *paragliding*
le parapluie *umbrella*
le parc *park; estate grounds, gardens;*
  le parc de loisirs *theme park*
  parce que/qu' *because*
le parcours *journey*
  pardon *excuse me; pardon, sorry*
le pare-brise *windscreen*
les parents (*m*) *parents; relatives*
  parer *to ward off*
  parfait(e) *perfect*
  parfois *sometimes, at times*
le parfum *perfume, scent*
  parisien(ne) *Parisian, in/of Paris*
le Parisien, la Parisienne *Parisian (person)*
le parka, la parka *parka; jacket*
le parking *car park*
  parler *to speak*

pars/t *leave(s) see* partir
la part *share, portion; behalf; place;*
  à part... *except for...;* c'est de la part
  de qui? *who's calling? (telephone);* de
  la part de *on behalf of, from*
  partager *to share*
  parti(e) (*left/gone away*) *see* partir
la participation (à) *participation (in)*
la particularité *special quality*
  particulier/ère *particular, special;*
  private
  particulièrement *particularly,*
  especially
la partie *part;* faire partie de *to be a*
  member of; to be part of
  partiel(le) *partial*
  partir *to leave (depart),*
  go away; à partir de *(starting)*
  from/on (date/time)
  partout *everywhere;*
  un peu partout *all over...*
  pas *not;*
  pas de... *no..., not any...;* pas du tout
  not at all; pas mal de *quite a lot of;*
  see also ne...pas
le pas *step, pace; strait;*
  à deux pas de *a few yards from*
le passage *passing (through/by), passage*
  passer *to pass;* en passant par
  through, via; je vous la passe *I'm*
  putting her through (to you)
  (telephone); passant *passing, going;*
  passer l'aspirateur *to hoover, to*
  vacuum-clean; passer le temps *to*
  pass/spend (the) time; passer un examen
  to take an exam; se passer *to happen*
la passion *passion*
la pastille *pastille, lozenge*
le pâté *pâté*
  patient(e) *patient*
  patienter *to wait, hold on*
  patiner *to skate*
la patinoire *skating rink*
la pâtisserie *pastry (cake); cake shop*
le pâtissier, la pâtissière *pastrycook;*
  confectioner; la crème pâtissière
  confectioner's custard
  pauvre *poor*
le pavillon *villa*
  payer *to pay;*
  l'invité payant *paying guest*
le pays *country (geographical)*
les Pays-Bas (*m*) *Netherlands*
le pays de Galles *Wales*
le PDG (Président-directeur général)
  chairman and managing director
le péage *toll;*
  la route à péage *toll road*
la pêche (1) *fishing*
la pêche (2) *peach*
  pêcher *to fish*
  pédagogique *educational*
la peinture *painting*
  pendant *during; for (time);*
  pendant que... *while...*
la péniche *barge, narrow-boat*
  penser *to think*
la pension *boarding house, guest house;*
  board and lodging; en pension complète
  full-board; la demi-pension *half-*
  board
le percepteur, la perceptrice *tax collector*
  percevoir *to get (money etc.)*
le père *father*

le perfectionnement *improvement, proficiency*
performant(e) *effective*
la période *period*
permanent(e) *permanent*
permettre *to allow;*
se permettre *to indulge oneself in*
le permis *permit, licence;*
le permis de conduire *driving licence*
persister *to persist*
la personne *person;*
ne...personne *nobody*
le personnel *staff, personnel*
le pessimisme *pessimism*
la pétanque *pétanque (Southern French bowls game)*
petit(e) *little, small; short (person)*
le petit déjeuner *breakfast*
peu *not much;*
à peu près *approximately, about;* peu de *few; little (of);* un peu *a little, a bit, rather*
la peur *fear;* avoir peur de *to be afraid of;* faire peur à *to frighten*
peut *(can)* see pouvoir
peut-être *perhaps*
peux *(can)* see pouvoir
le phare *headlamp; lighthouse*
pharmaceutique *pharmaceutical*
la pharmacie *chemist's shop;*
la pharmacie de garde *duty-chemist's*
le pharmacien, la pharmacienne *pharmacist, chemist*
la pharyngite *pharyngitis*
le phénomène *phenomenon*
la philatélie *stamp-collecting*
la philosophie *philosophy*
la phonétique *phonetics*
le photographe, la photographe *photographer*
la photographie *(abb. photo) photography; photograph, photo*
physique *physical;*
physiquement *physically*
le piano *piano*
la pièce *room (in house); piece (object); play (theatre);* 10F la pièce *10F each/apiece*
le pied *foot;* à pied *on foot*
le piéton *pedestrian, person on foot*
le pilote *pilot;* le pilote de ligne *airline pilot;* le pilote d'essai *test pilot*
le pin *(pl pin's) tin badge*
le ping pong *ping-pong, table tennis*
pire *worse;*
le/la/les pire(s) *the worst*
la piscine *swimming pool*
la pistache *pistachio nut*
la piste *trail, track; ski slope*
le pisteur *track attendant*
la pizza *pizza*
le placard *cupboard*
la place *square (open space in town); seat (theatre etc.); space/room;* à la place de *instead of;* de la place *any room/space (in some place);* sur place *on the spot*
la plage *beach*
de plain-pied *street-level*
plaire *to please;* ça me plaît *I like it;* s'il vous plaît *please*
la plaisance: de plaisance *(for) pleasure*
le plaisir *pleasure*
le plan *plan (map)*
la plante *plant*

plat(e) *flat, smooth;*
la batterie est à plat *the battery is flat*
le plat *dish, food*
le plateau *(pl plateaux) tray; plateau;*
le plateau de fromages *cheese board*
plein(e) *full;* en plein air *in the open air;* en plein juillet *at the height of July;* en pleine forme *on top form;* faire le plein de *to top up with*
pleurer *to weep*
pleuvoir *to rain;* il pleut *it is raining;* il pleuvra *it will rain;* il a plu lundi *it rained on Monday*
plu(e) *(pleased or rained)* see plaire; pleuvoir
la pluie *rain, rainfall*
plus *more; plus;* d'autant plus...que *all the more...if;* de plus en plus *more and more;* en plus *as well, additional; what's more;* le/la/les plus *the most;* non plus *either, moreover;* plus de *more of, more than (quantity);* plus du tout *not any longer;* plus ou moins *more or less;* plus...plus... *the more...the more;* plus...que *more...than (comparison)*
plusieurs *several;*
à plusieurs *several at a time*
plutôt *rather, preferably; more likely;* j'aime plutôt.. *I'd rather have...*
pluvieux(se) *rainy*
le poids *weight*
le point *point; viewpoint;*
à point *just right, medium-done (steak);* au point de vue... *as far as...go(es) ;* le point de repère *landmark, check point;* le point de vue *viewpoint*
la pointe *point, tip, headland*
la pointure *shoe-size*
le pois *pea;* le pois chiche *chick-pea;* les petits pois *(garden) peas*
le poisson *fish*
le poivre *pepper*
le policier, la policière *policeman/woman*
la politesse *politeness, courtesy*
le polo *polo shirt (casual)*
le polyester *polyester*
la Polynésie *Polynesia*
polytechnique *polytechnic;*
(l'Ecole) Polytechique *a higher education establishment*
polyvalent(e) *multi-purpose*
la pomme *apple*
la pomme de terre *potato*
pompiste *(m/f) petrol-pump attendant*
le pont *bridge*
populaire *working-class; popular*
la population *population*
la porcelaine *china, porcelain*
la porte *door; gate*
la portée *reach; range*
porter *to carry; to wear (clothes)*
positif/ve *positive*
la position *position*
la posologie *dosage*
posséder *to own, possess*
la possibilité *possibility*
possible *possible*
le poste *post (job); radio set; telephone extension*
la poste *post (mail); post office*
le postier, la postière *post-office worker*
le pot *pot, jar*

le potage *soup*
potasser *to mug up; swot*
la poule *hen, chicken*
le poulet *chicken*
pour *for; (in order) to;* pour aller à...? *which is the way to...?;* pour les femmes *as far as women are concerned*
le pourboire *tip (money)*
le pourcentage *percentage*
pourquoi *why*
pourra *(will be able to)* see pouvoir
pourrais/t *(could/might)* see pouvoir
poursuivre *to pursue; to carry on with*
pourtant *however, still*
pousser *to push*
la poutre *beam, girder*
pouvoir *to be able, can;* on pourra *one/we will be able to;* pouvant induire *(being) able to induce, which may induce*
pratique *practical, convenient*
la pratique *practice, habit*
pratiquement *in practice, virtually*
pratiquer *to practise (profession etc.); to carry out; to take part in (sports etc.)*
précoce *early*
préférable *preferable*
la préférence *preference;*
de préférence *preferably*
préférer *to prefer;*
préféré(e) *preferred; favourite*
premier/ère *(abb. 1er/ère) first*
prendre *to take;* prendre à droite/gauche *to turn right/left;* prendre quelques bons petits kilos *put on a good few kilos;* pris(e) *taken; busy, engaged*
le prénom *first name*
la préparation *preparation*
préparer *to prepare;*
les plats préparés *ready-prepared meals;* se préparer *to get (oneself) ready*
près *near;* près de *near (to); nearly;* tout près (de) *very near, just by*
présent(e) *present*
la présentation *presentation; introduction (social); appearance, manner*
présenter *to introduce (social)*
le président *president; chairman*
presque/qu' *almost, nearly*
la presqu'île *peninsula*
la pression *pressure;*
la bière (à la) pression *draught beer*
prestigieux/euse *prestigious, famous*
prêt(e) *ready;* prêt(e) à *ready to*
prêter *to lend*
le prêtre *priest*
préventif/ve *preventive*
prévoir *to plan, arrange for;*
prévu(e) *planned; scheduled*
prier *to beg, to request;* je vous en prie *not at all (replying to thanks)*
principal(e) *(m pl principaux) main, principal;* le plat principal *main dish/course of meal*
la principauté *principality*
le principe *principle;*
en principe *in principle, it should (be etc.);* le principe actif *active ingredient*
le printemps *spring (season)*
pris(e) *(taken)* see prendre
la prise *hold;* la prise en charge *undertaking to pay for*

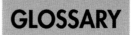

privé(e) *private*
le prix *(pl* prix) *price; prize;*
   le prix fixe *set price*
probablement *probably*
le problème *problem;*
   pas de problème *no problem;* sans
   problème *no problem*
prochain(e) *next;*
   la semaine prochaine *next week*
proche *near, nearby;*
   le/la plus proche *the nearest*
le produit *product;* le produit d'entretien
   cleaning product
le professeur *(abb.* le/la prof) *teacher;*
   le professeur de faculté *university
   lecturer*
la profession *profession, job*
professionnel(le) *professional;
   vocational*
profiter (de) *to take advantage (of)*
progresser *to make headway*
la progression *advance, progress*
le projet *plan;*
   j'ai pour projet de *I plan to*
la promenade *walk;* faire une promenade
   to go for a walk/outing
se promener *to go for a walk*
promouvoir *to promote*
la proportion *proportion*
proposer *to suggest, to offer*
le propriétaire *owner, proprietor*
la propriété *property; house;
   characteristic (of substance)*
la prostituée *prostitute*
le provençal *Provençal language*
la provision *supply;*
   les provisions *provisions*
le public *public*
publicitaire *(to do with)
   advertising/publicity*
publicitaire *(m/f) advertising executive*
la publicité*(abb.* pub.) *advertising*
la puce *flea;* le marché aux puces/les
   puces *flea-market*
puis *then*
puisque/qu' *since, as (because)*
le pull-over *(abb.* pull) *sweater*
la pulpe *pulp*
pur(e) *pure*
la pyramide *pyramid*
les Pyrénées *Pyrenees*

Q

qu' *see* que
le quai *quay; railway platform*
la qualification *qualification*
la qualité *quality*
quand *when;*
   quand même *all the same, even so*
la quantité *quantity*
quarante *forty*
le quart *quarter;*
   le quart d'heure *quarter of an hour;*
   midi/deux heures (etc.) et quart
   quarter past; moins le quart *quarter to*
le quartier *neighbourhood, district*
quatorze *fourteen*
quatre *four*
quatre-vingt-dix *ninety*
quatre-vingts *eighty*
quatrième *fourth*
que/qu' *(conjunction) that; than*
que/qu' *(pronoun) what, which; that;
   whom*

Québec *Quebec (city);*
   le Québec *province of Quebec*
le Québecois, la Québécoise *inhabitant of
   Quebec*
quel(le) *what; which; what a...!;*
   quel(le) que soit... *whatever may be...*
quelque/qu' *some, a few;*
   quelque chose *something;* quelque
   part *somewhere;* quelqu'un(e)
   someone
la question *question*
qui *who, whom;*
   à qui *to whom?; whose?*
la quiche *quiche*
quinze *fifteen*
quitter *to leave (something/a place);*
   en quittant *on/while leaving;* ne
   quittez pas *hold the line*
quoi *what*
quotidien(ne) *daily*
le quotidien *(daily) newspaper*

R

la raclette *cheese raclette*
la radio *radio*
radoucir *to soften;*
   se radoucir *to calm down*
le rafting *rafting*
raide *stiff; straight (hair)*
le raï *'raï' music*
le raisin *grape/grapes;*
   le raisin sec *raisin*
la raison *reason;*
   avoir raison *to be right*
raisonnable *reasonable*
la randonnée *drive; outing;*
   la randonnée à cheval *riding, pony-
   trekking;* la randonnée pédestre/à pied
   walk(ing), rambling
le rangement, les rangements *storage space*
ranger *to put away; tidy up*
la râpée *fried potato dish*
râper *to grate*
rapide *fast, swift*
rappeler *to call back; to call again;*
   se rappeler *to remember*
le rapport *relationship, link;*
   par rapport à *in relation to*
rare *rare*
rarement *rarely*
ravir *to delight;*
   ravi(e) *delighted*
rayé(e) *striped*
la réaction *reaction*
la réalisation *carrying out*
le réassortiment *stock replenishment*
la réception *reception; party*
réceptionner *to receive*
réceptionniste *(m/f) receptionist*
le receveur, la receveuse *recipient;
   toll-collector, bus-conductor*
recevoir *to receive*
rechercher *to search (for)*
recommander *to recommend*
reconnaître *to recognize*
la reconstitution *reconstruction*
le record *record (statistical)*
le record mondial/du monde *world
   record*
le recours *source of appeal*
la recrue *recruit, new member*
recruter *to recruit*
la réduction *reduction*
réduire *to reduce*

refaire *to do/make again*
la référence *reference*
le réfrigérateur *refrigerator*
refuser *to refuse*
le regard *look;*
   un autre regard sur *another
   perspective on*
regarder *to look (at), watch*
la région *region, area*
régional(e) *(m pl* régionaux) *regional*
le régisseur *steward*
regretter *to regret*
régulier/ère *regular*
régulièrement *regularly*
rejoindre *to join*
le relais *relay; guesthouse, inn;*
   le relais routier *transport café*
la relation *relationship;*
   les relations extérieures *foreign
   relations*
la religieuse *nun; cream bun made with
   choux pastry*
remboursable *refundable*
remercier *to thank*
la remise en forme *getting fit*
remplacer *to replace*
la rémunération *remuneration, pay*
rémunérer *to pay, recompense*
la rencontre *meeting;*
   aller à la rencontre de *to go and meet*
   rencontrer *to meet (someone)*
le rendez-vous *appointment;*
   prendre rendez-vous avec *to make an
   appointment with*
rendre *to give back;*
   rendre la politesse *to return the
   courtesy;* se rendre à *to go to*
renforcer *to reinforce, to augment*
rénover *to renovate, modernize*
les renseignements *(m) information*
le rentier, la rentière *person of
   independent means*
la rentrée *return;* la rentrée (des classes)
   beginning of term
rentrer *to go/come back*
renverser *to overturn, knock down*
la réparation *repair*
réparer *to repair, to mend*
repartir *to leave/set off (again)*
le repas *meal;*
   le repas de fête *celebratory meal*
le repassage *ironing*
repasser *to iron*
répéter *to repeat*
répondre *to answer;* ça ne répond pas
   there's no answer (telephone)
la réponse *answer*
le repos *rest; day off*
se reposer *to rest (oneself), have a rest*
repousser *to push away/back;*
   repousser ses limites *to extend
   one's/his/her limits*
représenter *to represent; to signify*
la république *republic*
réputé(e) *reputed, famous*
RER (Réseau express régional)
   Paris high-speed suburban railway
le réseau *network*
la réservation *reservation (seat/room),
   booking*
la réserve *reserve*
réserver *to reserve, to book*
le réservoir *fuel tank; reservoir*
la résidence *residence, house;*

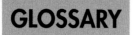

la résidence secondaire *second home*
résidentiel(le) *residential*
respecter *to respect; to keep to (rules etc.)*
respectif/ve *respective*
la responsabilité *responsibility*
responsable (de) *responsible (for)*
responsable (m/f) *competent/qualified person*
ressortir *to go/come out again*
le restaurant *restaurant*
la restauration *catering*
restaurer *to restore*
le reste *remainder, rest*
rester *to remain, stay;*
il ne m'en reste plus *I haven't any left*
restituer *to restore, to refund*
le résultat *result*
le retard *delay;*
avoir du retard *to be overdue/delayed;* en retard *late, delayed*
retéléphoner *to telephone again*
retirer *to draw out, to remove*
le retour *return, return journey*
retourner *to go back; to turn again*
retraité(e) *retired*
la retraite *retirement; retreat;* à la retraite *retired;* en retraite *retired;* la maison de retraite *old people's home*
retrouver *to find again; to meet (someone);* retrouver la nature *to get back to nature;* se retrouver *to meet (each other)*
le rétroviseur *rear mirror (car etc.)*
la réunion *meeting; reunion*
la Réunion *(island of) Réunion*
le Réunionnais, la Réunionnaise *inhabitant of Réunion*
se réunir *to meet (each other)*
réussir *to succeed;*
réussi(e) *succeeded; successful*
le rêve *dream*
réveiller *to wake (someone);* se réveiller *to wake up*
le réveillon: le réveillon de Noël/ du Jour de l'An *Christmas/New Year's Eve (dinner) party*
revenir *to come back*
réviser *to revise*
revoir *to see again;*
au revoir *goodbye*
le rez-de-chaussée *ground floor*
la rhinite *rhinitis (nasal inflammation)*
rhinopharyngé(e) *rhino-pharyngeal (nose-and-throat)*
le rhum *rum*
le rhume *cold (infection)*
riche *rich; wealthy*
rien *nothing; anything;*
de rien *not at all, that's all right (replying to thanks)*
rire *to laugh*
la rive *bank (river);*
la rive droite/gauche *Paris north/south (right/left) of the Seine*
la rivière *river, stream*
la robe *dress, frock*
le robot ménager *food processor*
le rock *rock music*
le romanche *Romansch language*
romantique *romantic*
rond(e) *round;* à 10km à la ronde *within (a radius of) 10km*
la ronde *round(s)*
le rond-point *roundabout (traffic)*
le roquefort *Roquefort cheese*
le rosbif *roast beef; Englishman*
rose *pink*
la rose *rose*
rôtir *to roast;* rôti(e) *roasted*
la roue *wheel*
rouge *red;* une bouteille de rouge *a bottle of red wine*
rouler *to roll; to go, to drive along*
la roulotte *caravan*
la route *road (esp. between towns); way;*
en route *on the way; working, switched on (equipment)*
routier/ère *to do with roads; long-distance (lorry etc.)*
la routine *routine*
roux/sse *red/auburn (hair); russet*
le Royaume-Uni *United Kingdom*
le royaume *kingdom*
la ruche *(bee)hive*
rude *rough, harsh*
la rue *street, road*
rural(e) *(m pl ruraux) rural;*
gîte rural *country cottage (to let)*
le russe *Russian language*

S

S *see* sud
s' *see* se; si
sa *(his/her/its/one's) see* son
le sablé *shortbread biscuit*
le sac *bag;* le sac à main *handbag*
le sachet *sachet; (small) bag;*
le sachet de thé *tea-bag*
sachez *(know) see* savoir
sacré(e) *sacred, holy*
la saga *saga*
saignant(e) *bleeding, rare (steak)*
le saint, la sainte *saint*
sais/t *(know(s)) see* savoir
la saison *season;* en saison *in (high) season*
saisonnier(ère) *seasonal*
la salade *(green) salad; lettuce;*
la salade de fruits *fruit salad*
le salaire *salary, wages*
sale *dirty*
salé(e) *salted, salty*
la salle *room; hall;* en salle *inside (café etc.);* la salle à manger *dining room;* la salle de bains *bathroom;* la salle d'eau *shower room*
le salon *sitting/drawing-room; lounge (hotel etc.)*
salut! *hello; goodbye*
samaritain(e) *Samaritan*
le samedi *Saturday*
le sandwich *(pl sandwiches or sandwichs) sandwich*
le sanitaire *bathroom installations;*
les sanitaires *bathroom/sanitary arrangements*
sans *without*
la santé *health;*
le parcours santé *health course*
le sas *airlock*
la sauce *sauce*
la saucisse *sausage*
le saucisson *sliced cold sausage*
sauf *except;*
sauf accord *unless there is agreement*
la sauge *sage (herb)*
le saumon *salmon;*
le saumon fumé *smoked salmon*
le sauna *sauna*
savoir *to know (a thing/skill); to know how to;* à savoir *things to know*
le savoir-vivre *knowing how to behave*
le savon *soap*
la savonnette *bar of soap*
la scène *stage; acting*
la science *science*
le score *score (sport)*
se/s' *(to) one/him/herself/themselves/ each other*
sec (sèche) *dry;*
le fromage sec *hard cheese*
sécher *to dry (something/one);*
le sèche-linge *tumble-drier*
la sécheresse *dryness, drought*
second(e) *second (in order);*
en seconde (classe) *(in the) second class;* la seconde classe *second class (travel etc.)*
secondaire *secondary*
secrétaire (m/f) *secretary*
le secrétariat *secretarial work;*
le Secrétariat *office of Secretary*
le secteur *sector, department*
la sécurité *security;*
la Sécurité sociale *Health Service, Social Security*
séduire *to seduce*
seize *sixteen*
le séjour *stay; sitting room*
le sel *salt*
la sélection *selection, choice*
sélectionner *to choose, select*
selon *according to*
la semaine *week;*
à la semaine *by the week*
sembler *to seem;*
il me semble *it seems to me, I think*
le séminaire *conference, seminar*
la semoule *semolina*
le Sénégal *Senegal*
sens *(feel/smell) see* sentir
le sens *direction; sense*
le sentier *path*
sentir *to feel (something), to smell (something);* se sentir *to feel (oneself)*
séparer *to separate*
sept *seven*
septembre *September*
sera *(will be) see* être
sers *(serve) see* servir
le serveur, la serveur/euse *waiter/tress*
le service *service; service charge;*
à votre service *at your service, my pleasure;* le service d'urgences *Accident and Emergency Department (hospital)*
la serviette *towel;*
la serviette de toilette *hand towel*
servir *to serve;* se servir de *to use/make use of*
ses *(his/her/its/one's) see* son
seul(e) *alone; only*
seulement *only*
la sévérité *severity; gravity*
le shopping *shopping*
si/s' *if;* s'il vous plaît *please*
le siècle *century*
le signal *(pl signaux) signal, sign*
la signalisation *signs, signalling*

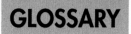

GLOSSARY

signer *to sign*
le silence *silence*
silencieux/se *silent*
similaire *similar*
simple *simple*
simplement *simply*;
tout simplement *quite simply, just*
Singapour *Singapore*
sinon *except; if not; or else*
le sinus *sinus*
la sinusite *sinusitis*
le sirop *syrup*
la situation *situation*
situer *to situate*
six *six*
le ski *ski, skiing*; faire du ski *to go
skiing*; le ski alpin *downhill skiing*
le Smic/SMIC (salaire minimum
interprofessionnel de croissance)
official minimum wage
la SNCF (Société nationale des chemins de
fer français) *French National Railways*
social(e) (*m pl* sociaux) *social*
la société *society, company*
la sœur *sister*
la SOFRES (Société française d'enquêtes
pour sondage) *an opinion-poll
organisation*
soi *oneself*
la soie *silk*
la soif *thirst*;
avoir soif *to be thirsty*
le soin *care*;
la feuille de soins *health-care form*
le soir *evening; in the evening*;
bonsoir! *good evening!*
la soirée *evening*;
bonne soirée *have a good evening*
soit (*from* être) *may be; say; so be it;
either..., or, whether...; maybe*; quel(le)
que soit... *whatever may be...*
soixante *sixty*
soixante-dix *seventy*
le soja *soya*
le sol *ground*; le sous-sol *basement*
soldé(e) *at a sale price*
le soleil *sun*; prendre le soleil *to enjoy
the sunshine*
le solfège *musical theory*
la solution *solution*
le sommeil *sleep*
sommes (*are*) see être
le sommet *summit*
son/sa/ses *his/her/its/one's*
songer *to dream; to reflect*
sont (*are*) see être
la sorte *sort, kind*
la sortie *way out, exit; outing*;
faire une sortie *to go out (esp. for
pleasure)*
sortir *to go/come out; to take/get
out (something)*; sortir de *to go/come
out of*
le soufflé *soufflé*
souhaiter *to wish, to wish for*
la soupe *soup*
la source *spring (well)*
souriant(e) *smiling*
le sourire *smile*
sous *under*;
le sous-sol *basement*
souvent *often*
spacieux/se *spacious, roomy*
spécial(e) (*m pl* spéciaux) *special; odd*

spécialiser *to specialize*
la spécialité *speciality*
spécifique *specific*
le spectacle *spectacle (view)*
spectaculaire *spectacular*
le spectateur, la spectatrice *spectator*
la spéléologie (*abb.* spéléo) *potholing*
la sphère *sphere; area*
la spirale *spiral*
spiritueux/se *spirituous*;
les spiritueux *spirits (alcohol)*
le sport *sport*; faire du sport *to take
part in/do sport(s)*
sportif/ve *keen on/practitioner of
sports; sporting*; les sportifs
sportspersons
le sportswear *sportswear*
le square *town square with garden*
le stage *training course, placement;
work experience*
stagiaire (*m/f*) *trainee, person on
placement*
le standard *standard; switchboard*
la station *resort*; la station (de métro)
(Metro) station; la station service
(road) service station
les statistiques (*f*) *statistics*
le statut *status*
le steak *steak*
sterling *sterling (currency)*
le stop *stop sign*
la stratégie *strategy*
le stress *stress*
stressé(e) *stressed*
le style *style*
subir *to undergo*
le sucre *sugar*;
le sucre en poudre *caster sugar*; le
sucre vanillé *vanilla sugar*
sucrer *to sugar, to sweeten*
le sud (*abb.* S) *south*
le sud-est/-ouest *south-east/-west*
la Suède *Sweden*
suédois(e) *Swedish*
suffisamment *sufficiently*
suffisant(e) *sufficient*
suggérer *to suggest*
suis (*am*) see être
la Suisse *Switzerland*
la suite *consequence; next occurrence;
suite (of rooms etc.)*; à la suite de
after; par la suite *afterwards*; prendre
la suite de *to take over from*
suivant(e) *following, next*
suivre *to follow*
super *super, brilliant, great*
supérieur(e) *upper, higher*
le supermarché *supermarket*
le supplément *extra charge*
supplémentaire *extra*
le support *support; aid*;
le support pédagogique *teaching aid*
le suppositoire *suppository*
sur *on*; un jour sur deux *every other
day*
sûr(e) *sure, certain*;
bien sûr *of course; certainly*
surchauffé(e) *overheated*
la surface *surface, area; supermarket*;
la surface immobilière *floor-space*
les surgelés (*m*) *frozen foods*
surinfecter *to infect*;
se surinfecter *to become infected*
surtout *especially, above all*

surveiller *to watch (over)*
la Suze *Suze apéritif*
sympathique (*abb.* sympa) *friendly,
nice*
symptomatique *symptomatic*;
traitement symptomatique *treatment
of symptoms*
le symptôme *symptom*
le système *system*

T

t' (*you/yourself*) see te
ta (*your*) see ton
le tabac *tobacco; tobacconist's shop*
le tableau (*pl* tableaux) *picture;
indicator board (railway etc.)*
le tablier *apron*
la tâche *task, job*
la taille *size*
le tailleur *tailor; (woman's) suit*
le talent *talent, gift*
tandis que/qu' *while (by contrast)*
tant (de) *so much/many (of)*
la tante *aunt*
la Tanzanie *Tanzania*
taper *to type, key (in)*
la tapisserie *tapestry, wallpaper*
tard *late (in the day/year etc.)*;
plus tard *later*
le tarif *tariff, price list*
la tarte *tart; flan*
la tartine *slice of bread*
la tasse *cup*
le taxi *taxi*
te/t' *you/yourself, (to) you/yourself
(familiar singular)*
le technicien, la technicienne *technician*
technique *technical*
tel(le) *such, such a*;
comme tel *as such*
la télécabine *ski-lift*
la télécarte *phone card*
les télécommunications (*f*)
telecommunications
la télécopie *fax*
le téléphone (*abb.* tél.) *telephone*
téléphoner *to telephone, to ring up*
le télétravail *working from home*
le télétravailleur, la télétravailleuse
person who works from home
la télévision (*abb.* télé) *television*
tellement *so very, so much, to such an
extent*
la température *temperature*
temporaire *temporary*
le temps *time; weather*; à temps plein
full-time (job etc.); de temps en temps
from time to time; par tous les temps
in all weathers
tenir *to hold, keep*; ça me tient à cœur
it's close to my heart; tenir une place
croissante dans *to play an increasing
part in*
le tennis *tennis*
la tente *tent*
tenter *to try (something); to tempt*;
tenter l'aventure *to give the venture a
try*
le terminal *terminal*
terminer *to finish*
le terrain *(piece of) land*;
le terrain de tennis *tennis court*
la terrasse *terrace, patio; pavement
area of café*

285

la terre   *earth; world; land*
le territoire   *territory*
tes *see* ton
le test   *test*
tester   *to test*
la tête   *head*
le TGV (train à grande vitesse)   *high-speed train*
thaïlandais(e)   *Thai*
la Thaïlande   *Thailand*
le thé   *tea (drink)*
le théâtre   *theatre;*
   faire du théâtre   *to do some acting*
théorique   *theoretical*
thermal(e) (*m pl* thermaux)   *thermal*
les thermes (*m*)   *thermal baths*
le thon   *tuna, tunny*
le thonier   *tunny-boat*
le tian   *a Provençal dish*
le ticket   *receipt ticket*
tient *see* tenir
le tiers   *third (fraction);*
   deux tiers   *two-thirds*
le tilleul   *lime/linden tree*
le timbre   *postage-stamp; tone*
la tisane   *herbal tea*
le tissu   *cloth, fabric*
le titre   *title; proper rights*
le toast   *(slice of) toast*
toi   *you/yourself (familiar singular);*
   à toi   *yours*
la toilette   *toilet (washing/dressing); lavatory;* la serviette de toilette   *hand towel ;* le papier de toilette   *toilet paper ;* les toilettes (publiques)   *(public) toilet (WC)*
les T.O.M. (Territoires d'outre-mer)   *French Overseas Territories*
la tomate   *tomato*
tomber   *to fall*
ton/ta/tes   *your (familiar singular)*
tonique   *tonic*
total(e) (*m pl* totaux)   *total*
totalement   *totally*
tôt   *early;*
   le plus tôt possible   *as soon as possible*
toucher   *to touch; to affect*
toujours   *always; still*
la tour   *tower*
le tour   *turn; tour;*
   à mon tour   *in my turn;* faire un tour   *to go round, go on a tour*
tourangeau/elle (*m pl* tourangeaux)   *of/from Tours/the Tours area*
le tourisme   *tourism;*
   l'office (*m*) du tourisme   *tourist office*
touristique   *for tourists*
tourner   *to turn;*
   ça tourne bien   *it's going well*
le tournoi   *tournament*
tousser   *to cough*
tout (adverb)   *quite;*
   (à) tout à l'heure   *(till/see you) later;* à tout de suite!   *back straight away!, see you shortly!;* tout à fait   *quite, completely;* tout de suite   *at once, immediately;* tout en...   *while still...;* tout près (de)   *very near; just by;* tout simplement   *quite simply, just*
tout (pronoun)   *everything, all;*
   pas du tout   *not at all*
tout(e) (*pl* tous/toutes) (adjective)   *all, the whole of; every;* tous les cinq ans   *every five years;* tous les

combien?   *how often;* tous/toutes (les) deux   *both*
toutefois   *all the same*
la toux   *cough*
la tradition   *tradition*
traditionel(le)   *traditional*
le traducteur, la traductrice   *translator*
la traduction   *translation*
le train   *train*
traire   *to milk*
traitant   *treating;* le médecin traitant   *usual/family doctor*
le traitement   *treatment*
traiter   *to treat*
le traiteur   *caterer*
la tramontane   *tramontana (cold wind)*
tranquille   *peaceful, quiet*
le transfert   *transfer*
transformer   *to transform;*
   se transformer   *to be transformed*
transparent(e)   *transparent*
le transport   *transport;*
   les transports   *(public) transport*
le travail (*pl* travaux)   *work, job*
travailler   *to work*
le travailleur, la travailleuse   *worker*
travers: à travers   *across, through;*
   en travers   *crossways/wise*
la traversée   *crossing*
traverser   *to cross*
treize   *thirteen*
trente   *thirty*
très   *very;*
   je ne suis pas très chocolat   *I'm not really into chocolate*
trilingue   *trilingual*
le triomphe   *triumph*
la tripe/les tripes   *tripe*
la tristesse   *sadness, sorrow*
trois   *three;*
   à trois   *three of us/them*
trop   *too;*
   trop (de)   *too much/many*
tropical(e) (*m pl* tropicaux)   *tropical*
trouver   *to find;*
   se trouver   *to be situated*
tu   *you (familiar singular)*
tubaire   *to do with nasal tubes*
le tube   *tube*
la Tunisie   *Tunisia*
le tuteur, la tutrice   *guardian; supervisor of trainee*
tutoyer   *to call someone 'tu'*
le type   *type*
typique   *typical*
typiquement   *typically*

U
un(e)   *a, an; one*
uni(e)   *united; plain (fabric etc.)*
l'uniforme (*m*)   *uniform*
l'union (*f*)   *union;*
   l'union (*f*) libre   *living together (unmarried)*
unique   *unique;*
   l'enfant unique   *only child*
uniquement   *solely*
l'unité (*f*)   *unit; unity*
universitaire   *(of a) university*
l'université (*f*)   *university*
l'urgence (*f*)   *urgency; emergency*
l'usage (*m*)   *use, usage*
l'usine (*f*)   *factory*

usuel(le)   *normal; ordinary*
utile   *useful*
l'utilisation (*f*)   *use*
utiliser   *to use*

V
va (*goes*) *see* aller; ça va *see* ça
les vacances (*f*)   *holidays;*
   les grandes vacances   *summer holidays*
le vacancier, la vacancière   *holiday-maker*
la vache   *cow*
le vacherin   *vacherin (cake)*
vais (*go*) *see* aller
la vaisselle   *crockery; washing-up*
le val   *valley, vale*
valable   *valid*
la valeur   *value;* ça fait la valeur de   *that's the equivalent of*
la vallée   *valley*
valoir   *to be worth;*
   mieux vaut...   *it's better to...*
vanillé(e)   *vanilla-flavoured*
la vanille   *vanilla*
variable   *variable, adaptable*
la variation   *variation*
varier   *to vary;*
   varié(e)   *varied, various*
vas (*go*) *see* aller
vaut (*is worth*) *see* valoir
la vedette   *star (film etc.); launch, ferry*
le végétarien, la végétarienne   *vegetarian*
veiller   *to keep watch;*
   veiller à   *to attend to*
le veilleur   *watchman*
le vélo   *bicycle, bike; cycling;*
   à vélo   *by bike, on one's bike;* faire du vélo   *to go cycling*
le velours   *velvet; corduroy trousers*
venant *see* venir
la vendange   *grape-harvest/-picking*
vendéen(ne)   *of/from the Vendée region*
le vendeur, la vendeuse   *sales assistant, shop assistant*
vendre   *to sell;*
   à vendre   *for sale*
le vendredi   *Friday;*
   à vendredi!   *see you on Friday!*
venger   *to avenge;*
   se venger (de)   *to take revenge (on)*
venir   *to come;*
   dans les années à venir   *in coming years;* en venant de...   *(while) coming from...;* je viens de...   *I come from..; I have just...*
le vent   *wind;*
   il fait/il y a du vent   *it's windy*
la vente   *sale, sales;*
   en vente   *on sale*
le ventre   *stomach; belly*
verdoyant(e)   *green, fertile*
la verdure   *greenery; green vegetables*
vérifier   *to check, to verify*
la vérité   *truth*
vermeil(le): la carte vermeille   *senior citizen's (rail) pass*
vermillon   *vermilion, scarlet*
le verre   *glass;*
   le vin au verre   *wine by the glass*
vers   *towards*
vert(e)   *green;*
   le tourisme vert   *country holidays*
la veste   *jacket*
les vêtements (*m*)   *clothes*

le veuf *widower*
veulent/veut *(want) see* vouloir
la veuve *widow*
veux *(want) see* vouloir
la viande *meat*
la vie *life*
viens/t/nnent *(come(s)) see* venir
le Viêt-nam *Vietnam*
vieux (vieil, vieille) *old*
vif/ve *lively, abrupt*
la vigueur *vigour;*
en vigueur *in force*
le village *village*
la ville *town, city;*
en ville *in (a) town*
le vin *wine*
le vinaigre *vinegar*
vingt *twenty*
vingtième *twentieth*
violent(e) *violent*
le violon *violin*
vis *(live) see* vivre
la visibilité *visibility*
la vision *vision*
la visite *visit*
le visiteur, la visiteuse *visitor*
vite *quickly*
la vitesse *speed;* à toute vitesse *with all speed, top speed*
la vitre *(window) glass;*
faire les vitres *to clean the windows*
la vitrine *shop window*
vivant(e) *living, alive; lively*
vive *see* vivre; vif
vivement: vivement le...! *roll on the...!,*
vivre *to live;* vive...! *long live...!*
le vocabulaire *vocabulary*
voici *here is/are; here you are*
la voie *way, route; railway platform*
voient *(see) see* voir
voilà *there you are, here you are;*
that's it; le/la voilà *there it is*
le voilier *sailing boat*
voir *to see;*
faire voir à *to show (to)*
voisin(e) *neighbouring*
la voiture *car; carriage, coach;*
en voiture *by car*
le vol *flight*
le volant *steering-wheel*
voler *to fly*
le volley *volleyball*
la volonté *will; voluntary act*
volontiers *readily, willingly*
vont *(go) see* aller
votre/vos *your (plural and general)*
voudrais *see* vouloir
vouloir *to want, to wish;*
je veux bien *all right, I'd like to;* je voudrais *I should like;* si vous voulez *if you like;* vouloir dire *to mean*
vous *you (formal and plural);*
yourself/ves; to you/yourself/ves; à vous *yours; your turn;* et vous? *how/what about you?;* vous-même(s) *yourself(ves)*
voûté(e) *arched*
la voûte *vault, arch*
le voyage *journey; holiday; trip;*
en voyage *on holiday, on a journey;* le voyage organisé *package tour*
voyager *to travel*
le voyageur, la voyageuse *traveller*
le voyagiste *tour operator*

vrai(e) *true, real*
vraiment *really, truly*
le VTT (vélo tout terrain) *mountain bike*
vu(e) *(seen) see* voir
la vue *view; opinion;* la vue imprenable *unimpeded view*

W

le wallon *Walloon language*
les WC *(m) toilet, WC*
le week-end *weekend*

Y

y *there;* il y a *there is/are;* il n'y a pas de... *there isn't/aren't any...;* il va y avoir quatorze ans *it will be fourteen years;* il y avait *there was/were/used to be;* il y a dix ans *ten years ago*
le yaourt *yoghurt*
le yoga *yoga*
le yogourt *yoghurt*

Z

zéro *nought*

Acknowledgements

The authors and publisher would like to thank the following for permission to use material from their publications:

L'Agence Chèque Théâtre (p 33); Châteaux et Hôtels Indépendants ·(Now called Châteaux et Hôtels de France) (pp 98, 99); Comité Régional du Tourisme de Bourgogne (p 93); *Elle*, Martine Kurz (p 195); Gérard Mermet–*Francoscopie 1993* © Larousse, Paris, 1992 (pp 123, 127, 163); Hôtel Gil de France, Montbrison (p 75); Logis de France (p 95); Mairie de Montrond-les-Bains (p 71); Moulin Etape (p 95); Museum National d'Histoire Naturelle (p 33); Office de Tourisme, les Menuires (p 174); Office de Tourisme, Méribel (p 175); Parc Floral de Paris (p 33); Paris Vélo (p 211); RATP (p 73); *Rebondir* (p 152); SNCF (pp 80, 81, 82, 83, 88, 89); Auberge Les Trabuches (p 131); Transworld-Scope/Elle (p 42); *La Voix du Nord* (p 171); *Voyage Pratique*, Excelsior Publications (p 199)

Every effort has been made to trace and acknowledge all copyright holders but if there are any omissions, the publishers will be pleased to make the necessary arrangements at the earliest opportunity.

Photo credits: AA World Travel Library (title page, pp 49 top left & bottom left, 51 second from top); **ACE** Stock/Richard Walker (p 60), Pat Palmer-Kane (p 179); Julian **Baldwin** (pp 22, 23 right, 34, 44 bottom, 45, 54, 55, 68 top, 69, 78 bottom, 79, 90 bottom, 91 left & bottom right, 100, 101, 114, 124, 125, 134 top, 135, 144 bottom, 145 bottom, 158 top, 159 centre & bottom, 168, 169, 176 top & centre, 184 top & bottom right, 185 top, 196 bottom, 197 bottom, 204 bottom, 205 centre, 212 bottom, 213, 220, 221); Anthony **Blake** Picture Library/Anthony Blake (pp 65 top right & bottom right); Pam **Boys** Syndication (p 109 right); Françoise **Bruyneel** (p 164 top & bottom); **Cadmium**/© Flat Earth (p 91 top right); **Camera** Press/Studio Visual (p 29 bottom); Robert **Cooke** (pp 23 left, 35, 44 top, 115, 134 bottom, 158 bottom, 159 top, 176 bottom, 177, 184 bottom left, 197 top, 204 top, 205 top & bottom, 212 top); **Corbis** (pp 26, 51 third from top left, 87 left, 90 top, 109 top left, 119 right, 219 left & right); Pascal **Deloche** (p 145 bottom); Antoine **Dussart** (pp 15 top, 47, 51 right, 107); Chris **Fairclough** Photography (pp 117 bottom, 127); **France** Telecom (p 150 top); **French** Picture Library (p 65 left); **Getty** (p 17 centre left); **Getty** News & Sport (pp 172, 173); Keith **Gibson** (pp 200, 201); courtesy Ronald **Grant** Archive/Cine-Alliance (p 121); Robert **Harding** Picture Library (pp 15 centre, 49 bottom right, 75, 76 top centre left, bottom centre left & centre right, 87 right, 117 top, 128 left); The **Hutchison** Library/Carlos Freire (p 144 top), John Hatt (p 17 centre right); **Imagebank** (pp 109 bottom left, 128 right, 208 top left); **ImageState** (p 51 top left); **Impact** Photos (pp 17 left, centre & right, 208 top right); **Katz**/Gamma (pp 37, 41 top, 199 left & right, 202, 203 left & right, 210); Thierry **Mailliez** (p 53); Debra **Miller** (pp 30, 31); **Network** Photographers (p 19 top, 49 centre right, 208 centre right); **Petit** Format (pp 15 bottom, 27, 111); **Pictures** Colour Library (p 209); **Rex** Features (pp 25, 29 top, 208 bottom); Norman **Rout** (pp 92, 94 right); Lorraine **Sennett** (pp 57, 102); **Skishoot**-Offshoot (pp 174, 175, 186); **SNCF**/French Railways Ltd (pp 84, 85); **Spectrum** Colour Library (pp 32, 49 top right, 66 bottom, 153); Frank **Spooner** (p 165); **Telegraph** Colour Library (pp 19 bottom, 167, 217 top right & bottom right); **Tografox**/© RD Battersby (p 68); David **Wilson** (p 185 bottom); Stuart **Windsor** (pp 41 bottom, 51 bottom left, 62, 66 top, 76 top left, bottom left, top right & bottom right, 77, 78 top, 81, 86, 94 left, 97, 119 left, 120, 137, 139, 146, 150 bottom, 161, 182, 183, 190, 194, 206, 208 centre left, 217 top left & bottom left)

Many thanks also to: Air France Holidays; Corinne Baudelot; Fatira Berchouche; Véronique Bussolin; Nathalie Cabrier; Marilyn Cameron; Dominique Creasey; Antoine Dussart; Catherine Gaitte; Morag Hughes; Audrey Lingenheld; Thierry Mailliez; Liz McDowell; Peugeot; Simon Ray-Hill; Renault; Lorraine Sennett; Michelle Sheard; Tourist Office, Bordeaux; Tourist Office, Toulouse; Visit France; David Wilson